图书在版编目（CIP）数据

列宁思想在中国：传播、运用与发展 / 李玉洁著
. -- 天津：天津人民出版社，2024.9
ISBN 978-7-201-20370-6

Ⅰ. ①列… Ⅱ. ①李… Ⅲ. ①列宁主义－发展－研究
－中国 Ⅳ. ①A82

中国国家版本馆 CIP 数据核字(2024)第 068348 号

列宁思想在中国:传播、运用与发展
LIENING SIXIANG ZAI ZHONGGUO：CHUANBO、YUNYONG YU FAZHAN

出　　版	天津人民出版社
出 版 人	刘锦泉
地　　址	天津市和平区西康路 35 号康岳大厦
邮政编码	300051
邮购电话	(022)23332469
电子信箱	reader@tjrmcbs.com
责任编辑	林　雨
装帧设计	汤　磊
印　　刷	天津新华印务有限公司
经　　销	新华书店
开　　本	710 毫米×1000 毫米　1/16
印　　张	26.5
插　　页	2
字　　数	350 千字
版次印次	2024 年 9 月第 1 版　2024 年 9 月第 1 次印刷
定　　价	89.00 元

目　　录

导　论

　　中国共产党将列宁主义作为根本指导思想,并将其与中国具体实际相结合、与中华优秀传统文化相结合,在解决中国历史性课题的过程中,形成了反映人类社会发展规律、社会主义建设规律和共产党执政规律的理论和实践成果。这个历史过程就是列宁主义的中国化历史过程,也就是列宁思想在中国的传播、运用和发展的过程。实际上,中国人对列宁的思想及其苏俄实践的认识并不是一蹴而就的,而是经历了一个从"以俄为师"到"以苏为鉴"的转变。"以俄为师"的提法虽然不是中国共产党的首创①,但毛泽东曾明确指出要"走俄国人的路",并提出要在实践中将马克思列宁主义的普遍真理与中国具体实际相结合,最终实现"走自己的路"。邓小平带领中国人民坚持这一原则,走出了中国特色社会主义之路。这条道路走到今天,就是新时代中国特色社会主义。回顾列宁主义在中国革命、建设、改革及新时代实践进程中的传播、运用和发展,总结其历史经验对今天走好这条中国特色社会主义之路具有重要理论和实践价值。因此,有必要对列宁思想在中国

---

　　①　"以俄为师"的提法最早见于 1924 年 10 月 9 日孙中山致蒋介石函。孙中山在信中明确表示:"盖今日革命,非学俄国不可⋯⋯我党今后之革命,非以俄为师,断无成就。"邓小平曾在《用中国的历史教育青年》一文中说:"孙中山开始就想学习西方,所谓西方即资本主义。后来,孙中山觉得资本主义西方不行了,提出'以俄为师',学习十月革命后的俄国,开始了国共合作,导致北伐战争的胜利。"来源于《邓小平文选》(第三卷),人民出版社,1993 年,第 205～206 页。

的传播、运用和发展过程，也就是列宁主义的中国化基本历程和基本经验开展整体性研究，围绕中国问题阐释其历史进程、总结其历史经验、启迪当下实践。

一、国内外关于列宁主义的中国化研究共识与论争

做好述评是开展研究的必备条件。就国内外学界针对列宁主义的相关研究动态来看，上升趋势明显，有分量的成果显著增多。这其中，既有中国特色社会主义实践成就举世瞩目，对其理论来源、理论根基的列宁主义追寻有助于彰显中国特色社会主义理论自信之原因；也有时间节点上与列宁主义思想史上重大历史事件相契合而引发的理论探索热潮（如，列宁的《帝国主义论》写作一百周年、十月革命胜利一百周年、列宁诞辰一百五十周年、列宁逝世一百周年等）之原因。

总体而言，国内外学界都十分注重将列宁主义的研究与时代问题相结合，从问题出发开展理论研究。他们或者在思想理论上为现实问题追根溯源、或为实践问题提供列宁主义新视角、新观点和新方法。比如，新民主主义革命时期，人们更加关注列宁的无产阶级革命理论和无产阶级政党建设学说；在社会主义革命和建设时期学者更注重研究列宁关于落后国家的社会主义建设相关问题；改革开放之后，列宁的新经济政策和晚年改革思想又成为学界关注的重点；苏东剧变以来，列宁主义与苏联解体之间究竟存在什么样的关系成为学者们研究的兴趣点。同时，国内外学界对这些问题的研究又存在不同。就国外而言，其研究更注重列宁主义与现实问题之间的直接相关性，重批判，轻借鉴。他们更强调对列宁主义本身的理论批判，研究其思想与马克思、恩格斯思想之间的差异，研究斯大林思想和苏联模式同列宁主义之间的关联性问题、列宁主义对各社会主义国家和政党的作用和影响等等。国内学界则与此不同，研究成果更多反映的是列宁主义在中国革

命、建设和改革中的理论指导作用,重价值,轻批判。他们注重从理论上梳理和归纳列宁的各类思想及其当代价值,更乐于将中国实践中的成果归功于列宁科学理论的指导;注重从理论上梳理列宁主义对马克思、恩格斯本人思想的继承和发展,将其看作是广义马克思主义的重要组成部分;注重将共产国际、斯大林、苏联模式同列宁、列宁主义做区别研究。国内学界在上述方面的研究成果颇丰,已经成为国际列宁主义研究中的重要力量。

综合来看,国内外学界缺少从理论和实践相结合的角度对列宁主义在中国运动和发展的全部历史过程及基本经验做全视角的整体性研究。相关研究成果主要分布于马克思列宁主义理论研究和中国共产党历史、中国近现代史的研究当中。因此,亟待对列宁主义的中国化开展专题研究和整体性分析。

(一)基本共识

列宁主义的中国化并不是主观臆造的新概念,它蕴含于"马克思主义中国化"之中。中国共产党话语体系中的"马克思主义中国化",其实就是"马克思列宁主义的中国化"。正如党的十九大报告中明确指出的那样,"在马克思列宁主义同中国工人运动的结合过程中,一九二一年中国共产党应运而生。从此,中国人民谋求民族独立、人民解放和国家富强、人民幸福的斗争就有了主心骨,中国人民就从精神上由被动转为主动。"[1]列宁主义同马克思、恩格斯的思想共同指导了中国共产党领导中国人民翻身得解放并逐步走向繁荣富强的社会主义革命、建设和改革实践。列宁主义的中国化之所以没有作为单独概念被提出,一是因为马克思列宁主义的中国化通常被简称为"马克思主义中国化",学者们在研究中国化问题的过程中并没有丢掉列宁主义的相关问题;二是因为列宁主义是对马克思、恩格斯理论的继承和

---

[1] 《习近平谈治国理政》(第三卷),外文出版社,2020年,第10～11页。

发展,列宁主义的中国化与马克思、恩格斯理论的中国化属同一历史进程,难以剥离和区分。事实上,学界对于列宁主义的中国化问题关注已久,成果颇多,并在以下方面已经形成共识。

第一,百年来中国共产党始终沿着列宁所开辟出的社会主义道路胜利前进已成共识。有一个观点耳熟能详,就是毛泽东为党的 28 岁生日所写的《论人民民主专政》一文中所直接指明的:"十月革命一声炮响,给我们送来了马克思列宁主义。十月革命帮助了全世界的也帮助了中国的先进分子,用无产阶级的宇宙观作为观察国家命运的工具,重新考虑自己的问题。走俄国人的路——这就是结论。"①因此,中国人接受马克思主义是从列宁领导的十月革命开始的。有学者说:"在中国革命和中国社会主义建设过程中,在中国改革开放、中国特色社会主义事业的发展过程中,列宁主义都起到了重要指导作用。"②"中国共产党人运用列宁主义即是要把马克思主义的基本原理与中国具体实际相结合——这就是中国特色社会主义。"③这些都毫无疑问的表明,马克思、恩格斯和列宁的思想共同指导了中国革命、建设和改革,都在中国共产党解决中国问题的过程中实现了中国化。而列宁的理论本身也是将马克思、恩格斯的理论在俄国具体运用的结果。因此,有学者称"列宁主义的本质和精髓可以简明概况为,把马克思主义的基本原理与俄国具体实际相结合。"④这同样强调了列宁在将马克思主义从理论变为现实当中的重要贡献,以及列宁在开拓出将马克思主义科学理论本国化思想方法上的重要作用。

第二,列宁主义始终是中国共产党的指导思想且必须将其中国化、时代

---

① 《毛泽东选集》(第四卷),人民出版社,1991 年,第 1471 页。
② 黄宗良、项佐涛:《热话题与冷思考——关于列宁和列宁主义若干重要问题研究的对话》,《当代世界与社会主义》,2020 年第 2 期。
③ 朱可辛:《在准确理解列宁的基础上坚持和发展列宁主义》,《理论视野》,2020 年第 4 期。
④ 同上。

化已成共识。中国共产党成立伊始就将列宁主义写在了旗帜上,这不仅是因为党的成立得到了列宁和他领导下的共产国际的直接帮助,更是因为对列宁主义所秉持的共产主义理想信念的坚定追求。基于此,有学者直接描述说:1921年"7月23—31日,各地小组中真正信仰列宁式共产主义的分子派代表在上海(最后一天移至浙江嘉兴南湖)再度举行全国代表大会,通过列宁主义的党纲,从而正式宣告了中国共产党的成立。"①中国共产党的百年实践中,列宁主义的根本指导思想地位从未被动摇。最新修订的《中国共产党章程》依然表达了列宁主义的科学真理性及其中国化的必要性。党章中指出,"马克思列宁主义揭示了人类社会历史发展的规律,它的基本原理是正确的,具有强大的生命力。……坚持马克思列宁主义的基本原理,走中国人民自愿选择的适合中国国情的道路,中国的社会主义事业必将取得最终的胜利。"②因此,不断推进列宁主义的中国化也是中国共产党的重要历史使命。对于当代中国学者而言,自然要在这一基础上不断开展对此问题的深入研究。

第三,中俄相似的基本国情促使中国人民选择了列宁主义已成为共识。这个基本国情概括地说,就是"落后国家"。毛泽东当年就说过:"中国有许多事情和十月革命以前的俄国相同,或者近似。封建主义的压迫,这是相同的。经济和文化落后,这是近似的。两个国家都落后,中国则更落后。先进的人们,为了使国家复兴,不惜艰苦奋斗,寻找革命真理,这是相同的。"③有学者指出,"它们都是经济文化相对落后的国家,都是农民占人口大多数的国家,都是多民族的国家,也都是疆域辽阔的国家,"④而且都是在落后的基

---

① 杨奎松:《中间地带的革命》,太原:山西人民出版社,2010年,第30页。
② 《中国共产党章程》,中国法制出版社,2022年,第2页。
③ 《毛泽东选集》(第四卷),人民出版社,1991年,第1469页。
④ 俞良早:《邓小平理论与列宁后期思想》,中共中央党校出版社,1997年,序一。

础上首先建设社会主义的国家。这些相似之处是中国"走俄国人的路"的现实条件，也是中国提出"以苏为鉴"的基本依据。由此，有学者指出，列宁的社会发展理论是毛泽东、邓小平关于中国社会发展基本主张的重要思想来源。① 邓小平的社会主义本质论继承发展了列宁晚年的社会主义观，从而根本突破了苏联模式，开创了中国特色社会主义本质的新理念、新境界。晚年列宁的新经济政策道路，晚年列宁的最后论著与最后构想，晚年列宁的"政治遗嘱"是中国改革、中国道路的源头。② 这一系列关于中国共产党的理论创新成果是对列宁主义的坚持和发展的相关研究成果的发表和出版表明：列宁主义的中国化历程客观存在且有必要进行深入研究。

第四，中国特色社会主义已然超越了列宁的构想成为共识。邓小平曾经说过："社会主义究竟是个什么样子，苏联搞了很多年，也并没有完全搞清楚。可能列宁的思路比较好，搞了个新经济政策，但是后来苏联的模式僵化了。"③中国特色社会主义就是中国人民"以苏为鉴"，探索出的"自己的路"。改革开放以来，关于列宁主义的大批研究成果均集中于列宁晚年改革思想及其当代价值。学者们普遍认可，中国特色社会主义是对列宁晚年改革思想的继承、发展和超越。如，有学者指出："列宁主义的主要内容实际上是资本主义不发达国家探索建设社会主义现代化国家的道路。特别是实行的新经济政策，理论和实践对于中国的改革开放，对于中国特色社会主义的形成和发展，具有直接的重要启示意义。"④"以改革开放，社会主义市场经济，人民民主、造福人民为本质特征的中国特色社会主义现代化道路，本质上是对

① 顾玉兰：《列宁社会发展理论研究》，南京师范大学博士学位论文，第1~10页。
② 王东：《系统改革论——列宁遗嘱，苏联模式，中国道路》，长春：吉林人民出版社，2014年，第432页，第528页。
③ 《邓小平文选》（第三卷），人民出版社，1993年，第179页。
④ 黄宗良、项佐涛：《热话题与冷思考——关于列宁和列宁主义若干重要问题研究的对话》，《当代世界与社会主义》，2020年第2期。

苏联模式的根本突破,对列宁遗嘱的继承发展。"①同时,也有学者指出,中国的前进道路上依然需要不断以列宁主义为指导进一步完善我们的社会主义。"当下,中国特色社会主义虽然总体上已经超越了列宁最后的构想,但在前进的道路上还面临很多难啃'硬骨头',诸如在完善社会主义民主、加强无产阶级政党建设等等问题上,依然需要从列宁那里继续得到启迪,需要根据列宁提出的线索寻找新时代解决问题的思路。"②可见,研究列宁主义及其中国化历史进程依然具有重要现实意义和时代价值。

（二）主要分歧

在有共识的基础上,学界对列宁主义的中国化研究也存在以下几个方面的主要分歧。

1. 关于列宁主义内涵上的分歧

从其一般性来讲,有学者提出,列宁主义是"列宁探索由俄国革命带头实现世界共产主义的思想体系。"③"列宁主义的中心议题是推动俄国社会革命和社会建设,使经济文化落后国家走向社会主义道路。"④从其特殊性来讲,有学者提出,列宁主义是"在解决俄国问题的过程中产生的,它是马克思主义同俄国实际相结合的产物,是适合俄国实际的科学理论。"⑤它之所以能够指导中国革命,是因为列宁主义"集中体现了落后国家社会主义发展之路中的某些规律性现象。"⑥可见,学界对于什么是列宁主义的理解尚不统一。其根源在于,如何看待列宁主义来源于俄国实践的特殊性与其揭示规律的一般真理性之间的关系问题。一方面,列宁主义是在指导俄国无产阶级革

---

① 王东:《系统改革论——列宁遗嘱,苏联模式,中国道路》,吉林人民出版社,2014 年,第 6 页。
② 朱可辛:《在准确理解列宁的基础上坚持和发展列宁主义》,《理论视野》,2020 年第 4 期。
③ 高放:《"列宁主义"再认识》,《探索》,2008 年第 4 期。
④ 张士海:《马克思主义大众化视域中的科学"列宁主义"观研究》,《当代世界与社会主义》,2011 年第 1 期。
⑤ 俞良早:《关于列宁主义的定义、体系和方法等问题》,《湖北行政学院学报》,2003 年第 2 期。
⑥ 张光明:《从俄国革命之路看列宁的政治遗产》,《中国浦东干部学院学报》,2018 年第 5 期。

命和无产阶级政权建设实践中形成的，具有来源于并适用于俄国实践的特殊性，另一方面，列宁主义也是对马克思主义科学世界观、方法论的继承和发展，揭示了落后国家首先开展无产阶级革命的一般规律，具有指导他国无产阶级革命和社会主义建设实践的一般意义。由此，注重对特殊性开展研究的学者则更乐于分析中国共产党对列宁主义的发展和超越；①注重对列宁主义的一般规律性进行阐发的学者，则更关注中国共产党理论创新成果对列宁主义的继承和坚持。②

然而，也有人从相反的角度，否认列宁主义是对马克思、恩格斯理论的继承，甚至认为列宁主义是用非马克思主义指导了中国实践。中国共产党是在列宁主义建党理论指导下的列宁式政党，而非马克思主义政党。因此，他们说："十月革命一声炮响给中国送来的不是马克思主义而是列宁主义"。甚至有人提出抛弃列宁主义的当代研究，因为列宁主义当中所强调的革命和专政已经脱离了和平与发展的当今时代主题。甚至将上个世纪末的苏联解体和东欧剧变都归因于列宁在尚不成熟的条件下发动的十月革命，归因于落后国家首先建立的孱弱的苏维埃社会主义制度不成熟。由此，将列宁主义看做是造成整个国际共产主义运动陷入低潮的原罪。这种观点是西方

---

① 如，王德存：《列宁辩证法构想的继承和创新——从毛泽东到邓小平的辩证法思想》，《兰州大学学报》，2003 年第 2 期；刘晶芳：《继承、创新与局限——新民主主义社会论与马克思主义关系考析》，《中共党史研究》，2010 年第 2 期；俞良早：《经典作家关于工农政权解决农民问题的理论及其在当代中国的发展》，《江汉论坛》，2010 年第 12 期；姚春林：《论邓小平对列宁新经济政策的继承和创新》，《人民论坛》，2013 年第 35 期；张云：《列宁解决农民问题的理论与实践对转型时期中国农村改革的启示》，《长江大学学报》（自科版），2015 年第 33 期；曾荣：《延安时期毛泽东对列宁哲学思想的运用和发展》，《党的文献》，2020 年第 4 期等。

② 如，赵艳琼：《论列宁灌输理论在现代思想政治工作中的运用》，《学术论坛》，2000 年第 2 期；何建华：《列宁的政治伦理思想及其当代价值》，《中共中央党校学报》，2009 年第 1 期；韦绍忠：《论列宁的灌输理论对当前思想政治工作的指导作用》，《理论观察》，2013 年第 1 期；段治文、石然：《早期共产党人对列宁主义的认识新探》，《中共贵州省委党校学报》，2014 年第 1 期；张文：《列宁建党学说对我国党建的现实意义》，《改革与开放》，2016 年第 23 期；杨承训：《面向实际把脉时代 坚持发展马克思主义——学习列宁理论创新的品格和方法论》，《毛泽东邓小平理论研究》，2020 年第 2 期等。

"列宁学"的流行观点。如,尤·布尔金所著的《三个列宁》就认为列宁在俄国社会主义主义实践中越来越不像马克思主义者,甚至根本不是马克思主义者,而是渐进的"改良主义者"。对于中国而言,否定列宁主义就是否定中国共产党的的领导和中国的社会主义制度。因此,从中国革命、建设和改革的整个历史进程中去审视理解列宁主义,总结其经验教训对中国共产党而言尤为重要。

2. 关于列宁主义在中国的实践及其价值的分歧

一种观点认为,"列宁主义既有坚持、发展马克思主义的主流,也有教条式照搬甚至背离马克思主义之处。列宁主义是多于非,得大于失。列宁主义探索由俄国革命带头实现世界共产主义的理论虽然未能实现,但是它探索落后国家逐步建设建设社会主义的理论,至今仍有重要的现实意义。"[①]从列宁主义在中国实践的历史进程来看,"大体上经历了以下三个阶段,即新民主主义革命阶段,社会主义革命和社会主义建设阶段和建设中国特色社会主义阶段。在前两个阶段中,中国共产党人都犯过简单照搬十月革命经验和苏联模式的错误,同时在总结挫折教训的基础上又都有自己独立的创新。在当今建设中国特色社会主义的征程中,仍然面临着彻底铲除苏联模式弊病的艰巨任务。"[②]因此,运用列宁主义解决中国问题并非易事。需要全面掌握列宁主义理论本身的形成背景、主要内容、核心主旨等一系列基本问题,还要结合中国当时的时代问题和现实境遇,综合研判。而目前学术界针对这一问题开展专题性学术研究的成果相对较少。更多的研究成果集中于研究列宁某一思想对中国的价值和意义:如俞良早的《列宁坚持共产党领导思想的内容特色与当代价值》,许耀桐的《关于列宁民主集中制理论研究的

---

① 高放:《什么是列宁主义》,《同舟共进》,2007 年第 11 期。
② 高放:《从十月革命道路到中国特色社会主义道路》,《中国浦东干部学院学报》,2017 年第 6 期。

若干问题再探讨》,孙来斌的《列宁帝国主义论之价值澄明的三重维度》,韩庆祥的《列宁对俄国社会主义建设道路的探索及其当代意义》,王进芬的《列宁关于社会主义平等的理论阐释和实践探索及其启示》等等。又或者针对中国某一历史阶段的马克思列宁主义中国化经验教训进行分析:如梁柱的《于无声处听惊雷——论十月革命对中国革命的影响》,王丽荣的《列宁的"新经济政策"和邓小平理论之比较》,曾长秋的《列宁的新经济政策与邓小平的改革开放之比较》,蔡亚志的《列宁社会主义民主思想与中国特色社会主义民主政治建设》等等。

针对这样的研究现状,中外学者提出了要将列宁主义放到真实的历史境遇中开展研究的基本设想。如,针对全球化进程中资本主义新问题的产生,著作左翼学者齐泽克提出,"在当下的全球化条件下重述列宁,重述那种在帝国主义和殖民主义条件下重新制定革命规划的列宁主义态度"[1],从而实现"在列宁之中又超越列宁的列宁"[2]。中国学者张一兵也指出要"回到列宁",尝试用思想构境的方法重新拟现列宁哲学。回到列宁不是要回到列宁所生活的时代,而是要运用列宁主义的科学方法,解答当代问题。正如,2008 年全球性金融危机爆发后,西方民主社会主义政党开始集体"左"转,抛弃其所谓"超越左与右"的"第三条道路",强调国家干预、发展中小企业、保障劳动者权益等主张,坚持其产业工人、失业者和一般职员等社会中下层群众的政党定位,试图在马克思列宁主义中寻求破解时代问题的答案。更有西方共产党重新将列宁主义写进党章。[3] 因此,从中国、中国共产党的发展

---

① [斯洛文尼亚]斯拉沃热·齐泽克:《为列宁主义的不宽容辩护》,《马克思主义与现实》,2010 年第 2 期。

② [斯洛文尼亚]斯拉沃热·齐泽克:《〈帝国〉:21 世纪的〈共产党宣言〉?》,《国外理论动态》,2004 年第 8 期。

③ 2017 年 12 月,西班牙共产党在其党的二十大上,把列宁主义重新写进党章,并重提列宁主义和民主集中制,强调要进行社会主义革命。

历程中重新审视列宁主义是当代列宁主义研究的现实需要。

回到列宁，就是要回到中国共产党运用列宁主义解决中国问题的历史境遇中去，正本清源、返本开新。具体而言，就是要回答清楚，在中国共产党带领中国人民所进行的新民主主义革命中、社会主义革命和建设中、改革开放历史进程中，以及新时代中国特色社会主义实践中它究竟起到了什么样的作用。

3. 关于中国特色社会主义与列宁主义关系上的分歧

有学者提出，以进入小康社会为界，马克思列宁主义的中国化可以分为列宁主义"中国化"和马克思主义中国化两个阶段。① 后一阶段是对前一阶段的超越，称之为"马克思主义中国化"的新阶段。按照这样的观点，自马克思列宁思想传入中国之后的中国历史，被割裂为"列宁主义的中国化"和"马克思主义的中国化"两个历史时期。针对这种认识，习近平曾明确指出："我们党领导人民进行社会主义建设，有改革开放前和改革开放后两个历史时期，这是两个相互联系又有重大区别的时期，但本质上都是我们党领导人民进行社会主义建设的实践探索。中国特色社会主义是在改革开放历史新时期开创的，但也是在新中国已经建立起社会主义基本制度、并进行了 20 多年建设的基础上开创的。虽然这两个历史时期在进行社会主义建设的思想指导、方针政策、实际工作上有很大差别，但两者决不是彼此割裂的，更不是根本对立的。不能用改革开放后的历史时期否定改革开放前的历史时期，也不能用改革开放前的历史时期否定改革开放后的历史时期。"② 那么，为什么会出现割裂改革开放前后两个历史时期的错误认识呢? 从理论研究上来看，一个重要原因是在改革开放之后的马克思主义中国化研究中没有对列宁主

---

① 参见:马拥军、刘珍英《从列宁主义的中国化到马克思主义的中国化——再论中国化的马克思主义与中国特色社会主义》,《江苏行政学院学报》,2010 年第 2 期。

② 《习近平谈治国理政》(第一卷),外文出版社,2018 年,第 22~23 页。

义给予足够重视。由此造成了列宁主义的中国化研究短板。这种短板表现为三个方面的问题:一是学界对列宁主义的实质和内涵没有形成共识,导致人们对这一思想认识上的模糊。而人们在表述上常常用"马克思主义"指代"马克思列宁主义",或者直接丢掉列宁主义谈论马克思主义,使列宁主义处于一种"可有可无"的位置。二是忽视列宁主义在中国共产党历史当中的重要作用。以"马克思主义中国化"指代"马克思列宁主义中国化",一定程度上忽视列宁及其思想在解决中国问题中所起的作用,使人们形成了只有马克思、恩格斯的思想指导了中国实际的假象。三是忽视了对列宁继任者的思想理论研究,使人们在如何认识和评价斯大林的思想以及苏联模式等问题上讳莫如深。有学者指出:"改革开放以来,我国学者关于列宁主义的论著大都没有涉及后来斯大林是继承、发展或者背离、歪曲列宁主义这个重大而又敏感的问题。"①这样的状况一定程度上加深了人们对列宁主义的误解。

有学者认为,"一般地说,无论出于什么动机,持何种立场,都承认马克思主义传入中国是以列宁主义为中介的。这样,列宁主义的命运就紧紧地同马克思主义中国化的命运连在了一起。"②阐明列宁主义的科学性;理清中国共产党运用列宁主义解决中国问题的整体性历史进程;总结这一进程的基本经验,对开创二十一世纪马克思主义中国化、时代化新境界具有重要作用。这不仅关系着对二十世纪世界社会主义运动的正确评价和认识,更关系着如何走好中国特色社会主义道路,关系着整个社会主义制度的前途和命运。

(三)具体分歧

学界关于列宁建党理论与中国共产党的关系问题,关于列宁主义如何

---

① 高放:《重评列宁主义:四个新亮点》,《探索》,2015 年第 3 期。
② 侯惠勤:《紧紧抓住列宁主义研究的"当代问题"》,《河海大学学报》(哲学社会科学版),2015 年第 2 期。

指导落后国家首先进行无产阶级革命、建立无产阶级专政、开展社会主义建设等与列宁主义的中国化直接相关的一系列问题,均有不同见解,值得梳理。

1. 关于列宁建党理论与中国共产党的关系

列宁以马克思、恩格斯的思想为指导,根据俄国革命的具体实际,提出了建立新型无产阶级政党的一系列思想观点。但由于党长期处于较为困难的险恶生存环境之中,党比较强调集中。但列宁也始终将民主集中制视作是无产阶级政党的根本组织原则。即便如此,也有人揪住列宁所说的布尔什维克"就是一党专政"①;无产阶级的革命专政"是不受任何法律约束的政权"②等论断,指责列宁主义只强调一党专制,无产阶级政党执掌的政权缺乏民主。包括对在共产国际帮助下建立的中国共产党的看法,有人甚至提出了"中共、苏共在性质上是一回事。它们都主张暴力革命,建立无产阶级专政式的社会主义。"③中国共产党就是在"苏联列宁主义式政党组织模式"基础上建立的。它最大好处是解决了中国共产党"如何在一个思想已日趋多元化的新时代中保持一个团队对新意识形态的信仰"④问题,从而为革命胜利奠定了组织基础。也有人认为,中国共产党是一个在由社会中最优秀的人构成的政治精英团体,在领导中国革命走向胜利的过程中,"分解"了他自己的建党原则——列宁主义。⑤ 另外也有人将中国共产党的领导称作是"全能主义政权"的领导。中国共产党的领导的一个重要内容是对苏共统治经

① 《列宁全集》(第37卷),人民出版社,1986年,第126页。

② 《列宁选集》(第三卷),人民出版社,2012年,第594~595页。

③ 梁怡、李向前:《国外中国党史研究述评》,中共党史出版社,2005年,第154页。

④ 金观涛、刘青峰:《开放中的变迁—再论中国社会超稳定结构》,法律出版社,2011年,第241、242页。

⑤ 参见[美]本杰明·史华慈:《中国的共产主义和毛的崛起》陈玮译,中国人民大学出版社,2013年。

验的借鉴、选择和提炼，最终使中共对社会的管控优于苏联。①

　　这些观点，无论是将中国共产党、苏联共产党看做一回事，还是将中国共产党看做是对列宁主义的背离、对苏共的"超越"，其基本前提都是将两党作为缺乏民主、专注专政的反面代表，虽然一定程度上承认其历史功绩，但根本上并不认同共产党的治党、治国、治军理念。这无疑是对列宁建党理论的直接否定，也是对中国共产党历史功绩和执政合法性的否定，对中国特色社会主义道路的否定。当然，列宁领导下的布尔什维克党并非毫无缺陷，但是，如果不懂得用联系和发展的观点看待列宁主义就永远无法理解列宁主义，也无法理解中国共产党以及它所领导的中国特色社会主义的实质，更无法理解列宁主义的中国化内涵。正因为如此，有学者从对立统一的视角，对中国共产党如何继承和运用、坚持和发展列宁的建党理论给予了客观分析，提出"最重要的是要明确列宁思想中既有肯定的因素，又有否定的因素，达到两者之间的合理的辩证的统一。"②

　　2. 关于列宁无产阶级革命理论在中国的运用

　　列宁在领导俄国革命的过程中，基于对帝国主义时代条件下的资本主义经济特征和经济实质进行分析，得出了"社会主义可能在少数甚至在单独一个资本主义国家内获得胜利"的科学结论。列宁的这一判断是在熟练掌握马克思、恩格斯关于无产阶级革命的理论和世界历史理论的基础上做出的，是对他们学说的创造性发展。在列宁这一思想的指导下，落后国家首先开展并完成了无产阶级革命，开创出了帝国主义时代条件下无产阶级革命的新道路，为世界其他国家的革命积累了宝贵的、可借鉴的革命经验。然而，列宁的这一卓越贡献却时常被污蔑和诋毁。比如，有人认为列宁没有按

---

① See A. Doak Barnett, Communist China and Asia: Challenge to American Policy, Harper and Oxford University Press, 1960.

② 许耀桐：《列宁关于党政关系"二律背反"新析》，《同舟共进》，2012 年第 4 期。

照马克思、恩格斯著作中所设想的在资本主义生产力高度发达的基础上进行革命，是对马克思主义的修正和篡改，是后来苏联走向毁灭的原罪。落后俄国首先建成的苏维埃社会主义政权是"早产儿"，注定要失败。还有人指责列宁领导的十月革命是对马克思、恩格斯晚年提出的无产阶级合法、和平革命主张的曲解、篡改，认为列宁"暴力、血腥、残忍"。

与此相反，中国共产党始终认为："十月革命建立了一条从西方无产者经过俄国革命到东方被压迫民族的新的反对世界帝国主义的革命战线。"① 列宁所主张的这条落后国家首先开展的无产阶级革命道路直接影响了中国的社会变革方案。有学者认为，"十月革命对中国革命最大的、也是最直接的影响，就是给先进的中国人'送来了马克思列宁主义'，中国开始接受、传播马克思主义，并逐渐成为中国思想界的主流。"②"毛泽东在领导中国新民主主义革命的具体实践中，运用列宁主义理论和方法阐述了中国共产党领导权问题、农民运动问题、统一战线问题、武装斗争问题、民主革命与社会主义革命关系问题等。"③有人认为，中国共产党正是通过对"列宁符号"的建构与传播，实现了对中国革命的指导和动员。中国共产党在新民主主义革命中，从时间上、空间上、生活上建构了"列宁符号"，实现了中国革命的形象化、社会化，增强了革命动员、革命认同和革命信仰，并最终实现了中国化的马克思列宁主义。④ 不可否认，列宁的无产阶级革命理论对中国革命的指导作用是显而易见的。

然而，由于列宁去世后共产国际代替列宁行使了帮助中国革命的职责，

---

① 《毛泽东选集》（第四卷），人民出版社，1991 年，第 1357 页。
② 李瑞琴、王月玲：《十月革命 90 周年国际学术研讨会综述》，《思想理论教育导刊》，2008 年第 2 期。
③ 张士海：《马克思主义大众化视域中的科学"列宁主义"观研究》，《当代世界与社会主义》，2011 年第 1 期。
④ 参见胡国胜：《革命与象征：民主革命时期"列宁符号"的建构与传播》《党史研究与教学》，2012 年 3 期。

因此研究中国革命中对列宁主义的运用，不可忽视共产国际在其中发挥的具体作用。大多数学者均能相对客观的评价共产国际对中国共产党的影响，同时也认同周恩来在《共产国际和中国共产党》一文中所说的基本观点，即共产国际与中国共产党的关系"毛泽东同志说它是两头好，中间差。两头好，也有一些问题；中间差，也不是一无是处。"①国外学者也能够从正反两面阐述中国共产党与共产国际的关系。比如，有学者提出，共产国际是从苏联国家利益出发，制定其指导中国的革命的战略策略的。所以说，中国革命中的"左"、右倾错误都不乏共产国际在中国问题上的干涉原因。② 有学者肯定了共产国际在中国革命中所起的积极作用，在帮助中国共产党确定党的纲领、统一战线政策和政权建设方针上的积极作用。③ 但不可否认的是共产国际对中国革命正反两个方面的影响一定程度上左右了中国人民对列宁主义的认识和评价。

3. 关于列宁无产阶级政权建设思想在中国的运用

十月革命胜利之后，列宁要解决的问题由争得政权转为维护政权。摆在列宁面前的主要问题是如何在帝国主义国家联合围剿和国内反动势力持续破坏的状态下保障苏维埃政权的稳定，实现从落后农业俄国到先进工业俄国的转变，并引领世界无产阶级革命向前发展。针对现实问题，列宁在国内先后尝试了战争共产主义政策和新经济政策。

就战时共产主义政策而言，学者们一般认为，它是列宁针对当时苏维埃政权所面临的内外严峻形势而采取的非常措施。争论的焦点在于：列宁是

---

① 《周恩来选集》（下卷），人民出版社，1984年，第300页。
② 如，美国学者费尔南多·克劳丁的《共产主义运动——从共产国际到共产党和工人党情报局》；郭成棠的《陈独秀与中国共产主义运动》；海斯科克斯的《印度的共产主义与民族主义：罗易与共产国际的政策（1920—1939）》等。
③ 参见梁怡、李向前编：《国外中国党史研究述评》，中共党史出版社，2005年，第197页。

否想通过战时共产主义政策实现向共产主义的直接过渡。[①] 多数学者认为列宁一开始并不想通过这一政策实现直接过渡。战时共产主义政策只是特殊情形下的权宜之计,是现实情况的变化使列宁在过渡问题上发生了认识上的转变。列宁曾在《十月革命四周年》中描述了自己的这种思想转变。他说:"我们为热情的浪潮所激励,我们首先激发了人民的普遍政治热情,然后又激发了他们的军事热情,我们曾打算用这种热情直接实现与一般政治任务同样伟大的经济任务。我们原来打算(或者更确切说,我们是没有充分根据地假定)直接用无产阶级国家的法令,在一个小农国家里按共产主义原则来调整国家的生产和产品分配。现实生活说明我们犯了错误。"[②]以此为据,有学者提出,列宁的思想变化影响了落后中国社会主义过渡方案和建设方案的选择,成为中国社会主义改造的理论依据和落后中国致力于发展生产力的理论来源。同时,列宁面对错误时的坦诚态度以及纠正错误时的积极举措,充分体现了一个马克思主义革命者应有的高贵品质,被中国共产党继承并发扬。

就新经济政策及列宁晚年其他改革措施而言,学者们一般都认可其开创性意义。争论的焦点在于,列宁晚年所提出的新经济政策和其他改革思

---

① 如,俞良早:《关于过渡问题:论苏俄国内战争时期列宁关于社会主义的几个重要论断》,《理论学习月刊》,1994 年第 6 期;俞良早:《关于列宁"直接过渡"思想的探讨》,《马克思主义研究》,？1996 年第 3 期;陈波:《关于列宁"直接过渡"思想的再探讨——与俞良早同志商榷》,《马克思主义研究》,1997 年第 5 期;杭莉:《列宁的"战时共产主义"政策确实源于"直接过渡"的思想——与俞良早教授商榷》,《江汉论坛》,2001 年 5 期;李心华《建立在误读基础上的"新论"——评俞良早教授近年来对列宁的研究》,《学术月刊》,2006 年第 2 期;俞良早:《关于列宁基本理论认识的分歧与匡正——针对商榷的回应》,《学术月刊》,2006 年第 2 期;俞敏:《列宁对马克思"过渡时期"理论的重要发展及当代启示》,《社会主义研究》,2019 年第 1 期等。
② 《列宁选集》(第四卷),人民出版社,2012 年,第 569～570 页。

想的性质。^① 即这些新举措究竟是社会主义性质的，还是其他性质的？有人将这一问题上升到人类社会发展阶段的高度，认为列宁晚年提出在苏俄实行国家资本主义表明列宁终于承认资本主义的历史阶段不可跨越，是从事实上默认了孟什维克和合法马克思主义者的观点；认为列宁晚年承认了这些人所主张的俄国不经过资本主义就不能实现社会主义的观点。^② 无独有偶，有人根据列宁说的"国家资本主义是我们的救星"，是一种"退却"的论断，认为列宁晚年是要让俄国重新回到资本主义道路上去。进而有人认为，赞同列宁晚年新经济政策的人，效仿列宁采取利用资本主义建设社会主义的改革举措的人都是主张走资本主义的，都是违背马克思主义的，就连中国所实行的改革开放也是违背马克思主义的。这无疑是在从根本上否定了列宁主义、否定了改革开放、否定了中国共产党。

与上述观点相反，有人认为，新经济政策和列宁晚年的其他改革思想依然是社会主义性质的。新经济政策虽然表明列宁对社会主义的认识发生了改变。但这种改变只表明列宁突破了社会主义只能实行公有制、计划经济和按劳分配的传统社会主义观，开始形成一种新的利用商品货币关系和资本主义经济形式发展社会主义的"新社会主义观"。这种社会主义观的改变只表明列宁在实现向社会主义过渡时策略和方式的改变，并不表示列宁放弃了社会主义。^③ 不过，也有人指出，列宁晚年社会主义观的改变是整体上、

---

① 如，智效和：《列宁是否改变了马克思的社会主义观》，《政治学研究》，2002 年第 2 期；贺瑞：《列宁晚年新社会主义观探析》，《内蒙古师范大学学报》，2005 年第 1 期；苑秀丽：《理想与现实：解读列宁的社会主义观》，《当代世界与社会主义》，2006 年第 1 期；顾玉兰：《科学认识列宁主义及其当代价值——兼析质疑列宁主义当代价值的种种观点》，《马克思主义研究》，2011 年第 6 期；张恒赫、左亚文：《实践范式和思想转折：列宁晚年社会主义观的演化逻辑及其时代启示》，《马克思主义哲学研究》，2016 年第 2 期等。

② 参见王丽华：《国外列宁研究的不同观点》，《当代世界与社会主义》，2005 年 06 期。

③ 如，苑秀丽：《理想与现实：解读列宁的社会主义观》，《当代世界与社会主义》，2006 年第 1 期；杨晋川：《论列宁晚年思想及其实质》，《北京社会科学》，1994 年第 2 期。

根本上的改变,是"社会主义观的大转变",不仅仅是策略上的,也不仅仅是个别提法和个别论点上的变化。① 无论是社会主义观的根本改变,还是方法策略的调整,上述观点实际上承认了列宁新经济政策和晚年改革思想是在社会主义框架下的改革,是一种社会主义前提下的改革创新,是中国共产党的重要思想来源和理论指南。

就中国社会主义建设实践中的列宁主义因素而言,中外学者的研究视角并不相同。外国学者一般不把列宁主义与苏联模式区别对待,他们更愿意将中国问题与同时期的苏联社会主义进行比较,并分析中苏关系由热转冷的历史过程及个中缘由。有人认为中国在效仿苏联的过程中开创了一种超越传统苏联社会主义模式的"后社会主义"方式。② 也有外国学者将中国的社会主义建设看做是对苏联模式的模仿,③并认为中国特色社会主义在一定意义上是对"苏联模式"的抛弃和超越。而国内学者更愿意从列宁主义中为中国的社会主义建设和改革之路溯源,分析两者之间的关系,形成了大量的高水平的研究成果。比如,有人全面讨论了邓小平理论与列宁理论之间的渊源关系。④ 也有人认为,关于落后国家的社会主义建设问题,毛泽东、邓小平同列宁在《论我国革命》一文中的观点完全一致。⑤ 还有人提出列宁《哲学笔记》中蕴含的系统辩证法思想、列宁晚年的新经济政策道路,及其晚年探索落后国家建设社会主义道路的战略构想,才是列宁全部思想的真正轴

① 参见王东:《系统改革论:列宁遗嘱,苏联模式,中国道路》,吉林人民出版社,2014年,第431页。
② 参见[美]阿道夫·德里克《后社会主义:论"有中国特色的社会主义"》,《关心亚洲学者学报》,1989年第1期。
③ 《剑桥中华人民共和国史1949—1965》阐述"革命的中国的兴起",分为2篇11章,第一篇就叫"模仿苏联模式"。
④ 参见俞良早《邓小平理论与列宁后期思想》,中共中央党校出版社,1997年。
⑤ 参见沙健孙《列宁论俄国进行社会主义革命的时代和社会历史条件:〈论我国革命——评尼·苏汉诺夫的札记〉研读》,《思想理论教育导刊》,2011年第4期。

场问题。从而为后文深入分析中国革命、建设和改革实践中具体的、历史的列宁主义奠定了坚实基础，也为总结列宁主义的中国化历史经验推进马克思列宁主义在中国的深入发展提供了事实依据。以事实为依据，才能真正抵挡的住历史上和西方一些人对列宁主义的质疑和歪曲，彰显了列宁主义的时代价值。

第三，明确了中国特色社会主义道路的理论来源和历史来源。中国的社会主义实践经历了改革开放前和改革开放后两个历史时期、两种发展方式。这其中，既有列宁主义的影响，也有斯大林思想、苏联模式等列宁之后的社会主义理论和实践的影响。回顾和梳理列宁主义的中国化历史进程，才能具体的、历史的分析列宁及其后各种思想理论对中国道路不同影响，及其在中国共产党决策中所起的作用，从而更加坚定中国特色社会主义的理论自信、道路自信、制度自信和文化自信。

三、研究重点和难点

研究中具体包括以下几个方面的研究重点。

第一，核心概念阐述：包括对列宁主义和列宁主义的中国化两个核心概念的内涵、特点、实质的分析。重点关注列宁主义与马克思主义，列宁主义的中国化与马克思主义中国化的关系问题。

第二，重要史料分析：包括两个方法内容，一是对列宁经典著作、共产国际文件及苏联其他个人、团体、组织的著作在中国出版情况的分析。具体指中国共产党成立之前，各大报刊杂志对列宁著作的传播和介绍；中国共产党成立之后对列宁和斯大林著作的出版情况，以及共产国际向中国发出的各种指示文件的基本内容；新中国成立后，列宁、斯大林以及苏联学者相关理论著作、苏联教科书等在中国的出版情况。二是对中国共产党历史上重要文件和重要会议的基本内容的整理分析。

第三,历史进程梳理:包括对中国新民主主义革命、社会主义革命和建设、改革开放、中国特色社会主义进入新时代四个历史阶段上中国共产党运用列宁主义解决中国问题历史过程的梳理,从而回答列宁主义在中国如何发挥作用,发挥了何种作用,具有何种历史价值等基本问题。

第四,经验启示总结:综合对比不同历史时期中国共产党对列宁主义的运用和发展以及列宁主义在苏联的历史境遇,总结列宁主义在中国的理论生成过程,阐明中国共产党在运用列宁主义解决中国问题过程中形成的历史经验。

在以上研究重点中,尝试突破以下两个方面的研究难点:

第一,列宁主义的中国化与马克思主义中国化的关系问题。这一问题的背后是列宁主义与马克思主义的关系问题。但大篇幅的分析列宁本人思想与马克思、恩格斯本人思想的异同,并不是本课题的研究重点。研究中,笔者并不试图将列宁主义从马克思列宁主义理论体系中剥离出来,也不试图区分狭义上的马克思、恩格斯本人的思想与列宁个人理论的具体差异,而是对马克思主义给以广义和狭义上的区分,将列宁主义的中国化作为"马克思主义中国化"的题中之义加以强调。从而避免专门研究列宁主义的中国化,却割裂了列宁主义同马克思主义、列宁主义的中国化同马克思主义中国化的关系。同时,在阐述问题的过程中紧紧围绕列宁主义,围绕党的领导人所掌握的列宁主义文本,以凸显列宁主义的中国化特殊性及其历史经验的独特性。列宁主义的中国化研究不是要否定马克思主义中国化,而是为了进一步推进其中国化,服务于中国化马克思主义理论发展和社会主义建设实践。

第二,列宁主义的中国化历史进程中,共产国际、斯大林以及苏联模式等相关因素对中国的影响问题。关于共产国际与中国共产党的关系,毛泽东、周恩来等党的领导人从积极方面、消极方面都有过总结,中国共产党历史文献中也均有论述。而斯大林和苏联模式对中国的影响虽不是本课题的研究重点，但这一问题的背后涉及的是斯大林的思想、苏联错误实践所形成的苏联模式与列宁主义的关系问题。不可否认，从中苏两国、两党的历史渊源来看，研究列宁主义的中国化历程，不可无视斯大林的思想和苏联社会主义实践。诚然，斯大林在列宁主义的通俗化和普及化上做出了贡献，但他的思想并不等于列宁主义。从斯大林对列宁主义的定义①看，斯大林更看重列宁的无产阶级革命和专政理论，而不是列宁对社会主义建设的主张以及晚年对社会主义认识上的转变。苏联社会主义实践中的错误并不是列宁主义造成的。就苏联社会主义实践与列宁主义的关系而言，值得警惕的是这样一种错误认识：苏联亡党亡国代表着列宁主义的失败。从世界社会主义五百年来的发展历程来看，苏联的失败并不代表列宁主义的失败，更不代表社会主义制度的失败。只是说明苏联式的社会主义建设方式不符合客观实际、不符合苏联人民需要、不符合社会历史发展趋势。中国在仿照苏联建设自己的社会主义过程中，也曾因为多重原因的综合作用出现了失误。中国共产党在总结历史经验时，已经明确指出这是由于理论脱离中国实际，教条式的理解和运用马克思列宁主义的结果。今天，习近平也多次谈到过这个问题。中国共产党十九届六中全会通过的《关于党的百年奋斗重大成就和历史经验的决议》中明确指出："在探索过程中，虽然经历了严重曲折，但党在社会主义革命和建设中取得的独创性理论成果和巨大成就，为在新的历史时期开创中国特色社会主义提供了宝贵经验、理论准备、物质基础。"②因此，合理区分苏联错误社会主义实践与列宁主义的关系对深入理解中国特

---

① 斯大林指出："列宁主义是帝国主义和无产阶级革命时代的马克思主义。确切些说，列宁主义一般是无产阶级革命时代的理论和策略，特别是无产阶级专政的理论和策略。"《斯大林选集》（上册），人民出版社，1979 年，第 185 页。

② 《中共中央关于党的百年奋斗重大成就和历史经验的决议》，人民出版社，2021 年，第 14 页。

色社会主义道路上的问题具有重要现实意义。归根到底,研究列宁主义的中国化问题,关键和核心是从中国实际出发,解决中国问题,这是笔者开展研究的初心和使命。

四、创新点

1. 视角上的创新

从整体性视角和中国问题视域审视列宁主义在中国的历史进程,开展研究。近代以来的中国革命、建设、改革是对列宁主义在实践上的应用与检验,在理论上的结合与创新,在方法上的借鉴与升华的统一。中国人对列宁主义的认识和评价曾被教条主义所左右,也曾被当下现实所局限,但最终回归到了实事求是的正确态度。概言之,近代以来,中国人民始终围绕着争取民族独立、人民解放,实现国家富强和人民幸福的历史性课题而不断奋斗。因此,笔者在列宁主义的中国化研究角度上,将问题视域与文本视域相结合,分析了中国共产党在将列宁主义基本原理与中国具体实际相结合的过程中如何解决历史性课题、推动实现中华民族伟大复兴。

2. 观点上的创新

列宁主义的中国化是马克思主义中国化的重要组成部分,是中国共产党运用列宁主义解决中国问题的历史过程。在新民主主义革命时期,列宁的民族和殖民地理论首先通过共产国际和中共驻共产国际代表传入中国,直接影响了中国革命。在社会主义革命和建设时期,中国共产党以列宁的无产阶级政权建设思想为指导,结合中国实际,加强了执政党建设,创造了无产阶级专政的中国形式和向社会主义过渡的中国办法。然而,受错误思想干扰,中国共产党在后来的社会主义实践中出现了脱离中国所处的社会主义历史阶段、脱离中国实际片面强调列宁部分著作的个别思想观点,教条化运用列宁主义理论的问题,导致了中国社会主义建设道路上的曲折。在改革开放时期，中国共产党重新审视中国实际，科学运用列宁主义的立场、观点、方法，借鉴其晚年对社会主义认识上的根本改变观，探索出了中国特色社会主义之路，实现了对列宁主义的新发展和再创新。最终，实现了习近平新时代中国特色社会主义思想对列宁主义的超越。

3. 方法上的创新

史论结合，以所掌握的一手资料为依据，历史的、具体的开展论证。在阅读列宁文稿、书信等原著的基础上，广泛收集并整理列宁著作在中国刊载、出版发行的一手资料，早期仁人志士文稿中关于列宁思想及列宁文献的介绍资料，以及共产国际、中苏历史档案中涉及与中国、中共问题的文献资料。如，民国报刊杂志、《列宁选集》《毛泽东选集》《中共中央文件选编》《建国以来重要文献选编》《共产国际、联共（布）与中国革命文献资料选辑》《马克思主义在中国早期传播史料长编》《列宁主义在中国早期传播史料长编》等文献资料中关于列宁、列宁著作、斯大林著作、共产国际指示信、苏联教科书等相关文献的推介情况。采取此研究方法的目标是希望能够更加客观、全面的还原列宁主义的中国化历史进程。

第一章 列宁主义的中国化基本问题

列宁出生于 1870 年 4 月 22 日,逝世于 1924 年 1 月 21 日。列宁出生时,正值中国人救亡图存探索的重要历史时期。时值国内太平天国运动余波未平,新的洋务派的实业兴国运动已经开始。列宁去世时,中国革命正要迈入新的历史进程。其标志性事件是国民党第一次全国代表大会的召开。会议决定国民党同共产党正式开始革命合作。国共合作的开始表明中国共产党已经成为一支不容小觑的政治力量走上了领导中国人民开展无产阶级革命的新道路。可见,列宁在世的年代,正值中国国内战乱频仍,救亡图存之路由迷茫到明朗的时期。列宁在中国的近邻俄国所领导的十月革命直接影响了中国救亡图存道路的选择。这个指导了俄国革命实践的列宁主义是 19 世纪末 20 世纪初的马克思主义,是俄国化的马克思主义。它继承并发展了马克思所创立的唯物主义历史观,推动世界历史由资本主义阶段走入到了无产阶级革命和社会主义革命进程中。列宁主义是关于无产阶级和被压迫民族解放的学说,其理论主旨与中国的历史性课题相契合。中国共产党运用列宁主义解决中国问题,形成了列宁主义的中国化客观历史事实。百年来,党对列宁主义的运用和发展、继承和创新,形成中国化的列宁主义理论成果,即中国共产党的理论创新成果。中国化的核心主旨始终是在发挥中国共产党和中国人民历史主动性、能动性的过程中解决好中国问题。

第一节　列宁主义的特点和内涵

"列宁主义"一词并非列宁本人提出，该词在使用之初是各类非布尔什维克的人用来攻击列宁的。[①] 但这并不能否定列宁本人和列宁的思想主义对推动俄国无产阶级革命以及指导世界工人运动和民族解放运动的巨大历史作用。正如马克思主义所揭示的，"一切划时代的体系的真正的内容都是由于产生这个体系的那个时期的需要而形成起来的。"[②]划时代的列宁主义同样是由时代造就的。"马克思主义和列宁主义都没有终结。列宁主义本身就是一条俄国通向历史复兴之路。但不幸的是，人们普遍没有对这些不同的概念加以区分，以至于不仅在俄国，而且在世界任何地方，人们都不能对此进行清晰的思考。"[③]于是乎，阐述清楚作为中国共产党指导思想的列宁主义基本内涵尤为重要。

一、列宁主义的形成过程

从上世纪 20 年代，俄国人首次从正面意义上提出并用自己的话语体系构架起整个列宁主义的理论体系，距今已近百年。同其他一切科学理论一样，列宁主义的形成和发展也经历一个从实践到理论、再从理论到实践的循环往复、螺旋上升过程，是历史实践逻辑与理论生成逻辑的辩证统一。

[①] 正面意义上的"列宁主义"一词首次提出是 1923 年列宁病危之际由他的战友加米涅夫首先使用的，1924 年 1 月 21 日列宁逝世后，苏共中央在讣告中正式提出。同年，斯大林在斯维尔德洛夫大学演讲中阐释了"列宁主义"这个概念："列宁主义是帝国主义和无产阶级革命时代的马克思主义。确切些说，列宁主义一般是无产阶级革命时代的理论和策略，特别是无产阶级专政的理论和策略。"《斯大林选集》(上册)，人民出版社，1979 年，第 185 页。

[②]《马克思恩格斯全集》(第 3 卷)，人民出版社，1960 年，第 54 页。

[③] 伊曼纽尔·沃勒斯坦、高静宇，《当今的列宁和列宁主义：对话沃勒斯坦》，《国外理论动态》2012 年第 9 期，第 1~5 页。

从历史实践逻辑上看,列宁主义形成并发展于世界历史进入到帝国主义时代的总的历史背景之下。这个时代中,资本主义蓬勃发展并日益垄断世界,无产阶级日益崛起并不断争取权益。发展与斗争并存,合作与革命此起彼伏。就列宁所生活的环境而言,沙皇俄国的封建专制统治制度与俄国新兴的资产阶级矛盾不断激化,人民生活在水深火热之中,促使列宁思考变革社会制度的有益良方。面对内忧外患,列宁通过分析各资本主义国家的经济特征和经济运行方式,提出资本主义已经发展到垄断阶段。垄断性、寄生性、腐朽性、垂死性是这一时期资本主义经济的基本特征。列宁将这种垄断资本主义称之为帝国主义。在帝国主义条件下,马克思所揭示的资本主义社会的基本矛盾并没有改变,不仅没有改变甚至日益激化;资本剥削不仅没有消失甚至更加广泛深入。这个矛盾表现在阶级关系上,就是帝国主义内部的统治者和劳苦大众之间的矛盾不断积聚,有产者和无产者之间的斗争日益激烈。帝国主义的时代条件,为无产阶级革命提供了更加充分的历史机遇和现实基础。帝国主义的时代是发展到"垄断组织和金融资本的统治已经确立、资本输出具有突出意义、国际托拉斯开始瓜分世界、一些最大的资本主义国家已把世界全部领土瓜分完毕这一阶段的资本主义。"①基于这种历史现实,列宁提出,在俄国进行无产阶级革命正是"历史现在向我们提出的当前任务,是比其他任何一个国家的无产阶级的一切当前任务都更革命的任务。实现这个任务,即摧毁这个不仅是欧洲的同时也是(我们现在可以这样说)亚洲的反动势力的最强大的堡垒,就会使俄国无产阶级成为国际革命无产阶级的先锋队。"②基于此,列宁承担起历史重任,组织并领导了无产阶级先锋队——布尔什维克党。列宁领导这个党开展了立场坚定而又

① 《列宁选集》(第二卷),人民出版社,2012年,第651页。
② 《列宁选集》(第一卷),人民出版社,2012年,第315页。

列宁主义是能够指导实践的科学理论。这是因为，列宁主义反映并揭示了客观世界背后所蕴藏的一般联系和一般规律。毛泽东有句经典名言，说的就是这个道理。"'实事'就是客观存在着的一切事物，'是'就是客观事物的内部联系，即规律性，'求'就是我们去研究。"①列宁主义研究了落后国家首先开展无产阶级和社会主义建设的现实问题，揭示了其中蕴含的一般性原则和特殊性规律，因而成为其他落后国家走无产阶级革命之路的科学理论指南。理论从实践中得来，最终还要回到实践中去，这体现的正是唯物史观和唯物辩证法的基本观点和基本方法。因此，列宁时刻都在实践中检验着、发展着自己的理论。比如，列宁的帝国主义理论揭示了他所生活那个时代中资本主义经济运行的一般规律，即自由资本主义进入垄断阶段后所呈现的新特征和新诉求。基于此，无产阶级革命才有了新的发生条件和新的革命策略。所以说，脱离了列宁对资本主义经济一般规律的理论分析，革命运动都会缺少方向。同样，如果没有列宁对以俄国为代表的落后国家首先开展无产阶级革命的一般规律的总结，也不会出现以中国为代表的东方落后国家走上无产阶级革命的世界革命浪潮，更不会在后来出现一个能够与资本主义世界相抗衡的社会主义阵营。这其中蕴含的正是唯物史观视域下世界历史发展一般性与特殊性的辩证统一规律。因此，指导了俄国和其他落后国家革命实践的列宁主义，一来是揭示客观规律的科学理论；二来是经过实践检验，被实践所证明了的真理。把科学的理论和具体的实际相结合，就能够解决问题。正如，列宁针对俄国苏维埃政权建设问题所分析的那样，"理论在变为实践，理论由实践赋予活力，由实践来修正，由实践来检验。"②"抽象的真理是没有的，真理总是具体的。"③所以我们的结论是："必

---

① 《毛泽东选集》（第三卷），人民出版社，1991年，第801页。
② 《列宁选集》（第三卷），人民出版社，2012年，第381页。
③ 《列宁全集》（第12卷），人民出版社，1987年，第273页。

须时刻记得列宁的话：对于具体的事物作具体的分析。"①理论最终还是要"和实际相结合，要分析研究实际情况，解决实际问题"②。而"坚持实事求是不是一劳永逸的，在一个时间一个地点做到了实事求是，并不等于在另外的时间另外的地点也能做到实事求是，在一个时间一个地点坚持实事求是得出的结论、取得的经验，并不等于在变化了的另外的时间另外的地点也能够适用。"因此，"我们要自觉坚定实事求是的信念、增强实事求是的本领，时时处处把实事求是牢记于心、付诸于行"③。在理论与实践的双向互动中，推动科学真理不断中国化。

（二）列宁主义是开放的理论

所谓开放的理论，就是能够生长和更新的理论。开放的理论能够根据时间、地点、条件的变化不断进行自我丰富、自我发展和自我完善，不是僵化的、保守的、故步自封的，而是前进的、发展的、创新开放的。列宁曾经尖锐的指出那些根据教科书上的"公式"分析俄国问题，否定任何形式的创新的非布尔什维克知识分子"总是很迂腐"，"总是固守着一些'金科玉律'"，而没有发现现实条件的变化。究竟应该如何认识和运用马克思主义呢？列宁说："恩格斯在谈到他本人和他那位著名的朋友时说过：我们的学说不是教条，而是行动的指南。这个经典性的论点异常鲜明有力地强调了马克思主义的往往被人忽视的那一方面。而忽视那一方面，就会把马克思主义变成一种片面的、畸形的、僵死的东西，就会抽掉马克思主义的活的灵魂，就会破坏它的根本的理论基础——辩证法即关于包罗万象和充满矛盾的历史发展的学说；就会破坏马克思主义同时代的一定实际任务，即可能随着每一次新

① 《毛泽东选集》（第一卷），人民出版社，1991年，第317页。
② 《邓小平文选》（第二卷），人民出版社，1994年，第114页。
③ 《习近平谈治国理政》（第一卷），外文出版社，2018年，第26页。

的历史转变而改变的一定实际任务之间的联系。"①具体到俄国实际，列宁清醒地认识到："我们不是学理主义者。我们的学说不是教条，而是行动的指南。我们并不苛求马克思或马克思主义者知道走向社会主义的道路上的一切具体情况。"②"我们决不把马克思的理论看做某种一成不变的和神圣不可侵犯的东西；恰恰相反，我们深信：它只是给一种科学奠定了基础，社会党人如果不愿落后于实际生活，就应当在各方面把这门科学推向前进。"③列宁主义就是在对马克思、恩格斯学说的丰富和发展中形成起来的，也必将不断在实践中丰富和发展着自己的理论。

列宁主义的开放性还体现在列宁对革命策略和方针政策的适时调整和不断创新上，即列宁始终强调的时刻保持革命的灵活性。在一定程度上，列宁将无产阶级的革命策略是否具有极大的灵活性提高到了关系社会主义革命兴衰成败的高度。他说："战略策略的正确与否，虽然不能改变社会发展的总的历史趋势，但它可以加速或延续，促进或阻碍无产阶级斗争及社会历史的发展进程。"④而列宁所说的正确的战略策略，无不是根据现实状况的改变而随时改变的战略策略。这一点在列宁的主张中体现得尤为明显。比如说，列宁原本认为各方面条件更加成熟的德国才能承担起引领世界无产阶级革命的历史重任，先于其他国家首先取得无产阶级革命的胜利，而非帝国主义链条上的薄弱俄国。但第一次世界大战，使俄国成了矛盾最集中的国家，成为最有利于完成无产阶级革命的国家。在内外矛盾激化的情况下，列宁果断调整革命策略，主动领导革命，最终实现了十月革命的胜利。再比如说，列宁原本想要承袭"战时共产主义"政策的有益成果，在俄国通过"直接

① 《列宁专题文集·论马克思主义》，人民出版社，2009年，第157页。
② 孙来斌：《列宁的马克思主义观》，《学习论坛》，2009年第2期。
③ 《列宁选集》（第一卷），人民出版社，2012年，第274页。
④ 李忠杰：《列宁主义论纲》，广西人民出版社，1992年，第415页。

过渡"的方式建成社会主义。而实践中,列宁发现马克思、恩格斯在书本上所设想的共产主义政策并不符合俄国当时实际,"现实生活说明我们错了"。由此,通过国家资本主义向社会主义迂回过渡成了列宁的新选择。列宁的这些转变和调整都说明:列宁的思想是开放的、与时俱进。

在列宁看来,战略策略要想具有灵活性,还必须从实际出发,随实际变化。以革命队伍的联合为例,在无产阶级革命的准备阶段,工人阶级的力量不足以独立完成落后俄国的无产阶级革命,列宁随即提出建立"无产阶级和农民的联盟"。他通过联合工农的方式,壮大了革命队伍,奠定起了无产阶级革命取得胜利的阶级基础和群众基础;在民主革命胜利后,列宁也表示赞成通过建立联合政府的方式,实现无产阶级和资产阶级的联合执政,从而为被压迫人民争取权利;而当联合政府的设想失败后,当革命高潮来临时,列宁又迅速认识到掌握革命领导权的重要性,抓住时机,组织工农武装力量的大联合,发动了十月革命。十月革命的最终胜利说明:在革命斗争中适时地、与时俱进地调整战略策略是实现胜利的重要条件和保证。由此,列宁在总结俄国无产阶级革命经验时说,从党成立的 1903 年到无产阶级革命胜利的 1917 年,十五年间,除俄国外的其他国家"在革命经验方面,在各种运动形式——合法的和不合法的、和平的和激烈的、地下的和公开的、小组的和群众的、议会的和恐怖主义的形式——更替的迅速和多样性方面,都没有哪怕类似这样丰富的经历。"①这种经历是俄国无产阶级革命取得成功的关键因素之一。直到十月革命胜利 4 周年之后,列宁仍然感慨地说:"我们也学会了——至少是在一定程度上学会了革命所必需的另一种艺术:灵活机动,善于根据客观条件的变化而迅速急剧地改变自己的策略,如果原先的道路

---

① 《列宁选集》(第四卷),人民出版社,2012 年,第 137 页。

在当前这个时期证明不合适，走不通，就选择另一条道路来达到我们的目的"①。所以说，列宁主义是不断进行自我调整和自我发展的理论，是始终保持开放的理论，是不断向前进的理论。

（三）列宁主义是人民的理论

中国共产党提出：为什么人的问题，是检验一个政党、一个政权性质的试金石。而政党政权的指导思想从根本上反映了这一政党、这一政权为什么人的问题。列宁主义作为中国共产党的指导思想，具有观照人类社会发展命运的价值取向，归根到底是人民的理论。列宁继承了马克思所说的具体的人、现实的人的思想观点，认同唯物史观所揭示的现实个体和人类社会的历史演进规律。在马克思看来，人的发展与社会发展相互作用、共同前进，要实现人的真正解放需要经历三个历史阶段：人的依赖关系条件下的前资本主义社会、物的依赖关系基础上的资本主义社会，以人的全面发展和自由个性为特征的共产主义社会。在这个历史演进中，人民群众是主体，是创造者，承担着推动历史进步的主体责任。为了满足人民不断增长的各种需要，社会生产力与生产关系相互作用、螺旋上升；经济基础与上层建筑的矛盾运动、协同前进，构成了人类社会向前发展的基本动力，使更高级的共产主义社会代替存在剥削和压迫的资本主义成为历史必然。而实现这一历史必然的路径和进程，"在民主的这种或那种形式上，在无产阶级专政的这种或那种形态上，在社会生活各方面的社会主义改造的速度上，每个民族都会有自己的特点"②。但"多样性不但不会破坏在主要的、根本的、本质的问题上的统一，反而会保证这种统一"③，保证人类社会向更高级社会形态演进的历史必然。所以说，人类社会的发展是一般性与特殊性的统一。正视历史

---

① 《列宁选集》（第四卷），人民出版社，2012 年，第 569 页。
② 《列宁选集》（第二卷），人民出版社，2012 年，第 777 页。
③ 《列宁选集》（第三卷），人民出版社，2012 年，第 382 页。

发展的一般性和特殊性关系,不同的国家和民族就要根据本国人民的实际情况,通过调动起人民的积极性和能动性,推翻剥削和压迫,最终使所有人获得解放。这就构成了无产阶级革命的力量之源和动力之源——为人类求解放。

因此,列宁认为,无产阶级革命的最终目标不仅包括"有计划地组织社会生产过程来保证社会全体成员的福利和全面发展"[1],也包括"消灭人与人之间的分工,教育、训练和培养出全面发展的和受到全面训练的人"[2]。由此,无产阶级政权建立之后,还需要形成无产阶级的文化和共产主义的道德助推人的全面发展和彻底解放。"无产阶级文化应当是人类在资本主义社会、地主社会和官僚社会压迫下创造出来的全部知识合乎规律的发展。"[3]因为,任何东西都不是毫无来由凭空出现的,超人类和超阶级的概念并不存在。因此,"我们的道德完全服从无产阶级阶级斗争的利益。我们的道德是从无产阶级阶级斗争的利益中引申出来的。"[4]具体而言,无产阶级的道德是从无产阶级领导人民推翻民族压迫和阶级压迫的解放运动中锻炼出来的,体现在无产阶级的阶级自觉之中,服务于全人类的解放。无产阶级的"道德是为人类社会上升到更高的水平,为人类社会摆脱对劳动的剥削服务的"[5]。它超越了以往一切阶级社会的道德,是人类最高的精神追求,是人的自由全面发展的必备条件。基于此,列宁主义中所阐述的无产阶级革命、社会主义建设和改革的全部理论均围绕这一最高价值追求展开,列宁主义是为人民求解放的理论。

列宁主义的上述理论特点决定了它能够与各国具体实际相结合,能够

---

① 《列宁选集》(第三卷),人民出版社,2012 年,第 718 页。

② 《列宁选集》(第四卷),人民出版社,2012 年,第 159 页。

③ 同上,第 285 页。

④ 同上,第 289 页。

⑤ 同上,第 292 页。

实现民族化、具体化，当然也包括中国化。列宁在指导俄国人民运用马克思主义解决本国问题时就曾指出："我们认为，对于俄国社会党人来说，尤其需要独立地探讨马克思的理论，因为它所提供的只是总的指导原理，而这些原理的应用具体地说，在英国不同于法国，在法国不同于德国，在德国又不同于俄国。"①也就是说，中国共产党在领导中国人民运用列宁主义解决中国问题时，也应该像列宁对待马克思主义一样，将其作为总的指导原则，将其立场观点方法与中国具体实际相结合，服务于中国人民的解放和发展的全过程，继承和发展列宁主义，形成中国化的列宁主义理论和实践成果。

三、列宁主义的基本内涵

任何理论要上升为科学体系，必定是围绕问题而展开的理论和方法的综合系统。"什么叫问题？问题就是事物的矛盾。哪里有没有解决的矛盾，哪里就有问题。"②因此，把握列宁主义的基本内涵，就是要抓住它背后所蕴藏的矛盾及矛盾所反映的问题。继承马克思、恩格斯的思想，列宁所回答的是他所生活的那个时代条件下被压迫人民如何获得解放的问题。这中间的主要矛盾就是帝国主义时代条件下，资产阶级和无产阶级、压迫民族和被压迫民族之间的矛盾。整个列宁主义理论就是在分析和解答这对儿矛盾的过程中，对时代背景、理论逻辑和实践途径的全面阐发。

（一）新时代蕴含新矛盾：无产阶级革命发生条件转变

19 世纪下半叶，俄国周边的各欧洲国家均已完成工业革命，并随着资本主义大工业的发展，逐渐掌握世界霸权。俄国作为横跨欧亚大陆的传统大国，由于沙皇封建制度顽固不化，并没有在 17、18 世纪的欧洲工业革命中抢

---

① 《列宁选集》（第一卷），人民出版社，2012 年，第 274~275 页。
② 《毛泽东选集》（第三卷），人民出版社，1991 年，第 839 页。

得先机,遂成为帝国主义链条中的最薄弱环节。这一"薄弱环节"在新一轮
科技革命的推动下,在周边帝国主义国家的裹挟下,变成了整个 20 世纪世界
无产阶级革命运动的中心。这其中,有其历史必然。

这种必然性首先表现为俄国国情的特殊性。19 世纪 60 年代,俄国才刚
刚在新兴的资产阶级及欧洲现代工业制度的冲击下,推翻了国内持续了三
个半世纪的封建农奴制度。这种制度的终结,虽然在一定程度上为俄国国
内自由资本主义的发展提供了宽松的政治经济环境,弥补了国家工业体系
的不足,但同时也进一步加剧了俄国社会矛盾的复杂程度和尖锐程度。就
社会成员的构成而言,资本主义经济的迅速扩张使俄国大量农民失去了土
地,不得不投身现代经济运行之中,成为产业工人。城市小资产阶级也在自
由竞争中贫富差距迅速拉大,生活水平低下,受资本剥削严重的无产者队伍
不断壮大。这些人。然而,与此同时,俄国国内仍然存在大量封建残余势
力。封建地主阶级凭借所掌握的农村土地资源,压迫农民,排斥资本主义经
济。在封建势力与资本主义势力的争权夺利中,人民生活困苦不堪。再加
上俄国周边的帝国主义国家为追逐利益而不断加剧的全球扩张,最终使世
界范围内的无产阶级和资产阶级、殖民地半殖民地地区和宗主国、帝国主义
国家之间的矛盾不断加剧,并向全球蔓延。这种矛盾在生产力水平落后的
俄国表现得尤为明显。"无产阶级、农民群众与沙皇专制制度、封建地主阶
级、资产阶级的矛盾,资本主义与农奴制残余的矛盾,民族矛盾,俄国人民与
西方帝国主义的矛盾,相互交织在一起。"①基于俄国国情和国际状况,列宁
提出,自由资本主义发展到垄断阶段,最大的特点"就是现在全世界已经划
分为两部分,一部分是为数众多的被压迫民族,另一部分是少数几个拥有巨

① 赵曜、王伟光:《马克思列宁主义基本问题》,中共中央党校出版社,2001 年,第 15 页。

就能掌握群众；而理论只要彻底，就能说服人。所谓彻底，就是抓住事物的根本。"①列宁主义要掌握群众，变成物质力量就必须抓住帝国主义时代无产阶级和被压迫民族解放问题的根本，即真正掌握无产阶级与资产阶级之间、压迫民族与被压迫民族之间矛盾的根本，以提供当时条件下人的解放问题上的理论逻辑自洽。正如列宁常说的，"没有革命的理论，就不会有革命的运动。"②怎样集中和发动无产阶级，无产阶级政党怎样制定正确的革命路线和革命策略，革命成功后又如何执掌国家政权等问题就是列宁当时面临的最现实问题。

此前，马克思作为科学社会主义的创立者和革命运动的第一领导人，通过深刻揭示资本主义体制的剥削本质，论证了无产阶级推翻资产阶级的历史必然。但是由于历史和时代条件所限，马克思、恩格斯都认为资本主义的充分发展、社会财富的极大满足、工人素质的极大提升是无产阶级革命取得成功的基础，否则革命就会不彻底。只有彻底地无产阶级革命成功之后，才能直接过渡到社会主义社会。然而，列宁所生活的时代、所处的国内国际环境、所面临的现实问题和具体需要，都与马克思、恩格斯书本上阐述的不同。面对一些所谓的马克思主义理论"权威"（如，与列宁同时代的普列汉诺夫、考茨基、苏汉诺夫等）对俄国革命是"早产儿"、是制造"神话"的指责；面对国内普遍存在的对俄国无产阶级革命的消极预判，列宁必须从理论上理顺革命现实与马克思主义书本上的差异，统一人们思想。由此列宁回答了帝国主义时代，落后国家无产阶级革命是否具有合理性和科学性的问题。他从资本主义进入帝国主义时代的具体条件出发，抓住世界大战的历史机遇，提出社会主义革命的发生条件已经改变。在历史合力的作用下，无产阶级

---

① 《马克思恩格斯选集》（第一卷），人民出版社，2012 年，第 9～10 页。
② 《列宁选集》（第一卷），人民出版社，2012 年，第 153 页。

革命可能首先在一国或数国首先取得胜利。基于此,无产阶级政党有必要在资产阶级民主革命中掌握革命领导权,顺势而为,完成无产阶级革命。

从唯物史观的视角来看,这一观点是基于世界历史发展一般性与特殊性的辩证统一关系。"世界历史发展的一般规律,不仅丝毫不排斥个别发展阶段在发展的形式或顺序上表现出特殊性,反而是以此为前提的。……俄国是个介于文明国家和初次被这场战争最终卷入文明之列的整个东方各国即欧洲以外各国之间的国家,所以俄国能够表现出而且势必表现出某些特殊性,这些特殊性当然符合世界发展的总的路线。"①由此,列宁不仅在理论上论证了俄国无产阶级革命的合法性,而且还在实践上推动了马克思、恩格斯理论与俄国实际的结合,将科学社会主义从理想变为现实,继承和发展了马克思主义。

不一样的革命条件必然产生不一样的革命问题。无产阶级革命中,无产阶级政党应采取何种手段保证革命取得成功必须具体问题具体分析。在掌握革命领导权的基础上,列宁主张无产阶级政党可以通过联合执政的方式同资产阶级民主派政党建立革命的联合政权。从而避免软弱反动的资产阶级民主派政党侵犯人民群众的利益。同时,列宁还主张革命的策略要随时随地根据革命条件的变化而变化,根据本国实际来随时调整,而不是犯"左"的幼稚病。列宁认为,马克思、恩格斯的理论是"革命的辩证法",要求具体问题具体分析,俄国革命也应如此。十月革命正是在历史契机中,因布尔什维克党适时调整革命策略,采取正确的革命方法而实现的人民战争的胜利。

无产阶级革命胜利后,列宁又面临着无产阶级政权的巩固问题,以及在落后基础上向社会主义过渡的问题。具体而言,就是如何在一个农民占人

---

① 《列宁选集》(第四卷),人民出版社,2012 年,第 776 页。

口绝大多数、小农经济占国民经济主体地位、人民文化水平又普遍偏低的国家里建立无产阶级专政，并将其保持下去，同时，又不断提升国内的社会主义因素，提高生产力发展水平，赶上并超过同时代的资本主义国家，彰显社会主义的优越性。马克思当年说过，如何实现向更高级的社会形态过渡，将取决于"夺取政权时的情况，取决于这件事发生的时机和取决于达到这个目的的方式"①。列宁深知这一道理，他将俄国式的落后国家首先走向社会主义的道路说成是"首先用革命手段取得达到这个一定水平的前提，然后在工农政权和苏维埃制度的基础上赶上别国人民"②。由此，关于落后国家向社会主义过渡中的政权巩固问题、所有制关系改造问题、党自身建设问题等一系列马克思、恩格斯不曾实际遇见的问题，都成为列宁主义理论必须给以阐释的内容。列宁创设了无产阶级专政的俄国形式——苏维埃制度，搭建了互助组、合作社、国家资本主义等一系列消灭剥削、发展生产力的社会主义改造和建设方法，提出了加强对执政的布尔什维克党监督和制约的一系列制度设想，在实践上证明了"一国建设社会主义"的可行性。这些内容是列宁主义的重要组成部分，但即便如此，列宁主义也不可能从理论上回答所有现实问题。因为"从形式上的平等即'按劳动'分配进到事实上的平等即'各尽所能，按需分配'，究竟要经过哪些阶段和通过哪些实际措施，我们不可能预先知道，这个问题只能通过实践来回答。社会主义不是僵死的、凝固的、一成不变的东西，它将在迅速的、真正的、群众性的前进运动中不断发展"③。所以说，列宁主义是开放的理论、时代的理论，必须始终坚持并不断发展。

（三）新实践探索新方案：落后国家如何首先走好新道路

为使无产阶级和被压迫民族真正获得解放，列宁的方案是从帝国主义

---

① 《马克思恩格斯文集》（第四卷），人民出版社，2009年，第444页。

② 《列宁选集》（第四卷），人民出版社，2012年，第777页。

③ 《列宁专题文集·论社会主义》，人民出版社，2009年，第23页。

链条上矛盾最集中的薄弱环节入手,通过在一国首先开展无产阶级革命的方式建立无产阶级专政,并在无产阶级执掌国家政权的前提下,利用国家资本主义发展生产力,推动落后国家向先进社会主义国家过渡,从而超越其他资本主义国家,进而推动完成世界无产阶级革命任务,建立全世界的自由人联合体。为了能开启世界无产阶级革命的历史序幕,也为了能使落后俄国的苏维埃政权坚持到世界无产阶级革命胜利的那一天,列宁系统论述了维护苏维埃政权,过渡到社会主义并引领世界无产阶级革命的一系列方针政策和战略设想。列宁在领导布尔什维克党的一开始,首先面对的是推翻俄国封建沙皇专政制度的资产阶级民主革命任务。他曾经想要在俄国首先开展资产阶级民主革命,建立保障工人权益、实行八小时工作制的民主共和国。此时,列宁只是希望俄国能够按照马克思、恩格斯的主张,走上世界历史发展的一般道路:先由资产阶级完领导成民主革命,建立资产阶级民主政权,实现俄国资本主义大发展,再在俄国生产力极大发展的基础上,开展无产阶级革命,建立无产阶级政权,实现社会主义。

然而,当 1905 年的俄国资产阶级民主革命失败后,领导革命的重任落在了无产阶级的布尔什维克党身上,列宁遂提出通过联合工农的方法,壮大革命力量,建立工农民主专政的政权。为实现这一历史使命,列宁提出实行土地国有化,发动农民参加革命建立工农联盟。随着第一次世界大战将帝国主义国家之间的矛盾充分暴露,而国内的资产阶级政权无法满足人民要面包、要自由、要和平的迫切愿望,俄国成了各类矛盾最为集中突显的地方。矛盾为落后俄国首先建立无产阶级的民主政权提供了历史机遇。列宁提出革命的政党“首先要投入真正的战斗,然后便见分晓”。在内外矛盾激化的情况下,无产阶级领导的十月革命在俄国取得成功。苏维埃的无产阶级政权建立后,如何维系成为最重要问题。面对内战外战困扰,列宁主张签订《布列斯特和约》,退出第一次世界大战,争取和平环境;主张实行企业国有化,国家按照计划统一管理经济社会事务从而保障战时供给;主张实行余粮收集制确保前线之需,以维护国家政权。当 1920 年战事缓和时,列宁也曾考虑是否要通过无产阶级直接下命令的方式,借助"战时共产主义"政策的成果走向社会主义。然而人民反对这一政策。列宁坦诚指出,"现实生活说明我们错了"[①],必须调整策略,找到更适合苏维埃俄国的社会主义之路。1921年 3 月,俄共(布)十大上列宁将马克思主义与苏俄实际相结合,提出用"粮食税"代替"余粮收集制",以最大限度地满足农民需要,调动农民从事生产的积极性;提出要用现代化的科学技术武装党和群众,恢复和发展工农业,实现全俄"电气化";提出要用国家资本主义建设和发展社会主义,改变国家面貌。这些主持和政策统称为"新经济政策"。"新经济政策"的出台,标志着列宁晚年对社会主义的认识发生了转折。他说:"我们不得不承认我们对社会主义的整个看法根本改变了。"[②]这种改变,表现为过渡方式由直接过渡转为迂回,由强攻的转为退却。而这在列宁看来会是俄国进入社会主义的入口。在新经济政策的条件下,俄国将会逐步转变为社会主义的国家。这一系列政策的调整和转变的根本目的,都是为使生产力发展水平落后的苏维埃俄国在无产阶级政权之上建设好社会主义超越资本主义,实现人民解放。为此,列宁还思考了建设新型无产阶级政党的问题。他尤其看重党的极严格的纪律和党内思想统一的作用。列宁提出:无产阶级政党必须践行民主集中制以保障民主决策;必须加强组织建设以密切党群关系;必须实行代表大会制、民主选举制、请示报告制和监督制等加强党内民主;必须建立中央监察委员会,与中央委员会平行,以加强对党员干部的监督和制约;必须改进党的作风,提高党员质量,从而始终保持党的纯洁性、先进性等一系

---

① 《列宁选集》(第四卷),人民出版社,2012 年,第 570 页。
② 同上,第 773 页。

列具体举措。

可见,列宁主义是包括无产阶级革命的时代背景、理论逻辑和实践步骤等全部问题的理论体系。这一理论为真正破解帝国主义时代条件下资产阶级与无产阶级之间的阶级矛盾,压迫民族与被压迫民族之间的民族矛盾提供了全面的理论指导。列宁对这一解放的时代背景、理论逻辑、实践途径问题的回答是一个由浅入深、环环相扣的理论整体。列宁对帝国主义的时代特征和主要矛盾的分析为像俄国一样的落后国家首先走上无产阶级革命之路,实现民族自决和人民解放提供了时代契机和现实条件,将无产阶级革命首先在一国或数国取得胜利纳入了世界历史进程;十月革命胜利并没有改变帝国主义时代的根本状况,处于帝国主义包围之中的苏维埃政权如何巩固、如何向前发展,迫使列宁提出了战时共产主义政策和新经济政策,使列宁晚年对社会主义认识发生了根本改变。可以说,时代背景是进行理论说服和实践探索的前提;逻辑严密的理论论证增添了时代主题和实践探索的说服力和科学性;实践的尝试和探索又是对时代主题和理论分析的检验和创新。所以说,列宁主义是科学的理论。它揭示了帝国主义时代无产阶级和被压迫民族实现解放的一般规律,与近代中国寻求民族独立、人民解放的历史性课题相契合,成为中国共产党加强自身建设并解决中国问题的有力思想武器和科学理论指南。

第二节　列宁主义的中国化来源和内涵

马克思主义中国化是指将马克思列宁主义基本原理与中国具体实际相结合,在解决中国问题的过程中形成具有中国风格、中国气派的思想理论。列宁主义的中国化是马克思主义中国化的题中应有之意。从列宁的主张传入中国开始,中国人民对列宁主义的认识和运用就贯穿此后的中国历史全过程,包括中国的新民主主义革命、社会主义革命和建设、改革开放以及中国特色社会主义进入新时代全过程。简单说来,列宁主义的中国化就是中国共产党运用列宁主义解决中国问题。

一、列宁主义的中国化是"马克思主义中国化"的题中之意

"马克思主义"有广义和狭义之分。广义的"马克思主义"不仅包括马克思、恩格斯本人直接表达和阐发的思想和主张,而且包括马克思、恩格斯之后坚持其立场、观点和方法的其他无产阶级革命家和理论家的思想成果。诸如,列宁、毛泽东、邓小平的思想和理论都可以纳入其中。对中国人民而言,马克思主义是中国共产党和中华人民共和国的根本指导思想。这个作为根本指导思想的马克思主义就是广义上的"马克思主义"。

狭义的"马克思主义"是指马克思、恩格斯本人的思想和主张。同时,为了表述上的严谨,若从狭义上使用"马克思主义",其后一般紧跟"列宁主义、毛泽东思想、邓小平理论"等其他科学理论成果,以示区分和全面。而中国共产党,为了将马克思、恩格斯和列宁的思想与党自身的理论创新成果区别表达,一般采用"马克思列宁主义"指代狭义上的马克思主义和列宁本人的思想。例如,在《中国共产党章程》中,作为党和国家指导思想的这个主义自始至终表述为"马克思列宁主义",而且从上下文中可以明确看出,这里的"马克思列宁主义"专指马克思、恩格斯及列宁的学说。同时,党的其他理论创新成果紧随"马克思列宁主义"一词之后。党章中明确指出,"中国共产党以马克思列宁主义、毛泽东思想、邓小平理论、'三个代表'重要思想、科学发展观、习近平新时代中国特色社会主义思想作为自己的行动指南。"[①]因此,在此意义上的马克思列宁主义是狭义上的"马克思主义"。

---

① 《中国共产党章程》,人民出版社,2022年,第1页。

从狭义上看,马克思主义与列宁主义不是一个主义。有学者指出:"只有中文才简化为'马克思列宁主义',甚至更简称为'马列主义'。这种广为流行的不精确译法,易被误解为'马克思主义'与'列宁主义'是一个主义。实际上,这两者是形成于不同时间、地点,基于不同世情与国情的两个主义。"①

列宁对马克思主义的最大贡献是第一次将马克思主义成功运用于实践,领导了俄国的无产阶级革命、缔造了世界上第一个社会主义国家。因此,有学者这样评价列宁和列宁主义:"在新的历史条件下,列宁一方面继续坚持马克思主义,另一方面又把马克思主义基本理论同俄国国情和时代特征结合起来,积极探索并提出适合俄国革命需要的具体理论、方法道路、战略策略,正面回答了人们最关心的重要问题,在此基础上形成了列宁主义。列宁主义是马克思列宁主义的有机组成部分,是马克思主义与俄国具体国情相结合的产物,也是马克思主义在新历史时期的丰富发展。在马克思主义由西方向东方发展的历史进程中,列宁主义发挥了重要的纽带和桥梁作用。"②因此,列宁主义与马克思主义辩证统一,既是不同时间、条件下形成的两套思想理论,又在立场观点方法上具有内在统一性。

列宁主义表达了对马克思、恩格斯思想的深入分析和总结,为后人学习、掌握和运用马克思主义做出了重要贡献。其一,列宁肯定了马克思、恩格斯理论的科学性、严整性和革命性,继承了马克思、恩格斯为人类求解放的价值取向。列宁认为马克思主义是指导国际工人运动的科学世界观和方法论,因此在实践中始终坚持马克思主义指导其思想和行动,指导俄国工人运动。其二,列宁总结提炼了马克思、恩格斯的理论之精髓。列宁指出:"马

---

① 高放:《什么是列宁主义》,《同舟共进》,2007 年第 11 期。
② 李景治:《论马克思列宁主义对十月革命的指导意义》,《北京行政学院学报》,2017 年第 5 期。

克思主义的精髓,马克思主义的活的灵魂:对具体情况作具体分析。"①在领导俄国革命的过程中,列宁不断强调只有根据革命形势的变化不断调整革命策略,才是一个真正的马克思主义者。其三,列宁运用马克思主义抨击了各种修正主义分子、机会主义分子对科学理论的歪曲和污蔑。马克思、恩格斯本人就是在理论和实践的斗争中创立科学社会主义学说并将其发扬光大的。面对马克思、恩格斯去世后,国际共产主义运动的新形势,列宁秉持历史唯物主义和辩证唯物主义,同各种保守主义的、折中主义的、机会主义的修正主义分子进行了长期论战,论证了马克思主义的科学性和真理性。其四,列宁阐述了对待马克思主义应具备的科学态度。列宁提出,马克思主义不是故步自封、僵死不变的教条,而是指导实践的科学方法。对待马克思主义,应该根据现实条件的不同灵活掌握和运用。马克思主义的科学性体现在将马克思主义与各国实际相结合,运用于各国实践的过程中。对俄国而言,马克思主义必须要俄国化,而列宁主义就是这样的理论。"马克思列宁主义是一个完整的理论体系,割裂马克思列宁主义,贬低乃至否定列宁主义,不仅影响我们继续坚持马克思列宁主义,而且也会动摇中国特色社会主义理论自信。"②

基于此,"马克思主义中国化"是中国共产党运用马克思主义解决中国问题的过程中,对正反两个方面的实践经验总结后得出的郑重结论,是党的集体智慧的结晶,是科学、严谨而又生动、全面的概念。它既包括将马克思、恩格斯的思想与中国具体实际相结合的基本要求,也包括将列宁主义基本原理与中国具体实际相结合的题中之意。

"马克思主义中国化"就是马克思列宁主义的中国化。这一点,从中国

① 《列宁专题文集·论马克思主义》,人民出版社,2009 年,第 293 页。
② 李景治:《论马克思列宁主义对十月革命的指导意义》,《北京行政学院学报》,2017 年第 5 期。

共产党的首个理论成果——毛泽东思想的提出及其被写入党章的历史过程就可以看出。毛泽东思想是在 1945 年 4 月召开的中国共产党第七次全国代表大会上被写入党章的。党的七大召开的中心议题是总结成功经验、迎接抗日战争胜利并引导中国走向光明未来。同时，大会还审议并通过了新修订的中国共产党章程。新修订的党章中明确规定："中国共产党，以马克思列宁主义的理论与中国革命的实践之统一的思想——毛泽东思想，作为自己一切工作的指针，反对任何教条主义的或经验主义的偏向。"①在大会上，时任中共中央书记处书记的刘少奇作了关于修改党章的报告。② 在他的报告中，毛泽东思想的历史地位得以进一步阐发。他说："毛泽东思想，就是马克思列宁主义的理论与中国革命的实践之统一的思想，就是中国的共产主义，中国的马克思主义。"③刘少奇还专门指出毛泽东是列宁的学生，列宁主义对毛泽东思想的形成具有重要意义。"正是以马克思列宁主义的理论与中国革命的实践相结合，便产生了中国的共产主义——毛泽东思想。"④"列宁主义，不但曾经指导俄国人民获得了彻底的解放，而且指导了与正在指导着世界人民去获得解放。"⑤"我们的毛泽东同志，出色地成功地进行了这件特殊困难的马克思主义中国化的事业。"⑥"马克思主义中国化"在这里得到了完整的阐述，毛泽东思想正是马克思列宁主义中国化的成果。这也表明，中国共产党十分重视将马克思列宁主义基本原理同中国具体实际的结合，在阐述"马克思主义中国化"概念之初就内含着列宁主义的因素。在党的话语体系中，"马克思主义中国化"也就是马克思列宁主义的中国化。

---

① 《中共中央文件选集》(第 15 册)，中共中央党校出版社，1991 年，第 115 页。
② 刘少奇在会上作了关于修改党章的报告。1950 年 1 月，刘少奇将这个报告改名为《论党》由人民出版社出版发行。
③ 《刘少奇选集》(上)，人民出版社，1981 年，第 333 页。
④ 同上，第 335 页。
⑤ 同上，第 334～335 页。
⑥ 同上，第 336 页。

　　自然,中国共产党的历次理论创新都是对马克思列宁主义的继承和发展,是将马克思列宁主义进行中国化的结果。2022 年最新修订的党章中,继续强调毛泽东思想是马克思列宁主义在中国的运用和发展,规定"邓小平理论是马克思列宁主义的基本原理同当代中国实践和时代特征相结合的产物。""'三个代表'重要思想是对马克思列宁主义、毛泽东思想、邓小平理论的继承和发展,反映了当代世界和中国的发展变化对党和国家工作的新要求。""科学发展观是同马克思列宁主义、毛泽东思想、邓小平理论、'三个代表'重要思想既一脉相承又与时俱进的科学理论。""习近平新时代中国特色社会主义思想是对马克思列宁主义、毛泽东思想、邓小平理论、'三个代表'重要思想、科学发展观的继承和发展。"百年来党的理论创新成果无不贯穿了马列主义的科学理论。所以说,决不能将马克思、恩格斯的思想与列宁的思想对立起来,也不能将"马克思主义中国化"简单地理解为马克思、恩格斯本人思想的中国化。正如革命导师马克思、恩格斯当年所说的,我们的"理论原理,决不是以这个或那个世界改革家所发明或发现的思想、原则为根据的"[1],"这些原理不过是现存的阶级斗争、我们眼前的历史运动的真实关系的一般表述"[2]。具体的革命措施并没有什么特殊的意义"随时随地都要以当时的历史条件为转移"[3]。正如列宁自己所说的:"他只是较详细地确定了现在所能确定的东西。"[4]而要解决具体的、历史的现实问题,还要将其运用于实际,进行具体化、民族化、时代化和大众化。中国共产党正承担了将列宁主义进行中国化、时代化和大众化的历史使命。

---

① 《马克思恩格斯文集》(第二卷),人民出版社,2009 年,第 44 页。
② 同上,第 45 页。
③ 同上,第 5 页。
④ 《列宁选集》(第三卷),人民出版社,2012 年,第 193 页。

二、列宁主义的中国化内涵

列宁主义的中国化就是将列宁主义运用于中国具体实际,解决中国问题,并形成具有中国特色的思想理论。中国共产党运用列宁主义完成了新民主主义革命、社会主义革命和建设,开辟了改革开放新道路,推进了中国特色社会主义进入新时代,形成了列宁主义的中国化历史事实。在这个过程中,中国共产党以列宁主义的立场、观点和方法为指导,以解决中国问题为核心,生成了独具中国特色的思想理论成果。

(一)以列宁主义立场、观点、方法为指导

列宁主义的立场是列宁观察、分析和解决问题的立足点和出发点。归根到底,就是列宁所领导革命事业是为谁服务、为谁谋利益的问题。自然,列宁主义是为无产阶级和被压迫人民谋解放的理论,无产阶级和劳苦大众是列宁主义的根本立场。列宁主义的观点就是列宁主义当中所阐述的对主客观世界的认识和判断,是他本人对其思想成果和实践经验的理论化、系统化的总结。列宁主义的方法是建立在唯物主义历史观基础上的思维方法、分析方法、工作方法的总和,归根到底是唯物主义的辩证法。

列宁主义的立场、观点和方法构成了列宁主义指导中国实践的基本原则,是解决中国问题的基本依据。正如,在无产阶级革命问题上,中国和俄国都是在帝国主义的时代背景下,在地大物博、发展落后的现实基础上开展革命的,革命中所遇到的问题极为相似。具体问题有,革命是采取暴力手段还是合法手段?是参加资产阶级组织的临时政府还是独立领导革命政权?对待资产阶级是联合还是打击?民主革命的领导权是无产阶级的还是资产阶级的?针对这些问题,在俄国有列宁与马尔丁诺夫、普列汉诺夫、考茨基等人和其他非马克思主义分子的争论。在中国,毛泽东与陈独秀、瞿秋白、李立三、王明等人关于中国革命问题的分歧也无不是围绕上述问题展开的。

列宁坚持唯物史观和辩证法，提出了无产阶级必须掌握民主革命领导权的基本论断；阐述了建立民主联合战线的重要作用，打破了无产阶级革命必须在资产阶级民主革命之后才能进行的僵化保守观念。以列宁主义的立场、观点和方法为指导，毛泽东从中国实际出发，提出了联合一切革命力量建立最广泛的革命统一战线策略，提出了民主革命中也要夺取和保障无产阶级领导权的武装斗争理论，形成了独具中国特色的工农武装割据革命道路，创立了新民主主义理论。

又如，在向社会主义过渡的问题上，列宁并没有对过渡时期制定一个明确的划分标准。在列宁的有生之年，苏维埃的社会主义俄国并没有宣布建成社会主义。与之不同，中国在1956年基本完成社会主义改造，确立起了社会主义基本制度。中国在由新民主主义社会向社会主义社会过渡时所采取的政权组织形式和之后的政权巩固策略都体现了对列宁主义的继承和借鉴。中国共产党尤其重视列宁的民主联合政权思想和苏维埃的制度设计，将其中国化，在中国确立了人民民主专政和人民代表大会制度。这为实现中华民族伟大复兴奠定了根本政治前提和制度基础，符合中国共产党代表最广大人民群众利益的阶级属性，与列宁主义的立场、观点、方法相一致。

再如，列宁当年提出，"无产阶级取得国家政权以后，它的最主要最根本的需要就是增加产品数量，大大提高社会生产力"[①]。生产力的提高成为无产阶级政党领导落后国家开展社会主义建设过程中，党和人民的中心工作。由此，毛泽东在新中国成立后不久向全国人民提出了建设社会主义现代化的历史任务。他说："建设强大的社会主义经济，在中国，五十年不行，会要一百年，或者更多的时间。"[②]邓小平提出了"三步走"实现社会主义现代化的

---

① 《列宁选集》（第四卷），人民出版社，2012年，第623页。
② 《毛泽东文集》（第八卷），人民出版社，1999年，第301页。

战略步骤,他说:"贫穷不是社会主义,发展太慢也不是社会主义。"①"社会主义的本质,是解放生产力,发展生产力,消灭剥削,消除两极分化,最终达到共同富裕。"②新中国成立 70 多年后,党的最高领导人依然指出要朝着建成社会主义现代化强国的目标前进,并进一步明确了实现这个强国目标的时间表和路线图。"实现中华民族伟大复兴的中国梦,就是要实现国家富强、民族振兴、人民幸福。"③

此外,如何看待列宁主义的立场、观点和方法还与对列宁和列宁主义的评价直接相关,与列宁主义的中国化高度相关。一些西方学者之所以认为列宁残酷无情、过于血腥,归根到底就是没有站在人民大众的立场上评价列宁和列宁主义。立场不同,评价自然不同。如果一个人站在被列宁推翻的地主资本家、反革命势力的立场上看问题,那么列宁自然是残酷无情的。因为列宁在驱逐反对派、维护人民利益上毫不妥协。但是如果站在工农大众的立场上,列宁为俄国乃至世界工农解放事业所做的贡献,无人能及。列宁是无产阶级革命的著名领袖,列宁主义是关于无产阶级和被压迫民族实现解放的学说。中国共产党运用列宁主义,自然是要解决中华民族和中国人民的解放和发展问题。还有人说列宁篡改和修正了马克思主义。他们之所以得出这一结论,归根到底是没有真正掌握马克思主义的立场、观点和方法。马克思、恩格斯及列宁本人都不断强调:他们的主义是方法,而不是教条。不能对其理论中的个别结论和只言片语进行简单的照抄照搬和本本主义的解读,而必须从具体实际出发,继承和发展马克思列宁主义对一般规律的认识和对一般方法的总结。列宁正是因为始终坚持运用马克思主义的立场、观点和方法分析和解决现实问题,才创立了列宁主义。对于中国人民来

---

① 《邓小平文选》(第三卷),人民出版社,1993 年,第 255 页。
② 同上,第 373 页。
③ 《习近平谈治国理政》(第一卷),外文出版社,2018 年,第 39 页。

说，同样要掌握并运用列宁主义中所蕴含的一般立场、观点和方法，去研究和解决中国实际问题，唯此才能推进中国特色社会主义事业不断前进。

(二)以解决中国问题为核心

列宁主义的运用只有始终围绕中国问题的解决才能真正中国化。正如习近平所说："一个国家实行什么样的主义，关键要看这个主义能否解决这个国家面临的历史性课题。"①而历史性课题是随着历史条件、历史环境的变化而变化的。不同时间空间条件下的，中国问题并不相同。中国共产党始终围绕不同时间空间条件下的中国问题，将列宁主义与中国具体实际相结合，从对"以俄为师"的反思中开辟出了"自己的路"。

列宁主义进入中国伊始，中国正困于救亡图存的历史性课题之中。各个阶级(农民、封建大地主、资产阶级改革派、资产阶级革命派)、各种方式(太平天国运动、洋务运动、戊戌变法、辛亥革命)、各个层面(经济层面、器物层面、制度层面、文化层面)的救亡图存方案在中国轮番上演，但始终没有挽救民族危亡。这一方面说明，过去的理论和方法无法解决中国问题；另一方面也说明，解决中国问题亟须科学理论指南。正是这一历史契机，列宁主义才与中国的工人运动相结合，产生了中国共产党。中国共产党运用列宁主义破解了中国革命的性质、前途、方针策略等一系列问题，指出了建立新型无产阶级政党的科学方法，为中国实现救亡图存、民族复兴明确了领导力量和革命方法。中国共产党领导的新民主主义革命是无产阶级领导下的资产阶级民主革命，同时也是世界无产阶级革命的重要组成部分；中国为实现民族独立和人民解放开展反帝反封建的民族民主革命的最终目的是消灭剥削，实现共产主义；面对异常强大的敌人，革命必须在坚持无产阶级政党独立自主领导革命的同时，建立一个联合一切革命力量的最广泛的统一战线；

---

① 《习近平谈治国理政》(第一卷)，外文出版社，2018年，第22页。

作为无产阶级先锋队的中国共产党是最先进、最革命的领导者,要始终密切联系群众、坚持批评与自我批评、坚持民主集中制。新民主主义革命的成功说明:没有列宁主义、没有列宁主义的中国化、没有中国共产党,革命就不可能成功,民族独立、人民解放的中国问题就无法解决。

新民主主义革命胜利以后,如何实现从新民主主义社会到社会主义社会的转变,进行社会主义革命,开展社会主义建设成为摆在中国人民面前最迫切的历史性课题。这一课题在苏维埃俄国的历史上同样出现过,列宁的回答给予了我们很好的借鉴和参考。在政治建设方面,借鉴列宁提出并实践的苏维埃社会主义制度,中国共产党提出实行人民代表大会制度的伟大构想。这一制度的确立为真正实现人民当家作主提供了制度保障。中国共产党又在正确处理了党的领导和人民当家做主的关系、共产党和各民主党派的关系、汉族与少数民族的关系后,顺利建立了中国共产党领导的多党合作的政治协商制度、民主区域自治制度等基本政治制度。在经济建设方面,借鉴列宁的迂回过渡思想,中国共产党通过实施三大改造保障了公有制的主体地位,确立了社会主义经济制度,并在此基础上制定了国民经济恢复和发展的新纲领。

此后,如何解决人民的物质文化需要同落后的社会生产之间的矛盾,让中国人民摆脱一穷二白的面貌,尽快富裕起来成为最大的历史性课题。围绕这一中国问题,中国共产党做了很多探索,取得了不小成就。但是在开展社会主义建设的过程中,"由于对社会主义建设经验不足,对经济发展规律和中国经济基本情况认识不足,更由于毛泽东同志、中央和地方不少领导同志在胜利面前滋长了骄傲自满情绪,急于求成,夸大了主观意志和主观努力的作用"[1],导致了一系列脱落客观实际,错误运用马克思列宁主义的问题,

---

① 《十一届三中全会以来党和国家重要文献选编》,中共中央党校出版社,2008 年,第 86 页。

带来了社会主义建设实践中的一系列困难和挫折。改革开放后，摆脱思想桎梏，正确认识并运用马克思列宁主义和中国具体实际，邓小平指出："贫穷不是社会主义"，"我们要赶上时代，这是改革要达到的目的"①。在此基础上，中国经济体制、政治体制、文化体制、社会体制等一系列的改革问题得以解决，中国共产党带领中国人民走出了一条具有中国特色的社会主义之路。

中国特色社会主义进入新时代，社会主要矛盾发生变化，不充分不平衡的发展要求我们更加关注生产关系的调整，居民收入差距的扩大要求我们更加注重分配制度的改革，居民对教育、医疗、养老、住房等一系列方面的新需求要求我们更加注重社会民生建设，日益严峻的环境污染要求我们更加注重生态文明建设……如何满足人民日益增长的美好生活需要，顺利实现"两个一百年"奋斗目标成为新时代中国的历史性课题。这正是新时代列宁主义的中国化历史使命。以习近平同志为核心的中国共产党人，带领中国人民始终坚持把马克思列宁主义基本原理与中国具体实际相结合，与中华优秀传统文化相结合，完成了第一个百年奋斗目标，并顺利开启实现第二个百年奋斗目标新征程。党和国家发生的历史性变革，为实现中华民族伟大复兴提供了更为完善的制度保证、更为坚实的物质基础、更为主动的精神力量。

当然，列宁主义并不能解决中国发展道路当中的所有问题。"绝不能要求马克思为解决他去世之后上百年、几百年所产生的问题提供现成答案。列宁同样也不能承担为他去世以后五十年、一百年所产生的问题提供现成答案的任务。真正的马克思列宁主义者必须根据现有的情况，认识、继承和发展马克思列宁主义。"②中国革命、建设和改革的历史实践证明：中国每前

---

① 《邓小平文选》(第三卷)，人民出版社，1993年，第242页。
② 同上，第291页。

进一步,都不离开列宁主义的科学指导,也不离开将马克思列宁主义基本原理与中国具体实际相结合的理论和实践坚持。

(三)以形成具有中国特色的思想理论成果为表现形式

认识来源于实践又反作用于实践,真理只有在实践中才能得到检验和发展。科学理论在实践、认识、再实践、再认识的循环发展中自然生成。列宁主义的中国化也必然在这样一个实践与认识的循环往复中结出科学理论成果,再反作用于实践。因此,中国共产党在推进马克思列宁主义的中国化历史进程中,形成了一系列理论创新成果。中国共产党的理论创新成果同列宁主义一脉相承,源于列宁主义,又发展了列宁主义。

毛泽东思想成功解决了中国新民主主义革命的性质和前途命运问题、动力和领导力量问题、方法和革命策略问题,成功指导了中国的无产阶级革命,实现了中华民族独立、中国人民解放。新民主主义革命又检验了毛泽东思想及其理论指南——列宁主义的科学性。中国共产党在新民主主义革命中总结出的成功经验,就是要将列宁主义基本原理同中国具体实际相结合作为推动党不断进行理论和实践创新的思想方法和理论源泉。

新中国成立后,虽然社会主义建设之路经历了挫折,但中国共产党在这一阶段上的实践和理论探索为后来开创出中国特色的社会主义提供了宝贵经验和理论准备。中共八大上对中国社会主要矛盾的科学研判;毛泽东在《论十大关系》和《正确处理人民内部矛盾》等文章中所提出的"以苏为鉴",以及对中国工业化道路的设想和规划。正因为如此,习近平在新中国成立64 年后强调:"中国特色社会主义是在改革开放历史新时期开创的,但也是在新中国已经建立起社会主义基本制度、并进行了 20 多年建设的基础上开创的。"[1]这些成就归功于中国共产党的第一代领导集体对马克思列宁主义

---

[1] 《习近平谈治国理政》(第一卷),外文出版社,2018 年,第 22 页。

科学理论的坚持和发展。

这之后，以邓小平同志为核心的第二代中央领导集体清晰地认识到，老路、邪路不能走，必须走新路。邓小平明确提出："二十年的经验尤其是'文化大革命'的教训告诉我们，不改革不行，不制定新的政治的、经济的、社会的政策不行。"①改革势在必行，"老祖宗不能丢"②。这个老祖宗就包括列宁主义。由此，1978 年邓小平在党的十二大开幕词中为中国走好改革新路开宗明义，要"把马克思主义的普遍真理同我国的具体实际结合起来，走自己的路，建设有中国特色的社会主义"③。随后，中国的社会主义现代化建设道路、战略步骤和方针政策开始逐步提出，社会主义初级阶段理论和党的基本路线逐步明确，中国特色的社会主义道路的要点得以概括总结。然而，面对20 世纪八九十年代国际共产主义运动中的波折，中国的社会主义事业面临着马克思列宁主义还灵不灵的理论挑战。邓小平提出了社会主义的本质是解放发展生产力，消灭剥削，消除两极分化，最终达到共同富裕。由此，中国的改革开放唯有朝着解放和发展生产力的目标继续前进。判断改革开放的是否得失也要以能否促进生产发展为标准。中国共产党所提出的这些观点都是对关系国家前途命运的重大问题的理论回答。党的十五大将"邓小平理论建设有中国特色社会主义理论"简称为"邓小平理论"进行了系统论述。由此，邓小平理论作为党的指导思想得以确立，标志着列宁主义的中国化又一理论创新成果形成。

但是发展起来以后的问题也不比不发展时少。中国共产党在新的发展阶段又不断探索、解答了新的时代课题。21 世纪伊始，中国共产党又正式提出了"三个代表"重要思想，回答了建设什么样的党、怎样建设党的问题。随

---

① 《邓小平文选》(第三卷)，人民出版社，1993 年，第 266 页。
② 同上，第 369 页。
③ 《邓小平理论》(第三卷)，人民出版社，1993 年，第 3 页。

后又深入回答了新形势下中国实现什么样的发展、怎样发展的问题。党的十八大以来,习近平同志对关系新时代党和国家事业发展的一系列重大理论和实践问题进行了深邃思考和科学判断,就新时代坚持和发展什么样的中国特色社会主义、怎样坚持和发展中国特色社会主义,建设什么样的社会主义现代化强国、怎样建设社会主义现代化强国,建设什么样的长期执政的马克思主义政党、怎样建设长期执政的马克思主义政党等重大时代课题,提出一系列原创性的治国理政新理念新思想新战略,是习近平新时代中国特色社会主义思想的主要创立者。习近平新时代中国特色社会主义思想是当代中国马克思主义、21 世纪马克思主义,是中华文化和中国精神的时代精华,也是列宁主义的中国化最新理论成果。可见,中国共产党的理论创新成果都是运用马克思列宁主义解决中国问题的必然结果。而这些成果之所以能顺利结成,归根到底源于中共产党始终强调"马克思列宁主义、毛泽东思想一定不能丢,丢了就丧失根本。"①

所以说,中国共产党历届领导集体的理论创新成果都是围绕中国不同发展阶段上的重大历史性课题对科学理论的继承和发展、改革和创新,归根到底是为了实现为民族谋复兴、为人民谋幸福的初心和使命。中国共产党的创新理论是在破解中国问题过程中形成的具有中国风格、中国气派的马克思列宁主义。

同时,这个理论创新过程又必然在马克思列宁主义的中国化道路上不断前进,永不止步。按照马克思主义唯物史观,不同时间、空间条件下,由于人们寻求解放和发展的具体需求不同,实现解放和发展的条件、方式也就不同,因此,解决现实问题、满足人民需要的方式方法也会不同。正如,列宁主义是帝国主义时代条件下,列宁针对俄国社会的具体情况而形成的一套关

---

① 《习近平谈治国理政》(第一卷),外文出版社,2018 年,第 9 页。

于无产阶级和被压迫人民解放的学说一样,中国共产党也必须将列宁主义与相应时代条件下的中国实际相结合,以解决不同时间、空间中的中国人民的发展问题为核心,从而形成具有中国特色的思想理论体系。因此,中国共产党的理论创新在不同的时间、空间下,必然会围绕当时的中国问题和中国人民的现实需要,生成出不同形态的思想理论成果。

总而言之,中国共产党的理论成果内含着马克思列宁主义的理论逻辑和思想方法,"是立于时代前沿、与时俱进的科学理论。"它必然要随着时代条件的变化而发展,随着中国人民的需要的丰富而不断丰富。

第二章　列宁主义在中国的出场

　　19 世纪末 20 世纪初,当列宁主张的无产阶级革命在俄国尚未取得成功,当列宁的理论尚在酝酿和发展中时,列宁其人、其思想已经出现在中国的报纸杂志、官方通报和民间研究中。而真正促使列宁主义在中国由幕后走向台前,由小众走向大众的是中国人民对解决中国问题的迫切需要。当时的中国国情是,外有帝国主义的强敌入侵,内有封建势力、军阀势力双重压迫,国家处于落后挨打、屈辱苦难的历史洼地之中。一些有觉悟的中国人一边为挽救民族危亡而奔走相告,一边又为落后中国的积重难返而暗自神伤。"哀其不幸、怒其不争"成为大多数有识之士的思想状态。马克思评价当时的中国说:"一个人口几乎占人类三分之一的大帝国,不顾时势,安于现状,人为地隔绝于世并因此竭力以天朝尽善尽美的幻想自欺。这样一个帝国注定最后要在一场殊死的决斗中被打垮⋯⋯"①究竟该如何振兴中华、实现中华民族复兴? 在理论与实践的双重准备之下,在内外因素相互耦合的历史契机之中,十月革命的炮响振聋发聩,列宁主义在中国出场并迅速转化为指导解决中国问题的有力武器,直接影响了中国救亡图存领导力量的诞生,以及中华民族复兴道路的选择。中国共产党的成立标志着列宁主义在

---

　　① 《马克思恩格斯文集》(第二卷),人民出版社,2009 年,第 632 页。

中国的正式出场。

第一节　列宁主义在中国出场的历史背景

"一百年前,十月革命一声炮响,给中国送来了马克思列宁主义。"①这是得到中国人普遍认同的马克思列宁主义在中国出场的标志。然而,十月革命之所以能在当时的历史条件下承担起启迪中国民智的历史灯塔之任,在很大意义上是由历史契机赋予的。这一历史契机既有中国国内新文化运动的思想启蒙准备,也有国内仁人志士对各种救亡之路的比较和筛选;既有十月革命胜利的外部刺激作用,也有五四运动的内部整合效应。

一、理论与实践的双重准备

近代以来,帝国主义国家用坚船利炮打开了中国被迫开放的大门,为了救亡图存,中国人民奋起反抗,提出了"振兴中华""中华民族复兴"的口号。新文化运动是中国人民自发主动进行自我反思、自我救赎的思想启蒙运动,其间涉及对列宁其人和列宁主张的宣传和介绍,为列宁主义出场中国奠定了思想基础。各种救国道路的实验与筛选是中国救亡图存的实践尝试,无产阶级革命道路在这一过程中逐渐明晰,列宁主义在这一过程中被认可和接受。

（一）革命志士和新文化运动对列宁理论的初步介绍

在领导中国革命的仁人志士中,孙中山第一个了解了列宁的思想主张。时值 1896 年 9 月 30 日至 1897 年 7 月 2 日间,孙中山在伦敦避难,他通过俄国革命者了解到俄国革命及指导俄国革命的列宁思想。1924 年,孙中山在

---

① 《习近平谈治国理政》（第三卷）,外文出版社,2020 年,第 10 页。

给国民党党员作《主义胜过武力》的演说中分享了他在伦敦了解到俄国革命的这段经历,并分析了俄国革命对他本人和中国革命的重要意义。孙中山说:"我从前在英国的时候,有一次在图书馆内看书,遇到几个俄国人,交谈之后,知道彼此都是革命同志。"①他从俄国革命同志口中获悉,俄国革命要想成功尚需一百年,此刻必须奋斗。孙中山深深为俄国革命的计划稳健、气魄恢宏所折服,遂要求自己"一面考察各国的政治得失和古今国势强弱的道理,一面做我的革命运动"②。在面对革命失败时,他又时常用当年同俄国同志交谈的话进行自我激励。"我不管革命失败了有多少次,但是我总要希望中国的革命成功,所以便不能不总是这样奋斗。"③孙中山发表上述演说是在1924年,这时俄国革命已然成功。孙中山在对比中俄革命历程之后说:"俄国人立志革命,希望一百年成功,现在不过二十多年便完全达到成功的目的。我从前希望数年成功,现在已经到了三十年,还没有大功告成。这是因为中国人革命的方法和气魄不及俄国人。俄国人因为有了这种气魄和方法,所以革命一经发动,得到机会,便大告成功。……十三年以来,我们革命的知识进步,有了许多方法,旁边又有俄国的好榜样,此后革命应该要先求知,然后才去行。"④孙中山在这段演讲中所说的俄国革命显然是指列宁领导的十月革命。由此可以看出,孙中山是知道列宁及列宁主义的。其夫人宋庆龄也在其回忆中指出:"他知道马克思和恩格斯,他也听说了关于列宁和俄国工人革命运动的消息。早在那个时候,社会主义就对他产生了吸引力。"⑤1924年1月21日,列宁逝世,视列宁为良师益友的孙中山闻讯后,于1月25日发表了《关于列宁逝世的演说》,并以会议主席的身份向中国国民

---

① 《孙中山全集》(第九卷),中华书局,1986年,第106页。
② 同上。
③ 同上。
④ 同上,第106~107页。
⑤ 《宋庆龄选集》(下卷),人民出版社,1992年,第487页。

党全国代表大会提交《哀悼列宁提案》。提案指出："列宁同志为新俄之创造人。此时本大会之目的为统一全国，在民治之下，增进国民之幸福，则其事业正为本大会之精神。本大会特休会三日以志哀悼。"①此外，孙中山还致信苏联驻华代表加拉罕，哀悼列宁。孙中山专门为列宁写了一则悼词刊登于《广州民国日报》。"茫茫五洲，芸芸众生；孰为先觉，以福齐民？伊古迄今，学者千百，空言无施，谁行其实？惟君特立，万夫之雄；建此新国，跻我大同。并世而生，同洲而国；相望有年，左提右挈。君遭千艰，我丁百厄；所冀与君，同轨并辙。敌其不乐，民乃大欢；邈焉万里，精神往还。天不假年，与君何说；亘古如生，永怀贤哲。"②这都表明孙中山不仅了解列宁和列宁主义，而且其革命追求与列宁的革命主张颇为一致。

列宁也曾热情赞扬辛亥革命是具有世界历史意义的革命。"因为它将给亚洲带来解放，使欧洲资产阶级统治遭到破坏。"1912年7月，列宁撰写了评论中国革命的《中国的民主主义和民粹主义》。文中指出，孙中山的革命纲领"直接提出群众生活状况及群众斗争的问题，热烈地同情被剥削劳动者，相信他们是正义的和有力量的"③。孙中山的思想"是真正伟大的人民的真正伟大的思想体系"。孙中山是"充满着崇高精神和英雄气概的革命的民主主义者"④。在十月革命胜利之后，孙中山也曾主动向列宁和苏维埃政府发出贺电，表达了中国人民对苏维埃俄国人民的友好和支持。列宁收到贺电后十分高兴，称之为"东方的曙光"，委托外交人民委员齐契林复函，表示要"共同进行斗争"⑤。

除孙中山之外，梁启超、宋教仁等早期中国革命者都对俄国革命在中国

---

① 《孙中山全集》(第9卷)，北京：中华书局，1986年，第139页。
② 《追悼列宁详情》，《广州民国日报》，1924年2月25日。
③ 《列宁选集》(第二卷)，人民出版社，1995年，第291页。
④ 同上，第291～292页。
⑤ 杨云若、杨奎松：《共产国际和中国革命》，上海人民出版社，1988年，第30页。

的传播起到了推介作用。1898 年,梁启超参与领导变革中国社会制度的戊戌变法失败后流亡海外。此后四五年间,他游历日本、美洲、澳洲,在了解国外社会变革理论的同时,也把当时国际上流行的社会思潮介绍到了中国。如,1903 年写的关于俄国无政府主义的论著《论俄罗斯虚无党》,还有《新大陆游记》《论中国人种之将来》《新民说》等著作虽反对暴力革命,但也有启迪开化之作用。宋教仁于 1906 年发表了《一千九百〇五年露国(俄国)之革命》,描绘了 1905 年俄国人开展资产阶级民主革命的情况。这也是较早在国内宣传俄国革命的文章。

但此时中国的仁人志士,无论是改良派,还是革命派,对俄国革命和社会主义思潮的认识都还只停留在"模糊不清"的水平上。一方面,他们羡慕俄国革命的"痛快"和彻底,主张学习俄国搞革命。但是他们并没有看清楚社会主义革命主张同俄国民粹主义者所搞的无政府主义运动的区别。1902 年国内出版的《俄罗斯大风潮》、1905 年《东方杂志》第二卷第二号上刊登的《论俄国立宪之风潮与无政府党主义》、蔡元培发表在《俄事警闻》上的白话小说《新年梦》等都反映了国内对社会主义思潮的认识状况。另一方面,他们也隐约感受到资本主义制度所带来的社会不公、贫富差距、矛盾激化定会招致革命运动。但是谁来领导这个革命,他们的认识并不一致。针对中国问题,他们的认识水平尚局限于借国外的革命思想阐发自己的政治主张,还没有跳出实行议会民主、实行君主立宪的变革主张。因此,早期仁人志士对于中国革命的认识尚没有形成独立自主的政治主张,并未真正理解何谓无产阶级革命、何谓社会主义运动。

新文化运动(1915 年—1923 年)开启了近代中国人民的思想启蒙。它上承辛亥革命,下启新民主主义革命,集中体现了中国先进知识分子在思想认识上由资产阶级民主思想到社会主义思想、无产阶级革命思想的转变过程。在新文化运动之前,国内出现了第一次用革命手段开展的反帝反封建的民族民主运动——辛亥革命。但是这并不意味着中国革命的彻底成功。辛亥革命成功的一面,体现在它客观上终结了中国延续了千年的封建专制制度,解放了中国人民的思想,使民主共和观念在中国广泛传播,奠定了新文化运动的思想基础。辛亥革命不成功的一面,体现为没有真正实现中华民族的救亡图存,解决近代中国的民族独立、人民解放之根本性问题,没有真正实现中国社会的根本变革。因此,在辛亥革命结束后,中国国内的思想文化领域,又出现了倒退性质的"尊孔复古"之风。为彻底清除这股倒行逆施之流,思想领域发起了启迪民智的新文化运动。这场自下而上的文化运动是中国社会自发形成的,以反对封建主义旧文化和帝国主义剥削文化为主要内容的全民思想解放运动。它的出现,展现出了中国人的思想觉醒和改造社会的能动性变革。这场文化运动同时也有力推动了马克思、恩格斯以及列宁主张在国内的广泛传播。有人评价说:"一年以来,社会主义底思潮在中国可以算得风起云涌了。报章杂志底上面,东也是研究马克思主义,西也是讨论鲍尔希维主义;这里是阐明社会主义底理论,那里是叙述劳动运动底历史,蓬蓬勃勃,一唱百和,社会主义在今日的中国,仿佛有'雄鸡一鸣天下晓'的情景。"①"鲍尔希维主义"就是列宁主义。

随着马克思列宁主义在中国的广泛传播,社会主义、阶级斗争、无产阶级革命等概念开始普及,变革中国的思想分歧也逐渐增多。比如,资产阶级的知识分子主张丢掉阶级斗争。他们认为,中国社会的变革只能用改良的方法而不是革命的方法进行。他们劝诫大家要少谈些"主义","不要被马克

---

① 《近代社会主义及其批评》,《东方杂志》第 18 卷第 4 号,1921 年 2 月 5 日。参见《中国共产党历史》(第一卷上册),中共党史出版社,2011 年,第 47 页。

思、列宁'牵着鼻子走'"①。再比如,有人提出中国的当务之急是发展实业,开发资源以推动本国资本主义经济的大发展,而不是在落后的、不具备实行社会主义的条件下搞社会主义革命。② 又比如,有人主张在中国实行避世的个人主义独善政策,在改造人的精神世界的基础上改造中国社会。③ 甚至还有人提出,中国社会的变革要抛弃一切形式的国家和权威,从而建立起超越其他一切国家发展阶段的绝对自由。④ 归根到底,这些思想主张都是不彻底的改良主义、机会主义主张。他们没有看到中国社会的矛盾和斗争已经发展到无可缓解的地步;没有看到深受剥削和压迫的中国工农已经开始形成统一的政治主张,开始结成队伍寻求解放;更没有看到要想实现彻底的社会变革,非用革命的手段不足以完成革命任务。

新文化运动中人们通过新旧思想的交锋和论战,通过国外留学人员的回归和宣传以及马克思、恩格斯和列宁著作在国内的译介和推广,极大地推动了马克思列宁主义在中国的传播。新文化运动奠定并巩固了列宁主义在中国出场的群众基础和思想舆论基础。

(二)比较与筛选中列宁主张的凸显

自 19 世纪下半叶以降,各界仁人志士提出了形式多样的中国社会变革方案。诸如实业救国、教育救国、地方自治救国、改良政俗救国、制宪救国等

①　这种观点以胡适为代表。胡适于 1919 年 7 月在《每周评论》第三十一号上发表《多研究些问题,少谈些"主义"》,拉开了"问题与主义"之争的序幕。8 月,李大钊撰文《再论问题域主义》,批驳了胡适的观点。直接表示"我是喜欢谈谈布尔扎维主义的";"布尔扎维主义的流行,实在是世界文化上的一大变动。我们应该研究他,介绍他,把他的实象昭布在人类社会。"李大钊还认为,宣传理想的主义与研究实际的问题"是交相为用的","是并行不悖的"。

②　这种观点以张东荪、梁启超为代表。1920 年英国哲学家罗素来华讲学,宣传了主张依靠职工行会组织改革资本主义国家性质,的基尔特社会主义思想。这是一种借社会主义之名来维护资本主义制度,欺骗工人阶级的思想。

③　这种观点以周作人为代表,指在新文化运动中产生了广泛影响的新村主义,主张人在精神上应该是人道主义的互助、博爱的,在物质上应该是人人工作、劳动至上的,希望用新村的好和善带动社会进步,通过建立普遍的新村的手段,而不是激进的革命手段实现对社会的改造。

④　这种观点就是在当时影响颇大的无政府主义的观点。

方案层出不穷,甚至还有人提出农业救国、医学救国、宗教人格救国、文化救国、体育救国、音乐救国、改造人种救国等新鲜说法。这其中,既有从封建官僚地主利益出发的变革方案,也有从维护资产阶级利益出发的或改良、或革命的方案,当然也有将各类社会主义学说在中国大地上的初步尝试、分析和检验。列宁的革命主张在这一比较和筛选中逐步脱颖而出。

在从封建保守、僵化堕落的旧社会向民族独立、人民解放的新社会的艰难转变和苦苦探索中,中国社会各个阶层都曾为此贡献了一分力量。鸦片战争之后,中国搞过农民起义:1851年开始的太平天国运动,在中国持续了14年,遍布18个省,最终被封建势力所镇压。中国搞过洋务运动:从19世纪60年代到90年代,曾国藩、李鸿章、张之洞等封建地主阶级的代表,在中国兴办了近代工业、教育、军事等实业,他们主张"中学为体、西学为用",但没有触动封建统治者的核心利益,依然无法实现救亡图存。中国还搞过资产阶级改良:1898年戊戌变法,康有为六次上书光绪皇帝要求实行西方的君主立宪制,促使清政府不得不颁布新政,但依然是治标不治本。中国最终走上了资产阶级民主革命:孙中山领导的辛亥革命推翻了清王朝,结束了中国的封建帝制,但仍没有抵挡住帝国主义的入侵,中国依然四分五裂、军阀割据。上述尝试说明,要实现中国社会的真正变革,必须实行最彻底的革命,必须走不同于西方的变革新道路。

由此,对资本主义制度展开激烈批判的社会主义思潮,显得尤为革命而有力。先进的中国人开始尝试将之运用于中国革命实践。然而,什么是社会主义? 如何搞好中国的社会主义革命? 中国人同样经历了一番试验和探索。

当时,有一个自诩为"社会主义"社会思潮叫"无政府主义",自诩革命性最强。它的基本主张是废除一切国家机关和权威制度。比如,现存的政府、法律、军队;又比如,现有的姓氏、家庭、婚姻等等。实践上,无政府主义的主张又有多种表现形式。有刘师复领导的无政府共产主义同志社,主张在中国实行政治上、经济上绝对自由的无政府共产主义,建立无政府主义村社。有江亢虎领导的"中国社会党",主张废除一切税收,只留地价税,从而实现社会财富平均。江亢虎还同孙中山一起在中国进行了亨利·乔治式的"单税社会主义"试验,其结果是失败的。对于这一试验,列宁曾评价说,这"就是把地租转交给国家,即通过亨利·乔治式的某种单一税来实行土地国有化"①。列宁认为这一主张并不适合当时的中国,认为孙中山过多地关注了西方资产阶级的经济思想而脱离了中国的发展阶段。因为,"在欧美,提到日程上的问题已经是摆脱资产阶级而求得解放,即实行社会主义的问题"②,而中国的社会主义革命还没有开始。孙中山想在半殖民地半封建社会的落后中国直接建立一个既有富强民主,又没有分配不公和贫富分化的理想共和国是不可能的。这"必然产生中国民主派对社会主义的同情,产生他们的主观社会主义"③。因此,这些人对社会主义的理解是脱离中国实际的,他们所追求的是个人理想中的社会主义。

此外,新村主义④和工读主义⑤也是在中国颇有市场的所谓社会主义救国之路。他们的主张是乌托邦式的设想,是空想社会主义的幻境。虽然人人幻想能够过上和平幸福的新村生活,但脱离人民就不可能实现。李大钊

---

① 《列宁选集》(第二卷),人民出版社,2012年,第294页。

② 同上,第293页。

③ 同上。

④ 五四时期广泛影响中国思想界的一股空想社会主义思潮。由日本的武者小路实笃创立,在国内的代表人物是周作人。国内还有人创办了新村,如归国华侨余毅魂、陈视明在江苏昆山县子红村建立的"知行新村";王拱璧在河南西华县孝武营建立的"青年村";少年中国学会发起人王光祈设计的"菜园新村"等。

⑤ 工读主义者将"工"和"读"作为改造社会的一种方式,认为脑力劳动和体力劳动的分工是社会不公的根源,因此要想实现人人劳动、人人读书的平等社会,就要树立"劳工神圣"的观念。这种科学救国、教育救国的观点,明显具有资产阶级的改良主义和空想主义的色彩。与新村主义合流,提倡城市中的工读互助团。

作为中国的马克思主义之父，曾经这样批判这种社会主义思潮。这些人是"离开了多数人民去传播他们的理想，就像在那没有深厚土壤的地方撒布种子的一样，归于失败了"①。但这些社会主义主张中也有值得借鉴的合理成分。比如，新村主义所强调的农民、农村的重要性，就为中国共产党所吸收和借鉴。革命之初，毛泽东就曾在《民众的大联合》中提出，到农村中去、发动群众，建立强大的工农组织，联合革命的观点。而这一观点也正是列宁在分析落后国家的无产阶级革命问题时十分重视并强调的主张。

就在上述社会主义思潮在中国传播的同时，早期无产阶级革命者也已经开始发表阐发科学社会主义主张的著作。比如，李大钊发表的《中国的社会主义与世界的资本主义》《社会主义下之实业》，又比如陈独秀所发表的《社会主义批评》等。他们在这些著作中都表达了马克思、恩格斯社会主义思想的科学性和优越性。陈独秀在文章中从资本主义实业危机尚存、国际化不可避免、劳动阶级胜利势在必行等方面列出了中国建立社会主义社会的必要性、可能性和紧迫性之理由。这些观点和分析有力地回击了一些人攻击中国不具备发生社会主义条件的观点。1923 年，自苏联考察回国的瞿秋白在《新青年》季刊发表了《自民治主义至社会主义》一文。文章指出，中国的无产阶级政党之任务是要积极参加并指导中国的民主革命，保证其成功，并推动它向着有利于劳工阶级的社会主义方向过渡。② 可见，这一时期中国的马克思主义者们已经开始自觉将马克思、列宁的主张与中国实际相结合，运用他们的理论分析中国革命问题。他们普遍认同，"承认用革命的手段建设劳动阶级（即生产阶级）的国家，创造那禁止对内外一切掠夺的政

---

① 《李大钊全集》（第三卷），人民出版社，1999 年，第 2 页。
② 该文发表于 1923 年 12 月，《新青年》季刊第 2 期。参见《瞿秋白文集（政治理论编）》（第 4 卷），人民出版社，1993 年，第 484 页。

治法律,为现代社会第一需要"①。这些思想主张,为中国共产党成立之后,列宁主义开始与中国具体实际真正结合提供了理论准备和实践基础。

二、内外耦合的历史契机

20 世纪初,中国所面临的国际国内环境,为列宁主义在中国的出场提供了内外动因。正如列宁所分析的那样,当时世界上的各资本主义国家已经进入了垄断资本主义阶段,瓜分世界市场是各国统治阶级谋取利益的重要手段。各资本主义国家间发展水平的不平衡,极易在抢占世界市场的过程中擦枪走火,引发战争。1914 年爆发的第一次世界大战正是各资本主义国家之间矛盾激化的表现,是内部矛盾外化为世界矛盾的表现,是资产阶级内部矛盾引发阶级矛盾的表现。无论强国还是弱国、殖民者还是殖民地,甚至是半殖民地半封建社会的被压迫民族和国家,都被卷入残酷的战争。世界各国人民为战争付出巨大代价。在反战的和平运动、反资本的阶级斗争、争取土地的农民运动、反对民族压迫的民族解放运动的共同作用下,俄国发生了十月革命并取得了成功。中国革命同样风起云涌,是否走俄国式的无产阶级革命之路,是否运用列宁主义解决好中国问题,在内外因素共同作用的情况下逐渐被早期革命者所肯定。

(一)十月革命胜利和对华宣言的外部推动作用

第一次世界大战的爆发,证明了列宁对资本主义发展到垄断阶段的时代特征和历史发展趋势判断的准确性,验证了列宁的战争预言。然而,战争也为无产阶级革命提供了历史机遇。列宁说俄国革命是特殊的,是"跟帝国主义的第一次世界大战联系在一起的"。第一次世界大战使俄国成为帝国主义链条上的一个绝对薄弱环节。当时的情况,用列宁的话说,就是"人民

---

① 《陈独秀文章选编》(中册),生活·读书·新知三联书店出版社,1984 年,第 10 页。

不愿意照旧生活下去"。然而,沙皇政府及 1917 年二月革命后建立的资产阶级临时政府都没能实现俄国人民要和平、面包和自由的愿望,更不要说兑现所谓的民主承诺。由此,在俄国内外矛盾激化的情况下,列宁领导下的革命的布尔什维克党在 1917 年 11 月 7 日,带领工农群众发动了武装革命,史称"十月革命"。革命的结果是推翻了当时执政的资产阶级临时政府,建立了代表工农利益的无产阶级的苏维埃政权,实现了革命的胜利。

对于俄国的这场武装革命,中国国内第一时间便作了报道。十月革命爆发三天后(11 月 10 日),上海的《民国日报》便将十月革命称为"突如其来之俄国之政变",报道了里林氏(即列宁)领导下的美克齐美尔党(即布尔什维克党)取代旧政权的消息,并概述了列宁退出战争、还地与农民、解决经济困难的三大主张。同日,《申报》伦敦电转路透电,《时事新报》伦敦电、彼得格勒电,《顺天时报》等报刊也报道了十月革命的消息。11 日,《民国日报》和《顺天时报》又多次细致报道了十月革命的具体情况。刊发了如《俄国大政变之情形》《俄国政局之现状》《兵工党委员会之布告》等介绍革命细节的文章。此后数日,国内报刊关于俄国十月革命的报道均集中对革命具体情况和革命后俄国现状进行描述,或称"克伦斯基内阁倒",或曰"舰队拥护宾工委员会",或指"不久当有反动爆发"……至 11 月 15 日,《太平洋》杂志第一卷第八号,刊登了署名为沧海的长文《革命后之俄罗斯政变》,文中相对详细的介绍了俄国十月革命爆发的前因后果,及与中国革命的区别,反对中国实行无产阶级革命等内容。①

关于俄国十月革命的报道在国内各大报刊上持续走热至 11 月底、12 月初前后,此后开始转为报道列宁所领导的布尔什维克党上台后的一系列政

---

① 该文章对列宁及十月革命均持否定态度。作者称列宁为"雷林 Lenin 氏持兵士工人代表会为傀儡、肆其煽惑"。十月革命的结果是"缓进派之势力渐被逐出。即急进派中之较为温和者、亦有不能见容之。"作者反对激进革命思想,反对"阶级嫉视之观念",反对暴力革命之社会变革方法。

策主张。如 11 月 24 日《顺天时报》所载《俄国之公电》,12 月 2 日《晨钟报》所载《俄国单独沟壑问题》,12 月 11 日《民国日报》所载《俄国停战中之内外情形》。12 月 12 日,在《时政新报》刊登的时政消息中第一次出现了"布尔什维克政府"的称呼,当时被译为"柏尔斯维克政府"。① 俄国十月革命胜利、布尔什维克党执政的消息被传遍全中国。

与此同时,列宁领导的新生的苏维埃政权还发表了废除不平等条约的消息,尤其提出要废除此前政府同日本、中国、协约国签订的秘密条约。并提出通过废除沙皇时期所签订的中俄密约的方式向当时的中国政府递出建交橄榄枝。② 但中国当局拒不接受。1918 年 2 月 15 日,《申报》报道了布尔什维克政府废除此前政府缔结之一切国际条约的消息。1919 年 7 月 25 日、1920 年 9 月 27 日,苏维埃俄国政府又分别发表了针对中国的对华宣言,宣言宣布废除沙皇政府同旧中国签订的一系列不平等条约,归还中国权益。这一消息极大地抚慰和鼓舞了长期处于被压迫、被剥削状态下的广大中国百姓的情感。然而国内军阀当局依然拒不接受宣言,拒绝同苏维埃政权建交,致使国内反对声不断、矛盾冲突不断。

中俄相似的国情、相近的地理位置,使十月革命的炮火在中国影响甚广。十月革命胜利后,中国国内关于列宁和布尔什维克党的宣传和介绍十分广泛。大量关于马克思主义、社会主义的讨论和著作在国内纷纷出版。1918 年 7 月 1 日李大钊在《言治季刊》上发表的《法俄革命之比较观》一文中

---

① 《列宁主义在中国早期传播史料长编(1917—1927)》(上册),武汉大学出版社,2019 年,第 18 页。

② 十月革命后,新生的苏维埃政权在列宁主义指导下,从世界无产阶级革命和国际主义立场出发,为帮助一切被压迫民族和无产阶级的解放,苏俄政府即通告各国,表示愿意与各国签订永久和平条约,并声明俄国从前与日本、中国及协约国所签订的秘密条约都一律取消。中国只是各国中的一个。之后,苏俄政府又向中国政府提议,磋商废除 1896 年的中俄密约、1901 年的北京和约、1906 和 1907 日俄战争时与日本所订协约。时值亲日的皖系军阀头子段祺瑞掌握北京政权,屈从与协约国压迫,不接受苏俄政府提议,与苏俄断交。

指出："俄罗斯之革命是 20 世纪初期之革命，是立于社会主义上之革命"，"以人道、自由为基础，将统制一切之权力，全收于民众之手"①。俄国十月革命的世界历史意义在于标志着世界社会主义革命时代即将到来，是"世界的新文明之曙光"②。随后，李大钊又在当年 10 月出版的《新青年》杂志第五卷第 5 号上发表了《庶民的胜利》和《BOLSHEVISM 的胜利》。他在文中热烈赞扬俄国十月革命的消息，称之为开辟了被压迫人民解放的新道路。他说十月革命是"20 世纪中世界革命的先声"，是"劳工主义的胜利"③。"Bolshevism 的胜利，就是 20 世纪世界人类人人心中共同觉悟的新精神的胜利！"④转年 4 月 20 日，陈独秀在《每周评论》第十八期上发表了评论文章《二十世纪俄罗斯的革命》。文中指出："18 世纪法兰西的政治革命，20 世纪俄罗斯的社会革命，当时的人都对着他们极口痛骂，但是后来的历史家，都要把他们当做人类社会变动和进化的大关键。"⑤陈独秀认为，今天人们对十月革命的认识也是如此，历史会见证其功绩。

此外，国内刊物对国外杂志上关于布尔什维克党及其主张的介绍也加深了中国人民对列宁及其思想主张的了解。如，《东方杂志》1918 年 9 月 15 日发行的第十五卷第 9 号和 12 月 15 日发行的第 12 号上刊登了日本《国家学会杂志》的《俄国之土地分给问题》上下篇；1919 年 7 月，《晨报》连载了《名著新译 俄国革命史》，刊登了日本人所写的《译论——民主主义——社会主义——布尔什维克主义》；同一时间发刊的《时事旬刊》第一卷第 18 期刊登了国外电讯中关于俄国革命后法令方面的情况。这些早期革命家的著作和报刊的介绍，虽然不乏负面的批评、反对声音，但也都反映出此时的中

---

① 《李大钊全集》（第二卷），人民出版社，2006 年，第 226～227 页。
② 同上，第 228 页。
③ 同上，第 255 页。
④ 同上，第 263 页。
⑤ 《二十世纪俄罗斯的革命》，《每周评论》，第 18 号，1919 年 4 月 20 日。

国人已经从俄国革命的炮火中开始反思和探索新的中国革命之路。俄国十月革命对世界而言是新式的无产阶级革命浪潮的开端,中国的仁人志士既担心在这场世界革命浪潮中自己的国家会应对不利,带来更大程度的人民苦难;又想在这次新的革命机遇中彻底改变中国被剥削和压迫的落后挨打面貌。矛盾中育有新机,机遇中充满挑战,列宁主义在历史合力的作用下成为中国人的新选择。

(二)五四运动的内部整合作用

列宁主义在中国出场的历史契机中,缺少不了中国国内革命运动的风起云涌。尤其是十月革命胜利后不久,五四运动为中国带来了变革历史的新机遇。1919年初,由于中国当局在巴黎和会上的外交失败,本为第一次世界大战获胜国的中国,反而成了任人宰割的受害者。国内工、商、学各界爱国人士自发掀起了反对帝国主义和国内封建官僚当局的群众性爱国运动,史称"五四运动"。五四运动使国内革命力量迅速整合。人民对于改变中国落后现状,实现民族独立和人民解放的迫切需要开始战胜对革命运动的恐惧,用同俄国十月革命相似的方式完成对中国社会的彻底改造逐渐为中国人所接受,领导俄国革命的列宁思想也逐渐被中国人所认可。

一方面,五四运动极大地宣传了马克思列宁主义的思想。在此之前,作为新的社会主义革命理论和革命思想宣传阵地的只有《新青年》《每周评论》《新潮》等为数不多的几个刊物。五四运动之后,国内新思想的理论和宣传阵地激增,仅新出版发行的进步刊物就猛增至400多种,到1922年有30多种马克思列宁主义经典著作被译成中文。马克思、列宁的思想开始被系统介绍给中国人民。一批马克思列宁主义的理论家在五四运动中开始成长起来。比如,李大钊作为中国的马克思主义之父,在当时就向中国人介绍了马克思的唯物史观、科学社会主义理论和阶级斗争学说。再比如,李汉俊、扬匏安等早期革命者从社会主义改造的彻底性、从社会主义各流派之比较视

等在武汉成立了利群书社。书社规定,其成员一致拥护无产阶级专政,拥护苏维埃。他们还主张在中国成立俄国式的布尔什维克党,以领导中国的无产阶级革命运动。他们将其称为"波社","波"就是布尔什维克。① 1920 年 3 月,北京大学的学生成立了中国最早的马克思主义研究团体——马克思学说研究会。研究会组织的"亢慕义斋"书社收集了包括列宁的《共产主义运动中的"左"派幼稚病》在内的共产国际出版的十余种马列主义原著。这对列宁著作在国内的传播起到了直接推动作用。1920 年 8 月,毛泽东同何叔衡等人在湖南组建了全国第一个以研究俄国一切事宜为宗旨的"俄罗斯研究会"。9 月 9 日,他们又在长沙成立了文化书社,也构成了国内宣传和研究马列主义的重要阵地。可以说,五四运动团结并组织起了一批认同马克思列宁主义,并拥护无产阶级革命运动的工农群众,一个"赞成俄国革命的具有初步共产主义思想的知识分子"②群体③逐步形成。这一时期中国"总起来看,1918—1919 年是科学社会主义在中国系统传播的开始和第一个小高潮"④。基于此,列宁和列宁主义、十月革命和布尔什维克党在中国国内广为流传。

列宁主义在中国出场是历史合力作用的结果,既有理论与实践上的双重准备,又内因外因的共同推动。正如生活在那个时代的革命伟人李大钊所说,十月革命一声炮响,使"我们在这黑暗的中国,死寂的北京,也仿佛分

---

① 参见《中国共产党历史》(第一卷上册),中共党史出版社,2011 年,第 71 页。
② 《毛泽东选集》(第二卷),人民出版社,1991 年,第 699～700 页。
③ 除被人熟知的"南陈北李"(陈独秀和李大钊)外,还有北京的高君宇、黄日葵、何梦雄、张太雷、贺昌;上海的李达、李汉俊、陈望道、李启汉、俞秀松;江西的方志敏、袁玉冰;武汉的陈潭秋、施洋、董必武;湖南的毛泽东、蔡和森、何叔衡、彭璜、夏明翰;山东的王尽美、邓恩铭;广东的阮啸仙、杨匏安;四川的杨闇公;陕西的李子洲、魏野畴等。
④ 吴雁南、冯祖贻等:《中国近代社会思潮(1840—1949)》(第 2 卷),湖南教育出版社,2011 年,第 379～380 页。

得那曙光的一线,好比在沉沉深夜中得一个小小的明星,照见新人生的道路"①。列宁主义的中国化历程就此开始。

第二节　列宁主义在中国出场的过程及路径

列宁主义在中国的出场,是以列宁和十月革命在中国的出场为代表的。列宁曾被称为"过激党"的领导人,十月革命曾被称为"政变"。"过激党"和"政变"的说法,源于国内报纸对西欧新闻稿的直译,在一开始并不反映国内官方和民间的政治立场。但北洋军阀政府的亲欧美立场,决定了其对列宁、布尔什维克党、十月革命的否定态度。与之相反,国内革命志士对无产阶级革命的热情宣传、对马克思列宁思想的全面介绍,在一定程度上又表达了民间对列宁主义和十月革命的认同和接受。总之,列宁主义在中国的出场经历了一个曲折的过程,呈现了自身的特点,影响了中国革命道路的选择。

一、多方交织的出场过程

列宁也被译作"黎里尼""里林""李宁",列宁主义也被称为"美克齐美尔"主义、"布尔什维主义"。代表不同利益的各个群体在对列宁主义的认识和评价上呈现了不同的态度。这其中包括代表大地主、大资产阶级利益的北洋军阀政府,包括主张民主共和的资产阶级革命派,也包括主张社会主义革命的先进知识分子……他们的态度又受到西方主流媒体、苏维埃政权对华政策以及国内爱国运动的影响。可以说,列宁主义在中国的出场过程中既有媒体的客观介绍,也有官方的意识形态干涉,还有自发形成的民间宣传推介。

----

① 《李大钊全集》(第二卷),人民出版社,2006年,第268页。

(一)媒体报道

列宁和列宁主义在十月革命爆发之前,已经在中国报纸的新闻报道中出现过。据考证,1917年5月6日,天津《大公报》第3版的一篇报道首先提到了列宁。报道以"和平与战争之交斗"为题,编发了三条时政短消息,作为其"紧要新闻"专栏的一部分内容。其中,关于俄国的有两条,一条题为"俄社会党运动失败"的消息中专门谈列宁及其主张。该报道称:"俄京又一消息云,俄社会党员黎里尼氏反对战事,陆军及政界中人均不满意其举动。然俄国现为自由国,不能以强迫遏抑其政治,且其运动亦毫无果。军政代表会议现已决定组织一更有责任之社会党机关,以抵制黎里尼氏及其同党。按闻黎里尼氏系社会民主党中之马克齐麻派首领,为俄国老政治犯,近以德政府之辅助始能复回俄,德政府且许以乘作(坐)专车经过德国云。"①将此报道与列宁生平中此时的主要活动及主张相对照,显然可知,"黎里尼氏"即列宁。5月10日,同在《大公报》第3版"紧要新闻"专栏,两条短消息中提到"黎里尼"5次,分别是报道俄国伤废官兵约5万人向国会表态要奋勇从战,并痛斥"黎里尼"之和平运动的《俄德内部之情报》;报道"黎里尼"和平论在俄国之影响的《俄国现危机而复安》。转天,该报又在同一专栏中刊登了上海英文报纸《字林西报》的一篇涉俄报道《俄国备战之决心》。报道称俄国国内"主战急烈派"在与"和平派黎里尼氏派人"冲突中获胜,并2次提到列宁。5月17日,《大公报》第2版刊载的"紧要新闻"之首,即《俄国社会党内哄之真相》。文章指出,此前久居法国、瑞士及其他西欧诸国的政治移民纷纷回国,他们不了解俄国实际,趋于极端。其中,"普列哈诺夫氏与法国社会党意见相同,主张最后之胜利,欲破坏不兼并主义,乃经由德国归来之列宁一派

---

① 《大公报》,1917年5月6日,第3版。

则反对其说,主张立行中止战争。"①他们的争斗破坏了国内的一致,破坏了社会民主党的权威,是俄国"纷扰之大因原"。在这篇报道中,同现在一致的"列宁"译名首次出现。随后,6 月 1 日《新青年》第三卷第四号刊登的《社会党与媾和运动》一文中,也出现了"列宁"的译名,并说:"急进社会党首领列宁氏,新自瑞士归来,纠合同志,鼓吹媾和甚力"②。

俄罗斯历史学家亚历山大·潘佐夫认为,列宁的名字第一次在中国出现,是在 1917 年 5 月 19 日,上海《民国日报》刊登的《最近俄国内部纷扰之传闻》报道中。该文指出:"尼哥拉斯烈银一派,极端反对战争,主张超革命主义","烈银一派回国,偶然惹起社会党内讧,延而至此发生纷扰"。"尼哥拉斯烈银"即列宁。从上述关于列宁的报道中不难看出,不管是《大公报》,还是《民国日报》,作为新闻媒体,他们并没有表现出对列宁极其主张的主观感情色彩,这些报道更多是对当时时政新闻的客观描述,是对国际上相关报道的转发。

而"列宁主义"一词则最早出现在 1919 年 11 月 18 日《晨报》刊登的《空想的改革政府主义捷克大统领批评列宁主义》一文的标题中。文章的正文中并没有出现"列宁主义"。③ 与"列宁主义"一词不同,"布尔什维克""布尔什维克党""布尔什维主义"等相关词汇在中国出现得更早,对其介绍和评说也更多。如前所述,十月革命胜利三天后,国内报纸就相继报道了相关情况。上海的《民国日报》称,八日伦敦电,路透电社接俄京官立通讯社电报:里林氏(即列宁)领导下的美克齐美尔党(即布尔什维克党)取代旧政权,里林氏主张退出战争、还地与农民、解决经济困难三大问题。

---

① 《大公报》,1917 年 5 月 17 日,第 2 版。

② 《列宁主义在中国早期传播史料长编(1917—1927)》(上册),武汉大学出版社,2019 年,第 5 页。

③ 参见邓绍根:《列宁及列宁主义在华早期传播新考》,《文化与传播》,2020 年第 3 期。

截至 1917 年末，除上述报纸外的《晨钟报》《新青年》《申报》《时事新报》《顺天时报》《太平洋》《东方杂志》《广东中华新报》等多家报刊都对十月革命作了报道。考证可知，这些关于十月革命的报道，大都是对国外媒体相关报道的转译，不具有主观感情色彩，不代表报刊立场、不加评论、社论。如，《民国日报》在 11 月 11 日刊登的《俄国大政变之情形》、13 日刊登的《俄国大政变之混乱》、20 日刊登的《俄国大局之混乱》三篇长文中，均是对各国报道的转述，包括八日伦敦电、八日纽约电、九日伦敦电、九日巴黎电、九日亚姆斯特丹电、十日华盛顿电、十一日伦敦电、十一日俄京电、十六日伦敦电、十六日丹麦京城电、十七日俄京电、十七日伦敦电、十八日伦敦电等。因此，列宁主义在中国出场的一开始，仅仅表现为报纸等新闻媒体的客观报道。正如，1919 年 3 月《晨报》发表的《俄罗斯研究》一文中所说的那样。国内有关俄国十月革命的报道，"大概都取材于路透电、日本报纸、上海英文报及数家通信社，其中以翻译日本报纸为拿手好戏。……我们根据这种消息断定过激派的主义、行为，未免牛头不对马嘴了"。4 月 3 日，该报又发表评论说，因为是各国的资产阶级执政者掌握了报刊和通信机关，"所以世间所传的消息，都是攻击列宁政府的，其实英法美各国同情于'布尔司维克派'的人确是不少，不过他们没有发表他们主张的机会，所以世间人不大知道。"因此，在一开始国内媒体并没有对列宁主义形成独立稳定的自主判断。

（二）官方介绍

从官方层面来讲，俄国十月革命爆发前后，国内北洋军阀政府当政。北洋政府是当时得到国际承认的唯一中国政府。据记载，十月革命爆发当天（1917 年 11 月 7 日），中国驻俄公使刘镜人曾第一时间给北洋政府外交部发电报，报告俄国革命相关情况。之后，他还陆续发了几封电报汇报十月革命的进展情况及俄国政局变化的情况。但是直到 20 天后的 11 月 27 日，北洋政府外交部才接到了刘镜人的第一封电报。① 时值国内军阀割据斗争日益激烈,掌握北京政府实权的北洋派内部分裂为直、皖两系,奉系军阀又在东北崛起,孙中山领导的国内革命在广州发起护法运动。北洋政府出于维护自身利益考虑,在获悉俄国十月革命消息后,于 1918 年 1 月,直接下令封锁中俄边界,并令黑龙江、吉林等省派兵封锁满洲里、瑷珲、绥芬河、东林、虎林、图们江等边界口岸,切断中俄交通,以防止俄国革命形势蔓延至中国境内,引发国内革命。因此,北洋政府的态度是拒绝承认新生的布尔什维克政权,并宣布召回驻俄公使与之断交。基于此,中国国内掌握俄国十月革命及其指导思想列宁主义的官方途径被切断。

1918 年 5 月 16 日和 19 日,在北洋政府主导下,中国同日本签订了《中日陆军共同防敌军事协定》和《中日海军共同防敌军事协定》。9 月 6 日,双方又签订了补充协议《关于陆军共同防敌军事协定实施上必要之详细协定》。协议内容看似是两国共同打击十月革命后成立的苏维埃政权,其实际目的乃是日本借出兵苏俄以取代俄国在中国东北的利益,掌握对中国东北地区的实际军事控制权。北洋政府与日本政府媾和出卖中国国家利益,拒不承认十月革命的胜利、布尔什维克政权合法。随后,就出现了当年 8 月 24 日,在军阀头子段祺瑞主导下所发表的《海参崴出兵宣言》。北洋政府派约一个团加入了围剿苏维埃俄国的十四国集团军,以镇压新生的苏维埃政权。

(三)自发研习

国内学界和民间对十月革命和列宁主义的热情赞扬源于一则消息。1918 年 2 月 15 日,《申报》刊登了苏维埃政权对外废除之前政府签订的一切国际条约的消息:"哈尔滨电:俄国过激派政府,于俄历一月二十五日公布声明:凡过激派政府以前之政府所缔结之一切国际条约,限于 1918 年 1 月末日

---

① 参见李传兵:《中国先进知识分子对十月革命认识的转变》,《党的文献》,2017 年第 6 期。

以后概行作废。"①在这些条约中，自然也包括中国同沙俄政府之间签订的一系列丧权辱国的不平等条约。随后，3 月 15 日，《东方杂志》第 15 卷第 3 号刊登从日本《东京日日新报》转译的《述俄国过激派领袖李宁》。在这篇报道中，中国普通民众第一次了解到列宁的生平，了解了列宁组织彼得堡"工人阶级解放斗争协会"及其领导俄国 1905 年、1917 年革命的事迹。甚至还第一次了解了列宁的长相，因为报道上附了列宁的照片。

1918 年 4 月，进步杂志《劳动》第 2 号发表了《俄罗斯社会革命之先锋李宁史略》。文章指出："李宁是素来主张大同主义的最热心家。"列宁"所抱的主义是要这世界的人男女同一样，贫富一般齐。诸位可知道这世界的人，现场除了俄国人刚要享着了这两句话的福之外，其余各国的人，所行所为，没有不是违背了这物理人情的。"②其中也包括中国。可见，此时的中国人已经开始将列宁的主张与中国实际相对比，从改变中国的视角审视苏维埃制度。6 月 17 日《民国日报》的社论中，第一次称十月革命后的俄国为"民主友邦"，称布尔什维克为"新派"。③

然而，正是对这一"民主友邦"，这一"新派"，北洋政府却视之为仇敌。北洋当局的一系列行为成为点燃列宁主义在中国大传播、大发展的导火索。当民众获悉北洋当局政府不仅拒绝与苏维埃政权建交，而且又先后同日本当局签订了出卖国权的《中日陆军共同防敌军事协定》和《中日海军共同防敌军事协定》后，国内民众反日情绪高涨。日本通过上述《协定》派出大批军队进入中国东北，招来学生抗议游行。国内各地救国团体相继成立，留日学生罢学归国，工人工商业者纷纷谴责政府丧权辱国。与此同时，国内报刊又

---

① 《马克思主义在中国早期传播史料长编（1917—1927）》（上册），长江出版社，2016 年，第 7 页。

② 同上，第 8~11 页。

③ 参见沈志华：《中苏关系史纲：1917—1991》，新华出版社，2007 年，第 5 页。

披露了1916年日本政府曾同沙皇俄国政府签订了侵犯中国权益的《日俄密约》。消息一出,在国内又引起极大波澜,革命运动更甚。新生的苏维埃政权不断向中国人民示好,而北洋政府却联合日本政府不断挑战民众底线,沙皇政府与苏维埃政权对待中国人民的态度形成鲜明对比。这一系列事件使国内民众不断觉醒。中国革命道路在这种对比中逐渐明确。国内报刊开始大量登载关于十月革命、列宁主义、苏维埃政权的文章,李大钊、陈独秀等革命志士也开始发表具有深度的理论文章宣传马克思列宁主义、宣传十月革命,以启迪民智,服务于民族独立、人民解放。

　　如前所述,1918年下半年,李大钊相继发表了《法俄革命之比较观》、《庶民的胜利》、《BOLSHEVISM 的胜利》等评论,高度赞扬了十月革命。12月,李大钊又同陈独秀一起创办了《每周评论》。这一刊物集中火力抨击了北洋军阀政府纵容日本在中国东北和山东攫取利益的卖国行径,与《新青年》杂志一起成为当时针砭时弊的战斗刊物。1919年元旦,李大钊又发表了《新纪元》。李大钊坦言:"我可以自白,我是喜欢谈谈布尔扎维主义的。……我总觉得布尔扎维主义的流行,实在是世界文化上的一大变动。我们应该研究他,介绍他,把他的实象昭布在人类社会,不可一味听信人家为他们造的谣言,就拿凶暴残忍的话抹煞他们的一切。……我们惟有一面认定我们的主义,用他作材料、作工具,以为实际的行动;一面宣传我们的主义,使社会上多数人都能用他作材料、作工具,以解决具体的社会问题。"①可以看出,此时的李大钊已经意识到了研究马克思列宁主义的必要性,认识到只有将之同中国实际相结合,才能解决中国问题。李大钊还第一次对"布尔什维主义"下了定义。他说,布尔什维主义"就是革命的社会主义……是奉德国社会主义经济学家马客士(Marx)为宗主的;他们的目的,在把现在为社会主义

---

① 《李大钊全集》(第三卷),人民出版社,2006年,第4~6页。

的障碍的国家界限打破，把资本家独占利益的生产制度打破"①。这表明，此时中国的马克思列宁主义者已经看到无产阶级革命是最彻底、最有力的革命，其结果就是彻底推翻一个旧社会、建立一个新社会，而领导这场革命的必然是受压迫最深的工农群众。所以他们指出，俄国革命"是阶级战争，是全世界无产庶民对于世界资本家的战争。"②俄国十月革命的胜利"是社会主义的胜利，是 Bolshevism 的胜利，是赤旗的胜利，是世界劳工阶级的胜利"③。俄国的布尔什维克政权是维护工农群众利益的政权，中国如果想要像俄国一样实现被压迫者的解放，就"要联合他们全世界的同胞，作一个合理的生产者的结合，去打破国界，打倒全世界资本的阶级。"④

陈独秀也一改往日对资产阶级民主革命的热情态度，对十月革命给予了中肯而又积极的评价。继 1919 年春，陈独秀评价十月革命是"人类社会变动和进化的大关键"之后，他又在《每周评论》上发表了系列文章，驳斥北洋当局和一些既得利益者否定、歪曲、污蔑、攻击布尔什维主义的言论。他号召人民行动起来，发挥历史主动性，因为"公理不是能够自己发挥，是要强力拥护的"。中国问题的"根本救济的方法，只有'平民征服政府'"⑤。陈独秀甚至在发动工人群众，反对封建政府，争取民主权力的过程中被捕。后在社会团体和知名人士的抗议、游行等营救行动中，迫使当局释放了陈独秀。毛泽东在当时就指出："当前的中国危险在于'思想界空虚腐败到十二分'。"⑥"人们迷信神鬼，迷信物象，迷信运命，迷信强权。全然不认有个人，不认有自己，不认有真理。"⑦唯有陈独秀是"思想界的明星"。因此，民间自

① 《李大钊文集》（第二卷），人民出版社，2006 年，第 260 页。
② 同上，第 260 页。
③ 同上，第 259 页。
④ 同上，第 267~268 页。
⑤ 《山东问题与国民觉悟》，《每周评论》，第 23 号，1919 年 5 月 26 日。
⑥ 《毛泽东年谱（1893—1949）》（上册），人民出版社，1993 年，第 48 页。
⑦ 同上。

发形成的对马克思列宁主义的宣传和推介,成为列宁主义在中国出场的主渠道。正如习近平所说:"历史不会忘记,陈独秀、李大钊等一批具有留学经历的先进知识分子,同毛泽东同志等革命青年一道,大力宣传并积极促进马克思列宁主义同中国工人运动相结合,创建了中国共产党,使中国革命面貌为之一新。"①

二、复杂多样的出场路径

第一,通过报刊杂志等媒体平台。列宁主义在中国的出场以十月革命的爆发为先导。十月革命之后,国内媒体第一时间报道了这一消息,其中也提及了领导革命的列宁和列宁主义。这些报道中,既有来自《大公报》《民国日报》《晨报》《申报》《时事新报》《顺天时报》等官方媒体的新闻消息,也有来自《新青年》《每周评论》《国民》《新潮》等进步刊物的新闻报道。然而,这些新闻稿件跟当时国内思想认识领域想要了解俄国革命实际的迫切愿望相比,还是远远不够的。随后,以五四运动为契机,中国国内创建了一大批介绍马克思主义、俄国无产阶级革命和列宁思想的进步刊物,成为列宁主义在中国出场的主渠道。这中间就有,五四运动当月《新青年》杂志所设立的"马克思主义研究"专号上对列宁理论的宣传;也有,第二年7月杂志所开辟的"俄罗斯研究"专栏上登载的大量关于俄国无产阶级革命和布尔什维克劳农政府的进步文章。此外,还有1919年6月在上海创刊的《星期评论》、7月起由北京少年中国学会编辑出版的月刊《少年中国》、毛泽东在长沙创立的《湘江评论》杂志、8月成都发行的《星期》杂志、9月在上海发行的《解放与改造》(后改名《改造》)杂志等。这些刊物通过发表介绍和评议列宁思想的相关著

---

① 习近平:《在欧美同学会成立100周年庆祝大会上的讲话》,《光明日报》,2013年10月22日第2版。

作,推动了列宁思想在中国的广泛传播。此后,随着国内工人运动的不断高涨,先进知识分子还纷纷创立工人专刊,有力地推动了列宁主义同国内工人运动的结合。比如,《劳动界》《劳动者》《共产党》《劳动音》《工人周刊》等进步刊物均于1920年相继在上海和广州创刊。《共产党》杂志在其创刊号上还刊发了列宁的演说《俄罗斯的新问题》,以及《俄国共产党的历史》《列宁的著作一览表》等文章。由此,中国人对列宁和俄国无产阶级革命的认识日趋全面客观,其启迪中国革命的作用也日渐显现。

第二,通过海外留学生[①]和海外华工组织等群体媒介。这些人员和组织承担的是国外马克思列宁主义著作的收集、整理工作,以及将相关著作转译到国内出版发行的任务。比较典型的是曾留学日本的李达。他在留日期间,不仅自己广泛阅读并收集整理了马克思、恩格斯、列宁的原著,还参与组织了"中华留日学生救国团",组织爱国学生,报效祖国。1920年回国后,李达又翻译了大量马克思、列宁的原著和社会主义相关研究著作,对解放和武装中国人民思想、传播马克思列宁主义起到了重要作用。比如,李达翻译了《哥达纲领批判》(又译为《德国劳动党纲领栏外批评》)、《俄国农民阶级斗争史》《劳农俄国的解放制度》《科学的社会主义到行动的社会主义》《唯物史观的宗教观》《列宁底妇女解放论》《社会主义的妇女观》《劳动俄国的妇女解放》以及大部头的《劳农俄国研究》等,构成了向中国人民全面介绍马克思、列宁思想和俄国无产阶级革命、苏维埃制度的系统性著作。蔡元培、吴玉章、李石曾、吴稚晖发起的留法勤工俭学运动,也培育了一批接受并运用马克思列宁主义的先进革命志士,如周恩来、陈毅、邓小平等就是在此运动中出国留学并最终承担起领导中国无产阶级革命历史使命的。此外,还有

---

① 海外留学生以东线的留日和西线的旅欧学生为主。留日学生的代表人物有李大钊、陈独秀、李达、陈望道、李汉俊、彭湃、周恩来、施存统等;旅欧的学生有蔡和森、蔡畅、李富春、周恩来、李立三、陈毅、聂荣臻、邓小平等。这些人大都成为中国革命中的中流砥柱。

留学国外的进步青年组成的勤工俭学组织,也通过各种方式向国内宣传马克思列宁主义的进步思想。比如,"在勤工俭学励进会基础上成立的工学世界社,在1920年12月底召开大会时,就表示要以马克思主义和实行俄国式的社会革命为宗旨"①。

除留学生群体外,在外务工的海外华工组织也从一定程度上推动了列宁主义在中国的出场。"旅俄华工联合会"就是其中的典型代表。该组织的前身是1917年4月18日成立的"中华旅俄联合会",主要职责是维护在俄华工利益。但作为俄国当地的工会组织,它实际上直接参加了俄国的十月革命。该组织还在北洋政府与苏维埃政府断交期间,代理行使了中国领事的职能。其会长刘泽荣(刘绍周)是唯一一位三次面见列宁的中国人。他在向列宁和俄国共产党介绍中国国情的同时,还主动承担了联络两国革命组织,宣传列宁主义的工作。

第三,通过社团和学校等组织平台。十月革命后,由进步青年自发组织成立的社团组织大量涌现,成为国内革命有力的推动力量和马克思列宁主义的有效宣传组织。这其中,较有影响力的有:1918年4月,毛泽东、蔡和森等在长沙成立的新民学会、7月在北京成立的少年中国学会等。到1920年秋天,新民学会在毛泽东的领导下已发展会员百余名。1920年夏,毛泽东还先后成立了文化书社、俄罗斯研究会等组织,宣传社会主义思想和列宁主义理论。此外,五四运动前后的国内学校中,青年学生也开始自发组织起来开展马列主义研究。比如,1919年9月,天津学生联合会在南开学校发起成立觉悟社,周恩来、邓颖超均是社员;1919年底,王尽美、邓恩铭在济南成立励新学会、马克思学说研究会;1920年初,北京大学成立了马克思学说研究会。这些学生社团都起到了宣传马克思列宁主义的重要作用。与此同时,国内

---

① 《中国共产党历史》(第一卷上册),中共党史出版社,2011年,第48页。

各级学校也开始设立马克思主义理论和国际工人运动的相关课程。比如，北京大学的历史学系、经济系、政治系、法律系，以及北京女子高等师范学校都开设了"唯物史观研究""工人的国际运动""社会主义与社会运动"课程。1920 年春，董必武创建的武汉中学将马克思列宁主义的经典著作列为教材，①马克思主义、布尔什维克主义开始在国内得到系统化、理论化宣传。

随着工人组织性的日益提高，为满足工人的学习需求，1921 年起，一批工人学校相继成立。比如，长辛店劳动补习学校、上海第一劳动补习学校、武汉的工人识字班等。这些学校在满足工人识字学习等基本要求的同时，实际上起到了有效组织工人，启迪工人阶级觉悟，传播马克思列宁主义的作用。

第四，通过工会组织等专门机构。五四运动前后，中国国内工人总数约有四千万，建立工会组织，有效组织工人一方面是推动中国经济发展的必然选择；另一方面也是工人维护自身利益的迫切需要。因此，一批代表工人诉求、协调雇主和工人间关系的行业工会先后成立。比如，1920 年 4 月，陈独秀在上海筹备召开劳动节纪念大会时，曾联系过当时上海比较有影响、有组织的行业团体：中华工业协会、中华工会总会、电器工界联合会、船务栈房工界联合会、药业友谊联合会等。陈独秀通过他们，实现了上海 5000 多工人的大集合。在他的号召下，中国工人第一次提出"劳工万岁"等口号，通过了《上海工人宣言》，实现了组织化、政治化发展。此后，以马克思列宁主义为引领，旨在开展无产阶级革命的工人组织和工人运动迅速发展起来。同年 11 月 21 日成立的上海机器工会成为上海共产党组织建立的第一个工人协会。中国共产党领导工会的历史使命就是要实现了对各界工人的科学理论

---

① 教材有当时已经译为中文的《共产党宣言》《共产主义 ABC》《社会发展史》《俄国新经济政策》等，还有进步刊物《新青年》《向导》《湘江评论》等。

武装,启迪其阶级觉悟,开展工人运动。无产阶级政党领导下的工会组织的出现其直接推动了 1922 年 1 月到 1923 年 2 月间国内第一次工人运动高潮的到来。

第五,通过俄共(布)和共产国际的直接灌输。1920 年 4 月,作为俄共(布)远东局代表来华的共产党员维经斯基及翻译杨明斋等人第一次给中国带来了列宁主义的"真经"。他们的使命是帮助中国建立共产党组织。维经斯基在履行使命的过程中,向中国革命者介绍了俄国十月革命的基本情况和基本经验;介绍了苏维埃制度下的俄国发展现状;介绍了苏维埃俄国的对华政策及其推动世界无产阶级革命运动的具体举措。维经斯基甚至还协助了中国有志青年直接到苏俄去学习。一批中国人从此开始系统化、理论化地认识和掌握"原汁原味"的列宁主义。1921 年 7 月,中国共产党成立时,共产国际的代表马林和尼克尔斯基先后到上海直接参与了党的第一次全国代表大会和中国共产党第一个纲领的制定,列宁主义的建党原则和基本观点通过他们被直接吸收到了中国共产党的组织原则和组织系统之中。中国共产党的成立,标志着列宁主义的中国化主体得以构建。

其实,为列宁主义出场中国做出贡献的人和组织还有很多。比如,十月革命后回国的旅俄华工、在中东铁路上工作的俄国工人、驻哈尔滨的俄国士兵,以及第一批去俄国考察的中国知识分子。他们都曾通过口耳相传、著书立说的方式为列宁主义在中国的传播和出场做出了贡献。1917 年 11 月 20 日,中东铁路上工作的中国工人还与俄国工人一起庆祝了十月革命的胜利。十月革命的直接参与者和亲历者中也有中国人。1922 年底,在俄国考察两年之久的《晨报》记者瞿秋白,以中国共产党党员的身份回国。他不仅在考察期间加入了中国共产党,还多次在国内报刊发表了他在苏维埃俄国的所见所闻所思。回国后,他还将自己的亲身经历写成《俄乡纪程》《赤都心史》发表。他的报道和著作直接反映了俄国十月革命、布尔什维克政权和列宁主义的整体面貌,使中国人得以更加全面、真实地认识和了解了列宁及其主张,认识了无产阶级政党、无产阶级革命及其无产阶级政权。正是在这样的基础上,列宁主义得以在中国出场。

第三节　列宁主义在中国出场的历史影响

中国国内各界人士对列宁所领导的十月革命、布尔什维克政权的介绍和宣传,客观上带来了列宁主义在中国的出场。此时的中国思想界,列宁的主张已然成为最具吸引力、最有号召力的强大革命理论。虽然人们对列宁主义的认识尚不深刻,但这种新思想无疑为久处迷茫、彷徨漩涡中的中国人民提供了一种救亡图存的新选择。将这种革命理论与中国实际相结合,走俄国人的路,解决中国问题的思想萌芽已然生根。列宁主义在中国出场的最大影响就是中国共产党的诞生和中国革命道路的明确。

一、对中国革命志士的影响

列宁主义在中国出场首先影响的是中国人,最主要的是对早期革命者的影响。他们在接触和了解列宁主义的过程中,实现了从资产阶级民主革命追随者向无产阶级革命领导者的转变。受列宁无产阶级革命思想的影响,中国革命志士的头脑中开始有了无产阶级的阶级意识和阶级自觉,开始有了阶级联合、工农联合的思考。由此,坚定的无产阶级革命志士开始推动成立布尔什维克式的中国共产党。中国共产党的成立使列宁主义开始被真正运用于中国,列宁主义的中国化萌芽开始扎根于中国实际。

（一）开始具备联合工农开展斗争的阶级意识和阶级自觉

自中国人民开始进行反对封建压榨、殖民压迫、资本剥削的斗争,何种手段能真正推翻三座大山？何种社会是真正的理想社会就一直萦绕在中国人心头。十月革命建立了世界上第一个无产阶级政权、第一个社会主义国家。其革命之路怎样？其社会环境如何？是否适合中国？这都是亟待解答的问题。因此,各界仁人志士从各种途径将十月革命和新生苏维埃政权的消息传播到中国国内。这其中,最能得中国人首肯的就是苏维埃政权在国内破除沙皇专制制度和资本主义制度对农民和工人之压迫并将土地分给农民的消息。

在从正面意义上阐述列宁主义及十月革命意义的早期报道中,《劳动》杂志在1918年4月第2号发表的《俄罗斯社会革命之先锋李宁史略》一文中就表达了中国人对俄国革命的无限钦佩和羡慕之情。作者开篇即表明:"现在我们中国的比邻俄国。已经光明正大的做起贫富一班齐的社会革命来了。社会革命四个字。人人以为可怕。其实不过是世界的自然趋势。"[1]十月革命的领导者"李宁是素来主张大同主义的最热心家",只晓得"求人类的幸福"。列宁在俄国组建了"劳动阶级解放同盟会",创办了宣传革命思想的机关报,还到工人、农民、士兵、学生中去开展反对压迫的动员,并亲自领导了无产阶级革命。由此,俄国无产阶级革命得以成功。而现在"除了俄国人刚要享着了这两句话(男女同一样、贫富一班齐)的福之外,其余各国的人,所行所为,没有不是违背了这物理人情的"[2]。这个"其余各国"自然也包括中国。因此,有革命志士已经将列宁主义看作是破除压迫,实现大同的重要思想,其方法就是联合工农,开展革命。国内也有报道说:"俄罗斯苏维埃共和国,实开数百年无数社会主义理想成功的创始的第一个国家,把俄罗斯从富豪手中夺来给平民;资本家手里夺来给工人;贵族军阀资本家和一切有

---

[1] 《马克思主义在中国早期传播史料长编(1917—1927)》(上册),长江出版社,2016年,第8页。

[2] 同上,第8~11页。

势力的阶级被扫个干净。"①因此，人们盼望中国像他们一样建一个苏维埃的国家。而俄国之所以能破除压迫，建成人们理想中的社会，既源于十月革命的成功，源于组建了代表工农利益的布尔什维克党，更源于工农民众的大联合。所以，毛泽东从中国实际出发，呼吁中国人"应该起而效仿，我们应该进行我们的大联合"②。李大钊更是直接提出，"从今以后，生产制度起一种绝大的变动，劳工阶级要联合他们全世界的同胞，作一个合理的生产者的结合，去打破国界，打倒全世界资本的阶级。"③早期革命志士的这些主张反映了当时国内革命者对俄国革命及布尔什维主义的基本态度和基本认识。在这些思想的号召下国内外革命力量迅速集结，早期共产主义小组在全国各地迅速建立，联合工农、武装斗争的无产阶级的阶级意识和阶级自觉开始形成。

（二）要求成立中国共产党

开展革命的运动必须要有革命的领导力量。俄国十月革命的成功给中国革命提供了一种新选择，"走俄国人的路"，这符合中国人民的主观意愿。其实，中国革命走俄式的无产阶级革命之路，同样符合列宁的设想。因为，在列宁看来，俄国的十月革命只是世界无产阶级革命中的一小步，是一个序幕，革命发展到最后是要建立起一个世界性的苏维埃社会主义共和国。因此，俄共（布）有必要承担起推动世界无产阶级革命的任务，帮助世界上的其他国家建立革命的领导力量——共产党。由此，列宁专门成立了一个世界性的无产阶级政党组织"共产国际"。共产国际的重要职责就是帮助其他被压迫民族和国家开展工人运动，组建无产阶级的共产党组织，加强国际合

---

① 《妇女评论》（第二卷），第 3～6 期，1920 年 6 月。转引自皮明庥：《近代中国社会主义思潮觅踪》，吉林文史出版社，1991 年，第 186 页。
② 《毛泽东早期文稿》，湖南出版社，1990 年，第 341 页。
③ 《李大钊全集》（第二卷），人民出版社，2006 年，第 267～268 页。

作,推动世界革命。共产国际 1919 年 3 月成立,转年 4 月便派代表维经斯基到中国帮助组建中国共产党。维经斯基在国内联系"南陈北李",协助建党。共产国际代表、俄共(布)党员维经斯基、马林等人秉持列宁主义的指导思想在中国有力地推动了中国共产党的成立。他们不仅在组织建设方面辅助中国各地方建立信仰马列主义的共产主义小组,还直接援建了位于上海的华俄通讯社,以建立中国共产党与俄国布尔什维克党的直接联系;援建了黄埔军校,为中国革命培育有生力量。在党的一大上,有共产国际代表马林、尼克尔斯基参加。他们还参与讨论了党内应实行什么样的组织原则,建立什么样的党员信念,采取什么样的革命方式等一系列问题。从一定意义上说,党在一大上所制定的纲领,所通过的决议直接体现了中国共产党对列宁主义理论的认同和运用。正是基于此,毛泽东后来才说,我们"直到第一次世界大战和俄国十月革命之后,才找到马克思列宁主义这个最好的真理,作为解放我们民族的最好的武器,而中国共产党则是拿起这个武器的倡导者、宣传者和组织者"[1]。"自从有了中国共产党,中国革命的面目就焕然一新了。"[2]从此,列宁主义在中国的运用和发展有了明确的主体和稳定的组织基础。

(三)形成了认识和运用列宁主义的新观点

列宁既成功指导俄国无产阶级革命实现胜利,又在俄国建立起了保障工农利益的劳农政权。这一成就不仅得到了中国革命志士的肯定和认同,也启迪了中国人思考如何将这一符合中国人愿望的理论运用于中国实际。李大钊当时就分析说:"一个社会主义者,为使他的主义在世界上发生一些影响,必须要研究怎么可以把他的理想尽量应用于环绕他的实境。所以现

① 《毛泽东选集》(第三卷),人民出版社,1991 年,第 796 页。
② 《毛泽东选集》(第四卷),人民出版社,1991 年,第 1357 页。

代的社会主义,包含着许多把他的精神变作实际的形式使合于现在需要的企图。……我们只要把这个那个的主义,拿来作工具,用以为实际的运动,他会因时、因所、因事的性质情形生一种适应环境的变化。"①这其实就是告诉中国人民,要想同俄国一样使中国革命取得成功,建立真正的劳农政权就需要将科学的列宁主义与中国本国的具体实际相结合,随着中国时间、地点、情况的变化而变化。可见,中国的革命志士在当时已经认识到借用别国经验不是要照抄照搬,而是要将其具体化、民族化为中国人自己的理论,从而真正解决中国问题。其实,这也是革命志士对中国是否能走俄国革命之路,是否能用列宁主义使人民摆脱压迫,实现救亡图存这一问题的回答。然而,由于中国共产党成立之前,革命志士对列宁主义的科学认识尚不充分,对当时中国国情的把握尚不全面,对中国革命困难程度的估计尚不充足,也由于此时中国的无产阶级革命力量还十分薄弱,社会各方面的矛盾尚未充分激化,因此,他们尚不能针对将列宁主义与中国实际的具体结合问题给出更多的深入阐释。对于中国革命志士而言,运用列宁主义解决中国问题还需要理论和实践双重经验的积累与检验。

二、对中国革命道路的影响

列宁主义在中国出场不仅改变了中国人的思想,还影响了中国社会变革道路的选择。虽然此前,为挽救民族危亡,各界人士尝试了各种方法,但没有一条道路能够真正实现救亡图存。列宁主义传入中国之后,更加坚定了中国人唯有通过一次彻底的社会革命,才能真正实现民族独立、人民解放的选择。无产阶级革命或许是一条可取之路,阶级斗争或者是一种可取之法。徘徊犹豫过后,中国革命的领导力量更加明确有力,社会变革方式方法

---

① 《李大钊全集》(第三卷),人民出版社,2006年,第3页。

更加清晰具体。

（一）革命领导力量更加明确有力

在俄国十月革命胜利的消息传到中国之前，中国已经受帝国主义压迫长达半个多世纪之久。"从1840年到1905年的66年中，中国人民一直被笼罩在列强侵华战争的硝烟之中。几乎所有资本主义、帝国主义强国都参与了对中国的侵略和掠夺。"①随着各资本主义国家相继过渡到垄断阶段，单纯从地缘政治上占有殖民地已经不能满足资本主义经济发展的全部要求，资本输出成为帝国主义国家的新型剥削手段。帝国主义资本的入侵，一方面打破了中国传统的以小农经济为主的封建君主专制制度，破坏了中国自给自足的自然经济形式，使农民失地、小手工业者失业；另一方面又带动了中国资本主义商品经济的发展，产生了一批生活在资本压迫之下的城市产业工人。然而，这种入侵并没有从根本上改变中国的经济结构，小农经济仍然是中国经济的支柱形式。封建地主阶级仍然通过土地占有的方式剥削着完全采取旧式手工劳动的个体小农。极低的生产效率，极重的封建压迫使农民深受其害。同时，帝国主义的资本入侵也没有使中国资本主义经济真正发展起来，相反，帝国主义的在华资本，以及依附其上的封建官僚买办资本掌握了国民经济命脉。中国经济成为帝国主义经济的附庸。

在这种情况下，农民首先起来反抗压迫。太平天国运动、义和团运动都是中国旧式农民战争的典型代表。但是"农民并不代表新的生产方式，提不出科学的有远见的斗争纲领，不可能战胜强大的敌人"②。没有先进的阶级领导革命就无法完成彻底变革中国社会的任务。

在这之后，同样生活在屈辱之中的民族资产阶级开始反抗行动。民族

---

① 《中国共产党历史》（第一卷上册），中共党史出版社，2011年，第6页。
② 同上，第12页。

资产阶级维新派领导了维新变法,直接提出中国要救亡图存就要按照先进资本主义国家的模式,改造中国的政治制度,发展资本主义。然而,力量薄弱的资产阶级维新派并没有抓住中国社会主要矛盾,没有认清中国社会变革的实质,改良的办法终归失败。资产阶级革命派同时也向旧中国的封建社会制度亮剑,在民主共和口号的引领下,在"驱除鞑虏、恢复中华、创立民国、平均地权"革命纲领的号召下,辛亥革命的风暴迅速席卷全国,推翻了封建专制制度。然而,资产阶级的革命派却没能领导中国人民驱逐帝国主义的压迫。这一方面是由于中国民族资产阶级在帝国主义和封建主义的双重压迫中成长,革命力量弱小,具有两面性;一方面也是由于资产阶级的自身利益使其无法提出一个可以动员工农大众共同参加革命的有力政治纲领,从而无法形成一个强有力的领导核心。因此,"谁能够领导中国人民求得民族独立和人民解放,谁就将成为中国革命的领导阶级。"[1]

与此同时,与民族资本主义发展壮大结伴而生的是不断扩大的雇佣工人队伍。以工人为主体的无产阶级成为当时中国社会中受压迫最深的群体。他们受帝国主义的剥削,与其他国家的工人相比劳动强度大、工作时间长、工资水平低;受资产阶级压榨,政治上无民主、经济上无保障、生活上无自由;受封建势力压榨,困于卖身、包工、养成等野蛮的管理制度和剥削方式之中。极端的压迫赋予了无产阶级以顽强、彻底的反抗精神和革命精神。然而,这种同最先进的经济形式联系在一起的最革命的阶级,并没有自发认识到自身历史使命的阶级自觉。如前文所述,早期革命人士开始具备联合工农开展斗争的阶级意识和阶级自觉是靠马克思列宁主义的科学理论指引的。正是由于列宁领导下的无产阶级革命在俄国取得成功,建立了劳农政权,才使中国的无产阶级认识到自身的阶级诉求和阶级使命。列宁主义在

---

[1] 《中国共产党历史》(第一卷上册),中共党史出版社,2011年,第15页。

中国的出场使之迅速集结,并建立起无产阶级的革命政党和现代工会组织,开始领导中国革命。

(二)无产阶级革命开始成为中国救亡道路的新选择

无产阶级领导的中国革命自然要走无产阶级革命道路。正如,十月革命一声炮响开辟了中国人对社会主义认识的全新视野一样,无产阶级革命也改变了中国人对中国救亡道路的选择。十月革命之前,中国人眼中的社会主义还只局限于无政府主义、基尔特社会主义和新村共产主义等样式的纸上谈兵。中国救亡道路的试验和筛选也主要局限在旧制度下的大兴实业、资产阶级领导下的民主改良,或者是空想社会主义的理论畅想,最多也就是孙中山领导的资产阶级民主革命的重演。然而,随着世界上第一个无产阶级政权的建立,随着列宁主义在中国广泛传播,早期革命人士对中国变革之路的选择开始转向列宁主义,转向无产阶级革命。

这一点在新文化运动中的革命志士身上体现得尤为突出。比如,陈独秀。他对中国社会变革的最初想法也是资本主义民主改良式的。他认为如果能通过改良的方式让中国走上西式民主道路,建立起同欧美一样的议会民主共和国,进而实现中国与欧美大国平起平坐,对于中国来说是最好的事。列宁主义在中国出场的内外因素和历史契机也恰恰是改变陈独秀这一认识,使之成为无产阶级革命者的最大动因。通过对十月革命的指导思想列宁主义的学习和了解,陈独秀鲜明地指出:20世纪的民主是无产阶级向资产阶级做斗争的旗帜;"若不经过阶级战争,若不经过劳动阶级占领权力阶级地位底时代,德谟克拉西必然永远是资产阶级底专有物,也就是资产阶级永远把持政权抵制劳动阶级底利器"[1]。同样,毛泽东的思想转变也与列宁

---

[1] 陈独秀:《谈政治》,原载《新青年》,第8卷,第1号。转引自《中国共产党历史》,(第一卷上册),中共党史出版社,2011年,第49~50页。

主义在中国的出场密不可分。1918 年下半年,他到北京接触了当时国内新思想的领袖李大钊,并切实感受了十月革命对中国的冲击和影响。1919 年春,从北京回到湖南后,毛泽东经自己深入思考,在其主编的《湘江评论》上表达了对中国革命的看法。他说,俄国的十月革命"必将普及于全世界",中国"应当起而仿效"。当年 12 月,怀着用马克思列宁主义理论武装头脑的渴求,毛泽东第二次来到北京。他竭尽所能地阅读了国内关于俄国革命和马克思列宁主义的大量著作。转年春夏,又同陈独秀在上海共同探讨了马列主义的基本理论和具体运用问题,尤其是湖南的工人运动工作问题。毛泽东确立起要在中国开展无产阶级革命的坚定信念。此后,毛泽东对中国走无产阶级革命之路的认识也愈加清晰。在以陈独秀、毛泽东等为代表的中国革命领导者的推动下,无产阶级革命之路成为中国救亡道路的必然选择。

(三)阶级斗争开始成为中国社会变革的一种有效手段

重视阶级斗争是早期中国先进革命者学习、研究和传播列宁主义的一个重要内容。他们"特别重视传播阶级斗争和社会发展的学说,并把马克思的阶级斗争学说看作是联系马克思主义其他原理的一条'金线'"①。李大钊作为国内马克思主义研究第一人,将阶级斗争看作是贯穿马克思主义学说的一条主线。掌握阶级斗争也是掌握和运用马列主义解决中国问题的重要内容之一。从当时的历史环境来看,十月革命就是阶级斗争的最直接表现。毛泽东在 1919 年从北京反湘后,发表在《湘江评论》的著作《民众的大联合》中表达的就是他个人对阶级斗争问题的认识。他说,做工的没有钱,就分出了贫富阶级;强壮的儿子打懦弱的老子,分出了强弱阶级。要开展阶级斗争就必须首先有阶级的联合。"我们是农夫。我们就要和我们种田的同类,结成一个联合,以谋我们种田人的种种利益。……我们是工人。我们要和我

---

① 《中国共产党历史》(第一卷上册),中共党史出版社,2011 年,第 49 页。

们做工的同类结成一个联合,以谋我们工人的种种利益。"①中国民众的大联合是为了以阶级斗争的方式最后实现劳农利益,建立劳农政权。在这一点上,中国共产党的纲领中体现的非常明显。中国共产党的第一个决议中明确规定:"在工会里灌输阶级斗争的精神"②是党的重要任务之一。

然而,究竟什么是阶级斗争,如何开展阶级斗争,早期革命志士的认识还仅限于俄国式的十月革命,尚未形成将俄国阶级斗争经验在中国灵活运用的理论武装和实践经验。因此,他们对中国国情和中国革命道路的认识都还需要进一步深化。也正因为如此,中国共产党的第一次全国代表大会通过的决议中,并没有对中国国情和中国革命的具体步骤做出明确而清晰的回答和规定。这当中,自然包括列宁理论本身当时尚在发展和完善过程中,俄共(布)自己也尚未从正面意义上阐述清楚"列宁主义"③为何物这一方面的原因;也包括基于当时中国政治经济文化条件所限还没有培育出拥有强烈的无产阶级的阶级意识和阶级自觉的革命队伍的原因。由此,国内革命者自然也无法对列宁的思想有一个全面准确的认识。更何况当时国内对列宁著作的介绍处于零散不多的状态,转译中也常有出错、误读的地方。少数先进革命志士也还不具有将无产阶级阶级的阶级意识和革命精神灌输给工农群众的自觉担当和活动平台。早期革命志士本着对摆脱中国落后挨打状况,实现民族复兴的迫切愿望,以及在对西方资本主义道路失望、对封建专政老路绝望的状况下,在各种道路的试验和筛选中选择了无产阶级革命之路,选择了列宁主义的阶级斗争之策实属历史与现实合力作用的结果。

毛泽东曾在中国新民主主义革命胜利前夕说:"从 1840 年的鸦片战争

---

①　《毛泽东早期文稿》,湖南出版社,1990 年,第 373～374 页。

②　《中共中央文件选集》(第 1 卷),中共中央党校出版社,1989 年,第 6 页。

③　"列宁主义"一词最初是在 1903 年俄国社会民主工党二大上由党内少数派即孟什维克派首领马尔托夫最早使用,作为贬义词用以指责列宁。一直到 1923 年列宁病危之际,该词才发生变化。1923 年 1 月 3 日,俄共(布)第一次使用了"列宁主义"这个术语。

到 1919 年的五四运动的前夜，共计七十多年中，中国人没有什么思想武器可以抵御帝国主义。旧的顽固的封建主义的思想武器打了败仗了，抵不住，宣告破产了。不得已，中国人被迫从帝国主义的老家即西方资产阶级革命时代的武器库中学来了进化论、天赋人权论和资产阶级共和国等项思想武器和政治方案，组织过政党，举行过革命，以为可以外御列强，内建民国。但是这些东西也和封建主义的思想武器一样，软弱的很，又是抵不住，败下阵来，宣告破产了。1917 年的俄国革命唤醒了中国人，中国人学得了一样新的东西，这就是马克思列宁主义。中国产生了共产党，……总之是从此以后，中国改换了方向。"①这就是列宁主义在中国出场的内外因素和历史过程，从此开启了列宁主义的中国化历史进程。

---

① 《毛泽东选集》(第四卷)，人民出版社，1991 年，第 1513～1514 页。

第三章　列宁主义在新民主主义革命中的
运用和发展

按照中国社会发展的历史逻辑,列宁主义的中国化历程首先体现为列宁主义在中国新民主主义革命中的运用和发展。从 1921 年中国共产党成立到 1949 年中华人民共和国成立,列宁主义的中国化集中于解决中国的民族独立和人民解放问题,致力于使中国摆脱封建压迫、官僚资本剥削和帝国主义压榨。由于近代中国半殖民地半封建社会的社会性质和贫困落后的社会现实,列宁主义所阐发的落后国家可以首先进行无产阶级革命的观点,无产阶级在民主革命中的领导权观点,以及民族和殖民地地区的革命特殊性观点对中国革命产生了更加直接的影响。随着共产国际与中国共产党交往的日益深化,列宁主义能够更有针对性地指导中国共产党和中国革命。然而,革命运动千变万化,中国共产党还需在列宁主义与中国革命实际结合的过程中,独立自主开创出独具中国特色的革命理论。新民主主义理论作为列宁主义的中国化理论成果,阐述了中国革命的性质方向、前途命运、组织方式、斗争策略、革命动力和领导力量等一系列问题,是列宁主义被运用于中国实践并取得成功过程中中国共产党取得的卓著成果,是列宁主义的中国化开端,体现了中国共产党对列宁主义的继承和发展。

第一节　列宁的无产阶级革命理论

自列宁思想传入中国到新中国成立，中国的历史性课题始终是如何实现民族独立和人民解放、摆脱剥削和压迫，是通过何种方式实现最彻底地社会变革？因此，列宁主义中针对这一问题的无产阶级革命理论对中国更具有现实指导意义。也正因为列宁主义中具有指导解决中国历史性课题的科学理论，中国共产党才将其运用于中国革命实践，将其中国化。

值得注意的是，即便是在列宁主义的中国化一开始，列宁主义在中国的传播与影响也不仅仅局限于列宁的无产阶级革命理论。列宁关于无产阶级政权建设的思想、关于向社会主义过渡的思想，甚至是新经济政策的相关论述，当时都已经部分地翻译到了国内，为中国人所获悉。因此，从中国问题出发，在分析中国新民主主义革命时期列宁主义在中国的运用和发展之前，简要介绍列宁的无产阶级革命理论并不是说只有列宁的这部分理论在这一时期被中国化了，而是为了更好的理解这一阶段的中国化历史进程和中国共产党的理论创新。

一、无产阶级革命的发生条件

按照马克思、恩格斯书本中所阐述的无产阶级革命的发生条件，革命必然是在资本主义高度发达的先进国家里首先进行。在这样的国家里"整个社会日益分裂为两大敌对的阵营，分裂为两大相互直接对立的阶级"①，即资产阶级与无产阶级。按照马克思主义的唯物史观分析可知，"无论哪一个社会形态，在它们所能容纳的全部生产力发挥出来以前，是决不会灭亡的；而

---

① 《马克思恩格斯文集》（第二卷），人民出版社，2009年，第32页。

新的更高的生产关系,在它存在的物质条件在旧社会的胞胎里成熟以前,是决不会出现的。"因而,只有当资本主义社会发展到无法解决其本身固有的基本矛盾,从而阻碍生产力发展时,革命才会发生。在阶级社会中,阶级斗争就是革命最直接的表现形式。在资本主义的社会中,这种阶级斗争就表现为无产阶级和资产阶级之间的斗争。这一斗争的最激烈表现就是无产阶级暴力革命。无产阶级革命的目的是推翻资产阶级的统治,消灭资本主义私有制,消灭剥削和压迫,最终实现无产阶级和全人类的解放。

对照马克思、恩格斯对未来社会的设想,及其对无产阶级革命发生条件的上述分析,俄国和中国都不会是最先发生无产阶级革命的国家。列宁也曾预测,这个首先揭开世界无产阶级革命历史序幕并引领世界革命浪潮的国家应该是德国,而不是俄国。这是由俄国的现实条件所决定的。相较于周边的西欧国家,俄国至 1861 年才开始对本国封建的农奴制度进行改革。到 20 世纪初期,俄国国内的资本主义经济虽在一定程度上有了较大发展,但仍与西欧资本主义国家有一定差距。此时的西欧国家早已完成了工业革命和资产阶级革命,确立了资本主义制度,建立了自由市场,实现了资本主义经济的大发展。因此,俄国并不是资本主义经济的先进代表,况且俄国人口的主体是农民,而非工人。与之相似,在封建社会制度中安自尊大的旧中国,直接错过了第一次和第二次的工业革命,一直到 19 世纪六七十年代的洋务运动时,才开始出现现代意义上的资本主义生产关系。马克思主义中所说的"完全靠出卖自己的劳动而不是靠某一种资本的利润来获得生活资料的社会阶级"①,即无产阶级的数量在中国是十分有限的。而中国的民族资本主义又是在封建官僚资本主义和国外垄断资本主义的夹缝中生成发展起来的,存在先天不足。这样的民族资产阶级自然无法承担起在中国开展资

---

① 《马克思恩格斯文集》(第一卷),人民出版社,2009 年,第 676 页。

产阶级民主革命的历史重任，遑论开展资产阶级民主革命之后的无产阶级革命。到 20 世纪初，中国国内的产业工人数量大约只有 200 万，尚不足全国人口的 1%，人口的绝大多数同俄国一样，都是农民。由此可见，20 世纪初的俄国和中国不仅不具备马克思所阐述的无产阶级革命的发生条件，而且还都十分落后。虽然两国都已经出现了一定数量的无产阶级，但都尚未在麻木、机械、死板的资本主义经济关系中锻炼出无产阶级的阶级觉悟和革命党性，自然也无法组织并领导革命。

但是世界历史发展的一般性规律并不排斥特殊性、偶然性。在世界各发达资本主义国家相继进入垄断阶段后，帝国主义时代到来。各个帝国主义国家为了抢占世界市场矛盾不断，又由于各个国家政治、经济水平不一，世界大战一触即发。在这样的时代背景和现实环境中，像俄国这样的，在本国生产力发展不太充分的落后国家内部，产生了更加激烈的阶级对立和阶级矛盾：包括"空前野蛮和反动的"封建官僚与失地农民的矛盾；"垄断的、寄生或腐朽的帝国主义"与本国爱好和平、争取自由的人民和民族的矛盾；冷血、残忍又游手好闲的大资本家与产业工人的矛盾……列宁认为，矛盾之所以在落后国家集中突显，是因为资本的全球化带来了阶级矛盾和阶级对立的全球化。正如列宁在《民族和殖民地问题委员会的报告》中说的"全世界已经划分为两部分，一部分是为数众多的被压迫民族，另一部分是少数几个拥有巨量财富和强大军事实力的压迫民族"①。此时，马克思、恩格斯所分析的那种作为无产阶级革命基础的阶级矛盾和阶级对立，在帝国主义链条上的最薄弱环节、在帝国主义时代的落后国家全面呈现，革命一触即发。

由此，资本主义经济不甚发达的落后国家首先具备了产生无产阶级革命的现实条件，还得到了十月革命胜利的验证。那么，这种不同于马克思、

---

① 《列宁选集》(第四卷)，人民出版社，2012 年，第 275 页。

恩格斯当年所揭示的人类世界演进一般规律的特殊历史现象,违背马克思主义吗? 违背唯物主义历史观吗? 列宁的理论恰恰说明了这一问题。列宁将俄国革命和像俄国一样的落后国家首先开展无产阶级革命看作是人类历史发展过程中的特殊性现象。他在用马克思主义的唯物史观充分分析后,提出"世界历史发展的一般规律,不仅丝毫不排斥个别发展阶段在发展的形式或顺序上表现出特殊性,反而是以此为前提的"①。基于此,特殊性并不违背一般性历史规律,世界历史依然按照马克思、恩格斯所揭示的资本主义必然灭亡,无产阶级必然胜利的方向在发展。因此,十月革命胜利之后,列宁的首要任务依然是发展社会生产力,在无产阶级政权的条件下发展社会生产力。也就是"首先用革命手段取得达到这个一定水平的前提,然后在工农政权和苏维埃制度的基础上赶上别国人民";"首先在我国为这种文明创造前提,如驱逐地主,驱逐俄国资本家,然后开始走向社会主义"②。简单地说,就是"先夺取政权后创造条件"。十月革命的胜利及其之后的苏俄实践证明,列宁的上述理论是经得起实践检验的。所以说,列宁通过阐述世界历史发展进程中一般规律和特殊规律的辩证统一关系,坚持并发扬了马克思主义的唯物史观和辩证法,从而进一步丰富和发展了马克思主义理论,实现了对帝国主义时代条件下无产阶级革命发生条件的转换。落后俄国和中国的无产阶级革命由不可能转变为可能。实践中,列宁的继任者斯大林在领导后来的国际共产主义运动时继承并强调了列宁的这个观点。他说:"列宁回答第二国际的先生们说:……如果形成了这样的历史环境(战争、农业危机等),使虽占人口少数的无产阶级有可能把极大多数劳动群众团结在自己周围,那么,为什么它不应当夺取政权呢? 为什么无产阶级不应当利用顺利的

---

① 《列宁选集》(第四卷),人民出版社,2012 年,第 776 页。
② 同上,第 777~778 页。

国际环境和国内环境来突破资本战线,加速总爆发呢?"①"对于无产阶级革命,夺取政权却只是革命的开始,并且政权是用作改造旧经济和组织新经济的杠杆。"②

二、无产阶级在革命中的地位

按照世界历史发展的一般规律,资产阶级民主革命先于无产阶级革命推动人类社会向前发展,只有当资本主义生产关系不能再容纳其生产力时,才会发生无产阶级革命,推动人类社会向更高层次前进。而事实上,落后中国在无产阶级革命之前还尚未完成资产阶级民主革命。本国资产阶级由于先天不足和实力不强,具有天生的妥协性和两面性,无法承担领导革命、建立资产阶级民主政权的历史使命。由此,资产阶级革命和无产阶级革命的双重任务都落到了受压迫最深、革命性最强的无产阶级身上。

列宁对无产阶级在民主革命中领导地位的认识是在跟孟什维克等机会主义分子的斗争中逐渐形成的。众所周知,列宁所在的俄国社会民主工党在成立之初就由于党内组织问题上的分歧,形成了布尔什维克派和孟什维克派。两派关于俄国革命问题的分歧诸多,其中,一个重要方面就是关于无产阶级在民主革命中的作用的问题。1905 年,俄国革命形势高涨,国内出现了大规模的连续性工人大罢工,而且是具有政治诉求的工人总罢工。以列宁为代表的布尔什维克派认为,革命的政党应该抓住机会,组织并领导革命,推翻沙皇专制制度,还工人、农民以政治自由和民主权力。然而孟什维克分子则认为,俄国是农民国家,尚未完成反封建的资产阶级民主革命。在俄国经济发展水平不高,人民又文化素质比较低的状况下,不应开展无产阶

---

① 《斯大林选集》(上卷),人民出版社,1979 年,第 195 页。
② 同上,第 402～403 页。

级革命,而应该把革命的领导权交给资产阶级,无产阶级政党仅仅配合革命、参与革命,参加临时政府。

实践证明,孟什维克分子的这种想法是不对的,到最后,资产阶级临时政府不仅不还自由、民主和权力于人民,而且成了新的剥削人民的国家机器。可见,固守马克思的概念、词句和公式的孟什维克分子,并不真正懂得马克思主义,更不会运用马克思主义。列宁同孟什维克分子的认识相反,他针对当时党内外、国内外的现状,分析了俄国革命形势,撰写了《社会民主党在民主革命中的两种策略》。列宁在文章中从理论上论证了无产阶级在资产阶级民主革命中必须掌握革命领导权的战略和策略,并批判了孟什维克的机会主义实质。他说:"革命的结局将取决于工人阶级是成为在攻击专制制度方面强大有力但在政治上软弱无力的资产阶级助手,还是成为人民革命的领导者。"[①]

最终,无产阶级能否在革命中掌握领导权将决定革命是否能实现由资产阶级民主革命向社会主义革命的转变。至于无产阶级究竟如何真正确立起其领导地位,列宁分析认为这一方面需要无产阶级政党根据本国实际正确全面的评估革命形势;另一方面则需要无产阶级政党去争取工农群众的支持,团结一切可以团结的力量,共同行动。此外,党的革命策略和革命方法还要随着革命形势的变化不断变化,并始终保持好教育和引导工农群众的工作。也正是基于革命灵活性的考量,列宁在领导俄国革命过程中,仅用了 8 个月时间就实现了从资产阶级民主革命到无产阶级社会主义革命的转变。由于列宁对革命领导权问题的全面分析,那些曾经攻击和批评列宁的孟什维克分子在革命的浪潮中被淘汰,"他们是从理论出发看无产阶级革命

---

① 《列宁选集》(第一卷),人民出版社,2012 年,第 529 页。

斗争的现实，而列宁是从革命斗争的实际需要出发看马克思主义理论"①。

列宁阐述上述思想的《社会民主党在民主革命中的两种策略》一文，是列宁无产阶级革命思想的经典著作，也是较早传入中国的列宁经典著作之一。该文写于1905年的六七月间，1929年的8月20日，上海华兴书局在国内出版了单行本的此文。书名被定为"两个策略"，扉页题有列宁"社会民主派在民主革命中的两个策略"字样。从时间上来看，此时正值中国共产党在大革命中因革命领导权的相关策略问题而遭受重创。列宁这一著作的出版对中国共产党正确解决这一问题意义重大。此后，这本列宁的小册子再中国多次出版。比如，1940年由新华日报华北分馆出版的该书中译本，书名被定为"在民主革命中社会民主党的两个策略"。1943年和1946年，延安解放社、辽东建国书店又重新出版社了该版此书。据统计，列宁的这一经典著作在中国革命时期曾有十多个中文版本。多次刊印使此书成为毛泽东在延安时期，阅读最深又最为推崇，并且引用最多的经典著作之一。② 毛泽东第一次读到列宁的这篇文章是在20世纪30年代，"读完《社会民主党在民主革命中的两种策略》，立即推荐给彭德怀读，并在信中说：此书要在大革命时候读着，就不会犯错误"③。而这个中国共产党在大革命时所犯的错误，指的就是党在中国民主革命中放弃革命领导权的问题。所以说，列宁关于无产阶级在民主革命的中领导权的主张对中国革命十分重要，直接影响了中国共产党对中国革命的性质、策略和动力的判断。

三、民族和殖民地地区的革命运动

列宁的民族和殖民地革命理论是列宁无产阶级革命理论中的重要组成

① 何萍：《列宁思想在二十一世纪：阐述与价值》，北京：人民出版社，2014年，第292页。
② 参见陈晋：《毛泽东阅读史》，生活·读书·新知三联书店，2014年，第120页。
③ 陈晋：《毛泽东阅读史略（一）》，《中共党史研究》，2013年第6期。

部分,是他基于对帝国主义时代世界革命趋势的研判,对马克思主义革命理
论深入分析,针对受剥削和压迫的民族和殖民地、半殖民地地区和国家的解
放问题而展开的一系列论述。列宁在俄国十月革命成功之后认为,这个革
命对于世界社会主义革命进程来讲,只是拉开了一个序幕,是促成全世界社
会革命的"一级阶梯"。他想要统一思想、引领方向,担当好发动世界无产阶
级革命的历史使命,遂组织建立了一个世界性的无产阶级政党组织,第三国
际,即共产国际。列宁民族和殖民地革命理论的阐发正是在推动共产国际
引领世界无产阶级革命的过程中形成的。1920 年 7 月,列宁在共产国际二
大上阐述了他对民族和殖民地问题的认识。列宁还为大会草拟了《民族和
殖民地问题提纲初稿》,并在大会上作了《民族和殖民地问题委员会的报
告》。列宁提出,帝国主义时代的民族解放运动应当被看作世界无产阶级革
命的一部分。这是因为,帝国主义战争已经把世界各民族区别,划分为压迫
民族和地区与被压迫民族和地区。因此,各国的革命政党对于被压迫民族
和地区的正义的民族解放运动,应该支持和帮助。在民族解放运动中,被压
迫民族和地区的无产阶级政党还须根据实际强调,对本国的农民施以援手,
甚至与之结成革命联盟。这是"因为落后国家的主要居民群众是农民,而农
民是资产阶级资本主义关系的体现者"①。

此外,无产阶级政党还须在条件允许的情况下,同本国的资产阶级民主
派结成临时联盟,以壮大革命力量。同时在联盟中,须绝对保持无产阶级革
命运动的独立自主性。斯大林在后来的革命实践中也一定程度的继承和发
展了列宁的这一世界无产阶级革命思想。斯大林在《论列宁主义基础》《十
月革命和俄国共产党人的策略》《论列宁主义的几个问题》等著作中用了大
量笔墨阐述列宁的无产阶级革命理论。斯大林在对这一思想进行系统整理

---

① 《列宁选集》(第四卷),人民出版社,2012 年,第 276 页。

的同时指出，"现在必须说世界无产阶级革命，因为个别民族的资本战线已经变成所谓帝国主义战线的整个链条的各个环节，必须拿世界各国革命运动的总战线来对抗这个世界帝国主义战线"①。在后续带领联共(布)领导共产国际的工作过程中，斯大林也多次强调了包括中国在内的东方各国的民族解放运动对世界无产阶级革命的重要作用。他甚至提出了"不要忘记东方""光明来着东方"的革命口号，②发表了一系列阐述中国革命问题的文章。③ 在东方各民族和殖民地地区的革命运动问题上，斯大林继承了列宁的世界无产阶级革命理论，有力推动了包括中国在内的各落后国家的民族解放运动和无产阶级革命运动。

而列宁之所以要在民族和殖民地地区的革命运动中强调无产阶级与其他各革命组织建立联盟，是由民族和殖民地地区的复杂矛盾决定的。民族殖民地地区和国家的各种矛盾不仅为无产阶级革命的发生带来了有利因素，同时也为革命中凝聚最广泛的革命力量提供了现实条件。因此，列宁将受压迫最深的民族和殖民地地区的革命动力延伸到工农群众中，或者说是延伸到了所有的受压迫人民中。至此，无产阶级革命的动力和力量在半殖民地的中国就有了不同于马克思、恩格斯书本的新内容。"没有世界各国和各民族的无产阶级以至全体劳动群众自愿要求结盟和统一的愿望，战胜资本主义这一事业是不能顺利完成的。"④此后，在各民族和殖民地地区的无产阶级革命运动中，能否正确认识和解决本国革命力量的集中和发动问题成为决定革命成败的关键。

---

① 《斯大林选集》(上卷)，人民出版社，1979 年，第 205 页。
② 指斯大林于 1918 年 11 月 24 日和 12 月 15 日发表在《民族生活报》上的《不要忘记东方》和《光明来自东方》两篇文章。
③ 如斯大林发表的《论中国革命的前途》《中国革命问题》《论中国革命的几个问题》《中国革命与共产国际的任务》等专论文章。
④ 《列宁选集》(第四卷)，人民出版社，2012 年，第 222 页。

中国革命中所强调的各革命阶级的大联合、最广泛的统一战线,在一定程度上就是基于列宁的这一理论指导并在中国革命实践中适时调整革命策略的结果。而中国最广泛的革命力量正是毛泽东口中的人民。"人民是什么?在中国,在现阶段,是工人阶级,农民阶级,城市小资产阶级和民族资产阶级。"①更确切地说,"主要是工人和农民的联盟,因为这两个阶级占了中国人口的百分之八十到九十"②。

第二节 列宁主义与中国革命的结合过程

中国共产党成立后,迅速承担起领导国内工人运动的历史使命,带领落后中国进入了无产阶级革命的新历史时期。革命的组织者和革命的群众,革命的运动和革命的方向都亟待科学理论指导,列宁主义承担了历史赋予的这一职责。"'先夺权后创造条件'是俄国革命的基本经验,也是所有曾经存在过的和现在仍然存在的社会主义国家'以俄为师'学来的主要做法。"③同样也是中国的做法。列宁在宣传其"先夺权后创造条件"革命经验的重要会议上,不仅有中国共产党的代表出席,而且被迅速传播回中国国内。从此之后,以列宁主义为指导的中国无产阶级革命道路逐渐清晰,中国革命的性质、前途、组织形式、根本动力和党的建设等一系列问题逐步明确,体现了列宁主义在中国革命中的具体运用。

一、共产党人对列宁无产阶级革命理论的介绍

从中国救亡图存的根本问题出发,列宁的无产阶级革命理论中首先与

---

① 《毛泽东选集》(第四卷),人民出版社,1991年,第1475页。
② 同上,第1478页。
③ 何萍:《列宁思想在二十一世纪:阐述与价值》,人民出版社,2014年,第278页。

中国革命具体实际相结合的是其关于民族和殖民地地区如何开展革命的理论。这一理论被中国人所接受、被中国共产党所运用是以共产国际为中介的。这是因为，共产国际作为列宁组建的世界性的无产阶级政党组织，最重要使命就是领导并推进其他国家的社会主义革命。列宁自己也说："共产国际在民族和殖民地问题上的全部政策，主要应该是使各民族和各国的无产者和劳动群众为共同进行革命斗争、打倒地主和资产阶级而彼此接近起来。这是因为只有这种接近，才能保证战胜资本主义，……消灭民族压迫和不平等的现象。"①如前所述，列宁在共产国际的大会上集中阐述了他关于被压迫民族地区和国家的无产阶级革命斗争思想。这个大会就是共产国际第二次代表大会。

共产国际的第二次代表大会于 1920 年 7 月 19 日在彼得格勒召开，会议的全部筹备工作都是在列宁的领导下进行的。列宁明确了会议的议程包括国际形势分析、共产党在无产阶级夺取政权前后的不同作用和机构设置、民族和殖民地问题等内容。由此，列宁在会议准备阶段，专门草拟了《民族和殖民地问题提纲初稿》交由大会审议。7 月 24 日，大会第三次全体会议还专门成立了 6 个委员会处理相关议程，其中就包括民族和殖民地问题委员会，而中国代表是该委员会成员之一。委员会在成立的第二天讨论了列宁起草的上述初稿，并稍作修改后讨论通过，形成了以列宁的初稿为基础的《民族和殖民地问题提纲》和罗易的《民族和殖民地问题补充提纲》。其中还直接涉及了中国革命问题。此外，会议还讨论通过了《共产党在无产阶级革命中的作用》《加入共产国际的条件》等一系列文件，都直接影响了中国革命。

在上述文件中，列宁直接指出，中国就是半殖民地国家，是被压迫民族，

---

① 《列宁选集》(第四卷)，人民出版社，2012 年，第 217 页。

是落后国家中的一员。① 落后国家的资产阶级民主运动实际上就是民族革命运动,无产阶级政党必须支持并援助这种被压迫民族的民族民主运动和农民运动。至于无产阶级政党——共产党,那是推动这个运动,使被压迫民族和阶级获得解放的主要的、基本的武器。即便是在无产阶级革命胜利之后,它的作用也不会缩小,相反会越来越大。因为,只有无产阶级政党才是可以帮助被压迫民族和国家跨越资本主义的剥削阶段,直接走向社会主义民主,发展社会主义并过渡到共产主义。而每个民族和殖民地地区或国家走过这条路的方式和方法不会统一,在最终达到共产主义目的的过程中,"特别重要的是:弄清具体的经济事实;在解决一切殖民地和民族问题时,不从抽象的原理出发,而从具体的现实生活中的各种现象出发"②。列宁的这些思想,随后被参会的中国人和被派往中国的共产国际代表介绍到中国。

　　列席共产国际二大的中国代表是"俄国共产华员局"③的刘绍周和安恩学。他们参加了民族和殖民地问题委员会关于列宁提纲初稿和罗易提纲的讨论,随后以旅俄华工联合会的名义向国内的革命领袖孙中山发电报,并转全国人民。电报中,他们"号召全国同胞联合起来,大力支援中国青年为打倒自己的敌人帝国主义侵略势力和资本主义专制制度而进行的革命活动";"呼吁全国立即承认在争取自由的共同斗争中领导被压迫人民的工农共和国",即苏联,"切不可协助帝国主义列强干涉俄国"等等。④ 孙中山遵照办理,在回电中说:"当前中国仅仅在名义上是一个共和国,政权仍掌握在封建

---

　　① 列宁在《民族和殖民地问题提纲》中指出帝国主义时代的特点是全世界分成了为数众多的被压迫民族和少数几个财力和军力强大的压迫民族,中国是处于直接的殖民地附属地位这一类的半殖民地国家。

　　② 《列宁选集》(第四卷),人民出版社,2012 年,第 275 页。

　　③ 俄国共产华员局成立于 1920 年 6 月 15 日,依托于旅俄华工联合会。1920 年 7 月 1 日,俄共(布)中央委员会组织部批准俄国共产华员局为旅俄华侨中共产党员组织的唯一中央机构。

　　④ 杨云若、杨奎松:《共产国际和中国革命》,上海人民出版社,1988 年,第 25～26 页。

军阀手里，人民是没有自由的；还应再来一次革命，以扫荡这些当权集团。"①

1920 年 4 月，共产国际代表维经斯基带着列宁的思想，以推动中国革命运动，帮助组建中国共产党为使命来到中国。但由于工作安排需要，1921 年初，维经斯基便奉调回国领导共产国际执委会远东书记处。同时，中国共产党上海发起组派青年代表张太雷赴俄上任，以联络中共与共产国际的关系。他的职位是共产国际远东书记处中国科的科长。为协助共产国际的在华工作，张太雷很快将共产国际代表马林介绍到中国。随后，又被派回莫斯科代表中国共产党参加了 1921 年 6 月召开的共产国际的第三次代表大会。而马林作为共产国际派驻中国的代表，用以指导中国革命的思想理论就是列宁在《民族和殖民地问题提纲》等文章中所阐述的基本观点；张太雷作为最早在列宁主义的发源地了解和学习了列宁思想的中国共产党先驱，为参与大会有关东方问题的讨论而做的理论准备也是基于对列宁《民族和殖民地问题提纲》等相关文献的学习，并在其思想指导下写成了关于中国革命问题的分析报告。

共产国际三大上，张太雷根据列宁的提纲草拟了其在大会上的发言，内容同样是有关民族和殖民地革命问题的。② 他在发言中介绍了中国革命情况、中国劳动人民状况，呼吁共产国际帮助中国革命，并指出东方落后国家中民族资产阶级的两面性，指出联合其他革命群体的民族统一战线在反帝民族运动中十分重要。张太雷在莫斯科的这段时间，还代表中国共产党、中国共产主义青年团参加了青年共产国际第二次代表大会（1921 年 7 月），呼吁召开远东人民代表大会，参与筹备远东各国共产党及民族革命团体代表

---

① 《孙中山全集》（第 5 卷），中华书局，1985 年，第 285 页。
② 张太雷一并向大会提交了《致共产国际第三次代表大会的书面报告》和《关于殖民地问题致共产国际"三大"的提纲（草案）》。参见《共产国际、联共（布）与中国革命文献资料选辑》（1917—1925）（第 2 卷），北京图书馆出版社，1997 年，第 159～181 页。

大会,参与起草《告东方民族书》。① 张太雷作为中国共产党接受并宣传列宁主义的早期代表,对列宁主义在党内和国内的普及起到了直接推动作用。

这之后,列宁有关民族和殖民地革命问题的文献也很快出现中文译本。最早的一个是 1922 年 1 月 15 日,在《先驱》杂志创刊号上发表的《第三国际对民族问题和殖民地问题所采取的原则》。它是对列宁《民族和殖民地问题提纲初稿》中一部分内容的节译。4 月 1 日的《先驱》第 5 号又刊发了了《关于中国少年运动的纲领》《今后中国的青年应当怎样的运动?》《在国际青年共产革命运动之下,我们中国青年应有的觉悟》等文章。文中指出:"这是本年一月间在莫思科东方少年革命党会议议定的大纲。希望全国少年们特别注意。"②这些文章"是中国共产党人初步将列宁东方革命理论与中国革命初步结合的成果"③。所以说,列宁关于民族和殖民地、半殖民地地区开展无产阶级革命的基本主张已经逐渐被中国共产党和中国人民所认识和了解。

列宁关于无产阶级革命的一系列主张,中国共产党在运用其指导中国革命的一开始并没有在党内形成共识。党内在关于中国革命的性质,共产党是否应该采用同国民党联合的革命策略,新生的共产党如何与资深的国民党建立革命统一战线等问题在都尚有分歧。

为解决分歧、统一思想,党的总书记陈独秀在 1922 年 4、5 月间主持召开了广州会议和中国社会主义青年团第一次代表大会,④讨论上述问题。会议

---

① 张太雷于 1921 年 8 月回国,没有参加 1922 年 1 月召开的远东各国共产党和民族革命团体第一次代表大会,代表中共出席此次大会的是张国焘。《告东方民族书》号召各被压迫民族和国家开展反帝反封建的民族民主解放运动,在与国内的农民群众和革命的资产阶级结成联盟的同时,无产阶级要"在民族革命运动中作领袖",极大地鼓舞了世界无产阶级和被压迫人民的解放运动。

② 《关于中国少年运动的纲要》,《先驱》,第 5 号,1922 年 4 月 1 日。

③ 《列宁主义在中国早期传播史料长编(1917—1927)》(中册),武汉大学出版社,2019 年,第 806 页。

④ 张太雷受青年共产国际委托,自 1921 年 8 月从莫斯科回国后,主持中国社会主义青年团整顿工作,11 月开始正式主持工作。

中,张太雷依照列宁的精神指出:"在反帝的资产阶级民主革命阶段,与小资产阶级结成广泛的统一战线是必要的,和国民党联合以及共产党加入国民党都是必要的。"①张太雷还初步提出了中国革命分两步的革命策略,"第一段是大的和小的有产阶级起来推到封建主义的战争,第二段是新起的无产阶级起来推到有产阶级的战争"②。分析和讨论后,党内同志客观上接受了这一主张。"广州会议的意义在于通过传达远东各国共产党及民族革命团体代表大会的内容,进一步贯彻了列宁的民族和殖民地问题提纲精神,对民主革命纲领进行了酝酿。"③

在统一了党内思想认识之后,6月15日中共中央发布了《中国共产党对于时局的主张》,表明中国共产党以列宁主义为指导,重新审视了中国革命的当下任务、目标、方法等基本问题。按照列宁所倡导的民族和殖民地国家在革命力量弱小的情况下有必要联合各革命力量共同活动的主张,中国共产党认为,"中国现存的各政党,只有国民党是比较是革命的民主派,比较是真的民主派"④,要想完成中国反帝反封建的革命任务,建立民主共和国,有必要同国民党建立民主联合战线进行革命。

中国共产党已经认识到,"党是无产阶级的先锋军,为无产阶级奋斗,和为无产阶级革命的党。但是在无产阶级未能获得政权以前,依中国政治经济的现状,依历史进化的过程,无产阶级在目前最切要的工作,还应该联络民主派共同对封建式的军阀革命,以达到军阀覆灭能够建设民主政治为止"⑤。这其实是对中共一大决议中所做出的党只维护无产阶级阶级利益论

① 中国共产党新闻网,党史频道:《广州会议(1922年4月底)》,http://dangshi.people.com.cn/GB/151935/176588/176589/10552329.html.

② 《关于中国少年运动的纲要》,《先驱》,第5号,1922年4月1日。

③ 杨云若、杨奎松:《共产国际和中国革命》,上海人民出版社,1988年,第51页。

④ 《中共中央文件选集》(第1册),中共中央党校出版社,1989年,第37页。

⑤ 同上,第44~45页。

断的修改,是对一大决议中所作出的革命策略和革命方法的修正。中共一大上提出:"对现有其他政党,应采取独立的攻击的政策。在政治斗争中,在反对军阀主义和官僚制度的斗争中,在争取言论、出版、集会自由的斗争中,我们应始终站在完全独立的立场上,只维护无产阶级的利益,不同其他党派建立任何关系。"①通过对比可知,列宁关于民族和殖民地地区无产阶级革命应与其他革命阶级相联合的观点已经被中国共产党所接受。

基于上述思想认识的转变,列宁主义开始同中国革命运动相结合,指导中国共产党解决中国问题。因此,总体而言,"这一时期,党一方面通过革命实践探索中国革命的基本问题,一方面接受列宁关于民族和殖民地问题的理论,并开始把这两个方面结合起来,逐渐酝酿和形成了一个大体上符合中国国情的革命纲领"②。

二、列宁主义与中国革命基本问题的提出

1922 年 7 月召开的中国共产党第二次全国代表大会上,张国焘将他在远东各国共产党及民族革命团体代表大会上所了解的会议精神和列宁指示向党内进行了传达。中国共产党由此进一步在《中国共产党纲领》中第一次区分了党的最低纲领和最高纲领,并具体提出了建立全国性的反帝反封建的统一战线的设想。而远东各国共产党及民族革命团体代表大会在这个转变的过程中起到了重要作用。该会议于 1922 年 1 月 24 日在莫斯科开幕,由来自中国、朝鲜、日本等国的 131 名正式代表和 17 名非正式代表参加。其中,中国代表团 39 名正式代表中包括共产党员 14 人③、青年团员 11 人,有张

---

① 《中共中央文件选集》(第 1 册),中共中央党校出版社,1989 年,第 8 页。
② 《中国共产党历史》(第一卷上册),中共党史出版社,2011 年,第 78 页。
③ 以中国共产党党员身份参加会议的是张国焘,其他中共党员是以各种其他身份参加了这个会议。

国焘、瞿秋白、任弼时、俞秀松、王尽美、邓恩铭、高君宇、王乐平、于树德、柯庆施、林育南、萧劲光等一批中国革命的中坚力量。他们在会议期间认识并掌握了列宁在民族和殖民地革命运动问题上的基本主张，并且多次听取了共产国际对于中国革命的直接意见建议。张国焘等三人还直接与抱病中的列宁探讨了中国革命问题。列宁逝世之前，1922 年 11 月—12 月间，共产国际还召开了四大，陈独秀、刘仁静、王均代表中共参加，会议同样以列宁的基本主张为指导，发布了"关于东方问题的总提纲"①。陈独秀在会上被选为共产国际执委会委员。在这两次会议上，中国共产党党员的一部分同志直接接受了列宁主义的指导。列宁对世界革命运动形势的判断和对民族殖民地地区进行革命的主张被中国共产党党员所掌握，用之审视中国实际，革命基本问题愈加清晰。

（一）中国革命的性质和前途

中国共产党对中国革命性质的认识和判断，首先体现在党中央 1922 年 6 月 15 日发布的《中国共产党对于时局的主张》中。这是中共第一次对外明确指出中国革命的民主革命性质，以及建立革命阶级的联合战线对实现革命胜利的前提和保障作用。1922 年中共二大上，这一思想得到进一步阐述，并最终被写进了代表大会所通过的决议案之中。"我们共产党应该出来联合全国革新党派，组织民主的联合战线，以扫清封建军阀推翻帝国主义的压迫，建设真正民主政治的独立国家为职志。"②中国共产党认为，革命之所以首先是民主革命，是由中国社会性质决定的。在中国的半殖民地半封建社会性质下，封建的宗法关系占据主导地位，小农经济是主体，农民是人口的最大多数。而与此相伴而生的，是帝国主义的全球扩张。它将资本主义的

---

① 1923 年 6 月 15 日刊发的《新青年》季刊第一期，发表了共产国际第四次大会之决议案《东方问题之题要》（今译《关于东方问题的总提纲》）。

② 《中共中央文件选集》（第 1 册），中共中央党校出版社，1989 年，第 66 页。

生产关系带到中国,推动着中国内部资产阶级势力的增长,同时也带来了无产阶级力量的提升。不管是农民还是地主、不管是资本家还是工人,在半殖民地、半封建社会的中国,同时受着国内封建势力、军阀势力和侵略势力的压榨。广泛存在的剥削使中国的社会关系不断简化为压迫者和被压迫者、剥削者和被剥削者的关系。因此,当时的中国要想真正实现民族独立和人民解放,就必须推翻帝国主义、封建主义和官僚资本主义的三重压迫。列宁认为,这种被压迫民族、落后国家的革命具有不同于以往革命的特殊性。这种革命既是反对封建压迫的资产阶级的民主革命,又是反对帝国主义和官僚资本主义的无产阶级革命。

由此,中国革命的目标和前途包括两个部分,一个是近期目标:"消除内乱,打倒军阀,建设国内和平;推翻国际帝国主义的压迫,达到中华民族完全独立"①,即"统一中国本部为真正的民主共和国"②。这也是中国共产党在民主革命中的目标,是"党在现阶段反帝反封建的民主革命纲领,即党的最低纲领"③。一个是远景目标:"是要组织无产阶级,用阶级斗争的手段,建立劳农专政的政治,铲除私有财产制度,渐次达到一个共产主义的社会。"④也就是最终完成社会主义革命任务。就两个目标的关系而言,"民主主义革命是社会主义革命的必要准备,社会主义革命是民主主义革命的必然趋势"⑤。这充分体现了中国共产党运用列宁主义对中国革命性质的判断,对中国革命道路的规划。

今天来看,中国共产党在当时对中国革命性质和道路的上述判断是符合当时中国国情和中国革命形势的正确判断。实践证明,这一判断不仅使

---

① 《中共中央文件选集》(第1册),中共中央党校出版社,1989年,第115页。
② 同上,第115页。
③ 《中国共产党历史》(第一卷上册),中共党史出版社,2011年,第79页。
④ 《中共中央文件选集》(第1册),中共中央党校出版社,1989年,第115页。
⑤ 《毛泽东选集》(第二卷),人民出版社,1991年,第651页。

中国共产党区别于其他各种改良主义的派别，成为最为革命的政党，也为党同各种"左"的和右的错误思想做斗争提供了有力武器。虽然这一革命主张也曾遭到过被质疑和曲解，但最终被实践检验是正确的革命理论，是指导中国革命取得成功的根本原则之一。

(二)中国革命的组织策略

伴随着中国共产党对中国革命性质认识的转变，党对革命的组织策略的问题也发生了认识上的变化。最直接的体现就是党对其他阶级，尤其是民族资产阶级态度的转变。中国共产党开始认识到建立"民主联合战线"在资产阶级民主革命中的必要性和重要性。由此，党的二大明确提出要与国民党建立"民主联合战线"的主张。这是中国共产党基于对中国国情的三个基本判断和对列宁主义的基本认识做出的战略决策。就中国国情而言，一是在半殖民地半封建社会的落后状态下，中国尚未完成反封建的民主革命任务；二是新生的、仍处于成长状态的无产阶级力量还十分弱小；三是相对强大的国民党，在一定程度上是可以争取的民主革命力量。就中国共产党对列宁主义的认识而言，一方面，党中央认为列宁从当时的国际形势出发，开始关注东方各国在引领世界无产阶级革命中的重要作用。中国和印度这样的人口众多、地域广阔的受压迫东方大国给列宁提供了开展世界无产阶级的信心和决心。另一方面，列宁为使东方各国成为世界无产阶级革命中的重要力量，将领导共产国际援助各民族和殖民地国家开展与本国资产阶级革命派结成联盟的民主革命运动。这些因素为中国共产党建立起民主革命的联合战线提供了内外支撑。

在内外因素的共同作用下，国共合作在共产国际的斡旋和推动下正式开始。在合作的方式上，采取的是共产党员以个人名义加入国民党的党内合作方式。这种方式的合作，其实并不是列宁所主张的"民主联合战线"的原貌。因为，这种合作方式将无法保持无产阶级政党在民主革命中的独立地位和领导权,这与列宁的初衷是不一致的。其实,中共二大上制定并通过的《关于"民主的联合战线"的议决案》也明确指出:"在民主的战争期间,无产阶级一方面固然应该联合民主派,援助民主派,然亦只是联合与援助,决不是投降附属与合并,因为民主派不是代表无产阶级为无产阶级利益而奋斗的政党;一方面应该集合在无产阶级的政党——共产党旗帜之下,独立做自己阶级的运动。"①但实际上,无产阶级政党在民主革命中的独立性问题并没有得到有效解决,甚至党的领导权问题还没有被真正提及。而列宁尤其重视这一问题。他说:"要绝对保持无产阶级运动的独立性,即使这一运动还处在最初的萌芽状态也应如此。"②然而,由于俄国革命的特殊性,列宁并没有对无产阶级的领导权和独立性问题提出更加具体并有针对性的指导意见。第一次国共合作是按照共产国际的意见和指示,才最终确立起中共党员以个人名义加入国民党的合作方式的。实际上,这种"党内合作"方式下的联合战线与保持无产阶级政党的独立自主性之间存在根本矛盾。虽然共产国际也曾就此问题向中共发出过指示信,但并未被党所获悉。③ 也正因如此,中共产党在后期遭到国民党反扑时损失惨重。所以说,不光建党初期的中国共产党,就连列宁和共产国际,对究竟如何使无产阶级政党在民主联合战线中始终保持独立性,并掌握领导权都缺乏深入思考和实践经验。从积极的视角来看,这为中国共产党在自己发展中正确处理自身与其他党派的关系,始终保持好党在革命中的领导地位和独立性,留下了理论上和实践上的生长空间,也为党在后来的实践中能建立起真正的民主联合战线提供了宝贵经验。

---

① 《中共中央文件选集》(第 1 册),中共中央党校出版社,1989 年,第 65 页。
② 《列宁选集》(第四卷),人民出版社,2012 年,第 221 页。
③ 指 1923 年 5 月,共产国际制定的《给中国共产党第三次代表大会的指示》,指示明确提出了无产阶级在国民革命中的领导权问题,"毫无疑问,领导权应当归于工人阶级的政党。"但指示信几经辗转,在中共三大之前,党中央并没有收到,指示信的精神也没有在三大上得到贯彻。

（三）中国革命的力量来源

只有实现对最大范围的革命有生力量的有效组织和全面动员，才能搭建起革命胜利的最大保证。就中国革命的根本动力而言，毛泽东在新民主主义革命中明确指出："中国无产阶级、农民、知识分子和其他小资产阶级，乃是决定国家命运的基本势力。"①毛泽东之所以得出这一结论，在一定意义上是继承并发展了列宁的无产阶级革命思想的。列宁曾经针对那些革命形势高涨而国内经济关系仍然处于封建小农经济关系中的落后国家的实际情况，提出无产阶级必须要与国内的农民运动相结合，援助农民运动，结成工农联盟，以保证革命力量。

中国共产党对列宁这一思想的继承来源于共产国际的直接指导。1923年5月，共产国际就中国共产党第三次全国大会所设议题给中共中央下发了指示信。信中提出："在中国进行民族革命和建立反帝战线之际，必须同时进行反对封建主义残余的农民土地革命。只有把中国人民的基本群众，即占有小块土地的农民吸引到运动中来，中国革命才能取得胜利。"②这其实就是要求中国共产党将农民的土地革命要求纳入中国民主革命之中，将农民吸纳入革命队伍，增强无产阶级革命力量。其实，在前一年发表的中共二大宣言中，中共中央已经认识到，"中国三万万的农民，乃是革命运动中的最大要素"③。结合共产国际的指示，中国共产党的三大通过了关于农民问题的议决案。其中明确提出："反对国际帝国主义及国内军阀的国民运动里大多数农民群众的加入是最有力的动力。"④中国共产党与共产国际不谋而合，得益于列宁主义的指导。

---

① 《毛泽东选集》（第二卷），人民出版社，1991年，第674页。
② 《共产国际执行委员会给中国共产党第三次代表大会的指示》，《共产国际、联共（布）与中国革命文献资料选辑（1917—1925）》，北京图书馆出版社，1997年，第456～457页。
③ 《中共中央文件选集》（第1册），中共中央党校出版社，1989年，第113页。
④ 同上，第247页。

　　实践中究竟如何发动农民参加革命？中国共产党经历了一番探索。陈独秀在革命一开始就提出："农业是中国国民经济之基础，农民至少占全人口百分之六十以上，其中最困苦者为居农民中半数之无地的佃农；此种人数超过一万二千万被数层压迫的劳苦大群众（专指佃农），自然是工人阶级最有力的友军，为中国共产党所不应忽视的。中国共产党若离开了农民，便很难成功一个大的群众党。"①与此同时，中共中央为发动农民也制定了同农民切身利益直接相关的革命策略。如限田、限租、开荒、改良水利、建立消费借贷协会等涉及农民经济利益的行动方案。然而，上述策略并没有得到农民的积极响应和支持。因此，直到党的三大出台决议案两年后的1925年秋天中共中央的执委会会议，仍然在探讨"和农民结合的方法"。当时提出的中国共产党的首要任务依然是发动群众，从而壮大革命队伍、充实革命力量。可见，无产阶级政党不能掌握发动农民参加革命的有效方法，无法建立起真正意义上的工农联盟，会给党的存续埋下了隐患。其直接表现就是当无产阶级政党与资产阶级建立的民主联合战线崩溃后，中国共产党便陷入了孤立无援的危险境地。

　　其实，成立初期的中国共产党不仅对农民，对中国社会各阶层的认识都尚在探索之中。中共中央虽然按照共产国际的指示提出要建立革命的联合战线，但究竟如何联合、以什么形式联合、联合之后如何处理自身与其他各阶级的关系，都尚在探索。"时代是思想之母，实践是理论之源"，解决这些问题还需要中国共产党从中国实际出发，独立自主的解答。正像列宁说的："这不可能预先指出。实际经验将会给我们启示。"②

---

①　《中共中央文件选集》（第1册），中共中央党校出版社，1989年，第124页。
②　《列宁选集》（第四卷），人民出版社，2012年，第279页。

（四）党的自身建设

中国共产党在梳理自身历史时明确指出：中国共产党"是根据列宁建党学说组建起来的"①。毛泽东后来也说，中国共产党是一个"布尔什维克化"②的党。这一点在建党之初就体现的尤为明显。

中国共产党的组织建设得益于列宁领导下的共产国际的帮助。中共中央在党的二大上专门制定并通过了关于加入共产国际的决议案。决议案的主要内容是参照列宁在共产国际二大上所制定的加入共产国际"21条基本条件"所形成的。按照共产国际的规定，中国共产党是共产国际的一个下属支部，接受其领导，执行其纲领和决议，贯彻落实民主集中制原则，并支持民族和殖民地地区的解放斗争。所以说，中国共产党在初创时期，在加强自身建设方面取得的主要成就均来自列宁的建党主张和共产国际的组织要求。比如，在中国共产党制定党的章程，明确接受党员条件、设置入党程序，制定党的组织制度、原则和纪律的会议上都有共产国际的代表参加并提出意见建议。中共中央尤其重视列宁的民主集中制原则和党内铁的纪律要求对自身建设的重要作用。刘少奇之所以说"我们的党从最初组织起就有自我批评和思想斗争，就确定了民主集中制，就有严格的组织与纪律，就不允许派别的存在，就严厉地反对了自由主义、工会独立主义、经济主义等"③，正是基于党对列宁主义建党原则的坚持和发展。共产国际的经费和物资援助保障了中国共产党党员队伍的发展壮大。在这个过程中，党员队伍从一开始的几十名成员，迅速发展到了中共三大召开时的400多名。④ 国内各地党的地方支部也纷纷建立。中国共产党党员数量的增加和党的组织规模的扩大有

① 《中国共产党历史》（第一卷上册），中共党史出版社，2011年，第100页。
② 《毛泽东选集》（第二卷），人民出版社，1991年，第652页。
③ 《刘少奇论党的建设》，中央文献出版社，1991年，第235~236页。
④ 党的三大代表30多人，代表全国420名党员。参见《中国共产党历史》（第一卷上册），中共党史出版社，第108页。

力推动了国内工人运动的蓬勃发展和无产阶级革命运动的持续高涨。

　　然而与此相伴的是共产国际对中共的影响和干预也越来越多。按照中国共产党的文件描述,党中央与共产国际的沟通从一开始"联合第三国际",很快转变为"每月向第三国际报告工作";中共与共产国际探讨问题的方式也由最初在国共合作方式问题上的有争论、有探讨转变为全面接受共产国际协款、服从共产国际指示。由此,共产国际和俄共(布)党内存在的各种脱离实际的,教条主义、宗派主义的错误也蔓延到中共党内。

　　辨别对错、清除错误还需要中国共产党通过理论武装加强自身建设,形成符合中国实际的中国化思想理论成果。截至1922年6月底,中共中央成立的人民出版社已经出版了不少马克思、列宁本人的经典著作,其目的就是要加强对党员干部的理论武装。这其中,包括马克思全书系列的《共产党宣言》和《雇佣劳动和资本》,列宁全书系列的《列宁传》《劳农会之建设》《论策略书》①《劳农政府之成功与困难》《共产党礼拜六》《俄国共产党党纲》《第三国际议案及宣言》及《俄国革命纪实》等。在《论策略书》中,列宁阐述了真正的马克思主义者对待理论应有的科学态度。他说:"马克思主义者必须考虑生动的实际生活,必须考虑现实的确切事实,而不应当抱住昨天的理论不放,因为这种理论和任何理论一样,至多只能指出基本的、一般的东西,只能大体上概括实际生活中的复杂情况。'我的朋友,理论是灰色的,而生活之树是常青的。'"②中国共产党自身的理论建设和理论创新也由此展开。

　　以共产国际和早期中国共产党人为中介,列宁主义得以与中国革命实际相结合。从此,中国革命的性质,革命的最低和最高纲领,革命的策略以

---

① 1921年12月新成立的人民出版社出版了由沈译民翻译的列宁著作《论无产阶级在这次革命中的任务》和《论策略书》,译为《讨论进行计划书》。陈独秀1922年6月30日写给共产国际的信《中共中央执行委员会书记陈独秀给共产国际的报告》中也提到此书的翻译。

② 《列宁选集》(第三卷),人民出版社,2012年,第26~27页。

及党的各方面建设等一系列基本问题得以逐步明确并解决。此后的整个新民主主义革命实践,都是在坚持列宁主义的基础上,中国共产党围绕上述问题对中国革命理论与革命实践的深化发展。

三、新民主主义理论的逐步形成

在中国共产党领导中国人民以列宁的无产阶级革命理论为指导,与国民党建立联合战线,真正开启落后东方大国的无产阶级革命之时,列宁却于1924年初在俄国病逝了。列宁的过早去世,是整个世界共产主义运动史上的巨大损失,其理论在其去世后,愈发彰显其科学本质。列宁的继任者和共产国际承担了将列宁主义介绍到中国,并推动中国革命的历史任务。

毛泽东曾评价共产国际和中国共产党的关系是"前后两段还好,中间有一大段不好,列宁在世的时候好,后来季米特洛夫负责的时候也较好"[1]。在总结革命经验,给《关于若干历史问题的决议》草案写说明的时候,毛泽东说:"共产国际现在不存在了,我们也不把责任推给共产国际。共产国际对中国革命总的来说是功大过小,犹如玉皇大帝经常下雨,偶尔不下雨还是功大过小"[2]。可见,毛泽东对新民主主义革命时期中国革命与共产国际关系的概括,一方面指出了其中的问题,一方面也认可共产国际帮助了中国共产党运用列宁主义解决了中国革命问题。列宁主义的中国化理论成果——新民主主义理论,正是在这个过程中形成和发展起来的。这一理论成果的形成充分展现了中国共产党在领导中国革命上的历史能动性、革命性和先进性。

中国共产党在大革命时期积累的革命经验为新民主主义理论的诞生奠

---

[1] 《毛泽东文集》(第七卷),人民出版社,1999年,第120页。
[2] 《毛泽东文集》(第三卷),人民出版社,1996年,第283页。

定了基础。中国共产党成了之初对于探索独立自主的中国革命道路和理论的重要程度认识不深。这一方面是由于初创时期的中国共产党将共产国际视为理论权威且自身还没有开展理论和实践创新的革命经验和实际需要;另一方面也是由于党自身力量过于弱小,没有进行实践和理论创新的现实条件。这一点,在中共的首位领导人陈独秀的思想中体现得尤为明显。

1922 年 11 月,中国共产党派代表团参加共产国际第四次代表大会,陈独秀率团前往。他在莫斯科期间,写了《中国共产党目前的策略》一文,并发表了中文、俄文和英文三个版本。陈独秀认为,像中国和印度这样的落后东方大国中的无产阶级实为"幼稚的无产阶级"[1]。这是因为,在陈独秀看来,像中国这样的东方落后国家,由于受到帝国主义和封建势力的双重压迫,"不但无产阶级没有壮大,即资产阶级亦尚未发达到势力集中,对于封建阶级及帝国主义者有自己阶级的争斗之觉悟与可能"[2]。所以说,这些国家的无产阶级必须按照共产国际的指示联合资产阶级革命者,建立革命的联合战线。"这种联合战线之胜利,自然是资产阶级的胜利,而幼稚的无产阶级只有在此联合战线才能实行争斗,……才能够使自己阶级独立争斗的力量之发展增加速度。"[3]

由此可以看出,作为无产阶级政党领袖的陈独秀更多的是将中国革命的胜利寄托在无产阶级能否同资产阶级建立起革命的联合战线上。而这个联合战线还还须待资产阶级觉悟之后才能建立起来。他并不认为无产阶级及其政党的积极性和能动性是当时革命取得胜利的根本保障,更不要说在联合战线中保持无产阶级的独立性和领导权了。虽然当时中国共产党的文件中也规定,"不可混乱了我们的独立组织于联合战线之中,"但究竟要在多

---

[1]　《中共中央文件选集》(第 1 册),中共中央党校出版社,1989 年,第 120 页。

[2]　同上,第 119 页。

[3]　同上,第 120 页。

大程度上保持党自身的独立？如若出现危机又当如何化解？针对这些问题，全党上下并没有深入思考并拟定具体方案。直到中共三大上提出了国共合作采取"党内合作"方式一个月后，共产国际执委会给党的三大的信才送到中国共产党的手中。共产国际在信中指示，"领导权应当归于工人阶级的政党"，"力求实现工农联盟"①。这一思想在后来中国共产党的四大上才得以贯彻。1925年1月中国共产党第四次全国代表大会召开。会上首次明确提出了党在民主革命中的领导权问题，以及同农民建立革命同盟军的主张。但在革命实践中，中共党员此时已经以个人身份加入了国民党，党内合作已然形成。而这种党内合作方式从根本上排斥中共的独立自主，更不要说领导权了。中国共产党由于在这次的国共合作中丧失了独立性和领导权，再加上缺少武装力量保障，最后在同叛变革命的国民党右派的斗争时损失惨重。大革命失败后，毛泽东在"八七会议"上总结反思，号召全党"须知政权是由枪杆子中取得的"。此后，中国共产党才真正开始主动寻求中国民主革命的独立自主道路，并初步奠定了中国共产党领导下的工农武装割据道路的思想基础。

新民主主义理论在土地革命时期初步形成。土地革命一开始，毛泽东就从总结经验教训的视角，阐述了大革命失败后，党在井冈山革命根据地搞革命的基本问题。他运用列宁主义辩证分析了中国革命政权之所以能够长期存在的主客观条件，以中国国情为依据阐发了工农武装割据的思想。然而实践中，他的主张并没有得到很好地坚持和执行。这一方面是因为尚处于幼年时期的中国共产党经验不够丰富；一方面也是由于共产国际在不了解中国国情的情况下，脱离实际地干预了中国革命，以俄国革命经验为依据，以斯大林的中国革命"三阶段论"理论代替列宁主义指导中国革命。毛

---

① 《中国共产党历史》（第一卷上册），中共党史出版社，2011年，第110页。

泽东在后来总结中国革命经验时,曾多次指出过土地革命时期党内三次"左"倾错误与共产国际的关系,多次剖析了导致这些错误的教条主义思想毒瘤。他在1956年4月28日中共中央政治局扩大会议上的讲话中指出:"这三次'左'倾路线都跟共产国际有关系,特别是王明路线。"①毛泽东这一结论的得出,是有现实依据的。第一次"左"倾错误时,斯大林所谓的中国革命"三阶段论"②是当时共产国际、联共(布)领导人以及他们派往中国的代表都认可的。他们以俄国革命经验为依据,要求中国共产党像他们一样"不断革命",将资产阶级当作革命对象,直至完成社会主义革命。加上国内革命形势热烈,广大党员群众誓为在国民党反动叛变中牺牲的革命同志报仇雪恨。中共中央为了抢占革命先机,乘势而上,导致"左"倾盲动思想愈演愈烈,"革命高潮论"愈喊愈响,直至错误发动了代价沉重的城市中心革命攻略。第二次"左"倾错误同样表现为盲动冒险的城市中心革命论。1929年苏联在中国东北同南京国民政府发生军事冲突,防害了苏联的国家利益。鉴于此,共产国际为维护苏联利益向中共中央连发四封指示信,要求中国共产党在国内掀起革命热潮以对抗南京政府,支援苏联。谁料,当这一冲突很快过去后,共产国际和联共(布)中央又想保持中国国内稳定,尤其要求受共产国际援助的中国共产党安抚好国内民众,以防工人运动挑起事端,再次引发两国间冲突。然而,李立三、王明等人误判了国内局势,认为军阀混战为党

---

① 《毛泽东文集》(第七卷),人民出版社,1999年,第51页。
② 中国革命"三阶段论"是斯大林1927年8月1日在《国际形势和保卫苏联》演说中提出来的,是将中国革命类比为苏联革命的三个阶段,是一种脱离了中国实际的主观主义分析。斯大林认为中国革命应当有三个阶段:"第一阶段是全民族联合战线的革命,即广州时期,当时革命的锋芒主要是指向外国帝国主义,而民族资产阶级是支持革命运动的;第二阶段是资产阶级民主革命,即国民革命军抵进长江以后,当时民族资产阶级离开了革命,而土地运动则发展成为数千万农民的强大革命……;第三阶段是苏维埃革命……"。这一定程度上是斯大林为共产国际在第一次国共合作中的错误指导的理论辩解。时值联共(布)党内斯大林与托洛斯基斗争激烈,"三阶段论"的提出也突显了苏联党内斗争对中国革命形势的影响。

开展革命运动提供了历史良机，遂忽视中共自身力量尚十分弱小的客观实际，拒绝接受共产国际的意见，在国内开展了仿照俄国城市中心革命的武装暴动，最终导致党遭遇巨大损失。而此次错误的主要原因是中国共产党脱离了党的实际、国家的实际和国际局势变化的实际。与前两次不同，第三次"左"倾错误的出现，原本只是为总结此前李立三、王明错误的原因和教训。中共中央于1931年初在上海召开了党的六届四中全会。共产国际派代表参加了会议，甚至还为会议起草了《四中全会决议案》。共产国际的代表米夫认为，中国前一阶段革命运动的失败是由于党在革命运动中的软弱、投降。"立三路线"的实质不是冒险、盲动，而是右的投降和退却，要纠正错误，就要采取更加"左"的态度，更加激进地向敌人力量最集中的地方出击。随后，米夫帮助他的学生王明掌握了中共中央领导权。王明按照米夫的主张走出了一条激进而又盲动的"左"倾错误路线。王明以留学苏联并熟练掌握列宁、斯大林和共产国际其他领导人的思想为依据，借经典著作中个别词句和个别论断作判断，脱离中国实际，坚持走冒险、盲动的革命路线，致使党在五次反"围剿"斗争中失败，几乎断送整个中国革命。

正是在同这种脱离中国实际的右的和"左"的教条主义错误思想不断斗争的过程中，中国共产党得出了有必要将科学理论进行具体化、民族化、时代化的结论，形成了马克思列宁主义的中国化理论成果——新民主主义理论。

在这个理论的形成中，毛泽东在推动将列宁主义与中国实际相结合中功不可没。早在1930年，毛泽东就曾对布哈林提出的中国革命城市中心论发表过不一样的看法。毛泽东提出，中国客观形势决定了革命应采取以乡村为中心，以游击战争为形式，以建立农村红色政权为基础的策略。但这个主张当时没有被中共中央所接受。第五次反围剿失败后，为总结经验教训，党在长征途中召开了遵义会议。但由于此时中国与共产国际的联系被反动派切断,中国共产党开始第一次独立自主地尝试解决中国革命问题。遵义会议正视战争失败的客观实际,清理了党内长期存在的脱离实际、盲目冒进的"左"倾教条主义错误,开始确立起毛泽东同志在党内的领导地位,为新民主主义理论的提出奠定了基础。

新民主主义理论在抗日战争实践中得以系统化、理论化。1935 年遵义会议的召开,标志着中国共产党实现了由弱小到成熟的转变,也标志着党独立自主解决中国问题能力的增强。继承列宁所主张的民主革命中的联合战线策略,中国共产党在抗日战争一开始就提出并建立了抗日民族统一战线,从而最大限度地调动了革命力量、充实了党员队伍。鉴于第一次国共合作失败的历史教训,中国共产党尤其注重保持自身在联合战线中的独立性和领导地位。面对强大的侵略势力和反革命力量,中共党内虽出现了以王明为代表的消极抵抗思想,但最终在革命的关键时刻得以纠正。中共中央于1938 年秋天召开了六届六中全会。会议总结了抗战以来党在革命战争中所积累的经验教训,并号召全党加强对马克思列宁主义理论的学习,武装头脑。尤其强调要将马列主义理论与中国实际相结合,使之民族化、具体化,独立自主地走好中国自己的革命道路。这些基本主张,一方面提供的是正确看待并运用列宁主义的基本原则,另一方面也奠定了在党内彻底清除主观主义错误的思想基础。由此,马克思列宁主义"中国化"的概念应运而生,中国共产党的首个理论创新成果应运而生。

抗日战争时期,毛泽东从中国实际出发,在同国民党反动派的论战中先后发表了一系列经典著作。如,《〈共产党人〉发刊词》《中国革命和中国共产党》《新民主主义论》等。在这些著作中,他系统阐述了中国革命与既往所有革命的根本区别,以及中国民主革命的领导力量、性质、前途、对象、动力、路线、任务和纲领等基本问题。毛泽东将这个民主革命命名为"新民主主义革命"。他说:"依照列宁的精神去工作。不是空话连篇,言之无物;不是无的放矢,不看对象;也不是自以为是,夸夸其谈;而是要照着列宁那样地去做。"①中国共产党按照列宁的指示去解决中国革命问题,形成了新民主主义理论。

解放战争中,毛泽东对中国革命做出的基本判断在实践中得到检验。1948 初,毛泽东为总结革命经验在晋绥干部会议上作了长篇讲话。讲话中,他第一次完整表达了中国新民主主义革命的总路线。中国的新民主主义革命是"无产阶级领导的,人民大众的,反对帝国主义、封建主义和官僚资本主义的革命"②。同时,毛泽东还明确提出了新民主主义革命胜利后中国社会的政权是"中华人民共和国和无产阶级领导的各民主阶级联盟的民主联合政府"③。随后,为纪念中国共产党成立 28 周年,毛泽东发表了《论人民民主专政》。在这篇文章中他进一步阐述了新民主主义的政权建设思想,从而形成了完整的中国共产党的新民主主义理论。

新民主主义理论的形成和发展过程就是列宁主义的中国化过程。在这个过程中,中国共产党总结革命经验、开拓革命道路、探索革命政权建设,得出了要把科学理论与中国具体实际相结合的基本论断,提出了"马克思列宁主义的中国化"的命题,并最终形成了中国共产党首个理论化、系统化的马克思列宁主义中国化思想理论成果——新民主主义理论,体现了中国共产党对列宁主义的坚持和发展。

第三节　新民主主义理论对列宁主义的丰富和发展

中国共产党创立的新民主主义理论理顺了中国革命的资产阶级民主革

①　《毛泽东选集》(第三卷),人民出版社,1991 年,第 842 页。
②　《毛泽东选集》(第四卷),人民出版社,1991 年,第 1313 页。
③　同上。

命性质同无产阶级领导地位之间的关系,真正实现了中国各革命阶级的大联合,形成了中国特色的革命道路,并在这个过程中加强了党自身的先进性和纯洁性建设。新民主主义理论既有对列宁主义立场、观点、方法的继承和坚持,也有从中国具体实际出发对列宁主义的丰富和发展,归根到底是中国共产党运用列宁主义对中国实际问题的独立自主解答。

一、理顺了中国革命性质同革命领导权之间的关系

中国共产党首次对中国革命性质的"新民主主义"判断是在领导中国革命 18 年后的 1939 年冬天做出的。正如十八周岁标志着一个人的成年一样,1939 年"新民主主义革命"论断的提出也标志着中国共产党独立自主提出了成熟的中国革命理论,标志着首个列宁主义的中国化理论成果诞生。一定意义上,这也是中国共产党成熟的标志。就具体时间而言,"新民主主义"一词的首次出现是在毛泽东和其他几个同志于 1939 年冬季在延安共同写的《中国革命和中国共产党》课本中。文中正式指出了中国革命"是新式的特殊的资产阶级民主主义的革命"[①]。阐述这一观点的课本第二章"中国革命",随后被毛泽东进一步单独阐发,形成了毛泽东的经典之作《新民主主义论》。毛泽东在《新民主主义论》中专门阐述了中国新式的、特殊的资产阶级民主主义革命与其他一切旧民主革命的区别。归纳起来,就是五点:第一,指导思想不同,中国革命以马克思列宁主义为指导;第二,领导者不同,无产阶级及其先锋队——中国共产党,是中国革命的领导者;第三,革命任务不同,中国革命以反帝和反封建为最大革命任务;第四,革命目的不同,中国革命最终目的是实现社会主义而不是资本主义;第五,历史地位不同,中国革命是世界无产阶级领导的社会主义革命的组成部分。这五个方面都是此前

---

① 《毛泽东选集》第二卷,人民出版社,1991 年,第 647 页。

世界上的其他革命运动所不具备的，是中国革命所特有的。用中国人的话来说，就是"新民主主义革命"。

中国共产党之所以能够正确判断中国革命的新民主主义性质，来源于列宁对帝国主义时代无产阶级革命条件的分析和阐发。如前文所述，列宁认为帝国主义时代下的民族和国家已经被分化为压迫民族和被压迫民族、殖民帝国和被殖民国。民族和殖民地地区的被压迫人民可以利用日益加剧的阶级矛盾首先开展革命，以实现自身解放。列宁这一主张成为落后中国走上无产阶级革命之路的重要理论支撑。现实中，中国的封建残余势力、帝国主义入侵者和官僚资本家都是追逐利益的压迫者和剥削者，被剥削的人民生活在水深火热之中，国内阶级矛盾日益激化。在俄国十月革命引领下，中国革命走上了无产阶级领导下的民主革命之路。

其实，中国共产党成立之初，已经懵懂意识到中国的民主革命不同于欧洲革命，也不同于俄国的十月革命，有自身的独特性。但是鉴于革命本身的资产阶级民主性质，中国共产党接受了共产国际要求无产阶级政党退居革命幕后的主张，将革命的领导权主动让给了国民党。这是因为，俄国十月革命的经验和马克思所揭示的历史一般规律都认为无产阶级只需要充当民主革命的参与者和辅助者，无须担任革命总的领导者角色。因此，中国共产党在革命一开始犯了右倾教条主义错误，忽视了中国反革命力量异常强大的客观事实，致使大革命失败。但是大革命的失败也表明，没有彻底的符合中国具体实际的革命纲领和革命理论，无产阶级政党就无法领导中国革命走向成功。基于此，中国革命亟待科学理论去解决实际问题。

这个问题实际上就是资产阶级民主革命中无产阶级与资产阶级的关系问题。具体而言，就是无产阶级政党究竟应当在民主革命中充当何种角色的问题。究竟应当如何在落后的被压迫民族地区和国家引导资产阶级民主革命向社会主义革命方向发展的问题，归根到底，就是中国革命的资产阶级民主性质与无产阶级领导权之间的关系问题。解决这一问题还需中国共产党将列宁主义基本原理与中国具体实际相结合,探索解决问题的中国办法。

列宁本人对这一问题有深刻认识。他认为,民族殖民地地区和落后国家的无产阶级革命也是有条件的。这个条件是:"各落后国家未来的无产阶级政党(不仅名义上是共产党)的分子已在集结起来,并且通过教育认识到同本国资产阶级民主运动作斗争是自己的特殊任务。"①这表明,在列宁看来,即便是在落后国家搞无产阶级革命,也不能同资产阶级革命毕其功于一役。因此,列宁本人"坚决反对把落后国家内的资产阶级民主解放思潮涂上共产主义的色彩"②。这就是说,列宁是反对在无产阶级还十分弱小、资产阶级的民主革命还没有完成的落后国家中,盲目开展无产阶级革命运动的。因此,列宁提出,落后国家中的弱小无产阶级可以通过与资产阶级民主派建立联盟的方式,参与到资产阶级民主革命中,适时发动无产阶级革命运动。在此过程中,无产阶级一方面要注意保持自身在这种联盟中的独立性,一方面也要根据时间、地点、条件的变化开展无产阶级领导的革命运动。列宁领导的布尔什维克党就是在这样的思想指导下,将俄国的资产阶级民主革命(二月革命)迅速转变为无产阶级革命(十月革命),并取得革命胜利的。

实践中,列宁和共产国际也是按照这一思想原则指导中国革命实践的。可是在他们援助中国革命之初,中国还没有无产阶级政党。他们更多的是想依托孙中山领导的资产阶级革命党——国民党,去完成中国的资产阶级民主革命任务,进而实现向无产阶级革命的过渡。由此,共产国际主张弱小的共产党加入国民党,以开展国共合作。其实,这在一定程度上,正是列宁所说的把落后国家内的资产阶级民主解放思潮涂上了共产主义色彩。因

---

① 《列宁选集》(第四卷),人民出版社,2012 年,第 221 页。
② 同上,第 220 页。

此,对于这种形式的国共合作,共产国际也信心不足,对于国民党开展革命的坚定性也有所担心和怀疑。面对国民党两次申请加入共产国际的请求,共产国际也均给予拒绝。事实证明,国民党最终叛变革命,大革命遭到了列宁所预见的失败。失败的一个重要原因,就是共产党在这场合作中丢掉了党自身的独立性和革命的领导地位。反思过去,必须正确把握无产阶级政党在资产阶级民主革命中的地位和作用问题。只有这样才能彻底清除党内多次出现的或抵制同一切其他阶级合作、或彻底放弃革命领导权的教条主义错误。

为了从根本上清除这一错误,毛泽东在 1938 年主持召开了六届六中全会,从理论上彻底理清这一问题。会议中,毛泽东首先从中国实际出发,对比分析了中国与西方资本主义国家、中国与俄国在基本国情方面的差异。由此,他总结了中国国情的基本特点。而这些国情特点正是中国革命不同于西方和俄国革命的基础。毛泽东指出,由于发达资本主义国家在以后开展无产阶级革命时,他们的国家已经建立了资产阶级的民主政权和民主制度,因此,无产阶级政党的革命斗争是可以在合法条件下进行的,其主要的斗争内容无非是推翻当政者。毛泽东认为:"这种战争,不到资产阶级处于真正无能之时,不到无产阶级的大多数有了武装起义和进行战争的决心之时,不到农民群众已经自愿援助无产阶级之时,起义和战争是不应该举行的。"[1]这种革命战争一旦展开,其正确步骤就是"首先占领城市,然后进攻乡村,而不是与此相反。所有这些,都是资本主义国家的共产党所曾经这样做,而在俄国的十月革命中证实了的"[2]。毛泽东的分析,正反映了列宁所强调的不能将资产阶级的民主革命涂上共产主义色彩的原因。而这种革命的

---

[1] 《毛泽东选集》(第二卷),人民出版社,1991 年,第 542 页。
[2] 同上。

发生条件,在中国并不具备。

与上述发达资本主义国家的革命条件和步骤不同。"中国的特点是:不是一个独立的民主的国家,而是一个半殖民地的半封建的国家;在内部没有民主制度,而受封建制度压迫;在外部没有民族独立,而受帝国主义压迫。"①在内外矛盾集中的状况下,革命的无产阶级政党理应起来领导革命,而不是等待资产阶级民主革命的胜利、不是等待合法斗争的有利时机。对于中国革命而言,最革命的阶级应该承担起领导革命的重任,即刻开展无产阶级政党领导下的新式资产阶级民主革命。"共产党的任务,基本地不是经过长期合法斗争以进入起义和战争,也不是先占城市后取乡村,而是走相反的道路。"②因此,必须将指导无产阶级政党的科学理论——马克思列宁主义,在中国实现民族化和具体化。这正是最早意义上的"马克思列宁主义中国化"命题的提出。第二年12月,毛泽东在《中国革命和中国共产党》一书中,正式将这个特殊的中国革命命名为"新民主主义革命",即"无产阶级领导下的资产阶级民主革命"。转年,毛泽东又在《新民主主义论》中,阐述了革命的总路线以及政治的、经济的和文化的纲领,得出了中国革命分两步的结论。即"第一步,改变这个殖民地、半殖民地、半封建的社会形态,使之变成一个独立的民主主义的社会。第二步,使革命向前发展,建立一个社会主义的社会"③。由此,中国共产党第一次成功的将列宁主义与中国革命实际相结合,疏通了世界革命一般规律与中国革命特殊实际之间的关系,理顺了资产阶级民主革命性质与无产阶级领导权之间的关系,形成了针对中国革命问题的创新理论——新民主主义理论。

---

① 《毛泽东选集》(第二卷),人民出版社,1991年,第542页。
② 同上,第542页。
③ 同上,第666页。

二、建立了实现各革命阶级大联合的最广泛统一战线

统一战线是中国共产党在民主革命中总结出的克敌制胜三大法宝之一。中国共产党指出，革命中"我们的方针是统一战线中的独立自主，既统一，又独立"。[①] 统一的目的是最大限度地调动一切革命力量，壮大革命队伍；独立的目的是在革命中保持独立自主的决策和行动，掌握革命领导权。统一战线政策的制定和运用反映了中国共产党对中国革命独特性的深刻把握和对列宁主义的丰富和发展。

（一）统一战线策略反映了中国革命的民族民主革命性质

列宁首先将民族解放斗争纳入民主革命运动，将民族解放和阶级解放共同看作是被压迫人民争取解放的革命。列宁成立共产国际的实际目的也是为了支援这一革命。正如前文所指出的，1920 年六、七月间，列宁在为共产国际二大所准备的《民族与殖民地问题提纲初稿》中阐述了共产国际的使命。他说："共产国际在民族和殖民地问题上的全部政策，主要应该是使各民族和各国的无产者和劳动群众为共同进行革命斗争、打倒地主和资产阶级而彼此接近起来。这是因为只有这种接近，才能保证战胜资本主义，如果没有这一胜利，便不能消灭民族压迫和不平等的现象。"[②]因此，被压迫民族和人民要想实现彻底的解放，就必须将革命的运动结合起来，将各个被压迫群体联合起来，形成目标一致的革命联盟。以列宁这一思想为指导，中国共产党在召开第二次全国代表大会时纠正了党的第一个决议中"不同其他党派建立任何联系"[③]的表述。斯大林也十分赞同列宁的主张，指出："民族问

---

① 《毛泽东选集》（第二卷），人民出版社，1991 年，第 540 页。
② 《列宁选集》（第四卷），人民出版社，2012 年，第 217 页。
③ 《中共中央文件选集》（第 1 册），中共中央党校出版社，1989 年，第 8 页。

题是无产阶级革命总问题的一部分,是无产阶级专政问题的一部分"①。而我们布尔什维克党的任务"就是以革命的国际主义精神来教育统治民族和被压迫民族的劳动群众的道路"②。由此,中国共产党在共产国际的指导下,着手通过同资产阶级的革命党——国民党开展合作的方式完成中国的民族民主革命。但革命中如何联合各革命阶级,需要实践的锻炼和经验的积累。土地革命时期,中国共产党所犯的三次"左"倾错误,都有封闭关门、不能正确认识自身和敌人力量的原因,给革命带来了巨大损失。究其原因,虽有共产国际的错误指导,但主要在于中共还不懂得将无产阶级的阶级解放斗争与中华民族的民族独立斗争结合起来,在更大程度上动员革命力量,共同开展革命。

实践中,中国共产党也曾"机械地把政治上的分野归结为阶级上的对立,盲目追求革命的彻底性而把任何一种妥协和退让都视为阶级立场上的示弱,甚至投降"③。按照一般革命经验,彻底的革命就是要反对一切异己分子。然而,在革命对象异常强大,而革命力量又十分弱小的时候,有必要随着时局的变化,不断调整革命的策略。这就是列宁所说的"革命的辩证法"。总结经验教训,1935年底,面对强大的日本帝国主义侵略者,中共中央在瓦窑堡会议上专门研究了联合最广泛的革命力量共同打击帝国主义侵略者的革命策略。中国共产党主张建立"最广泛的反日民族统一战线,"积极主动寻求同各革命团体的大联合,变民主革命为民族民主革命。

将列宁主义基本原理与中国革命具体实际相结合,1938年毛泽东从理论上正式阐述了中国革命的民族民主革命性质,并得到了共产国际的认可

---

① 《斯大林选集》(上卷),人民出版社,1979年,第239页。
② 同上,第244页。
③ 杨奎松:《中间地带的革命——国际大背景下看中共成功之道》,山西人民出版社,2010年,第292页。

和支持。毛泽东指出,当民族矛盾上升为社会主要矛盾时,应该"使阶级斗争服从于今天抗日的民族斗争,这是统一战线的根本原则"①。"在民族斗争中,阶级斗争是以民族斗争的形式出现的,这种形式,表现了两者的一致性。"②这表明,革命策略转换的标准在于,社会主要矛盾的转换。随着社会主要矛盾变化,党中央又把抗日民族统一战线的群众基础扩大到全体中国人民,"总括工农及其他人民的全部利益,就构成了中华民族的利益。"③中国革命中的无产阶级解放、被压迫民族解放和全体人民解放被统一了起来,实现了民族利益、人民利益与阶级利益的统一。这正是中国共产党对列宁工农联合战线思想的创造性发展。

(二)统一战线政策最大限度地调动了国内革命力量,增强了无产阶级革命的动力,奠定了过渡时期各革命阶级联合专政的群众基础

统一战线政策提出的现实依据是中国革命敌人异常强大、中国革命力量又十分弱小。按照毛泽东的分析,中国革命对象是"三座大山"(封建主义、帝国主义和官僚资本主义)。由于中国民族资产阶级力量弱小又先天发育不足,资产阶级的妥协、软弱、退让本性十分突出。他们随时随地都有可能叛变革命,站到革命的对立面。因此,中国革命是异常艰难的革命。中国共产党作为革命性最强的自觉政党,有必要在把握中国革命性质和各阶级基本态度的基础上,运用斗争策略,尽最大的可能联合一切革命力量,建立各革命阶级的大联合。基于此,统一战线策略应运而生。

统一战线的建成是建立在对中国社会各阶级科学分析的基础之上的。毛泽东提出:"中国工人阶级和农民阶级是中国革命的最坚决的力量。"④小

---

① 《毛泽东选集》(第二卷),人民出版社,1991 年,第 538 页。
② 同上,第 539 页。
③ 《毛泽东选集》(第一卷),人民出版社,1991 年,第 159 页。
④ 同上,第 144 页。

资产阶级是完全可以争取的理论。因为他们长期遭受帝国主义和官僚资本主义的双重压榨，随时可能变成无产者，他们是"可靠同盟军"。所以说，中国共产党要在联合工农的基础上，同小资产阶级结成联盟，增强他们进行革命与自我革命的阶级意识和联合革命的阶级自觉。

相较于此，联合资产阶级就显得更为困难和复杂了。因为，中国的资产阶级已经分化为官僚资产阶级和民族资产阶级。其中，官僚资产阶级是依附于封建政权和不同帝国主义势力的反革命集团，它们靠垄断资源和掠夺财富攫取利益，是中国革命的对象之一；民族资产阶级不如官僚资产阶级实力雄厚，在一定程度上具有革命的积极性和爱国主义精神，是可以争取的革命力量。对于这些人，毛泽东说："在革命的锋芒主要地是反对某一个帝国主义的时候"[1]，依附于其他帝国主义的资产阶级才有可能一定程度地、一定时间地成为可能联合的革命力量。一旦出现这种时机，"中国无产阶级为了削弱敌人和加强自己的后备力量，可以同这样的大资产阶级集团建立可能的统一战线。"[2]由此可见，中国共产党全面、透彻地分析了中国社会各阶级的性质、来源、立场和对革命的基本态度。基于此，中共中央制定的统一战线政策总方针是"发展进步势力、争取中间势力、孤立顽固势力"；总的工作原则是"利用矛盾，争取多数，反对少数，各个击破"；总的斗争策略是做到"有理、有利、有节"。上述方针、原则和策略构成了中共统一战线政策的主体内容，保障了最大限度的革命力量的联合和调动。

统一战线政策是毛泽东对列宁的无产阶级革命策略思想进行中国化发展的结果。列宁当年，曾经长期同党内存在的四面出击、盲目革命的思想做过坚持不懈的斗争，也同僵化保守、反对一切形式的阶级联合的行为做过坚

---

① 《毛泽东选集》(第二卷)，人民出版社，1991年，第607页。

② 同上。

持不懈的斗争。列宁称这些人犯了"左派"幼稚病。毛泽东在中国革命中，不仅自己多次阅读过列宁的《共产主义运动中的"左派"幼稚病》一书，而且要求广大党员干部结合中国实际熟读此书，防止犯错。列宁在书中阐发了无产阶级政党在面对强大革命敌人时应该采取的革命策略。列宁说："要战胜更强大的敌人，就必须尽最大的努力，同时必须极仔细、极留心、极谨慎、极巧妙地一方面利用敌人之间的一切'裂痕'，哪怕是最小的'裂痕'，利用各国资产阶级之间以及各个国家内资产阶级各个集团或各种类别之间利益上的一切对立，另一方面要利用一切机会，哪怕是极小的机会，来获得大量的同盟者，尽管这些同盟者可能是暂时的、动摇的、不稳定的、不可靠的、有条件的。"①列宁的这一思想，无疑在中国的统一战线政策中得到了极大的体现和极好的发扬。

（三）中国共产党的统一战线政策丰富了革命斗争形式

统一战线是不同革命群体的统一战线，必然涉及谁掌握领导权的问题。按照列宁的无产阶级革命理论，无产阶级政党能否掌握革命领导权是统一战线存续的关键。因为"只有工人阶级的政党，即共产党，才能团结、教育和组织无产阶级和全体劳动群众的先锋队，而只有这个先锋队才能……领导全体无产阶级的一切联合行动，也就是说在政治上领导无产阶级，并且通过无产阶级领导全体劳动群众"②。由此，如何才能使无产阶级政党掌握并始终保持统一战线中的领导地位，才是革命的关键。这也是中国共产党自第二次全国代表大会提出建立民主联合战线开始就始终追求的。中国革命的成功经验和失败教训一再说明，武装力量才是无产阶级政党保持自身独立性和掌握革命领导权难以撼动的根本保证。

---

① 《列宁选集》（第四卷），人民出版社，2012年，第180页。
② 同上，第474页。

大革命中,由于缺乏武装力量,共产党员只能以加入国民党的方式参与革命;由于缺乏武装力量,在遭遇反动派叛变和绞杀时无产阶级政党毫无还手之力。总结历史教训,毛泽东随即在中共中央紧急召开的八七会议上明确强调了"枪杆子"的重要性。这之后,中国共产党领导下的武装力量才逐渐壮大起来。到1929年底,以出台《中国共产党红军第四军第九次代表大会决议案》为标志,中国共产党初步形成了一套领导新型人民军队开展武装斗争的基本原则和规章制度。

随着革命形势的转换,中国革命进入土地革命战争时期,中国共产党的中心工作是"打仗,筹款,发动群众"。此时的武装斗争主要是"打土豪、分田地"的农民土地革命斗争。由于此时,中国共产党领导人民军队在正面战场上同正规军交战的斗争经验并不丰富。再加上战略战术上的失误,红军在同国民党的军队进行的反围剿斗争中损失惨重。最终,被迫走上了长征之路。长征途中,无产阶级政党领导武装斗争的战略战术问题被提出并得到重视。随着1935年底,遵义会议上毛泽东在全党领导地位的确立,他关于党领导人民军队开展武装斗争的科学思想开始得到全面贯彻和落实。1936年底,毛泽东写了《中国革命战争的战略问题》一文,文中详细论述了他关于中国武装斗争的战略策略问题,包括对中国革命战争的规律、特点、阶段、趋势的分析,对中国共产党如何根据中国革命实际制定正确的战略战术的分析,甚至包括如何正确选择作战方式、战争形式。由此,中国共产党的军队形成了自己的武装斗争思想和强大作战能力。面对后来以王明为代表的右倾投降主义错误,毛泽东尖锐地指出,中国不具备合法斗争条件,中国共产党从一开始的任务就是要"联合尽可能多的同盟军,组织武装斗争,依照情况,反对内部的或外部的武装的反革命,为争取民族的和社会的解放而斗争。在中国,离开了武装斗争,就没有无产阶级和共产党的地位,就不能完成任何的革命任务"①。因此，开展武装斗争是建立统一战线的题中之意。"统一战线，是实行武装斗争的统一战线。""统一战线和武装斗争，是战胜敌人的两个基本武器"②，也是中国革命克敌制胜的重要法宝，是毛泽东新民主主义理论中不可或缺的重要组成部分。统一战线政策是中国共产党创造的不同于列宁的策略，是更符合中国革命需要的有效策略，是对列宁主义的创造性发展。

三、形成了工农武装割据的农村革命根据地建设方案

如前文所述，中国共产党在很早就认识到占人口最大多数的农民在中国革命中的重要作用。究竟如何建立起工农联盟，却需要无产阶级政党在实践中不断积累经验并形成具有中国特色的革命方案。发动农民、联合农民的前提是认识农民。中国共产党的领导人在中国革命一开始就曾指明："农民私有观念极其坚固，在中国，约占农民半数之自耕农，都是中小资产阶级，不用说共产的社会革命是和他们的利益根本冲突，即无地之佃农，也只是半无产阶级，他们反对地主，不能超过转移地主之私有权为他们自己的私有权的心理以上。"③对于这个文化水平低，阶级觉悟不高，小生产者意识浓重，但又处于极端被压迫和被剥削之中，反抗意愿强烈的群体，中共对他们的团结和发动经历了一个复杂的过程，最终形成了独具中国特色的工农武装割据之路。

（一）农民运动是中国民主革命运动的重要组成部分

中俄两国都是农民占人口大多数的国家。针对这种现实状况，列宁指出："无产阶级应当把民主革命进行到底，这就要把农民群众联合到自己方

---

① 《毛泽东选集》（第2卷），人民出版社，1991年，第544页。
② 同上，第613页。
③ 《中共中央文件选集》（第1册），中共中央党校出版社，1989年，第599页。

面来,以便用强力粉碎专制制度的反抗,并麻痹资产阶级的不稳定性。"①其实,同俄国相比,中国革命建立工农联盟具有先天优势。这种优势,主要是因为在中国资本主义经济不发达的情况下,小农经济长期占据国内经济的主导地位。中国小农经济的最大特点是自给自足,独立性极强。但又不同于俄国村社和西方庄园,中国小农经济十分弱小、孤立,长期受着封建地主阶级、官僚资产阶级和帝国主义的压榨,受剥削最深重,最有革命愿望。再加上,农民又是城市产业工人的最主要来源。因此,中国共产党提出,中国农民是中国工人阶级的天然同盟军。1925 年初,中国共产党的四大第一次提出"建立工农联盟"的政治主张。正像列宁当年所强调的,无产阶级革命的"最根本最本质的问题就是工人阶级同农民的关系,就是工人阶级同农民的联盟"②。而建立工农联盟的实际工作,仅仅是 1926 年 10 月由中共中央领导在上海成立了第一个全国农民运动委员会,并提出了一个并未真正落到实处的没收地主土地归农民所有的革命纲领。之所以会如此,是因为此时正值国共第一次合作初期。尚处于幼年时期的中国共产党受右倾思想影响,忌惮过于激烈的农民运动会影响国共合作的深入推进,遂放弃领导农民运动。当然,这在一定程度上是遵从共产国际的指导意见。到 1927 年四·一二反革命政变发生之后,中共中央仍在土地革命问题上对执掌武汉政府的汪精卫妥协、退让,甚至还发布了关于纠正农民无组织行动的通告,限制农民运动。而中共中央对此做出改变,是在大革命失败之后召开的八七会议上。在八七会议上,中共中央痛定思痛,明确提出:"土地革命问题是中国资产阶级民权革命中的中心问题"③。"解决农民土地问题始终是革命的根

①　《列宁选集》(第一卷),人民出版社,2012 年,第 606 页。
②　《列宁专题文集·论社会主义》,人民出版社,2009 年,第 389 页。
③　《中共中央文件选集》(第 3 册),中共中央党校出版社,1991 年,第 265 页。

本问题"，主张实施"耕者有其田"①。由此，中国共产党才开始在行动上真正重视农民运动，开始积极领导农民开展以废除封建土地所有制为主要诉求的，反帝反封建的农民武装斗争，开始真正联合工农开展无产阶级革命。中国革命开始向工农武装割据的土地革命方向发展，党的工作重心开始由城市转向农村。

（二）解决农民的土地问题是发动农民的关键

列宁在其土地革命纲领中，已经提出了土地国有化的设想，并成为俄国无产阶级革命取得成功、革命政权得到延续的最大保障。十月革命胜利后，苏维埃政权颁布的新土地政策在中国国内广为传播，并备受瞩目。如1918年9月15日和12月15日的《东方杂志》在第十五卷第九号和第十二号连载了君实译自日本《国家学会杂志》的《俄国之土地分给问题》。文章详细地分析了俄国土地的前世和今生，以及俄国各党派的不同土地政策和主张，包括列宁的主张。1919年7月6日的《每周评论》第二十九号又刊载了《俄国土地法》，阐述了苏维埃俄国土地收归国有的法律规范及新的土地分配制度。在中国共产党的八七会议上，以列宁主义的土地革命纲领为指导，按照共产国际的"五月指示"②，中国共产党提出了在中国开展土地革命、实行土地国有的革命任务。甚至直接提出要没收大、中地主的土地，没收一切所谓公产的祠族庙宇的土地归政府所有。然而列宁的主张和苏俄的土地政策并不完全适用于中国。针对中国的土地革命，毛泽东提出了不同于列宁的主张。他认为有必要根据中国实际区别对待地主，区分大地主、中地主、小地主。而实际上，小地主才是中国农村地主中的大多数，如何对待他们的问题才是中国土地革命纲领的中心议题，而不是大、中地主。毛泽东还要求有区别地

---

① 《中共中央文件选集》（第3册），中共中央党校出版社，1991年，第296页。

② 1927年5月18日到30日召开的共产国际执委会第八次全会上，联共（布）中央政治局作出关于中国问题的决议，即"五月指示"。决议提出在中国开展土地革命、武装工农群众的任务。

对待农村中的富农和中农。然而,毛泽东的这些思想一开始并没有得到中共中央的认同。在 1928 年颁布的井冈山《土地法》中,"土地国有"被以法律的形式确立了下来。中国共产党在土地革命中没收的一切土地均归无产阶级的政府所有。实际上,这一做法对当时自身实力还十分弱小的中国共产党而言,一来不现实,二来不利于争取农民同盟军。1928 年六七月间,中国共产党的六大在莫斯科召开。这次大会虽然一定程度地纠正了党在大革命中的错误,但对于农民土地问题的认识仍然是俄国经验式的。因此,党的六大上审议并通过的《土地问题议决案》没有对党中央此前制定的不符合中国实际的土地革命纲领给以根本纠正。《决议案》只是在一定程度上修正了之前过激的土地革命策略。如,将之前侵害中、富农利益的"没收一切土地"改为"没收豪绅地主阶级的土地";将没收所得的归属改为归"农民代表会议"所有;提出了联合中农、中立富农的观点;提出了根据实际抽多补少,抽肥补瘦的分配原则。但在这一纲领中,最根本的土地的所有权,仍没有被赋予农民个人。

而土地所有权的改革一直到 1930 年秋天才开始。时值革命根据地建设和巩固任务繁重,为了全面调动农民积极性,支援革命,中共中央提出了调整土地革命政策的主张。在土地革命范围的问题上,中共中央明确提出要保护中农利益,只没收富农多余的土地,没收的土地所有权归农民。然而很快,由于冒险激进的"左"倾思想作祟,富农又重新被划为土地革命的对象。这一主张,表现在当时的《土地法草案》(1931 年)中,就是"地主不分田""富农分坏田"。两年后,1933 年 2 月—1934 年 2 月,根据地开展了查田运动,党内的"左"倾错误延伸到了土地政策中,表现为根据地刚刚得以落实的农民土地保护政策重新被推翻,出现了侵犯中农利益、消灭富农经济、破坏粮食生产的错误行动,从而严重妨碍了农村革命根据地的巩固。正是由于土地革命时期的这一系列失误,毛泽东在总结经验教训时才得出了中国革命力量的百分之九十毁在了自己人手里的结论。

此后,随着国内抗日民族解放运动的不断高涨,以及延安整风中对党内主观主义错误的持续纠正,中国共产党的土地政策也出现了日趋符合中国实际的改变。服务于建立抗日民族统一战线的基本要求,中国共产党在革命根据地确立了地主减租减息、农民交租交息的土地政策,调动了开明地主和农民共同参加革命的热情和积极性。解放战争中,针对新的解放区和全中国的农民土地问题,中共中央又根据此前积累的土改经验,相继发布了《五四指示》和《中国土地法大纲》。在这些文件中,中国共产党提出了在中国彻底"废除封建性及半封建性剥削的土地制度",真正实现"耕者有其田"的主张。以此为原则,各个根据地和解放区根据自身实际,各自制定了具有本地区特色的土改方法,有力维护了无产阶级的革命政权,同时也为中共执掌全国政权,实现农业领域向社会主义的过渡奠定了基础。中国共产党以列宁主义和俄国经验为指导,将领导农民开展的土地革命纳入中国的新民主主义革命,形成了独具中国特色的土地革命思想,最终彻底消灭了在中国存续了千年的封建专制土地制度。从这一点来说,新民主主义革命通过改革中国农村的土地制度,改变了整个中国农村的经济社会关系,进而改变了全中国的经济社会制度。农民的解放预示着全体中国人民的解放。

(三)搭建农村革命根据地是中国共产党的创新之举

建立农村革命根据地的主张并不是一开始就在中国共产党的头脑中的,也不是中国共产党从其他国家学来的。其实,中国共产党一开始也想在中国实践西方的资产阶级革命之路和俄国的十月革命方案,即由发展起来的资产阶级首先领导完成中国的民主革命,再由觉悟的城市工人开展有组织的工人运动,共产党只需在革命时机成熟时领导无产阶级实现城市暴动,夺取政权,建立无产阶级专政。然而,大革命失败的惨痛教训,使中国共产党逐渐认识到中国革命的特殊性和复杂性,西方式、俄国式的革命在中国不

可能成功。这其中,最重要的因素就是人口密集的广大农村的存在。没有
农村、农民革命的成功,就没有中国革命的成功。毛泽东甚至指出:"在中
国,只要一提到武装斗争,实质上即是农民战争,党同农民战争的密切关系
即是党同农民的关系。"①基于此,中国共产党采取了党领导下的农村包围城
市、武装夺取政权的工农武装割据之路,而农村革命根据地是这条工农武装
割据之路最终获得成功的关键载体和必备条件,它的存在使中国革命有了
稳定的力量来源和物质保障。农村革命根据地既是革命的直接战场,又是
革命成功的直接体现,还是无产阶级政权建设的试验田。而中国共产党之
所以能在广大农村建立由点到面的革命根据地是由中国独特的经济社会结
构所决定的。一方面,中国小农经济有极强的独立性和顽强的生命力,这使
广大农村虽条件艰苦但依然在反动势力的夹缝中稳固存在,而广大农民在
深受多方剥削势力压榨和盘剥的同时敢怒而不敢言,亟须革命启蒙;另一方
面,生产力发展水平落后的中国,人口的最大多数是农民,农民是中国革命
的最大生力军,农村是中国革命的最大战场。因此,在农村建立革命根据地
是中国革命的最有利选择。

　　基于此,中共中央先后建起了赣南、闽西、湘鄂赣、鄂豫皖等十几块农村
革命根据地,实践毛泽东所说的"星星之火可以燎原"。有研究指出:"根据
地的理论,则完全是中国共产党的独创。"②这个独创性集中体现为,中国共
产党在革命根据地所实现的武装斗争、土地革命和政权建设的三位一体。
首先,中国共产党在根据地发动群众,建立革命联盟,吸收了大量农民参加
革命,积累了开展武装斗争的有生力量。其次,在根据地"打土豪、分田地",
因地制宜开展了土改运用,通过掌握与农民切身利益直接相关的土地,解决

---

① 《毛泽东选集》(第二卷),人民出版社,1991 年,第 605 页。
② 唐宝林:《马克思主义在中国 100 年》,安徽人民出版社,1998 年,第 298 页。

克思列宁主义理论自信和理论自觉,激发了无产阶级政党的理论创新积极性和主动性,从而为党真正成长为拥有独创性理论成果的、成熟的马克思列宁主义政党奠定了基础。

举例说明:对比中国共产党成立之初开展的首次国共合作与党领导革命十六年后开展的第二次国共合作,可以明显看出马克思列宁主义的理论学习对中国共产党理论自信和思想定力的提升。鉴于第一次国共合作失败的历史教训,中国共产党尤其重视第二次两党合作中无产阶级政党自身独立性的保持。1938 年 9 月,在第二次国共合作开始后不久,中共中央就在六届六中全会上专门研究了两党合作的长期性和独立性问题。中共中央提出:"国共终究是两个党"[①],"加入国民党,退出共产党,这是不可能和做不到的"[②]。中国共产党的底气既来自于自身力量的壮大,也来自于党的理论自信增强。

这种理论自信,集中体现在两次国共合作中两党围绕三民主义的论战中。1924 年第一次国共合作时,由于共产党尚处于新生阶段,在国内影响力较弱、知名度较低,除坚持以马克思列宁主义为指导外,尚未形成独创性的理论成果,因此,中国共产党在阐述自身的民主革命纲领时总会或多或少地强调与孙中山思想的一致性。1937 年第二次国共合作时,当国民党再次想要以党内合作的方式侵犯中国共产党的独立自主地位、扼杀中共时,毛泽东用新民主主义论同国民党的顽固派展开了激烈论战,最终揭示了国民党"一个主义、一个政党、一个领袖"论断的反动实质,批驳了"承认三民主义就要收起共产主义"的错误观点。中国共产党的新民主主义理论恢宏大气,既强调了三民主义的合理成分,强调了三民主义与中共最低纲领的一致性;又从

---

① 《周恩来年谱(1898—1949)》,人民出版社、中央文献出版社,1989 年,第 437 页。
② 同上。

革命立场、革命强度、革命前途等方面分析了两党理论上的差异性。第二次国共合作充分展现了中国共产党在 20 多年的革命实践和马克思列宁主义理论武装中的成长,充分展现了共产党的理论自信和理论优势。同时也证明,中国共产党始终坚持加强理论学习、思想建党是十分正确的。所以毛泽东说,党的建设也是中国共产党的制胜法宝之一。

最终,中国化的马克思列宁主义理论成果——毛泽东思想得以创立。毛泽东思想从理论上分析了各种"左"的和右的错误思想的根源,阐述了一切从实际出发,将马克思列宁主义理论与中国实际相结合的思想路线内涵。毛泽东指出:"中国革命斗争的胜利要靠中国同志了解中国情况"[①],"没有调查,没有发言权"[②]。站在唯物史观的视角,"真正的理论在世界上只有一种,就是从客观实际抽出来又在客观实际中得到了证明的理论"[③]。中国共产党务必要将马克思列宁主义基本原理与中国具体实际相结合,使其民族化、具体化,务必要始终坚持一切从实际出发的思想路线。新民主主义革命的成功同时也是毛泽东思想的成功,中国共产党在领导中国革命的过程中真正做到了将列宁主义内化于心、外化于行。

(二)以党的纪律建设推动党的作风建设和制度建设

生活在旧中国的广大农民和城市工人文化水平都不高,其阶级意识和阶级自觉都需从外面灌输。即便是共产党员也需要时刻加强纪律建设,清除各种错误思潮和不良作风对党员干部的影响。因此,党的纪律建设、作风建设和制度建设一直都是列宁建设新型无产阶级政党的重点举措,也是以列宁主义为指导的无产阶级政党一贯坚持的基本原则。斯大林继承列宁的思想,指出:"党是工人阶级的政治领袖"。"党应当站在工人阶级的前面,应

---

① 《毛泽东选集》(第一卷),人民出版社,1991 年,第 115 页。

② 同上,第 109 页。

③ 《毛泽东选集》(第三卷),人民出版社,1991 年,第 817 页。

当比工人阶级看的远些,应当引导无产阶级,而不应当做自发运动的尾巴"①。新民主主义革命中,中国共产党同样坚持列宁的上述主张,从严格党的纪律、严肃党的作风、规范党的制度三个方面加强了无产阶级先锋队的建设,创新和发展了列宁主义。

关于严格党的纪律,列宁在1920年发表的《共产主义运动中的"左派"幼稚病》第二章中的观点极为经典。在他看来,党的极严格的、铁的纪律是布尔什维克政党战胜资产阶级的基本条件之一。他甚至认为,无产阶级政党缺少铁一般的纪律,就不能称为党,党最终只会是一种涣散的无政府状态,毫无战斗力。由此,中国共产党同样将能否建立党内统一的、极严格纪律作为中国革命获得成功的一个重要条件。中国共产党的纪律建设贯穿新民主主义革命始终。毛泽东在中共党内曾多次强调过极严格纪律的重要性和消灭涣散状态的重要性。比如,1929年为纠正大革命失败后党内存在的失败主义情绪,真正实现党的集中统一领导,增强党的战斗力,毛泽东就在古田会议决议中提出了肃清党内极端民主化思想、非组织观点,以加强党的组织纪律的任务。以此为基础,中国共产党顺利实现了从城市中心革命到领导土地革命的转变。1937年,面对抗日战争的严峻形势,毛泽东在《反对自由主义》一文中,着重批评了党员干部中的组织涣散行为和无组织无纪律状态,为保持中国共产党在第二次国共合作中的独立性和增强党在抗战中的战斗力奠定了思想基础。1942年开始的延安整风,是中国共产党全党上下一次集中统一的思想大整顿,也是一次集中统一的反面典型警示教育。毛泽东明确提出党的领导要实现党内意志、行动和纪律的全部统一,对于违反党的纪律、违背党的集中统一领导的错误行为,决不容忍、决不姑息。在后来,中国共产党面临从革命党向执政党转变的新考验时,以毛泽东为核心

---

① 《斯大林选集》(上卷),人民出版社,1979年,第261页。

的党中央领导集体,再次将加强党的纪律建设作为党的建设的重要抓手,专门针对党内存在的无政府、无纪律状态多次做出指示,要求全党上下在建立严格的请示报告制度的同时,加强对列宁《共产主义运动中的"左派"幼稚病》第二章的学习(列宁在这一章节着重论述了党的铁的纪律的重要性)。所以说,"坚持党的铁的纪律,巩固党与群众的联系,这是毛泽东同志的一贯的思想原则和组织原则"①,也是中国共产党从列宁那里继承并发扬的光荣传统。

关于严肃党的作风。中国共产党一贯认为,党的作风关系党的生死存亡。列宁也是如此。从布尔什维克党的历史来看,列宁曾多次强调要将不合格的党员清除出党的队伍。即便是在1918年新生的苏维埃政权陷入内外夹攻的危急关头,布尔什维克党为了壮大党的队伍亟须征收党员的关键时刻,列宁都始终强调党员作风和党员党性的重要性。他说,"徒有其名的党员,就是白给,我们也不要。"②当战争形势稍微缓解的时候,列宁就在俄共(布)党内开展了加强党的建设的清党运动,③也就是要将在布尔什维克党上升为执政党后,投机入党的那些思想不纯、动机不纯的异己分子清除党员队伍,以保持无产阶级政党的先进性和纯洁性。为严肃党的作风、纯洁党员队伍,中国共产党创造了党内整风的作风建设新方式。这种方式既能在革命战争中最大限度地团结革命同志、维护革命队伍,又能将党员队伍中各种与马克思主义的立场、观点和方法相违背的错误思想清除出去。按照毛泽东的说法,党内整风是为了"惩前毖后、治病救人",方法是"团结——批评——团结"。

---

① 陈至立:《中国共产党建设史》,上海人民出版社,1991年,第589页。
② 《列宁选集》(第四卷),人民出版社,2012年,第51页。
③ 即俄共(布)第十次代表大会通过的《关于党的建设的决议》中所规定的清党。从1921年8月15日开始,到1922年3月第十一代表大会之前结束,历时8个月,开除了近16万党员的党籍。

在新民主主义革命中，延安整风是中国共产党第一次自上而下开展的彻底而深刻的思想解放运动，纠正了党内长期存在的各种非马克思主义的思想作风。就内容而言，延安整风集中于反对主观主义以整顿学风，反对宗派主义以整顿党风，反对党八股以整顿文风。而实际上，"三风"的背后，是党员干部思想上对马克思列宁主义的认识和运用出了问题。有一些同志，或者固守马克思、恩格斯、列宁书本上所说的个别论断、个别观点，以握有马克思列宁主义的真经自居，忽视中国客观实际，在革命中犯了"左"的和右的教条主义错误，造成重大革命损失；或者以革命经验丰富自得，不重视对马克思列宁主义的理论学习，在革命中搞小宗派、小团体，不顾集体利益、长远利益同样损害了党的领导和革命成果。为彻底清除这些思想弊病，毛泽东主张通过发扬党内民主的方式，开展批评与自我批评；通过全面深入系统地学习马列主义基本理论和经典著作的方式，武装党员干部头脑，清算各种本本主义、经验主义、官僚主义的思想毒瘤。延安整风中，中共中央设立了总学委，毛泽东任主任委员并兼任中央党校校长，在 3 年多的时间中对中国共产党所有高、中级领导干部和三分之二以上的普遍党员干部开展了整风学习。通过学习，中国共产党确立起了将马克思列宁主义基本原理与中国具体实际相结合，不断实现马克思列宁主义中国化的思想原则，进一步明确了实事求是的思想路线和从群众中来，到群众中去的工作方法，严肃了党的作风。从此，以党内整风的方式严肃党的作风成为中国共产党行之有效的党的建设方法。

关于规范党的制度。中国共产党将民主集中制作为党的根本组织制度和领导制度，来源于列宁主义，发展了列宁主义。民主集中制这一概念是列宁在 1905 年首先提出的。① 转年 4 月,俄国社会民主工党第四次代表大会将这一概念写入党章。党章规定:党的一切组织都是按民主集中制原则建立起来的。然而,在列宁看来,"没有公开性而谈民主制是很可笑的。"②因此,无产阶级政党在通过革命争取政治地位的过程中首先应注重集中。这个集中,对无产阶级政党而言就是将自身建设成一个拥有统一的革命章程,严明的组织纪律,一致的领导机构的严密组织。党内实行少数服从多数、下级服从上级,民主与集中统一。为了能在集中的基础上实现民主,列宁又制定了一系列保障并加强党内民主的具体措施,如实行集体领导、广泛选举、党内监督,实行党的代表大会制度,党代表会议年会制等等。继承列宁这一思想,民主集中制在中国共产党成立之时就被确立为党的根本制度。党的集中统一领导是中国革命取得成功的关键。值得注意的是,与列宁不同,中国共产党的领导人将党内的民主制度看作是在革命中发动革命有生力量的基本条件,十分重视。

正如毛泽东在中国新民主主义革命的一开始所说的,"民主集中主义的制度,一定要在革命斗争中显示出了它的效力,使群众了解它是最能发动群众力量和最利于斗争的,方能普遍地真实地应用于群众组织"③,后来,毛泽东又说:"历史给予我们的革命任务,中心的本质的东西是争取民主"④。因此,在处理民主与集中的关系时,毛泽东更注重民主,而不是集中。他说,中

---

① 民主集中制是列宁在 1905 年 12 月在社会民主工党召开第一次代表会议时首次提出的,"代表会议确认民主集中制原则是不容争议的"。1906 年 4 月,俄国社会民主工党第四次代表大会将民主集中制写入党章,规定"党的一切组织是按民主集中制原则建立起来的"。因此,民主集中制是根据革命的实际情况,根据是否具备政治自由的条件而定的。十月革命胜利前,俄国就曾利用短暂的政治自由时期,开展了民主选举和代表大会制度,十月革命胜利后又因为国内战争而执行了极严格的集中制。

② 《列宁选集》(第一卷),人民出版社,2012 年,第 417 页。

③ 《毛泽东选集》(第一卷),人民出版社,1991 年,第 72 页。

④ 同上,第 274 页。

党内一切处分办法,直到开除出党;而对中央委员则可把他降为候补中央委员,甚至采取极端措施,把他开除出党。"①对于维护无产阶级政党的集中统一而言,列宁的这一主张十分坚决有力。他还亲自主持了布尔什维克党的两次清党运动。虽然这种方式从物理上极大地纯洁了党员队伍,但也由于工作标准难以统一而导致了斗争扩大化的问题,损伤了党员感情,减弱了革命力量。归根到底,依然是没有找到增强无产阶级政党的纯洁性、先进性的科学有效办法。由此,在清党运动结束之后的 1922 年 3 月 26 日,列宁在《致莫洛托夫同志》的信中仍然说:"目前我党就大多数党员的成分来说是不够无产阶级的",②"还应制定一些办法,使党易于除去那些根本够不上十分自觉地贯彻无产阶级政策的共产主义者的党员"③。在纯洁党员队伍的具体方法上,列宁实际上已经认识到清党的方式不能从根本上解决这一问题,因此他不建议再进行一次大清党,而是"必须找到一些在事实上进行清党的办法,即减少党员数量的办法,只要对此动动脑筋,我相信是可以找到一些可行的办法的。"④在列宁晚年的政治遗嘱中,他强调要通过增加中央委员会和中央监察委员会中工人和农民党员数量的方式,维护苏维埃政权稳定,实现对党组织的全面监督。因此,列宁在政权建设的过程中,依据党员的阶级出身作为判断党员纯洁性和先进性与否的标准,并通过切割或联合、减少或增加数量的方式执行,实际上并没有从根本解决无产阶级政党的先进性和纯洁性建设问题。

如前所述,针对无产阶级政党的建设问题,以毛泽东为代表的中国共产党,从中国革命实际出发,探索出了整党整风的党建新方法。在整党整风

① 《列宁全集》(第 41 卷),人民出版社,2017 年,第 83 页。
② 《列宁专题文集·论无产阶级政党》,人民出版社,2009 年,第 329 页。
③ 同上,第 330 页。
④ 同上,第 330 ~ 331 页。

中，"惩前毖后、治病救人"是总的方针，"批评与自我批评"是民主的纠错方式，是否严格执行"从群众中来，到群众中去"的群众路线，是评价党员的重要标准，实际上实现了党的自我革命和自我净化，形成了保持党的先进性和纯洁性的中国做法，并一直延续至今。这无疑是中国共产党在党的建设问题上对列宁主义的创造性发展。

在这一阶段的列宁主义的中国化历史进程中，中国共产党坚持以列宁主义为指导，领导中国人民完成了新民主主义革命，形成了新民主主义理论，使中国革命的性质、前途、策略、动力、道路等问题愈加清晰明确。中国共产党实现了列宁主义的中国化，实现了自身由幼小到成熟的转变，使自己成长为推动列宁主义基本原理不断与中国具体实际相结合，解决中国问题的坚强主体。正如习近平所说，中国共产党一经成立，"中国人民谋求民族独立、人民解放和国家富强、人民幸福的斗争就有了主心骨，中国人民就从精神上由被动转为主动"①。列宁主义的中国化历史进程，就是党带领人民，对列宁主义不断学习、运用和超越的历史过程。

---

① 《习近平谈治国理政》(第三卷)，外文出版社，2020 年，第 10～11 页。

第四章　列宁主义在中国社会主义革命和建设中的实践与得失

　　以中华人民共和国诞生为开端,中国历史进入社会主义革命和社会主义建设时期。社会主义革命是为了实现新中国从新民主主义社会向社会主义社会的过渡,其核心任务是完成民主革命的遗留任务。具体指,肃清反革命势力、恢复和发展国民经济、进行全面系统的社会主义改造,为走好接下来的社会主义之路创造条件、奠定基础。此时的中国是过渡性质的中国。社会主义建设是在社会主义制度确立之后,对中国社会主义政治、经济、文化等各个方面的全面发展,其核心任务是实现社会主义现代化,彰显社会主义制度优越性。两个时期密不可分,完成社会主义革命是开展社会主义建设的前提,进行社会主义建设是开展社会主义革命的目的。从新中国成立到中国共产党的十一届三中全会召开的 29 年间,中国共产党将列宁主义基本原理与中国具体实际相结合,走出了中国开展社会主义革命和建设的正确道路,形成了新一阶段上的理论创新成果,发展了列宁主义。

　　在此期间,列宁有关无产阶级政权建设的主张和向社会主义过渡的思想由于对解决当时中国社会问题更具有针对性,被运用于中国实践。然而,中国共产党对列宁主义的认识和运用并不局限于此,也并非毫无偏差。由于缺乏处理社会主义建设问题的实践经验和理论创新,也由于主观上的急于求成,中国共产党对列宁主义的认识出现过失误,社会主义建设过程也出现过曲折。因此,这一时期列宁主义的中国化历程曲折而复杂,总结其经验教训,对于开拓列宁主义的中国化新阶段,增强中国共产党的执政能力和领导水平十分重要。

第一节　列宁的无产阶级专政理论和过渡政策

马克思、恩格斯作为马克思主义的创始人虽然揭示了人类社会"两个必然"的一般发展规律,但由于历史条件所限,并没有在其著作中明确指出实现共产主义的具体步骤和操作方法,更没有关于社会主义社会建设的详细论述。虽然恩格斯晚年也曾根据现实环境的变化,尝试论证了采取和平方式向共产主义的低级阶段,即社会主义社会过渡的可能性,但是马克思、恩格斯终归没有真正践行过社会主义革命和社会主义建设。这一历史重任首先落在了列宁身上。他第一个在落后俄国建立了无产阶级政权,实践了国家从资本主义向社会主义的过渡,并提出了一系列社会主义社会建设和改革的新思想。虽然列宁在世时,苏维埃的社会主义俄国并没有宣布建成社会主义。但列宁结合俄国落后实际所提出的工农民主专政思想,为苏维埃社会主义政权建设指明了方向,并真正起到了巩固无产阶级政权的作用。由于列宁过早去世,他的很多理论和实践探索都尚未完成,仍需在实践中不断检验、在理论上不断发展。中国共产党领导的中国社会主义革命和建设承担了这一历史任务。了解列宁的基本主张,是掌握中国共产党如何在中国社会主义革命和建设中运用和发展列宁主义的基本前提。

一、列宁的无产阶级政权建设思想

无产阶级政权的建立和巩固是十月革命胜利后,列宁面临的最大现实问题。列宁认为,除非建立无产阶级专政,否则就不能真正保障广大工农的根本利益。然而在此前的历史阶段中,没有任何可供列宁借鉴的、成熟的无产阶级领导的政治制度。在由资本主义向社会主义的过渡时期,列宁首先提出要建立工农民主专政的临时革命政权,进而提出建立彻底的无产阶级专政去实现社会主义,并采取苏维埃的国家政权组织形式,即苏维埃制度去保障和维护这一专政。苏维埃的社会主义政权是列宁提出的不同于马克思、恩格斯设想的新型无产阶级政权,体现了列宁对无产阶级政权建设问题的创造性思考。

(一)临时的工农民主专政建设

按照世界历史发展进程,资产阶级的民主革命和社会主义革命之间应当存在一个相当长的历史时期,用以发展资本主义的同时等待无产阶级的社会主义革命时机的成熟。俄国的孟什维克分子和第二国际的机会主义分子都坚持这样的主张,认为尚未实现资本主义大发展的落后俄国不具备社会主义革命的条件,更不具备建立无产阶级政权的条件。他们要么主张放弃武装起义,等待革命时机成熟(如考茨基、马尔丁诺夫一派、十月革命前的季诺维也夫等);要么主张抛开现实条件限制,将两个革命结为一体,在俄国不间断的连续搞民主革命和社会主义革命,直至实现无产阶级专政、实现共产主义(如托洛茨基一派)。与上述两种主张不同,列宁提出了"革命的辩证法"。他认为是不是要进行革命、什么时候进行革命,要看具体时间、地点、环境等一系列现实条件。由此,列宁区分了俄国的民主革命和社会主义革命之间的关系。他说:"我们的口号无条件地承认不能直接越出纯粹民主革命范围的革命是资产阶级性质的,但是它同时又把当前的这个革命推向前进,努力使它具有一个最有利于无产阶级的形式,因而也就是力求最大限度地利用民主革命,使无产阶级下一步争取社会主义的斗争得以最顺利地进行。"这就是说,俄国民主革命的主要目的是为开展社会主义革命创造条件,这一条件中就包括建立临时的革命的民主政权。

列宁关于革命转换过程中的临时革命政权建设思想,集中体现在他在 1905 年上半年所写的《社会民主党和临时革命政府》《无产阶级和农民的革命民主专政》《社会民主党在民主革命中的两种策略》等文章中。列宁在文章中指出:"临时革命政府只能是无产阶级和农民的革命专政。"①这种民主革命中的工农民主专政是针对俄国国情建立的,以工人、农民和小资产阶级为主体的革命者的联合政权。它不直接针对社会主义革命,也不等于无产阶级专政,但它为社会主义革命的到来和无产阶级专政的建立提供了条件、奠定了基础。列宁认为,正是由于这个临时革命政权的工农民主专政性质,才使得落后俄国在开展无产阶级革命中所制定的最低纲领与最高纲领之间留有缓冲,使得落后俄国能够为走向社会主义积累一定程度的社会主义因素,做好开展社会主义革命的准备工作。因此,列宁说:"俄国无产阶级目前在俄国人口中占少数。它只有和半无产者、半有产者群众,即和城乡小资产阶级贫民群众联合起来,才能成为绝大多数。"②而"人口众多的农民和小资产阶级,他们能够支持民主主义变革,而在目前还不能支持社会主义变革"③。而最终,这一革命终归要转变为无产阶级领导下的社会主义革命,临时的革命联合政权也要转变为无产阶级政权。基于此,列宁一方面强调了临时的革命民主专政中非无产阶级成分的必要性,另一方面也指出:"革命的结局将取决于工人阶级是成为在攻击专制制度方面强大有力但在政治上软弱无力的资产阶级助手,还是成为人民革命的领导者"④。也就是说,无产阶级必须占据领导权才能推动革命由前一阶段向后一阶段转化。可见,列

---

① 《列宁全集》(第 10 卷),人民出版社,1987 年,第 27 页。
② 同上,第 16 页。
③ 同上,第 8 页。
④ 《列宁选集》(第一卷),人民出版社,2012 年,第 529 页。

宁这里的革命民主专政，"必然是暂时的（要么过渡到资产阶级专政，导致无产阶级失败；要么过渡到社会主义专政）"①，实现无产阶级专政才是最终目的。

(二)苏维埃的社会主义政权建设

在列宁看来，马克思主义国家学说的实质就是实现无产阶级专政。无产阶级专政是人类社会从资本主义社会向共产主义社会过渡时，各种国家政权组织形式的本质。列宁领导俄国十月革命胜利之后，核心工作之一就是进行过渡时期的政权建设，即实现俄国的无产阶级专政。这也正是列宁对他革命早期所提出的革命设想的践行。列宁早在 1905 年革命时就说过，"当不仅革命成为事实，而且革命的完全胜利也成为事实的时候，我们就会用无产阶级社会主义专政的口号，即完全的社会主义革命的口号，来'调换'民主专政的口号"②。毫无疑问，实现无产阶级专政是根本目的，毫无疑问，无产阶级的先锋队——共产党将执掌这个无产阶级的社会主义政权。为了确保能使最大多数的人民享有民主，列宁将国家实行这个专政的阶级基础定位为无产阶级和被压迫农民的联盟。基于此，列宁提出，十月革命的成功，一定意义上就是对马克思当年提出的开展农民支持下的无产阶级革命设想的实现。不管怎么说，无产阶级专政都是第一次使大多数人民享有民主，对少数剥削者实行的专政。斯大林在后来践行无产阶级专政时，也曾正确阐述过这一思想的实质。他说："只有在无产阶级专政下，被剥削者才可能有真正的自由，无产者和农民才可能真正参加国家的管理。无产阶级专政下的民主是无产阶级的民主，是多数被剥削者的民主，是以限制少数剥削者的权利为基础并以反对这个少数为目标的。"③通过实行无产阶级专政，独

① 《列宁全集》（第 10 卷），人民出版社，1987 年，第 347 页。
② 《列宁选集》（第一卷），人民出版社，2012 年，第 633 页。
③ 《斯大林选集》（上卷），人民出版社，1979 年，第 220 页。

具本国特色的列宁政权建设思想得以形成,苏维埃俄国社会主义制度确立的根本政治保障得以明确。而这个无产阶级专政在俄国就体现为苏维埃的国家政权组织形式。列宁曾直接指出:"苏维埃是无产阶级专政的俄国形式。"①斯大林说:"苏维埃共和国就是那个找了很久而终于找到了的政治形式,在这个形式的范围内必将完成无产阶级的经济解放,社会主义的完全胜利。"②

苏维埃是俄语 COBET(soviet)音译,意为"代表会议",表达的是一种直接民主的形式。列宁所实行的苏维埃制度指的就是通过人民直接选举代表人,由代表人代替全体人民参加代表会议,实现人民利益直接表达的民主方式。同时,人民具有选举权和被选举权,还可以直接罢免人民代表。苏维埃俄国的《罢免法令》中明确规定:"必须实行直接、彻底和立即见效的民主原则:实现罢免权。"③在此基础上,列宁还要求全体人民最好能直接参加苏维埃俄国的国家管理工作。最好每个公民都能一定程度的承担起管理国家的经常性事务工作。他认为,这样才能使国家真正实现民主,人民彻底脱离压迫和剥削。因为在列宁看来,"把国家官吏变成我们的委托的简单执行者,变成对选民负责的、可以撤换的、领取微薄薪金的'监工和会计',——这就是我们无产阶级的任务,无产阶级革命实现时就可以而且应该从这里开始做起"④。列宁的这一系列措施构筑起了无产阶级专政的俄国形式。

从中可以看出,列宁有关俄国的无产阶级专政和苏维埃制度构想与马克思、恩格斯当年的设想并不相同,与1871年巴黎公社所进行的无产阶级政权短暂实践也不相同。比如,列宁基于俄国无产阶级革命的暴力实践经验

---

① 《列宁全集》(第35卷),人民出版社,1985年,第258页。
② 《斯大林选集》(上卷),人民出版社,1979年,第225页。
③ 《列宁全集》(第33卷),人民出版社,1985年,第108页。
④ 《列宁选集》(第三卷),人民出版社,2012年,第154页。

支持在苏维埃俄国建立政府的武装军队，从而维护国家政权；列宁基于落后俄国的生产力发展需要支持通过个人权威提高生产效率的做法，从而加快社会生产。当1918年面对国内反革命叛乱和帝国主义联合入侵时，为尽快结束战争，列宁等党内领导又主张通过加强党的集中统一领导的方式保证政令畅通，从而在一定程度上调整了苏维埃制度的具体内容。这些方面都反映了列宁与马克思、恩格斯在社会主义政权建设问题上的不同主张。列宁的主张虽从俄国具体实际出发，但也须实践检验。比如，在干部人事制度上，为应对国内外危机，列宁用委任制代替了苏维埃的选举制。最终，导致党和国家权力逐渐向党内上层少数人的手里集中，苏维埃的民主制度遭到一定程度的破坏。当后来，苏维埃政权面临人民对"战时共产主义"政策的不满时，人民甚至提出了"要苏维埃但不要布尔什维克的苏维埃"的口号。列宁晚年，为清除无产阶级政党内滋生的脱离群众的官僚主义弊病，也为了使苏维埃的民主制度有效运行，提出了不少改革主张。比如，通过清党的方式将党内的反动势力和异己分子清除出去，将党内存在的小资产阶级的自发性和涣散性思想消灭。比如，改革党政体制、改善国家机关，加强对权力的监督和制约的一系列制度设计。但由于健康问题，列宁晚年的改革思想在很大程度上没有落到实处。列宁关于加强法制和权力监督的思想，也没有得到其继任者斯大林的有效重视。但归根到底，在无产阶级政权建设问题上，列宁终其一生都在强调人民的重要作用。他说："苏维埃同'人民'之间，即同被剥削劳动者之间的联系的牢固性，以及这种联系的灵活性和伸缩性，是消除苏维埃组织的官僚主义弊病的保证。"①因此，列宁主张的无产阶级专政归根到底是维护人民利益的"专政"。

---

① 《列宁选集》（第三卷），人民出版社，2012年，第506页。

二、列宁向社会主义过渡的政策主张

无产阶级政权建立之后，摆在执政的无产阶级政党面前的最核心任务，就是推动本国实现由资本主义社会向社会主义社会的平稳过渡。也就是，列宁所说的创造建设社会主义所必要的物质文化条件。

马克思当年认为，这个"无产阶级的革命专政"下的过渡时期最中心的工作是要变革社会的所有制形式，既变资本主义的私有制为社会主义的公有制，实现生产资料的全民所有。而这一点，正是马克思所阐述的社会主义革命的基本经济原则。那么究竟应该如何变革所有制关系呢？每个时代应该有每个时代的不同办法。就马克思、恩格斯而言，他们虽然不曾直接实践过这个问题，但他们也在头脑中设想过这个变革的具体办法。比如暴力没收私有资产，或者对私有资本进行和平"赎买"。究竟哪种方式更为有效、有利呢？他们认为，如果能用"赎买"的方式剥夺资产阶级的生产资料，"那对于我们最便宜不过了"①。不过，马克思、恩格斯也说了，这最终"将取决于我们党夺取政权时的情况，取决于这件事发生的时机和取决于达到这个目的的方式"②。

列宁一开始就提出，要在苏维埃俄国通过"国家资本主义"的方式实现对私有资本的和平"赎买"，从而完成对资本主义所有制关系的社会主义改造。同马克思、恩格斯的认识一致，列宁也将这种方式看作是对无产阶级和整个过渡时期百利而无一害的事情。在具体措施上，列宁主张要延续并进一步落实党在革命胜利之前的 1917 年 4 月全俄工兵代表苏维埃会议上所制定的过渡时期的经济纲领。会议上发布的《无产阶级在我国革命中的任务》

---

① 《马克思恩格斯文集》（第四卷），人民出版社，2009 年，第 529 页。
② 同上，第 444 页。

的中国而言,具有重要的借鉴意义。

第二节 列宁主义在中国社会主义革命和建设中的运用

从新中国成立到实行改革开放,是中国进行社会主义革命并全面开展社会主义建设的历史时期。既取得了重大历史成就又经历了诸多历史挫折。在这个过程中,中国共产党运用列宁主义将党内思想统一于社会主义革命和建设的主题,集中于党中央的决策部署,从而确立了人民民主专政,基本完成了社会主义改造,确立起社会主义制度,实现了向社会主义社会的平稳过渡,全面推动了中国社会主义政治、经济和文化建设。在这一历史时期,中国的社会主义建设成就是全方位的,但也存在不少现实问题。这些问题,表现在政治上,就是对社会主义民主政治制度建设认识不足,实践不充分;表现在经济上,就是对落后中国的社会主义经济建设道路依然处于探索、试验中,方式方法上没有突破传统经验;表现在文化上,就是对文化艺术事业的领导和管理还不能"收放自如",一定程度上没有突破非此即彼的教条主义思维窠臼。因此,列宁主义在中国社会主义革命和建设中的运用过程是一个曲折而又复杂,成绩与失误并存、荣誉与挫折同在的过程。

一、运用列宁主义实现党和人民思想集中统一的过程

掌握理论是统一思想的前提。只有全面并普遍地掌握列宁主义,才能科学的运用列宁主义。1949 年新中国成立之后,中国共产党和中国人民对列宁主义的认识和掌握程度得到了全面提升。此时,列宁的大部分著作已经在国内出版发行,远远超过了新民主主义革命之初列宁著作、思想和观点为中国人民所掌握的数量。据统计,新中国成立前夕,国内已经出版了两个种类的列宁选集:一个是解放社于 1931—1946 年间出版的《列宁选集》。这

一出版活动由于受苏联外国工人出版社的帮助,十多年间共出版了18卷本;一个是1947年,由莫斯科苏联外国文书籍出版局出版的中文两卷本《列宁文选》。1949年之后,又有一大批列宁主义的和与列宁主义相关的经典文献相继出版,使各级党员干部和人民群众能够尽可能全面地了解列宁的思想和列宁主义的俄国实践。如,1950年出版的《列宁文集》(两卷本)、《联共(布)党史简明教程》《苏联社会主义经济问题》。1955年到1956年底出版《列宁全集》第一卷、第二十八卷、第二十九卷,以及一些单行本。如,《黑格尔〈逻辑性〉一书摘要》《马克思主义底三个来源及三个组成部分》《论马克思和恩格斯》《论战斗唯物论的意义》《黑格尔〈哲学史讲义〉一书摘要(哲学笔记之一)》《哲学笔记》等等。据不完全统计,仅1949年到1953年间,国内就出版了列宁著作近60种。"1954年至1957年间中国出版的全部书籍中,从俄文翻译的书占38%至45%,从其他语种翻译的占3%—6%。到1956年,从俄文译为中文的教科书约有1400种,其中包括一些小学和中学用的教科书。"①大专院校和各级党校的哲学教学,几乎全都沿用了苏联哲学家编著的哲学教科书。② 这些哲学著作无不强调对列宁哲学思想的继承和发扬。由于列宁著作在中国的广泛出版和发行,中国人民对列宁主义的认识和掌握程度得到迅速提升。中国人民将列宁主义基本原理同中国具体实际相结合,服务于中国社会主义实践的思想自觉也迅速提升。一定意义上说,作为中国共产党的指导思想的列宁主义已然成为凝聚中国人民思想共识的共同理论支撑。实践中,中国共产党也确实通过倡导学习列宁主义的方式实现了党内外的思想集中统一。

---

① J.R.麦克法夸尔、费正清:《剑桥中华人民共和国史(1949—1966)》,中国社会科学出版社,1990年,第210页。

② 如,苏联高级党校教材《辩证唯物主义》,米丁的《辩证唯物论诸问题》(张仲实译),亚历山大罗夫的《辩证唯物主义》(马哲译),罗森塔尔的《辩证唯物主义》(刘若水译),康士坦丁诺夫主编的《历史唯物主义》等。

命到社会主义建设转变的关键时期召开的一次重要会议。党的八大对当时中国社会主要矛盾做出了正确的判断，即人民对于建立先进的工业国的要求同落后的农业国的现实之间的矛盾；人民对于经济文化迅速发展的需要同当前经济文化不能满足人民需要的状况之间的矛盾。正是以此为基础，中共中央制定了社会主义现代化建设的总目标和总路线。这一正确判断的得出，得益于中国共产党在整党整风过程中，通过学习和运用马克思列宁主义所实现的党的团结统一。正如，毛泽东在党的八大的开幕词中所说的："现在，比起整风运动以前，我们党的马克思列宁主义的思想水平，已经提高了一步。但是我们还有严重的缺点。在我们的许多同志中间，仍然存在着违反马克思列宁主义的观点和作风，这就是：思想上的主观主义、工作上的官僚主义和组织上的宗派主义。这些观点和作风都是脱离群众、脱离实际的，是不利于党内和党外的团结的，是阻碍我们事业进步、阻碍我们同志进步的。必须用加强党内的思想教育的方法，大力克服我们队伍中的这些严重的缺点。"[1]这之后，作为执政党的中国共产党提出了加强党的建设的突出问题和工作任务。具体包括坚持和发扬党的群众路线的优良传统；坚持民主集中制，反对个人崇拜；加强党的团结统一，开展批评与自我批评；提高党员标准，反对特权等。这些问题都是关系中国共产党的前途命运的关键问题，能否处理好将直接关系着接下来的社会主义建设事业成功与否。然而，由于多方面原因的综合作用，中国共产党的上述正确判断及工作安排在后来的社会主义实践中没有得到全面落实，提出的加强党的建设的各项任务也由于错误思想的干扰出现了偏差。最终，通过学习和运用列宁主义实现的全党全国人民的思想统一被不断破坏。

---

[1] 《建国以来重要文献选编》(第9册)，中央文献出版社，1994年，第35页。

（二）多种因素对党内外统一思想的破坏

中国共产党思想状况的变化经历了一个过程，这其中既有国际因素的作用，又有国内因素的影响。就国际而言，1956 年 2 月，苏联共产党召开了第二十次全国代表大会。会上，赫鲁晓夫做秘密报告，彻底否定斯大林及斯大林思想。下半年，波兰匈牙利事件发生，国际社会主义阵营内部出现裂痕。由此引发了国内外社会主义思想领域的大讨论和大争论，各种针对马克思主义、列宁主义的修正主义言论层出不穷。就国内而言，苏共二十大召开两个月后，《人民日报》在 4 月 5 日刊发了《关于无产阶级专政的历史经验》一文，亮明了中共对苏共二十大的明确态度。文章还提出，中国共产党要始终保持独立思考能力，在实践中不断将马克思列宁主义基本理论与中国实际相结合。随后，9 月份召开的中国共产党的八大，对当时国内形势和国内任务做出了科学判断。

然而国际、国内形势进一步发展变化。三个月后，《人民日报》又承接上一主题，于 12 月 29 日刊发《再论无产阶级专政的历史经验》。文中直接提出了阶级斗争在国际范围的影响问题，并再次表明了党在反对教条主义和修正主义上的鲜明态度。该文的发表一方面是基于国际共产主义运动中的分歧和变化，一方面也是由于国内肃清暗藏反革命分子运动的需要。有反还得有立，因此，毛泽东于 1957 年 2 月发表了《关于正确处理人民内部矛盾的问题》的著名讲话。讲话要求党内以正确处理人民内部矛盾为主题开展全党的整风运动，以此在纷繁复杂的国内国际局势下实现党内、国内的团结统一。

此次整风运动以克服中共党内存在的主观主义、宗派主义和官僚主义弊病为主要内容。在工作方法上，延续了党的群众路线的工作传统和批评与自我批评的工作方法，但又鼓励"鸣""放"式的批评方式。之所以如此，是为了能够及时有效的发现和整改党在由革命党转变为执政党后工作中出现的急躁冒进现象,以及在领导社会主义建设过程中出现的脱离中国实际的问题,清除教条主义和修正主义的影响。

然而,随着全党范围整风的迅速展开,在集中力量纠正"左"的错误的同时,右倾错误的思想苗头开始显现。比如,在批评与自我批评的过程中,有人发表了否定中国共产党在领导社会主义建设过程中所取得的积极成就的右派言论;甚至有人开始怀疑和否定中国共产党执政地位的合法性以及中国实行社会主义制度的合理性和优越性。这些带有政治偏向的攻击性言论的出现,引起了中共中央的高度重视。毛泽东于当年6月写了《事情正在起变化》一文认为,中国内部已经出现了右派分子的猖狂进攻,我们的中心工作应该是反右派斗争,而不是纠"左"。客观上,中国共产党领导的第一个五年计划在1957年底就超额完成,发展的成就在一定程度上更加坚定了党中央反右派斗争的决心。同时,也激发了党内骄傲自满情绪的滋长。由此,中国共产党在社会主义建设时期的反右派斗争最终不断走向扩大。

而实际上,反右派斗争中"由于当时对阶级斗争尖锐的程度估计得过于严重,有些问题政策界限不清,致使一些地方和部门发生斗争面过宽、处理过重等偏差。在肃反运动后期,中央要求认真进行检查,对错斗、错捕、错关、错判的人做好甄别平反工作。但由于受到1957年夏季以后出现的反右派斗争严重扩大化的影响,这一甄别平反工作基本上被搁置下来"[1]。

由此,中国共产党在八大上所制定的关于国民经济发展的科学规划被搁置,关于国内主要矛盾的正确判断也被改变。中共中央认为,"无产阶级和资产阶级的矛盾,社会主义道路和资本主义道路的矛盾……是当前我国社会的主要矛盾。"[2]社会主义现代化建设的要"鼓足干劲,力争上游,多快好

---

① 《中国共产党历史》(第二卷上册),中共党史出版社,2011年,第301页。

② 《建国以来重要文献选编》(第10册),中央文献出版社,1994年,第606页。

省"的实现。这些新的判断,在背离基本经济规律的同时,也错误划分了中国社会各阶级(如,知识分子被划为剥削阶级)。虽然中共中央在认识到上述判断存在问题之后,从 1958 年底开始,先后召开了第一次郑州会议、武昌会议、八届六中全会、第二次郑州会议、上海会议、七届六中全会,探讨如何纠正错误。但是,随着 1959 年 6 月底 7 月初,庐山会议由总结经验教训转为批评以彭德怀为代表的右倾错误,党内反右派斗争的势头持续扩大。人们在社会主义建设问题上的不同主张被政治路线问题所裹挟,被当成阶级矛盾来处理。

此后,经济工作的中心地位被政治斗争工作所取代,社会主义现代化建设在一定程度上受到破坏。面对国内严峻的经济形势和困难状况,中共中央不得不通过大兴调查研究之风,于 1961—1962 年间在农业、工业领域进行了一系列改革尝试,在一定程度上纠正了错误,活跃了国内经济。然而由于没有彻底清除党内长期存在的脱离实际的主观主义错误、没有正确把握当时中国社会主要矛盾、没能正确处理两类不同性质的矛盾,再加上缺乏一个和平稳定的国际环境提供外在保障,短暂的改革并没有彻底纠正当时已经出现问题的社会主义建设之路。在以阶级斗争为中心的道路上,被别有用心的人所利用,导致中国出现了从 1966 年到 1976 年的"文化大革命"十年内乱。全党全国原本形成的团结一致建设社会社会主义的统一认识被阶级斗争所取代。

这一时期,备受毛泽东推崇的列宁著作《共产主义运动中的"左"派幼稚病》一文中的观点,甚至成为国内阶级斗争的立论依据。列宁在此文中针对无产阶级政党加强纪律建设的重要性提出的"小生产是经常地、每日每时地、自发地和大批地产生着资本主义和资产阶级的"[1]被当作党在社会主义

---

① 《列宁选集》(第四卷),人民出版社,2012 年,第 135 页。

建设时期仍然搞阶级斗争的依据。中国共产党在"文化大革命"时期对列宁主义的认识是忽视列宁论断提出的现实背景和具体条件的，是主观主义的。① 可以说，此时指导中国实践的"列宁主义"并非真正的列宁主义。"文化大革命"期间的经济停滞、政治退步、文化封闭造成了中国社会主义建设道路上的曲折和损失，被称为中国的"十年浩劫"。列宁主义的中国化面临挑战和难题。

二、运用列宁主义开展社会主义革命和建设的具体举措

（一）社会主义政权建设方面

1. 人民民主专政的确立

人民民主专政是中国共产党对社会主义政权建设问题的创造性构想和创新性发展。这从新民主主义革命时期，革命根据地建设中采取的"工农苏维埃"和"人民苏维埃"即可见其雏形，体现了中国共产党对列宁无产阶级政权建设思想的坚持和发展，是无产阶级专政的中国形式，人民民主专政以人民代表大会制度和民主集中制为保障。

关于新中国成立之后的社会主义政权建设问题，中国共产党继承了列宁的思想，将工农民主政权纳入无产阶级专政中。但与列宁不同的是，中国共产党创造性地提出了更广泛意义上"人民民主"，在中国建设了人民民主专政的社会主义国家。其实，早在新民主主义革命时期，毛泽东就在其1940年发表的《新民主主义论》一文中，第一次系统地阐述了革命胜利后，中国要建立的新民主主义共和国的政权构想问题。该著作的原题就是"新民主主

① 邓小平在1981年主持起草《关于建国以来党的若干历史问题的决议》时曾指出，"文化大革命"的原因中小资产阶级思想的影响可以等有必要时再专门搞文件说明。决议中要批评的"是对列宁关于小生产每日每时地大批地产生资本主义和资产阶级这一段话的误解和教条化，搬错了"。来源于《邓小平文选》（第二卷），人民出版社，1994年，第310页。

义的政治与新民主主义的文化"。在文章中,毛泽东说,新民主主义共和国
"国体——各革命阶级联合专政。政体——民主集中制"①。那么各革命阶
级的联合专政与人民民主专政是什么关系呢? 其实,不管是讲"各革命阶级
的联合专政",还是说"人民民主专政",归根到底,都回答了同一个问题,即
谁是国家的主人,国家政权归谁所有的问题。国家政权是阶级社会一个阶
级实现对其他阶级统治的根本保证。谁掌握国家政权谁就处于主导地位,
无产阶级革命的首要目的就是要从剥削阶级手中夺取国家政权。掌握国家
政权是无产阶级和被压迫人民获得解放的必备前提。② 继承马克思、恩格斯
的思想观点,列宁认为:"一切革命的根本问题是国家政权问题。"③在俄国,
列宁主张俄国无产阶级革命的胜利就是要建立工农的革命民主专政。在中
国,中国共产党继承和发展列宁的国家政权建设思想,提出了在落后中国先
建立各革命阶级的联合专政,再实现向工农民主专政过渡的主张。具体而
言,就是使被压迫的人民翻身做主人,对剥削者、压迫者实行专政。"剥夺反
动派的发言权,只让人民有发言权"④。

　　基于这样的认识前提,在新中国成立前夕的 1948 年五六月,中国共产党
的宣传部门在宣传列宁思想并强调加强党员干部的列宁主义理论武装时,
要求重印列宁的《共产主义运动中的"左"派幼稚病》的第二章。在重印说明
的前言中指出:"列宁在本书中所说的,是无产阶级专政。今天在我们中国,

---

① 《毛泽东选集》(第二卷),人民出版社,1991 年,第 677 页。
② 关于马克思、恩格斯的无产阶级专政问题,学界有一种观点认为,马克思未将无产阶级专政
设想成一种国家形式,在他那里不是要建立无产阶级专政的国家,而是要消灭国家,而列宁将无产阶
级专政设想为一种国家形式是对马克思、恩格斯的误读。(如:曲延明:《重新认识马克思的无产阶级
专政理论》,《国外理论动态》,2001 年第 5 期。)主流观点认为,在马克思的理论体系中,"无产阶级专
政"是作为阶级斗争的必然结果和通向共产主义社会的过渡时期的国家形态而提出来的。(如,郁建
兴:《马克思无产阶级专政和民主学说新论》,《毛泽东邓小平理论研究》,2002 年第 1 期。)
③ 《列宁选集》(第三卷),人民出版社,2012 年,第 19 页。
④ 《毛泽东选集》(第四卷),人民出版社,1991 年,第 1475 页。

则不是建立无产阶级专政,而是建立人民民主专政。这种人民民主专政的内容和无产阶级专政的内容的历史区别,就是:我们人民民主专政是无产阶级领导的、人民大众的、反帝反封建反官僚资本的新民主主义革命,这种革命的社会性质,不是推翻一般资本主义,而是建立新民主主义的社会与建立各革命阶级联合专政的国家。"①可见,人民民主专政的主张是对列宁政权建设思想的中国化阐发。在中国共产党思考中国社会主义政权建设问题的一开始,所提出的"各革命阶级的联合专政"就具有"人民民主专政"的含义。

实践当中,由于国内阶级状况的变化,各革命阶级的联合专政自然而然转变为人民民主专政。新中国成立后从 1950 底开始到 1952 年底结束的镇反运动、"三反""五反"斗争,已经将反革命分子、外国间谍、不法资本家和贪污腐化者清除了出去,完成了新民主主义革命遗留的任务。同时,随着社会主义改造的不断深入,民族资产阶级将被改造为可以参与社会主义建设的有益群体,小资产阶级和农民也将通过合作化、合作社的方式加入了社会主义建设队伍,都成了人民的一部分。在毛泽东眼里,中国社会中的产业工人、手工业者、民族资产阶级,包括富农在内的农民、地方实力派、开明绅士及其他爱国主义分子,都是可以团结的中间力量,属于人民的范畴。因此,中国的社会主义革命中,对资本主义的工商业以"公私兼顾、劳资两利"为原则,调整了产销、劳资、公私关系;农村中自主自足的个体经济以土地改革为基础,发展了农业合作互助事业。两者相互作用,相互促进,共同推动了中国城乡经济实力的发展壮大。

此外,中国共产党领导的多党合作的政治协商制度,赋予各民主党派以政治权利。这些举措,更有利于团结社会中的所有人。"中国人民民主专政

---

① 1948 年 6 月 16 日《人民日报》。转引自虞崇胜:《"人民民主专政"概念的历史考察》,《党的文献》,1999 年第 5 期。

是中国工人阶级、农民阶级、小资产阶级、民族资产阶级及其他爱国民主分子的人民民主统一战线的政权。"①人民的表述更加直接全面,更有利于团结社会主义的建设者。人民民主专政使中国顺利实现了从新民主主义社会向社会主义社会的平稳过渡。人民民主是中国共产党领导中国人民开展社会主义现代化建设的根本政治保障。"人民民主专政实质上已经成为无产阶级专政的一种形式。"②

人民代表大会制度和民主集中制为实现人民民主专政提供了制度保障。在人民中间由人民自己选举代表组成的人民代表大会是国家的最高权力机构,表达的是人民管理国家和社会事务。中国的人民代表大会制度于1954年正式确立,并在《中华人民共和国宪法》中给予明确规定,成为中国的根本政治制度,延续至今。人民代表来自全国、省、市、县、乡镇五级人民。为保证代表从人民中产生并代表人民,中共中央规定,必须建立"无男女、信仰、财产、教育等差别的真正普遍平等的选择制"③,做到"在民主基础上的集中,在集中指导下的民主"④。民主集中制正是保证人民民主得以真正实现的制度设计,它是中国共产党的根本组织制度和领导制度。继承并发扬列宁的民主集中思想,中国共产党认为,"民主集中制的实质和核心是民主制,而不是集中制"⑤。我们的民主集中制是"民主和集中的统一,自由和纪律的统一"⑥。两者"互为前提、互相依赖、互相渗透的,是不可缺一的"⑦。延续中国共产党在新民主主义革命中所制定的发展规划,中国在从新民主主义社会向社会主义社会过渡的过程中,确立了人民民主专政、建立了人民代表

---

① 《建国以来重要文献选编》(第1册),中央文献出版社,1992年,第1页。
② 《刘少奇选集》(下卷),人民出版社,1985年,第205页。
③ 《毛泽东选集》(第二卷),人民出版社,1991年,第677页。
④ 《毛泽东选集》(第三卷),人民出版社,1991年,第1057页。
⑤ 高放:《政治学与政治体制改革》,中国书籍出版社,2002年,第437页。
⑥ 《毛泽东文集》(第七卷),人民出版社,1999年,第209页。
⑦ 《刘少奇选集》(下卷),人民出版社,1985年,第364页。

大会制度、实行了民主集中制的根本组织原则,充分彰显了中国共产党运用列宁主义基本原理在中国社会主义革命和建设时期所取得的政治成就。

2. 人民民主专政在实践中的转变

社会主义革命和建设时期是人民民主专政在中国的初创阶段,尚处于不断发展和完善的过程中。从其制度本源上来讲,人民民主专政的本质是民主。来源于马克思在 1848 年所阐述的基本观点:"工人革命的第一步就是使无产阶级上升为统治阶级,争得民主"[①]。在马克思眼中,"无产阶级专政与社会主义民主是同义词,无产阶级专政的根本任务就是创造社会主义民主"[②]。马克思、恩格斯和列宁分别用不同的方法践行了这个社会主义民主,落实了无产阶级专政。如,巴黎公社之"公社"、苏维埃社会主义共和国联盟之"苏维埃"。在这两种形式中,行政权和立法权都是合一的。可是"如果抛弃了巴黎公社的普选、监督和撤换制,简单、机械地实行行政和立法职能合一,就不能有效地防止国家和国家机关的独断专行,不利于民主的实现"[③]。因此,要想真正实现社会主义民主,无产阶级专政的国家还必须建立起与之相匹配的社会主义体制、机制和法律保障。

列宁也承认这一点。可实践中,列宁更注重无产阶级政党的极严格纪律。他认为,无产阶级专政和社会主义民主的"主要实质在于劳动者的先进部队、先锋队、唯一领导者即无产阶级的组织性和纪律性"[④]。为保持这个先锋队组织的组织性和纪律性,鉴于俄国人口构成的基本国情,列宁认为,无产阶级需要每时每刻同小资产阶级的自发性做斗争才能不被腐蚀和侵染,并要从外面向农民和小生产者不断灌输无产阶级的先进觉悟。基于这种认

---

① 《马克思恩格斯文集》(第二卷),人民出版社,2009 年,第 52 页。
② 《马克思恩格斯文集》(第三卷),人民出版社,2009 年,第 444 页。
③ 郁建兴:《马克思无产阶级专政和民主学说新论》,《毛泽东邓小平理论研究》,2002 年第 1 期。
④ 《列宁选集》(第三卷),人民出版社,2012 年,第 835 页。

识,列宁在俄国针对不同人群实行了不同比例的人民代表选举办法。列宁的初衷是想要保证无产阶级的专政,保证广大被压迫人民对少数剥削者的专政,同时保证无产阶级的先锋队组织领导政权。按照列宁的选举办法规定,"乡代表会每居民一万人选派代表一人,市苏维埃以及工人区苏维埃及边远区之工厂苏维埃每选民二千人选派代表一人"①。然而,这种差异化的选举办法毕竟是基于俄国落后现实和人口构成的阶段性举措,是实现社会主义民主的权宜之计,因此俄共(布)党纲中还规定,布尔什维克党"一定要进行有系统的工作来消灭较有组织的无产阶级和农民之间的这种不平等。一旦我们提高了文化水平,我们就要取消这种不平等。那时我们就不需要这种限制了"②。无产阶级和无产阶级政党承担了启迪农民等小资产阶级的阶级觉悟的历史使命。

同时,列宁还认为,提高工农的文化水平是清除官僚主义、实现真正民主的前提。"因为落后的文化是滋生官僚主义的最深厚基础。"③文盲是站在政治之外的。在文盲的国家里,没有政治,只有流言蜚语、只有偏见。"在一个文盲的国家里是不能建成共产主义社会的。"④为此,列宁要在国内进行一次文化革命。他说:"只要实现了这个文化革命,我们的国家就能成为完全社会主义的国家了。"⑤综上可知,列宁关于苏维埃的社会主义民主制度设计,更多是将无产阶级政党的组织性和纪律性作为实现民主的根本保证,将缺乏民主的原因归咎于人民文化素质不够高,这在列宁所生活的时代是十分必要的。但是由于列宁没有从制度和法律的层面上搭建社会主义民主之

---

①　即"乡代表会每居民一万人选派代表一人,市苏维埃以及工人区苏维埃及边远区之工厂苏维埃每选民二千人选派代表一人。"(曹浩瀚:《列宁革命思想研究》,中央编译出版社,2012 年,第222页。)

②　《列宁选集》(第三卷),人民出版社,2012 年,第 772 页。

③　《列宁全集》(第 40 卷),人民出版社,1992 年,第 247 页。

④　《列宁选集》(第四卷),人民出版社,2012 年,第 294 页。

⑤　同上,第 774 页。

牢不可破的根基,这在一定程度上给后来苏维埃民主制度遭到破坏留下了隐患。列宁的继任者,不断将权力向无产阶级的先锋队、向先锋队的领导人个人集中,并逐渐演化出"一长制"、委任制,甚至是个人崇拜、个人专权,而这并不是列宁实行苏维埃制度、实行无产阶级专政的初衷。

中国共产党的领导人继承了列宁的上述主张,认为同样处于农民和小资产阶级汪洋大海之中,同样处于经济文化水平相对落后发展阶段之上的中国,如果想要保持无产阶级政党的先进性和无产阶级专政下的真正民主,就需要建立党的极严格的纪律,需要每时每刻同小资产阶级的腐朽性和落后性做斗争,甚至是建立完全的公有制消灭小生产者的私有性,并开展全国范围的文化建设以提升国民素质。然而,究竟在何时、何种情况下采取这些措施,列宁的著作中并没有给以明确指示,他甚至在开始上述尝试不久后便去世了。这些问题,只能由中国共产党自己解决。

在中国共产党的社会主义民主政治建设实践中,由于受主观主义错误思想影响,受中苏论战和国际修正主义的干扰,中国的民主政治实践出现了不少问题。已经建立起来的人民代表大会制度、民主集中制受到了阶级斗争的冲击。在1962年召开的八届十中全会上,阶级斗争被重新提上日程,人民民主遭到破坏。随着阶级斗争愈演愈烈,党和国家的正常生产生活秩序也遭到严重破坏,甚至被个别人所利用,导致了"文化大革命"的内乱。在"文化大革命"中,为显示实行无产阶级专政的无产阶级政党的先进性和纯洁性,中国共产党对自身发动"革命"。一时间,党内查出了大量"修正主义"分子、"走资产阶级道路的当权派""血统不纯"的党员。这些人被批斗、被改造、被清除出党。显然,这种靠实行极严格的党内审查制度和批斗方式实现的"无产阶级专政"并不是真正的无产阶级专政,也不会带来任何形式的民主,更不要说"人民民主"。陈云作为亲历者,反思这段历史指出,"党内民主集中制没有了，集体领导没有了，这是'文化大革命'发生的一个根本原因"①。国家民主政治制度的不完善，为个人崇拜的滋生、"左"倾狂热的泛滥和阶级斗争的扩大化提供了温床，反过来又湮灭了人民民主专政的制度优势。这最终使党的主要领导人在社会主义建设问题上的主观主义失误造成了危及整个无产阶级政党和全体中国人民的巨大危害。

"文化大革命"中取消人民民主专政、取消民主集中制的做法，显然是违背社会主义民主，违背马克思列宁主义的。其实，这也是违背中国共产党的既定方针路线的。1956年，中国共产党的八大明确规定，新形势下党和国家政治生活中的主要任务是"扩大人民民主，建立健全社会主义法制"。为保证这一任务的顺利完成，党中央要全党坚决贯彻执行党的群众路线，坚持党的集体领导，反对个人崇拜。而这一要求在后来的社会主义建设中，显然并没有得到贯彻落实。最后带来的是"中国以大鸣、大放、大字报、大辩论为标志步步升级的政治运动和文化大革命，不仅没有带来实质上的平等，反而造成了难以计数的冤假错案和人与人关系的严重不平等。平等与人权的悖论，最终使以平等为号召的社会主义渐渐失去了它最初耀人的光芒，成为20世纪社会主义实践中最为世人诟病的问题所在"②。当然，这既是列宁主义的中国化历史进程中无法抹去的一页，也是后续进程中亟待解决的问题。

(二)经济的恢复和发展方面

1.通过社会主义改造促进经济恢复和发展

如何恢复和发展国民经济，推动国内社会主义经济因素的提升是新民主主义革命胜利之后，执政的中国共产党面临的首要历史重任。在过渡时期的新民主主义社会中，恢复和发展国民经济的首要措施是消灭资本主义

---

① 虞云耀：《陈云党建思想的深刻内涵和重大意义》，《求是》，2015年第14期。
② 杨奎松：《读史求实》，浙江大学出版社，2011年，第380页。

私有制,具体包括没收官僚资本和改革私有的土地制度。通过调整,中国彻底消灭了剥削和压迫人民的官僚资本主义和封建土地私有制。又通过发展公有制经济,使过渡时期的中国形成了多种经济成分并存的状态。具体有,社会主义性质的国营经济、半社会主义性质的合作社经济、私人资本主义经济、个体经济和国家资本主义经济等经济形态。到1952年,鉴于社会主义性质的国营经济在中国经济体系中领导地位的增强,私营工商业也逐步纳入了国家资本主义轨道,农村中的农业互助合作运动广泛开展,变新民主主义社会为社会主义社会的过渡任务被提上日程。随后,毛泽东在1953年底进一步明确提出了中国共产党在过渡时期的总路线。即"从中华人民共和国成立,到社会主义改造基本完成,这是一个过渡时期。党在这个过渡时期的总路线和总任务,是要在一个相当长的时期内,逐步实现国家的社会主义工业化,并逐步实现国家对农业、对手工业和对资本主义工商业的社会主义改造。这条总路线是照耀我们各项工作的灯塔,各项工作离开它,就要犯右倾或'左'倾的错误"[1]由此,社会主义工业化任务被明确,三大改造方案被提出,有计划的社会主义经济建设展开。

第一,关于农业的社会主义改造。新民主主义社会时期,为将旧式的中国农村改造成新式的农村,顺利实现向社会主义过渡,中国共产党依然延续了在农村革命根据地实行过的过渡办法。这种办法是从列宁主义中、从苏联的经验中学来的,即将土地收归国有之后,重新分给农民,通过建立农村合作社、农业互助组的方式促进农村经济发展。这种方式,中国共产党在过去曾经实践过,而且取得了较好的实践成果。如1933年,兴国县长冈乡搞的土改运动,就是建立村级劳动互助社,惠及300多社员。[2] 马克思和列宁也

---

① 《建国以来重要文献选编(1949—1965)》(第4册),中央文献出版社,2011年,第700~701页。

② 参见《中国共产党历史》(第一卷上册),中共党史出版社,2011年,第362页。

都曾经分析过这种实现社会主义的农业发展方式、农村经济建设方式。列宁尤其推崇互助合作社的农村社会主义生产方式。中国农村的社会主义改革就是将列宁主义与中国实际结合的结果。1952 年底,破除中国土地私有制的土改运动在全国范围基本结束。农民获得了土地的使用权,从而极大地提高了生产的积极性和劳动效率。然而受几千年小农经济和小农意识的影响,农民无法自发自觉地朝着更有利于农村经济发展的新型社会主义经济形式迈进。在一定程度上,个人自占一块土地进行农业生产的小农经济甚至还阻碍了农村生产力的发展和整个中国经济的发展。从产出效率上来讲,分散落后的个体农业由于无力抵御自然灾害的侵袭,无法保证产量;也由于无法充分利用现代化生产要素,不能从根本上提高生产率,从而无法满足新形势下城市人口增长对粮食的需要、工业发展对原材料的需要。从生产方式上来讲,此时中国农村中的贫下中农虽然分得了土地,但并没有充足的生产工具从事农业生产,由此,新民主主义革命中消灭的贫富分化问题和雇工问题重新出现,甚至有些党员干部还参与其中,要求退出中国共产党。因此,不从根本上改变农村的生产方式和农业生产的组织方式,就不能从根本上破除小农经济的弊端。由此,建立农村合作社、农业互助组,将个体分散的土地、农民、农具、农业生产资料集中起来,共同从事生产,按劳分配就是成为中国农村社会主义改造的核心任务,成为中国农业社会主义改造的中心议题。

　　针对这一问题,中共中央在 1953 年初,提出了"积极领导、稳步前进"的合作化方针,制定了自愿互利、典型示范、国家帮助的推进原则,出台了《中共中央关于农业生产互助合作的决议(草案)》,制定了中国农业社会主义改造的具体步骤。决议提出,建立并发展土地入股的初级农业生产合作社是中国农业社会主义改造的重点,同时鼓励有条件的地区逐步向土地公有的高级农业生产合作社过渡。在此基础上,加大国家对农业生产资料的供给,新式农具、科学技术的推广,农业技术骨干的培育和财政支持,从而把农业互助合作同发展农业生产密切结合起来,逐渐变农村土地个人所有为村镇集体所有,逐渐变农村中的个人私营经济为社会主义集体经济,建立起社会主义集体所有制。按照这一方针,通过发展农村合作社和互助组,1955 年夏收,80% 以上的合作社实现粮食增产,农民利益得到了保障,集体经济实力得以提升。

第二,关于手工业的社会主义改造。由于近代中国的工业化基础较为薄弱,手工业成为当时中国经济体系中颇为重要的组成部分。改造其分散性、优化其生产条件、提升其技术水平是提高手工业生产效率,满足人民生活需要,弥补工业产品不足的主要措施。由此,中共中央提出,手工业的社会主义改造就是要将传统手工业改造为社会主义集体经济形式的手工业。改造的基本原则是"统筹兼顾、全面安排",改造的基本方式是建立手工业产品的供销合作社、生产合作社,以实现生产资料、生产工具、生产技术的共享,推动生产效率提升。改造的具体方案采取的是先建立手工业的生产小组,实现行业内的互帮互助,进而建立合作社,实行合作制,从根本上改造生产关系,提高生产力。同时,在改造的过程中,中共中央还实行了分层改造,由小到大、从低到高建立合作社的方式,实现了对手工业全行业的社会主义集体经济改造。通过改造,集体手工业经济的生产效率得到极大提升,仅1953—1954 年一年,产值就实现了翻番,奠定了中国整个国民经济社会主义改造的基础,为满足社会主义建设时期的人民生产、生活需要提供了坚实保障。

第三,关于资本主义工商业的社会主义改造。这一领域的社会主义改造是推动中国从新民主主义社会向社会主义社会过渡的关键。中国共产党认为,通过实行国家资本主义,能够实现中国国民经济由资本主义的私营经济向社会主义的国营经济过渡。毛泽东明确提出用"新式的国家资本主义"

对中国的资本主义工商业进行社会主义改造。具体而言,"是指在承认资本家的受限制的不完全的私人所有制的条件下,使资本主义企业逐步变为国家资本主义企业,即在人民政府管理下的用各种方式和国营社会主义经济联系着的受工人监督的资本主义。……即是新式的国家资本主义,它是带了若干(有几种程度不同的情况)社会主义性质的"①。就具体措施而言,"新式的国家资本主义"一方面继续保留了之前为恢复国民经济所采取的经销代销、委托加工、计划订货等形式的经济,称为低级形式的国家资本主义;另一方面又积极探索实行大规模的公私合营等高级形式的国家资本主义。在公私合营的具体方式上,中共中央从实际出发,提出了"四马分肥""定息"的赎买方法,实行了"留、转、包"的改造尝试,均获得成功。在这一过程中,还实现了对资本家个人的社会主义改造,将资本主义的剥削者改造成为了社会主义的拥护者和建设者。

列宁在推动苏维埃俄国向社会主义过渡的过程中,也提出过"国家资本主义"的发展方案,提出过通过统购统销、租赁、租让的方式,通过本国企业和外国先进企业合作的方式发展苏维埃俄国经济的主张。列宁的"国家资本主义"过渡方案,一定程度上被借鉴和吸收到了中国的社会主义改造之中,但又不尽相同。中国共产党在这里强调的是对国内资本家和资本主义所有制关系的社会主义改造,目的是收归国有、为我所用,变资本主义经济为社会主义经济。而在列宁那里,更大意义上是从方式、方法上强调要学习和利用资本主义的先进生产技术和管理理念,推动本国落后生产力的发展,进而推动社会主义因素的提升。

同样是利用国家资本主义发展社会主义,在利用的具体方式上,两国领

---

① 薄一波:《若干重大决策与事件的回顾》(上卷),中共中央党校出版社,1991 年,第224～225 页。

导人也有不同认识。列宁虽然认为通过和平的方式实现从资本主义向社会主义的过渡是再好不过的事情。可是对于私有资本，他依然主张通过排挤、没收的方式进行改造；对于资本家，主张直接取消其厂长、经理的位置，而实行工人监督和工厂自治。这些措施在一定程度上激起了资本家的反抗，并不利于和平过渡。斯大林也主张通过实施国家资本主义的方式实现向社会主义的平稳过渡，但在实践上却出现了全面消灭公有制以外的一切经济形式的过激行为。① 与这种方式不同，毛泽东则提出可以让资本家在一段时间内从企业利润中分红，以和平赎买的办法消灭国内存在的私营资本。进而通过国家计划购销的方式让资本家参与到社会主义建设中，成为社会主义建设的一分子。因此，中国对资本主义工商业的社会主义改造是对经济的改造和对人的改造的统一，超越并发展了列宁主义。这一改造是中国共产党将列宁主义与中国实际相结合之后的新创造。

新中国成立以前，在中国共产党的七大上商讨新中国的社会主义经济建设问题时，毛泽东就说过我们是不怕发展资本主义的，俄国在社会主义革命胜利后就搞了新经济政策，利用资本主义建设社会主义。新中国成立后，毛泽东还说："我们现在对资本主义工商业的社会主义改造，实际上就是运用从前马克思、恩格斯、列宁提出过的赎买政策"②。实际上，列宁的新经济政策早就为中国共产党人所熟知。他阐述新经济政策的经典之作《论粮食

---

① 陈晋在《毛泽东阅读史》一书中第 163～166 页，分析了斯大林《苏联社会主义经济问题》和《政治经济学教科书》对毛泽东的影响。提出，从 20 世纪 50 年代到 60 年代初，毛泽东多次阅读两本书"总体上看，他坚持有关过渡时期实行'新式的国家资本主义'的论述，创造性地找到一条社会主义和平改造道路，对民族资本家实行赎买政策。具体来说，当他强调必须承认和运用'资本主义经济法则'的时候，对社会主义过渡时期的时长设想是谨慎的，说大概要用三个五年计划，即十五年左右的时间；当他强调'社会主义经济法则的支配作用'的时候，对农业、手工业和资本主义工商业的'三大改造'，也就陡然加快了速度"。而这一变化，正是基于毛泽东在 1954 年底读到了苏联《政治经济学教科书》第 22 章《从资本主义到社会主义的过渡时期的基本特点》。

② 《毛泽东文集》(第六卷)，人民出版社，1999 年，第 499 页。

税》早在 1924 年初就被翻译到了中国,译题为《农税底意义》。列宁晚年的《论合作社》也在发表后不久,就被刊登在了中国的杂志之上。该文被译为《合作事业与新经济政策》,于 1924 年 3 月 10 日刊登在《东方杂志》第 21 卷第 5 期。这说明,在中国人看来,无产阶级搞的社会主义革命和建设从一开始就不排斥对国家资本主义等非公有制形式的学习和利用。这是列宁告诉中国人的,也是得到中国人认可的基本观念。"在过渡时期中,我们党创造性地开辟了一条适合中国特点的社会主义改造的道路。"[1]这体现了对列宁主义的丰富和发展。因此,邓小平说:"我们今天对资本主义工商业改造所走的道路,是列宁所想过的,但是列宁没有能实现。"[2]中国共产党将其实现了。

2. 社会主义经济建设中的成就与不足

按照上述社会主义改造方针和政策,社会主义因素在国内大为提升,社会主义经济占据了国民经济的主导地位,社会主义制度在中国得以确立,社会主义改造在 1956 年基本完成。随着第一个五年计划提前完成,中国共产党在一定程度上积累了社会主义建设的历史经验,奠定了社会主义建设的物质基础。从此时开始,中国问题从如何向社会主义过渡转变为如何解放和发展社会主义生产力,以实现国家富强、人民富裕。然而,由于主客观因素的共同作用,从中国社会主义改造完成到改革开放确立的历史进程是一个既有成就又有失误的历史过程,是中国共产党积累正反两方面历史经验和历史教训的过程。

一方面,从社会主义改造完成到"文化大革命"发生之前的十年,中国的社会主义经济建设取得了长足的进步和突出的成就。具体表现为,已经建

---

① 《十一届三中全会以来党和国家重要文献选编》,中共中央党校出版社,2008 年,第 83 页。

② 《邓小平文选》(第二卷),人民出版社,1994 年,第 259 页。

立起具有相当规模和一定技术水平的门类相对比较齐全的工业体系。尤其是在关系国家经济命脉和经济根基的电力、煤炭、石油、冶金、钢铁、机械制造等行业上，取得了突出的成就。1964年，中国主要机械设备的自给率已经由1957年的60%提高到90%。1976年，原油产量8716万吨，是1965年原油产量的7.7倍。科学技术、教育文化卫生事业、国防高精尖技术都取得了重大发展。中国第一次成功的导弹核武器试验、第一次成功试爆氢弹、第一次成功发射人造卫星、第一次成功试航核潜艇都是在这一时期实现的。这些成就打破了国际社会在高精尖技术领域对中国的围堵和封锁。同时，一大批自主培养的高校毕业生和专业技术人才也投身到社会主义现代化建设之中。农业生产发展条件也得到一定程度的改善，农业财政投入、农业机械动力、农药化肥生产、农田基础设施建设均得到稳步提高。这反映了中国共产党带领中国人民开展社会主义现代化建设中的贡献和成绩。

另一方面，成就中也伴随着问题，进步中也存在着不足。反思错误、总结教训才能推进社会主义经济建设深入发展。就不足而言，这一时期，农业领域统购统销的粮食政策与农业合作互助政策并行，压抑了农村经济活力，打击了农民生产积极性，导致粮食减产、供应不足。按照粮食的统购统销政策，粮食不能在市场上随意流动，需由国家按照统一征粮计划，实行严格的粮食管理规范，根据各地人口数量和构成按需供给。这种指令性的计划经济政策加上"一大二公"的农村人民公社化运动、"大跃进"和不切实际的"共产风""浮夸风"严重破坏了农村正常的生活生产。在严格的统购统销政策之下，棉布、食用油等其他生活必需品的供给也被纳入其中，统购统销渗透到了手工业、机器大工业的生产和流转运行中，使中国经济活力丧失。同时，统购统销的管理机制中所设置的购销指标一定程度上并没有科学严谨的统一标准，人们在征粮过程中也缺少审慎理性的工作方法。因此，实践中的统购统销政策导致了国内农民、手工业者在不同地区的购产销中失衡、城乡之间失调,严重影响了中国经济的健康平衡发展。实际上,中共中央也敏锐地发现了当时经济运行中的问题,在实践中也尝试着纠正了统购统销政策中存在的不足。可是这种纠偏又时常受国内日益加剧的"左"倾思想影响,以违背社会主义制度为由,被迫中断。其直接结果就是导致了国内经济环境和经济形势的不断恶化。比如,在工商业领域中,缺乏社会主义建设经验的管理者,不注重对原有企业经营管理有益经验的吸收,盲目开展行业改组,采用"一刀切"的斗争方法将接受党的领导的合法资本家划为阶级斗争的对象打倒,在清产核资的过程中混乱无序,致使行业供产销脱节,导致国家工商业经济运转不畅。行政手段的过度干预、公私关系的模糊、城乡关系的紧张,阶级斗争的不断扩大,妨碍中国经济正常运转。这些问题直接阻碍了社会主义生产力的发展。在这种状况下,唯有破除统购统销的计划经济体制才能给中国经济以喘息和重生之机。正如马克思列宁主义所教导的,人类社会在生产力与生产关系的辩证运动中不断前进,如果一个社会不具备相应的生产力基础,单纯强调在生产关系上的社会变革,人为的消灭商品货币关系同样会阻碍生产力的发展。

(三)文化社会事业方面

1."百花齐放、百家争鸣"繁荣了科教文艺事业

列宁认为,马克思主义的世界历史意义在于"它并没有抛弃资产阶级时代最宝贵的成就,相反却吸收和改造了两千年来人类思想和文化发展中一切有价值的东西"①。只有在这个基础上,无产阶级的政权才能发展真正的无产阶级文化。中国共产党认同这一思想,将发展社会主义文学艺术事业、发展无产阶级文化作为巩固无产阶级政权的重要内容之一。繁荣的文学艺术事业同时也有助于凝聚社会主义现代化建设的思想共识和精神力量。新

---

① 《列宁选集》(第四卷),人民出版社,2012年,第299页。

中国成立之初,在完成新民主主义革命历史遗留任务的过程中,指导全党全国文学艺术工作的纲领性文件,是毛泽东在 1942 年 5 月延安整风中发表的《在延安文艺座谈会上的讲话》。这一点,是在新中国成立之前召开的中华全国文学艺术工作者代表大会上确立的。这次会议是中国文学艺术工作者代表大会的肇始,于 1949 年 7 月 2 日至 19 日在北平召开,会议的主要目的是沟通国民党统治区和解放区的文艺运动,并制定接下来的文艺工运动方针,共同服务于即将成立的新中国的文化艺术事业。周恩来在大会上做了政治报告,并提出文艺要为人民服务,要"在新民主主义旗帜之下,在毛泽东同志新文艺方向之下"①改造旧文艺并创造新的普及文艺。周恩来这里所说的毛泽东同志的新文艺方向,就是毛泽东《在延安文艺座谈会上的讲话》中所指明的方向。会议过程中,毛泽东还亲临现场,表达了中共中央对文艺工作的重视和各区知识分子的欢迎。最后,会议一致拥护毛泽东提出的文艺新方向,并将其作为新中国文艺工作的总方针。毛泽东文艺思想的核心观点是文艺立场问题。即"为什么人的问题,是一个根本的问题、原则的问题。"②广大文艺工作者,要"站在无产阶级的和人民大众的立场。对于共产党员来说,也就是要站在党的立场,站在党性和党的政策的立场"③。毛泽东进一步指出:"这个问题,本来是马克思主义者特别是列宁所早已解决了的。列宁还在一九〇五年就已着重指出过,我们的文艺应当'为千千万万劳动人民服务'。"④那么究竟如何保证文艺为人民大众服务呢? 毛泽东认为,关键在于对文艺工作者世界观的改造,方法就是对其开展思想整顿,使其深入群众交流感情。由此,毛泽东还提出了共产党员不但要组织上入党,还要思想

---

① 《周恩来选集》(上册),人民出版社,1997 年,第 358 页。

② 《毛泽东选集》(第三卷),人民出版社,1991 年,第 857 页。

③ 同上,第 848 页。

④ 同上,第 854 页。

上入党的著名论断。这些思想观点,在革命战争年代、在延安整风中极大的推动了人民文艺事业的发展和文艺工作者思想的改造,出现了一大批人民群众喜闻乐见的优秀文艺作品(如,秧歌剧《姐妹开荒》、歌剧《白毛女》、小说《暴风骤雨》等)。

新中国成立后,以毛泽东这一思想为指导,中国的文艺工作一改过去文艺工作者受封建统治阶级和反动势力压迫而不能真正表达心中所思、所想的状况,开始与中国共产党的领导和人民需要相一致。文艺工作者、知识分子均通过参加革命斗争和实际工作的方式进行了思想改造。从 1951 年 11 月到 1952 年秋,覆盖整个教育界、文艺界、知识界的整风学习,思想改造全面展开。通过对马克思列宁主义、中国共产党的方针政策、国内外形势等相关著作和文件的学习,通过批评与自我批评,各种资产阶级、小资产阶级思想被清除,为人民服务的思想、马克思主义的世界观逐步在广大文艺工作者和知识分子的思想中树立起来。表现之一就是文艺工作者创造了一大批反映社会主义制度优越性的优秀作品,科学家和学者积极投身新中国建设。如,话剧《龙须沟》《春华秋实》、小说《铜墙铁壁》《平原烈火》、电影《钢铁战士》等;又如,梁思礼、李四光、朱光亚、华罗庚、邓稼先、程开甲、钱学森等一批为新中国建设做出突出贡献的科学家均在此时从国外归来。随着社会主义改造逐步完成和过渡时期总路线的明确,社会主义建设全面开始,亟需新的指导方针领导文化艺术事业的发展。中国文学艺术工作者的第二次代表大会于 1953 年秋召开,会议总结了新中国成立以来中国共产党在领导文艺工作中的经验和教训,指出了文艺领导工作中仍然存在的习惯于采取简单行政命令方式的工作缺点,文艺批评工作中没有做到两个区别(即"没有把整个倾向是反人民的作品同整个倾向是进步的但存在缺点甚至错误的作品加以区别;没有把作家对生活的有意识的歪曲,同由于作家认识能力不足和表现技巧不足而造成的对生活的不真实描写加以区别"①）。同时,会议还指出,社会主义现实是中国文艺创作和批评的基本准则,中国共产党应当加强对文艺工作的领导,应当为艺术领导创造最有利的条件。毛泽东在指导戏曲工作时提出的"百花齐放"也是整个文艺事业的方针。根据这些要求,思想文化领域在1954至1955年间针对资产阶级唯心主义思想开展了批评和斗争,以实现马克思主义唯物史观在知识分子和文艺工作者思想中的领导。然而在思想斗争中,此前出现过的,斗争面过大过宽的问题、行政命令代替批评与自我批评的问题再次出现,以对俞平伯的红学观点的批判为先导,引申到对胡适派资产阶级唯心观的斗争,加之思想理论界对胡风文艺思想的批判,使思想理论界的文艺批评、思想争鸣、学术争论上升为涉及工人阶级和资产阶级立场的阶级斗争和政治斗争问题。同一时期,由于高岗、饶漱石反党分裂活动爆发,中共党内审干肃反运动的开展,原本想要纠正的上述文学艺术和思想理论领域的错误倾向没有得到真正的纠正和有效的解决。

但是随着国内社会主义因素的极大提升,随着中国共产党领导人民建设社会主义新中国经验的不断积累,中国社会的核心问题转变为如何独立自主地探索一条社会主义建设新路,以实现国家富强、人民富裕。面对此问题,中共中央十分清醒,毛泽东在1956年4月发表的《论十大关系》中,提出调动一切积极因素,把中国建设成一个强大的社会主义国家的任务。这个"一切积极因素",包括党内外的,国内外的,自然也包括文化事业方面的,包括文艺工作者和广大知识分子。由此,在毛泽东作《论十大关系》报告三天后(4月28日),中共中央政治局召开扩大会议,专门探讨了中国的文学艺术事业和科学技术发展的方针政策问题。毛泽东提出,在处理艺术问题时要

① 《中国共产党历史》(第二卷上册),中共党史出版社,2011年,第278页。

坚持"百花齐放",在学术领域要坚持"百家争鸣"。① 同时,知识分子要投身社会主义建设,"向现代科学进军"。"百花齐放、百家争鸣"就是要促进中国文艺事业和科学工作的繁荣发展,就是要给文艺工作者和科学工作者以思考、辩论、创作和批评的自由,消除思想斗争和学术批评中的"特权",反对简单粗暴,唯我独尊。这一方针政策是新中国成立以来,中国共产党在领导文艺工作、科教文化事业的过程中不断积累得出的宝贵经验,符合当时中国社会主义建设的实际需要,繁荣了新中国成立之后的科教文艺事业。

2. 文化战线上的斗争扩大化

随着 1957 年中共党内外反右派斗争的不断扩大,文学艺术和科学工作中所强调的"双百方针"在贯彻实施过程中受到了干扰和破坏。虽然中共中央在 60 年代初期曾经积极纠正了反右派斗争扩大化的错误,但并没有从根本上彻底清除"左"倾教条主义的错误。由此,从 1964 年开始,特别是"文化大革命"中,"双百方针"在错误思想干扰下被进一步破坏。国内的文艺事业陷入单一保守、僵化呆板的状态。

实际上,出现上述问题的原因是文学艺术领域的思想批评、学术探讨被当作政治斗争、阶级斗争而不断尖锐化,进而思想问题与政治问题相混淆导致了对文化事业的严重危害。这其中,有中共中央在处理这些问题上经验不足的原因,也有苏联因素的干扰,还有个别人的别有用心。就苏联的不良影响而言,主要指新中国成立之初,大量苏联专家和苏联科学文化著作在中国占据主导地位。虽然苏联专家对指导中国的科学文化事业发展起到了积极推动作用,但是苏联专家被当作相关领域的唯一权威又影响了中国知识分子独立性、积极性和自主能动性的发挥。同时,苏联专家身上所展现的苏联学术批评领域的简单粗暴作风和教条主义错误也被带到中国。学术领

---

① 5 月 2 日的最高国务会议第七次会议上,毛泽东正式提出"百花齐放、百家争鸣"的方针。

域的乱贴政治标签、用一个学派压制另一个学派的问题比较严重。比较典型的如，苏联的米丘林学说被认为是社会主义的生物学，而西方的相关学说就是资本主义性质的；"中医是封建医、西医是资本主义医"①；联共（布）和苏共中央领导人日丹诺夫、马林科夫关于文艺领域的讲话被当作中国文艺工作的清规戒律。同时，一些苏联专家在向中国传授先进经验和先进技术时并非毫无保留，一些国内党员学者受封建思想影响，排斥党外学者和苏联专家，形成了这一领域的宗派主义作风。在这一系列因素作用下，中国文学艺术和科学工作领域的斗争不断走向扩大化。

然而更根本的原因是中国人自己把思想问题、学术争论与政治问题混为一谈。如，在引发新中国成立后，文艺工作领域斗争扩大化的《红楼梦研究》批评问题的处理上，毛泽东不仅直接干预，而且将斗争面扩大。针对北京大学教授俞平伯所出版的《红楼梦研究》，两位文学青年借中国文学艺术工作者第二次代表大会确立的新文艺方针，在《文史哲》和《光明日报》上发文批评俞平伯是反现实主义的唯心论。1954 年 10 月 16 日，毛泽东给中央政治局及相关部门写信，批评《人民日报》不予转载两位文学青年文章的做法不对，指出这种批评是对胡适派资产阶级唯心论的斗争。毛泽东甚至认为，1951 年"《武训传》虽然批判了，却至今没有引出教训，又出现了容忍俞平伯唯心论和阻拦'小人物'的很有生气的批判文章的奇怪事情"②。最后，俞平伯被定为资产阶级知识分子。这一事件表明，文学批评逐步被涂上了政治色彩。同样，在 1955 年对胡风文艺思想的批判中，也采取了政治定性和政治批斗的方式。《人民日报》甚至分三批发表了有关部门收缴的胡风与友人通信摘编，以此作为胡风"反党集体""反革命集体"的罪证。毛泽东为这

---

① 《中国共产党历史》（第二卷上册），中共党史出版社，2011 年，第 387 页。
② 《建国以来重要文献选编》（第 5 册），中央文献出版社，1993 年，第 646 页。

些材料的汇编写了序言和按语,称胡风等人是"以推翻中华人民共和国和恢复帝国主义国民党的统治为任务"的"一个暗藏在革命阵营的反革命派别,一个地下的独立王国"①。可见,中国共产党在此时并没有认识到将思想问题、学术问题与政治问题混为一谈的巨大危害。没有正确处理人民内部矛盾,最终带来了社会主义文化事业发展中的巨大损失。一直到中国共产党的十一届三中全会后,毛泽东的"双百方针"才重新被确立为科学文化事业的指导方针,文化事业新的生机和活力才重新展现。总体而言,中国共产党运用列宁主义推动中国文艺科学事业发展的过程并不是一帆风顺的,在如何将科学理论同中国实际更好的结合,推动中国社会主义向前发展上还有很多现实问题有待解决。

第三节　社会主义革命和建设时期列宁主义的中国化难题

中国的社会主义革命和建设实践既不同于列宁书本,也不是对苏联模式的完全照抄,而是中国共产党独立自主带领中国人民探索得来的。它实现了中国从新民主主义社会向社会主义社会的过渡,探索并实践了中国的社会主义现代化之路。这条道路上有成就也有不足,有成绩也有缺陷,有符合列宁主义的、遵从中国实际的开创性探索,也有违背列宁主义的、背离中国实际的错误实践,有中国共产党独立自主从实际出发的卓著贡献,也有困于内外部干扰因素的历史徘徊。归根到底,内因起决定性作用。从1949年新中国成立到1978年改革开放确立,中国共产党领导人民完成了社会主义改造,确立了社会主义制度,发展了国民经济,完善了人民民主制度,繁荣了社会主义文化。这一系列成绩的取得,得益于马克思列宁主义的科学指导,

---

① 《中国共产党历史》(第二卷上册),中共党史出版社,2011年,第298页。

得益于中国共产党能够实事求是地制定符合中国人民现实需要的方针政策。总结经验教训，中国共产党的科学理论务必要与中国实际相结合，社会主义建设实践务必持续进行开拓创新，广大党员和人民群众的思想都务必不断深入解放，才能真正修正错误，开拓道路。而这些都是当时中国共产党在推进列宁主义的中国化过程中历经现实困难而得到的启示。

一、科学理论如何与实践进一步结合

针对落后国家的社会主义革命和建设实践，马克思、恩格斯在其著作中，并没有提出可供复制和照搬的直接经验。他们将社会主义制度的确立，建立在资本主义生产力高度发达的基础上，将彻底消灭私有制、实现公有制看做社会主义经济革命的最根本要素和最直接体现。而这种社会主义所有制关系变革的前提条件和基本内容与中国实际和中国社会主义的实践相去甚远。

列宁继承马克思、恩格斯的思想，从俄国实际出发，首先提出了"一国建设社会"的设想，并将之付诸十月革命后的俄国社会主义实践。列宁在落后国家首先开展社会主义革命，逐步实现向社会主义过渡问题上所采取的方针政策、实践经验和理论设想成为当时中国共产党在领导中国社会主义革命和建设过程中所能获得的最有效指导。由此，新中国成立后，继续"以俄为师"、"走俄国人路"成为不二之选。

十月革命结束后，列宁在俄国开展了一系列变革国内落后所有制关系的实际举措，如发展国家资本主义、推行合作社合作制等。列宁的实际目的是想要通过发展社会生产力的方式实现俄国社会生产关系的根本变革，从而奠定马克思、恩格斯所说的那种生产力极大发展的社会主义革命和建设条件。然而列宁对社会主义革命和建设问题的认识尚在不断发展中。比如，列宁所采取的过渡方式存在一个从"直接过渡"向"迂回过渡"的转变，他

晚年还提出,我们对社会主义的整个看法根本改变了。可见,列宁的理论是开放理论,是需要根据实际状况的变化不断丰富和发展的理论。

在落后国家如何实现社会主义革命,开展社会主义建设问题上,中国共产党继承了列宁的思想。列宁的著作《社会民主党在民主革命中的两种策略》(即中译本《两个策略》)①《国家与革命》②和《共产主义运动中的"左"派幼稚病》③备受中国共产党的领导人推崇,其中列宁所提出的革命和建设方针策略也被中共所吸收。列宁根据俄国革命现实条件的变化在上述著作中表达了对社会主义革命、对无产阶级政党的独特认识。在这些著作中,列宁既强调了落后俄国在向共产主义社会迈进的过程中必然经历"初级形式的社会主义"阶段,该阶段的核心任务是利用一切有效形式和手段发展本国生产力,消灭实际上的不平等和不民主的观点,又表达了这个初级阶段中的无产阶级政党不能放弃阶级斗争的主张;列宁既提出了通过无产阶级政党加

---

①　此书于1929年由上海中外研究学会以《两个策略》(扉页题为"社会民主派在民主革命中的两个策略")为题出版了陈文瑞翻译的中文本。1940年又由新华日报华北分馆出版中译本,命名为"在民主革命中社会民主党的两个策略"。后由延安解放社和辽东建国书店于1943年和1946年重印。据彭德怀回忆,毛泽东大约在30年代初最早读到此书,并在此后的各个时期多次重读这本书。毛泽东在1945年4月24日中共第七次全国代表大会上提到了列宁在《两个策略》中阐述的利用和发展资本主义的观点,主张中国不能太急于消灭资本主义,而应该在一定时期内让其存在和发展,这样是只有好处,没有坏处。

②　1921年5月《共产党》杂志第1卷第4号刊登了第生(沈雁冰)节译的列宁的《国家与革命》的第一章。第一个中文全译本登在1927年1月15日出版的《岭东民国日报》副刊《革命》上,柯柏译,周恩来提名。毛泽东最早提到此书是在1926年6月的第六届农民运动讲习所讲授《中国农民问题》的记录稿里。"在广州农讲所为学员讲授《中国农民问题》课程时,他直接引用刚刚出版的列宁《国家与革命》的论述,来解释国家的性质和制度,并说,《国家与革命》把国家说得很清楚,'国家于革命后一切制度都要改变的'。"从1946年4月毛泽东重读此书的批注中,可以看出毛泽东十分重视列宁在书中强调的无产阶级掌握政权后变革国家制度的观点,开展阶级斗争的观点。(参见陈晋:《毛泽东阅读史略》,《中共党史研究》,2013年第6期)

③　1927年上海浦江书店出版了此书的中译本,由吴凉翻译。1930年上海社会科学研究社重印此书。此书是毛泽东读的最多,下功夫最大的马列著作之一,甚至在中共党内围绕学习此书开展了整党运动。列宁在此书强调党的集中制原则和铁的纪律对于巩固无产阶级专政的重要性,阐述的清除"左"倾无政府主义同清除右倾机会主义同样重要的观点都成为毛泽东思想的重要理论来源。同时,列宁在此书中提出的"小生产是经常地,每日每时地,自发地和大批地产生着资本主义和资产阶级的",也成为毛泽东在社会主义建设时期开展阶级斗争运动的理论依据。

强自身建设、规范党的纪律、增强马克思主义理论武装、发动工农群众等方式巩固无产阶级专政的主张，又提出了"小生产是经常地、每日每时地、自发地和大批地产生着资本主义和资产阶级的"①，无产阶级政党要保持自身先进性，就不得不始终进行阶级斗争的主张……从列宁的这些观点可以看出，对于落后国家，究竟如何实现向社会主义的平稳过渡？究竟如何在帝国主义占据主导位置的情况下，一国首先建成社会主义、发展社会主义，巩固无产阶级政权？他的思想尚未终止，很多事情也尚未有定论。列宁的去世使列宁晚年对于这些问题的有益探索被迫停止。那么如何走好中国的社会主义革命和建设之路，从列宁的书本中不可能找到全部现成的答案。

在这种情况下，承接列宁事业的斯大林和斯大林的理论又成为中国共产党学习苏联经验的又一理论指南。由于苏联在社会主义建设实践中取得了巨大成就，也由于两国意识形态一致、关系友好，又由于两国领导人生活在同一历史时期，能够直接沟通交流，斯大林和斯大林的理论对中国和中国共产党产生了直接的影响。斯大林自己曾说过："我不过是列宁的学生，我一生的目的就是要做到不愧为列宁的学生。"②在无产阶级领导下的社会主义国家建设方面，斯大林从一定程度上继承了列宁的思想。比如，斯大林重视无产阶级政党的领导作用，将其看作工农联盟的领导核心；重视无产阶级专政建设，将苏维埃制度作为无产阶级政权的高级民主表现形式；重视过渡时期的国家民主政治建设和经济建设，将之作为国家的重要职能之一，作为过渡到社会主义的重要准备。在实践中，斯大林的确领导苏联实现了经济社会的极大发展，在短短 30 年间发展成为能与西方超级大国相抗衡的强大社会主义国家。可是斯大林的理论并不完全等同于列宁主义，斯大林的实

---

① 《列宁选集》（第四卷），人民出版社，2012 年，第 135 页。
② 《斯大林选集》（下卷），人民出版社，1979 年，第 298 页。

践也有其固有的历史环境限制。

回顾世界社会主义五百年发展历程,习近平曾经明确指出:"列宁逝世以后,斯大林在领导苏联社会主义建设中,逐步形成了单一生产资料公有制和自上而下的指令性计划经济体制、权力高度集中的政治体制。苏联模式在特定的历史条件下促进了苏联经济社会快速发展,也为苏联军民夺取反法西斯战争胜利发挥了重要作用。但由于不尊重经济规律等,随着时间推移,其弊端日益暴露,成为经济社会发展的严重体制障碍。"[①]苏联的成功向中国共产党和中国人民展现了社会主义制度的优越性。在"苏联的今天就是我们的明天"口号指引下,苏联社会主义建设的方式方法成为中国学习的榜样。与发展成绩相伴,苏联模式中的一系列问题也蔓延至中国,高度集中的政治经济体制也在中国显现。然而,斯大林逝世后,苏共二十大对斯大林采取了全面否定态度,基于国际局势的变化,以及中苏关系由"热"到"冷"的转变,中国共产党必须独立自主地解决中国自己的社会主义现代化建设问题。

但不可否认的是,斯大林的思想已然直接左右了中国人民对列宁主义科学理论和中国具体实际问题的认识。与列宁的著作在国内的广泛传播同时,斯大林的思想,包括斯大林对列宁主义的阐释等内容也在国内广泛传播。国内最早出版的斯大林的著作是1927年5月,播种社出版的《论反对派》,之后是斯大林阐述列宁主义的著名演讲。1934年1月中共苏区中央局出版了斯大林的《列宁主义基本问题》。这之后,斯大林的《论民族问题》(1937年12月)、《十月革命和俄国共产党人的策略》(1938年3月)、《斯大林言论选集》(1938年5月)、《论列宁》(1938年9月)分别由全国各地出版社出版。1939年1月解放社出版了5卷本的《斯大林选集》,这显然早于《列宁选集》在国内的出版时间。两个月后,俄国人编写的在中国颇具影响力的

---

① 《习近平总书记系列重要讲话读本》,学习出版社、人民出版社,2016年,第21页。

著名教材《联共(布)党史简明教程》①第一次在中国出版。新中国成立之前,解放社还编译过《列斯文集》。新中国成立后,随着对经典著作翻译和出版的系统化、全面化,《斯大林全集》的编译出版工作也纳入其中,截至1956年底《斯大林全集》的第一卷、第二卷、第八卷、第九卷、第十卷、第三卷、第十一卷、第十二卷、第四卷、第六卷、第十三卷相继出版;单行本的斯大林著作《论马克思主义在语言学中的问题》《论语言学的几个问题——答克拉舍宁尼科娃同志》《列宁主义问题》《苏联社会主义经济问题》等也有发行。

此时的中共中央领导人由于注重对苏联经验的学习,因此也十分重视对斯大林著作和苏联其他社会主义著作的学习。1952年11月,中文译本的斯大林《苏联社会主义经济问题》②一书出版,毛泽东随即展开阅读,并指示将其纳入在京高级干部的学习材料之中。1954年底,苏联《政治经济学教科书》③中译本在国内发行。11月13至14日,《人民日报》连载了该书的第22章"从资本主义到社会主义的过渡时期的基本特点"。4天后,毛泽东致信刘少奇、周恩来等人,推荐此文,并指出:"请你们看一下,足见所谓'在社会主义社会全部或大部建成以前不可能有的社会主义经济法则'的说法是错误的'"④。1958年11月,毛泽东重新阅读《苏联社会主义经济问题》,并在第

---

① 本书是在斯大林的指导下,由联共(布)中央特设委员会编写、联共(布)中央审定的苏联共产党历史课本。1939年3月中国出版社译印,由博古总校阅出版,成为中共教材。虽然此书是斯大林个人崇拜时期的产物,有很多不足,但毛泽东十分推崇书中所表达的马克思主义俄国化的精神,强调对待马列主义要反对抽象教条,要将马列主义理论运用到中国实际当中,解决中国问题,成为毛泽东在延安时期的重要读物。本书将"以路线斗争为纲"作为指导思想,总结了1883—1937年联共(布)建党、夺取政权和建设社会主义三方面的基本经验,曾在世界上以126种文字出版,发行4280万部。1956年苏共二十大后,不再重印。2004年7月,俄罗斯教育部再版发行《联共(布)党史简明教程》,作为俄罗斯高校师生历史教学参考书。
② 本书是斯大林就1951年11月苏联政治经济学教科书未定稿讨论会发表的若干书面意见的汇编。斯大林在书中对苏联30多年社会主义建设的经验和战后资本主义的发展进行了理论概括。
③ 本书由苏联科学院经济研究所编写,于1954年8月在苏联出版,是五六十年代社会主义政治经济的权威著作。1959年1月人民出版社发行中文第三版。毛泽东分别于1958年和1959年建议全党学习此书,毛泽东写了阅读此书的详细笔记。
④ 陈晋:《毛泽东阅读史》,生活·读书·新知三联书店出版社,2014年,第165~166页。

一次郑州会议上做出指示,建议全党即刻开展对两本苏联理论著作(即《苏联社会主义经济学》和《马恩列斯论共产主义社会》)的集中学习。转年 8 月,毛泽东又在庐山会议上提议读苏联的社会主义相关著作〔即苏联科学院经济研究编的《政治经济学教科书》(第三版)和苏联哲学家编的《哲学小辞典》(第三版)〕。毛泽东也身体力行他自己的提议。从 1959 年 12 月上旬到 1960 年 2 月上旬,毛泽东反复阅读了《政治经济学教科书》的社会主义部分,写成了大量阅读笔记。毛泽东评价此书说:"讲社会主义政治经济学的,除了斯大林的《苏联社会主义经济问题》和这本《政治经济学教科书》,成系统的东西还没有。"①

这些著作对中国共产党产生了正反两个方面的影响。党的主要领导人在读书的过程中表达了对中国社会主义现代化建设的创新性认识。比如,毛泽东在读书期间提出了社会主义可以划分为不发达的阶段和发达的阶段,"在我们这样的国家,完成社会主义建设是一个艰巨任务,建成社会主义不要讲得过早了"②,我们要建设的社会主义是包括国防现代化在内的四个现代化的社会主义,"我们要以生产力和生产关系的平衡和不平衡、生产关系和上层建筑的平衡和不平衡,作为纲,来研究社会主义社会的经济问题"③等重要思想。刘少奇提出:"共产主义分两个大的阶段,两个阶段又各自分为几个小阶段。社会主义社会中有几个小阶段,共产主义社会也会有几个小阶段。"我们的"社会主义还只搞了不久,经验不多,还有许多好文章做"④。反思苏联肃反扩大化,要正确处理社会主义社会中两类不同性质的矛盾等观点。周恩来提出要分阶段实现中国的社会主义"工业、农业、科学技术、国

① 陈晋:《毛泽东读书笔记解析》(下册),广东人民出版社,1996 年,第 26 页。
② 《毛泽东文集》(第八卷),人民出版社,1999 年,第 116 页。
③ 中华人民共和国国史学会:《毛泽东读社会主义政治经济学批注和谈话》(上册),国史研究学习资料,清样本,第 422 页。
④ 《刘少奇论新中国经济建设》,中央文献出版社,1993 年,第 412 页。

防四个现代化"，不能像斯大林那样，"将人民内部矛盾当做敌我矛盾处理，于是肃反扩大化了"①。但同时，这些著作中关于社会主义的全民所有制内部不存在商品生产，价值规律只对流通起作用；注重个人领导，以党内斗争的方式加强党建等一系列思想也影响了中国人对列宁主义的认识，影响了中国人对苏联经验的运用和对中国实际问题的解答。

　　然而上述著作虽然在一定程度上影响了中国共产党的领导人对中国社会主义革命和建设问题的认识，但是毛泽东及中共中央并不完全是因为读了斯大林著作和苏联教科书才在领导中国社会主义建设问题上出现失误的。上述著作不是导致中国社会主义建设道路上经历曲折的主要原因。这一点，从毛泽东的讲话中可以看出。毛泽东在读斯大林的著作时，曾在中央书记处会议上明确指出，"斯大林的《苏联社会主义经济问题》，也是第一本总结社会主义建设经验的书，还是应该读的。大家要动脑筋，多想想建设社会主义的实践中的问题，要按实际情况办事，不受苏联已有的做法束缚"②。此时，正值1956年春天，是中国由社会主义革命向社会主义建设转变的关键时期。毛泽东正是在学习和反思苏联的过程中，写成了《论十大关系》和《关于正确处理人民内部矛盾的问题》这些开创性著作的。后来，1958年11月9日，他在给县以上领导干部所写的信中，要求大家读《苏联社会主义经济问题》和《政治经济学教科书》，并要求大家"用心读三遍，随读随想，加以分析"，"要联系中国社会主义经济革命和经济建设去读"③。毛泽东在学习上述著作的过程中，自己也如是践行，形成了大量的关于中国问题的谈话和文稿。可以说，毛泽东在借鉴反思苏联经验的过程中，提出了反对个人崇拜，以及"以苏为鉴"，提出要认识到苏联肃反扩大化的危害，正确处理人民内部

---

① 《周恩来年谱(1949—1976)》(中)，中央文献出版社，1997年，第290页。
② 陈晋：《毛泽东阅读史》，生活·读书·新知三联书店出版社，2014年，第170页。
③ 同上，第174页。

矛盾,正确判断社会主义发展阶段的科学论断。因此,毛泽东自己也说,"从一九五六年提出十大关系起,开始找到自己的一条适合中国的路线"①。

中国共产党的十一届三中全会后,反思总结这一阶段的经验和教训,党中央明确指出,自1956年9月党的八大之后,中国共产党"由于对社会主义建设经验不足,对经济发展规律和中国经济基本情况认识不足,更由于毛泽东同志、中央和地方不少领导同志在胜利面前滋长了骄傲自满情绪,急于求成,夸大了主观意志和主观努力的作用,没有经过认真的调查研究和试点,就在总路线提出后轻率地发动了'大跃进'运动和农村人民公社化运动,使得以高指标、瞎指挥、浮夸风和'共产风'为主要标志的'左'倾错误严重地泛滥开来"②。因此,中国社会主义建设道路上的曲折并非列宁主义的责任,也无需从斯大林处和苏联模式上过多追究责任,归根到底是脱离了中国共产党自己提出的实事求是的思想路线,没有做到将科学理论与中国具体实际深入结合的缘故。因此,如何将中国共产党的科学指导思想与社会主义现代化实践进一步结合,独立自主的探索出具有中国特色的社会主义之路,成为社会主义革命和建设时期列宁主义的中国化首要难题,亟待解决。

二、社会主义实践如何进一步开拓创新

对于落后中国而言,社会主义建设的核心主旨是实现社会主义现代化。而社会主义现代化的直接体现是社会主义生产力的极大提升。因此,促进生产力发展是落后中国开展现代化建设的最重要任务。这是列宁当年结合俄国实际提出并在苏俄实践过的,是毛泽东也十分认同的基本观点。按照唯物史观的一般原理,一个政党、一个国家、一个民族能否推动生产力的发

① 《建国以来毛泽东文稿》(第9册),中央文献出版社,1996年,第213页。
② 《十一届三中全会以来党和国家重要文献选编》,中共中央党校出版社,2008年,第86页。

展,取决于当时的社会环境、经济条件、物质基础和人民需要等多种因素。唯有从客观实际出发,不断改革创新,才能探索出适合本国实际的生产力发展之道。中国共产党在新中国成立之后是这样想的,也是这样做的。中国共产党首先继承了列宁主义,采纳了列宁提出的利用资本主义发展社会主义的基本主张。

新中国成立之前,关于未来新中国的经济发展问题,毛泽东在中国共产党的七大上曾经重申过列宁在《两个策略》一文中的观点。他说:"列宁在《两个策略》中讲:'资产阶级民主革命,与其说对资产阶级有利,不如说对无产阶级更有利。'我们不要怕发展资本主义。"①在这里,毛泽东认同列宁的观点,同样想要在落后中国利用资本主义发展社会主义经济。因此,毛泽东指出,"没有私人资本主义经济和合作社经济的发展……要想在殖民地半殖民地半封建的废墟上建立起社会主义社会来,那只是完全的空想。"②毛泽东提出,新中国成立后中国共产党的首要任务是发展经济。"一切不是于国民经济有害而是于国民经济有利的城乡资本主义成分,都应当容许其存在和发展。"③由此,新中国成立后,中国共产党在领导国民经济恢复和发展的过程中,十分重视对资本主义经济形式的合理利用和改造,实行了多种经济成分并存的过渡策略,采取了对资本主义工商业和平赎买,对资本家吸收、包容和感化的改造政策。过渡时期的总路线是"一化三改造",其根本目的就是想要通过更加便利的、代价更小的方式发展生产力,进而变革所有制关系。而这一变革过程,我们预计需要一个较长时间,从而在落后中国奠定更加稳固的生产力基础,否则,这种生产关系的变革就是不稳固的。

然而很快,这个较长时间的经济发展阶段被压缩了,社会主义改造用了

---

① 《毛泽东文集》(第三卷),人民出版社,1996 年,第 323 页。
② 《毛泽东选集》(第三卷),人民出版社,1991 年,第 1060 页。
③ 《毛泽东选集》(第四卷),人民出版社,1991 年,第 1431 页。

三年时间完成。人们开始产生疑问,建成社会主义是不是也不一定需要很长时间去利用资本主义,是不是可以彻底消灭一切非公有制形式直接建成社会主义? 由此,1958 年 11 月,毛泽东在郑州中央工作会议上提出,什么叫建成社会主义?"完成社会主义建设的集中表现,是实现社会主义的全面的全民所有制。"①这就是我们的目标。在这一思想指导下,社会主义建设目标以一种更加激进、更加绝对的方式呈现——实现全面的全民所有制。社会主义的实践方式不再考虑其是否能增强综合国力、是否能发展社会主义生产力、是否能提高人民生活水平,而是更关注其是否具有社会主义性质、是否符合社会主义公有制要求、是否有利于全民所有制建设。其结果就是,社会主义建设的改革创新被必须实现的全民所有制性质所困,无法跳出公有制加计划经济的窠臼。

究其原因,是因为中国共产党在领导中国的社会主义建设实践中没有把握好社会主义建设一般规律与中国落后的特殊实际之间的辩证关系。对于不同国家的社会主义建设问题,马克思、恩格斯、列宁都在他们的著作中多次强调过实现社会主义方式的多样性和复杂性。列宁指出:"在民主的这种或那种形式上,在无产阶级专政的这种或那种形态上,在社会生活各方面的社会主义改造的速度上,每个民族都会有自己的特点。"②归根到底,社会主义制度的"生命力和成功的保证,就在于无产阶级代表着并实现着比资本主义更高类型的社会劳动组织"③。并用这种更高类型的社会劳动组织形式去推动生产力的极大发展。就列宁而言,他在对如何建成社会主义的认识上,既重视生产力的基础性作用,又关注对整个社会关系的变革,以配合和保障社会主义因素的提升,尤其注重社会主义劳动者的主观能动性的发挥,

① 《建国以来毛泽东文稿》(第 7 册),中央文献出版社,1992 年,第 513 页。
② 《列宁选集》(第二卷),人民出版社,2012 年,第 777 页。
③ 《列宁选集》(第四卷),人民出版社,2012 年,第 10 页。

缺一不可。基于此,列宁晚年提出了一系列向社会主义过渡、开展社会主义建设的新方案,包括发展生产力、改造社会主义关系,包括筑牢经济基础、完善上层建筑等。然而,列宁去世后不久,斯大林就放弃了列宁晚年的一系列新构想,转而通过阶级斗争的方式维护无产阶级政权。其理论依据是在联共(布)中央全会上多次强调过的"阶级斗争尖锐化"理论。1928 年 7 月 9 日,斯大林说:"随着我们的前进,资本主义分子的反抗将加强起来,阶级斗争将更加尖锐……向社会主义前进不能不引起剥削分子对这种前进的反抗,而剥削分子的反抗不能不引起阶级斗争的必然尖锐化。"①由此,斯大林先后在社会主义的苏联搞了反布哈林的"右倾机会主义"斗争、农业全盘集体化运动、农副产品义务交售制、大清洗等过激运动。而这些运动虽然初衷是为了维护无产阶级政权,但客观上违背了基本经济规律,违背了人民的意愿,也无法满足当时苏联社会主义发展的现实需要。受苏联影响,中共中央在社会主义改造刚刚完成、生产力基础依然还十分薄弱的情况下,也想要通过建立全面的全民所有制,以一种纯而又纯的"一大二公"方式在中国建立单一制的计划经济体制,从而建成所谓的社会主义。这显然是脱离中国客观实际、忽视中国特殊性的,自然也是违背社会主义建设一般规律、阻碍中国生产力发展的。其结果是造成了"大跃进"、人民公社化运动、"文化大革命"等一系列的失误,妨碍了生产发展。

中国的客观实际正是中国社会主义建设的特殊性所在。中国的社会主义是从半殖民地半封建社会的状态下起步的,是在资本主义先天发展不足、资产阶级无法领导民主革命的情况下,走上无产阶级领导的资产阶级民主革命之路的。因此,新民主主义革命胜利后,摆在中国共产党面前的不是如何从高度发达的资本主义社会向社会主义社会过渡的问题,而是如何从落后

---

① 《斯大林全集》(第 11 卷),人民出版社,1955 年,第 148～149 页。

的半殖民地半封建社会向社会主义社会过渡的问题。因此,"从中华人民共和国成立,到社会主义改造基本完成,这是一个过渡时期。"①过渡时期的总任务是逐步实现社会主义工业化,实现"三大改造",奠定起建设社会主义的基本物质基础。实际上,"三大改造"完成时这个基本物质基础还十分薄弱。

因此,中国的社会主义建设是在一个经济基础十分薄弱的条件下进行的,是有其独特的社会历史特点的。毛泽东曾经提醒全党,过渡时期的"这条总路线是照耀我们各项工作的灯塔,各项工作离开它,就要犯右倾或'左'倾的错误"②。中国共产党的社会主义建设实践证明,毛泽东的这一认识没有错。脱离实现社会主义工业化的核心任务,就会出现偏差。社会主义改造完成之后,中国社会的主要矛盾已经不再是阶级矛盾,而是落后农业国的现实与人民对于建立先进的工业国的要求之间的矛盾,是落后的社会生产与人民不断增长的经济文化需要之间的矛盾。这一矛盾反映的核心问题,始终是中国的生产力发展水平落后的问题,是如何发展生产力实现社会主义工业化的问题。

毛泽东曾经对这个问题有十分清醒的认识,他在《关于正确处理人民内部矛盾的问题》文章中和党的八大上都有过清晰透彻的论述。但后来,由于受内外形势影响,受脱离实际的主观主义错误思想影响,原本已经在过渡时期解决的阶级斗争问题,又重新成为社会主义建设阶段的中心任务;原本秉持的以经济建设为中心、发展社会主义生产力满足人民物质文化需要和国家工业化需要的理性主张,被激进盲目的"大跃进"和人民公社化运动所取代,最终导致社会主义建设失误。究其原因,是混淆了社会主义革命和社会主义建设时期党和国家的中心任务,错将过渡时期已经解决的阶级矛盾和

---

① 《建国以来重要文献选编》(第4册),中央文献出版社,1993年,第700页。
② 同上,第701页。

党内思想统一和解放的最大障碍。也正是由于这一思想痼疾导致了中国共产党在探索社会主义建设过程中的一系列失误。教条主义和经验主义统称为主观主义，在中国共产党的历史上出现过多次，为克服这一思想弊病，中国共产党还开创出了整党整风的党建方法。在实践中，党史上的多次整党整风使党内的主观主义风气一定程度上得到了克服和遏制。然而，如果不能从系统思维的视角全面加强党的各方面建设，消除滋生主观主义的温床，使广大党员干部彻底摆脱这一思想束缚，思想上的痼疾和弊病一旦环境适宜还会复发。

在社会主义改造基本完成之后，社会主义革命和建设取得一定成绩，党内骄傲自满、盲目乐观、脱离实际的主观主义思想弊病再次出现。再加上国际社会中声势浩大的反对修正主义的外部影响，国内主观主义的思想弊病不断发酵，党员干部或迷信书本、或迷信经验、或迷信领袖。基于革命年代开展武装斗争的路径依赖，中国共产党继续用处理阶级矛盾的办法和手段来处理党内矛盾、人民内部矛盾，处理社会主义建设过程中出现的各类问题，最终走向了扩大化，干扰了正常工作、冲击了中心工作，损害了社会主义建设。这种情况从当时国内学领袖语录的热潮中可见一斑。《马克思、恩格斯、列宁、斯大林论共产主义社会》语录，《马克思主义者应当如何对待革命的群众运动》语录，《毛主席语录》在当时都是炙手可热的"红宝书"。而实际上，这些语录都是对经典作家和革命领袖思想观点的片面截取、武断摘编和结论性归纳，并不能反映他们思想的原貌、全貌，甚至是对他们思想的曲解和误读。以这样的观点和论断为指导，党员干部的思想认识已经不再是马克思列宁主义的科学立场、观点和方法，而是教条化的马克思、列宁的个别句子和具体结论，或者说是被误读曲解了的马克思列宁主义。除非进行一次彻底的思想解放，否则便不能回归到马克思列宁主义的科学轨道上去。

其实，当时中共中央也并非对这种党员干部思想上的问题完全没有认识,也果断采取了一系列纠偏的整党整风行动。然而,在清除党内主观主义思想弊病,维护党的纯洁性和先进性的方法上,一些党员干部又简单粗暴地选择了直接批斗的方式。在非此即彼的批斗思维影响下,党内斗争的范围不自觉的被扩大,斗争的强度也不断上升,"大鸣大放""大字报""大辩论""打棍子、戴帽子、抓辫子"等形式成为常态,人民内部矛盾被当作阶级斗争处理,斗争形势愈演愈烈。其实,以加强中国共产党的团结统一、整顿党的作风为初衷的反右派斗争主要是为了避免打击党和人民开展社会主义建设的积极性;发动"文化大革命"原本也是想维护中国共产党和马克思列宁主义的纯洁性、先进性。然而,批斗的方式、运动的方法使中国共产党纠正偏差、维护正统的行动走向了自己的反面,越来越偏离马克思列宁主义的科学真理,思想的统一和解放变成思想桎梏。因此,唯有彻底摆脱脱离实际的主观主义错误,才能正确把握马克思列宁主义,才能真正做到解放思想、实事求是,才能开拓创新社会主义建设新道路。如何打破旧思维、如何树立对待马克思列宁主义的科学态度成为社会主义革命和建设时期列宁主义的中国化遗留的又一大难题。

中国共产党在社会主义革命和建设过程中经历的曲折、出现的问题归根到底是围绕什么是社会主义、如何建设社会主义这一基本问题展开的。如何打破思维限制,进一步统一并解放思想;如何树立起解放和发展社会主义生产力的价值追求,准确判断落后中国所处历史阶段,进一步开拓创新符合中国实际的社会主义建设实践;如何进一步将中国共产党的指导思想与中国具体实际相结合,探索具有中国特色的社会主义新道路……这些都成为接下来一个历史时期中国共产党在推进列宁主义的中国化进程中亟须解答的历史性课题。新阶段正是在总结前一阶段经验和教训的基础上开拓出来的,没有社会主义革命和建设时期的中国化列宁主义,就没有后改革开放新时期列宁主义的中国化。

第五章 列宁主义在中国改革开放历史进程中的运用和创新

改革开放是中国共产党带领中国人民已经进行了二十多年的社会主义建设和实践的基础之上对社会主义现代化事业的接力探索。从1956年完成社会主义改造，中国共产党就将实现社会主义工业化、现代化作为中国发展的目标，其核心任务是发展社会生产力，满足人民群众的物质文化需要，最终实现共同富裕。改革开放前的社会主义建设实践虽然取得了一系列发展成就，但并没有完成实现社会主义现代化的历史性任务。"文化大革命"之后，中国共产党郑重做出了实行改革开放的历史性决策。从此，中国的社会主义建设道路发生了翻天覆地的变化，中国社会和中国人的面貌也发生了翻天覆地的变化。在这个过程中，中国共产党开辟了中国特色社会主义道路，实现了中国人民从站起来到富起来的转变。中国特色社会主义道路的成功反映了中国共产党对列宁主义的继承和发展，反映了中国共产党对前一阶段历史教训的深刻反思和总结，反映了中国共产党从根本上破除了此前列宁主义的中国化实践中遗留问题，反映了中国共产党成功实现了马克思列宁主义在中国的第二次历史性飞跃。

对于中国这条改革开放之路的由来，列宁主义的贡献不可磨灭。即便是苏联最后一任领导人戈尔巴乔夫，在领导苏联改革事业的一开始也想要从列宁主义中去寻找新思路。他说:"为了使改革继续向前发展,我们过去和现在都不断地重读列宁的著作,我重复一句,特别是他晚年的著作。"①然而套用列宁谈如何运用马克思主义的一句话说,"仅仅知道列宁主义并不意味着已经掌握列宁主义"。错误理解列宁主义、脱离本国实际,忽视无产阶级政党自身的建设最终使苏联改革走上了改旗易帜的邪路。这是世界社会主义发展史上的重大历史教训,也是中国在改革开放中不断敲给自己的警钟。

第一节　列宁晚年对社会主义认识的新变化

列宁晚年对社会主义的认识发生了思想上的转变。他在 1922 年底第二次中风之后,只能通过口授的方式表达他关于社会主义的一系列新思考。1923 年 1 月列宁躺在病床上表述了自己此前一直在思考的社会主义问题,他说:"我们不得不承认我们对社会主义的整个看法根本改变了。"②列宁所说的这种改变,究竟表现在哪儿呢?"这种根本的改变表现在:从前我们是把重点放在而且也应该放在政治斗争、革命、夺取政权等等方面,而现在重心改变了,转到和平的'文化'组织工作上去了。"③这个"文化"组织工作,列宁认为包括"两个划时代的主要任务",也就是"改造我们原封不动地从旧时代接收过来的简直毫无用处的国家机关"④,以及开展"文化革命"。这个"文化革命"不是政治运动,而是包括人民文化水平提高在内的真正的物质生产生活方式的大变革。因此,总体来看,列宁晚年对于社会主义问题的新

---

① ［苏］米·谢·戈尔巴乔夫:《改革与新思维》,新华出版社,1987 年,第 49 页。
② 《列宁选集》(第四卷),人民出版社,2012 年,第 773 页。
③ 同上。
④ 同上。

认识包括国家物质发展水平即生产力水平的提高问题，包括无产阶级执政党和国家机关的的改革提高问题，包括涵盖农民在内的全民族文化水平的提升问题等。

值得一提的是，列宁晚年对上述问题的思考，虽然在一定程度上与改革开放过程中中国所面临的核心问题相似，但由于中苏国情不同，更由于列宁晚年探索时间较短，很多好的想法、好的做法并没有得到实践的充分检验，因此并不能指导全部的中国改革开放实践。正如改革开放的总设计师邓小平所说的，"列宁同样也不能承担为他去世以后五十年、一百年所产生的问题提供现成答案的任务"①。所以说，中国共产党务必要将列宁主义进行中国化，创新发展。其实，从列宁思想在中传播的历史脉络来看，他晚年的一系列新思考在中国共产党成立后不久就已经传到了中国。中国共产党在新民主主义革命和社会主义建设时期也曾运用过列宁晚年的思想解决中国革命和建设中的问题。不过，列宁晚年对社会主义认识上的转变对中国的改革开放更具有现实指导意义。中国共产党也正是在借鉴吸收列宁晚年社会主义思想的基础上，创造性的开辟出了中国特色社会主义道路。因此，有必要对列宁晚年社会主义思想上的转折做简要梳理，以便更有针对性的审视列宁主义在中国改革开放进程中的运用和发展。

一、利用资本主义建设社会主义

（一）重申以发展生产力为工作重心

列宁晚年表达了许多他对如何发展社会主义的新思考和新观点。他通过回顾俄国革命历史，总结布尔什维克党领导革命的经验，提出了马克思主义的"革命的辩证法"理论，驳斥了当时社会上存在的否定十月革命、否定落

---

① 《邓小平文选》(第三卷)，人民出版社，1993年，第291页。

后俄国能建成社会主义的错误论断,①并从哲学的高度指出了世界历史发展规律是一般性与特殊性的统一。列宁晚年的一系列主张对落后国家首先开展社会主义革命和建设具有重要方法论意义。它使全世界无产阶级革命者树立起了先革命后建设、在建设的过程中超越资本主义国家的新理念。列宁说:"俄国生产力还没有发展到可以实行社会主义的高度",这是个"无可争辩的论点"。②那么"我们为什么不能首先用革命手段取得达到这个一定水平的前提,然后在工农政权和苏维埃制度的基础上赶上别国人民呢? ……我们为什么不能首先在我国为这种文明创造前提,……然后开始走向社会主义呢?"③列宁在制定新经济政策的过渡方案一开始就说:"无产阶级取得国家政权以后,它的最主要最根本的需要就是增加产品数量,大大提高社会生产力。"④

其实,列宁晚年思想上的转变并不是无迹可寻的,也不是一蹴而就的。他早就针对俄国落后的社会生产状况,提出了无产阶级革命胜利之后,有必要将党和国家的重心转移到经济建设上,实现国家财富的积累和社会生产力大发展的主张。由此,列宁在 1918 年初不惜血本同德国签订了《布列斯特和约》,退出第一次世界大战。列宁的实际目的就是为了赢得国家发展的外部和平稳定环境和有利时机。列宁还针对这一问题发表过专门阐述革命胜利后工作重心转移的文章——《苏维埃政权的当前任务》(1918 年 3 月)。然而险恶的国际国内环境,并没有为列宁和这个国家提供工作重心转移和开展经济建设的机会。在内战外战的困境下,为保住布尔什维克政权,列宁不得不实行了战时共产主义政策。虽然这一政策在应对战争上的成功,反

---

① 主要指对孟什维克和第二国际代表人物借口俄国缺乏实行社会主义的客观经济前提来否定俄国革命的论调。
② 《列宁选集》(第四卷),人民出版社,2012 年,第 777 页。
③ 同上,第 777~778 页。
④ 同上,第 623 页。

映了国家集中计划管理体制的优越性,但它在持续推进落后基础上社会主义国家生产力发展上后劲不足,甚至还起到了相反的效果。在战时共产主义政策之下,严苛的余粮收集制使粮食供给长期短缺,严重的饥荒使人们被迫退出互助组和人民公社。当时苏俄的国内状况,如果用列宁的话来说,就是"战祸频仍、经济破坏、疫病流行、连年歉收必然使人民极端贫困痛苦"①。甚至出现了农民运动、工人罢工、士兵起义,布尔什维克政权危在旦夕。这说明,不把粮食问题、农民问题解决好,不把生产力发展放在国家建设的首位,无产阶级政权就会落空。因此,列宁指出,"在农民占大多数的国家里,我们必须会采取从经济上满足农民要求的办法,采取尽量多的措施来改善农民的经济状况。当大机器还没有把他们改造过来的时候,就应当保证他们有经营的自由"②。由此,列宁晚年转变了对社会主义的认识,重申了无产阶级专政条件下,落后国家首先发展生产力的重要性。他说,"没有这个条件,劳动摆脱资本桎梏这整个解放事业就不可能获得成功,社会主义就不可能获得胜利。"③

(二)用"国家资本主义"建设社会主义

具体到无产阶级执政党领导下的落后国家如何发展生产力的问题,列宁提出的办法是发展"国家资本主义",实行新经济政策。这是列宁经过深刻反思,从苏俄的落后生产实际出发,提出的发展生产力的最直接有效办法。列宁的"国家资本主义"就是在苏维埃制度的条件下,在实行公有制的前提下,在布尔什维克党执掌国家政权、管理经济社会事务的基础之上,借鉴吸收资本主义的成功的经济发展和经济管理方式,以推动落后苏俄生产力的发展、社会主义因素的提升。列宁之所以要采取这种方式发展社会生

---

① 《列宁选集》(第四卷),人民出版社,2012 年,第 476 页。
② 《列宁专题文集·论社会主义》,人民出版社,2009 年,第 198 页。
③ 《列宁选集》(第四卷),人民出版社,2012 年,第 623 页。

产力,是由国家的基本国情决定的。当时的苏俄,虽然已经建立起无产阶级政权,但从实际状况来看,并不具备直接过渡到社会主义的雄厚经济基础和社会基础,只能从农业的、小生产的基层上逐步的、迂回地过渡到社会主义阶段。"所以作为小生产和交换的自发产物的资本主义,在一定程度上是不可避免的,所以我们应该利用资本主义(特别是要把它纳入国家资本主义的轨道)作为小生产和社会主义之间的中间环节,作为提高生产力的手段、途径、方法和方式。"[①]因此,列宁将"国家资本主义"看作是落后苏俄向社会主义过渡的"中间环节","是社会主义的入口"。

在这样的条件下发展"国家资本主义",列宁并没有任何成功经验可以借鉴,稍有不慎还有可能导致虎视眈眈的帝国主义国家的入侵。因此,列宁面临的最严峻,也是最核心的问题是,如何在利用资本主义经济形式的同时避免其弊病和缺陷,尤其是防止资本、市场、商品的无序和盲目,防止剪刀差、贫富差距等不良现象在苏维埃的社会主义国家出现。列宁思考后提出,"国家资本主义"就是要将资本主义经济运行方式纳入无产阶级的国家管理轨道,也就是说,由国家对资本主义的经济运行方式进行监督、调剂和管控。在具体举措上,主要采取了租让制、租借制、合作制、代购代销等。其实就是把本国的企业、矿山、油田等等租让、租借给外国资本家经营,用人家的大生产、先进的技术来武装本国企业,促进本国生产力的发展。以此为基础,就可以"借助于伟大革命所产生的热情,靠个人利益,靠同个人利益的结合,靠经济核算,在这个小农国家里先建立起牢固的桥梁,通过国家资本主义走向社会主义"[②]。而国家资本主义的各种方式中,列宁尤其重视合作社、合作制的发展。

---

① 《列宁选集》(第四卷),人民出版社,2012 年,第 510 页。
② 同上,第 570 页。

列宁晚年突出强调了合作社、合作制对于落后苏俄建成社会主义的重要作用，批评了国内在实施新经济政策的过程中不重视利用合作社的现象。他甚至说："文明的合作社工作者的制度就是社会主义的制度。"①而且，"这已是建成社会主义社会所必需而且足够的一切"②。列宁之所以如此看重合作社、合作制，是因为在合作的条件下，私人利益和国家利益、私人买卖和国家监督计划能够实现巧妙的结合，以此为基础社会主义社会能够自然而然的达到。因此，他提出，务必要使全体居民人人参加合作社。但是国家资本主义总归是一种向社会主义过渡的方式，究竟要发展到何种程度才能建成社会主义，这种"退却"究竟要退到何种程度才能"反攻"，列宁在其有生之年并没有给予明确回答。他坦言："新经济政策就是在很大程度上转而恢复资本主义。究竟到什么程度，我们不知道。"③因此，列宁所提出的利用国家资本主义建设社会主义的方案还不够彻底，既缺乏实践上的检验和总结，也缺乏从国家制度层面的规范化设计，更不要说将"国家资本主义"进行理论化、系统化的总结归纳，上升到社会主义国家的经济运行机制的高度。因此，"国家资本主义"政策极易被后来者所改变。事实证明，列宁去世不久，在国内外因素综合作用的情况下，列宁的方案就被其继任者抛弃了。所以说，列宁晚年提出的发展社会主义生产力的新思想仍需要后来者结合具体实际进行深入探索和实践检验。

（三）以工业化和电气化为发展目标

就苏俄社会生产力发展的具体目标而言，列宁在战时共产主义时期就提出了明确的发展目标，即实现国家最先进技术的武装。而当时最先进的技术就是电气化技术。列宁曾深入思考国家的工业化建设问题，给国家制

---

① 《列宁选集》（第四卷），人民出版社，2012年，第771页。
② 同上，第768页。
③ 同上，第576页。

定了一个为期10到20年的发展规划——"全国电气化计划"。按照这一计划要求,全国最优秀的科学家和技术工人都将被纳入其中,用最先进的科学技术实现对国家整个工业体系的现代化技术武装,从而奠定实现社会主义大工业的技术基础。此外,列宁还主张在国内大力发展煤炭、钢铁、化学化工、机器制造等基础大工业,主张通过科技创新武装现代企业,从而实现国家生产力的极大提升。在列宁看来,"只有当国家实现了电气化,为工业、农业和运输业打下了现代大工业的技术基础的时候,我们才能得到最后的胜利"①。即赶上并超越同时代资本主义国家的胜利,实现社会主义国家从小农经济基础到大工业经济基础的转换。

在实现电气化、工业化的具体方法上,过去列宁也一度认为通过国家统一计划和管理的方式,通过苏维埃政权下命令的方式,就能够实现工农业产品之间的合理流转。然而,实践表明,这种方式牺牲了农业农村农民的利益,以工农业之间巨大的剪刀差来维持。最终的结果是严重打击了农民的生产积极性,导致农副产品严重供应不足,直至农民起义、政权危机。因此,列宁晚年转变了对社会主义的认识,创造性地提出推动国家社会主义因素提升的新构想,即无产阶级政权和公有制基础上的"国家资本主义"。这一构想打破人们的传统认识,社会制度同生产方式之间不再是僵化的一一对应关系,社会主义也可以通过利用资本主义的方式来发展,无产阶级政权也可以通过利用资本主义的方式来巩固。由此,落后苏俄社会主义工业化、电气化的实现采用了"国家资本主义"的形式。即经济发展通过经济核算的原则,集中整合每一工业部门中的优势企业建立大型中央工业托拉斯或地区工业托拉斯;通过外资租赁、租让,私营企业合法经营的方式增强企业利润;运用价值规律、货币信贷等调节手段规范经济运行,增强经济活力。列宁指

---

① 《列宁选集》(第四卷),人民出版社,2012年,第364页。

出,这个工业和电气化的发展时期,可能是比设想的 10 年、20 年更长的一个历史时期,"需要整整一个历史时代"①。可见,列宁晚年已经预见到了在落后基础上发展社会主义生产力的困难程度。

总而言之,列宁晚年推动"国家资本主义"发展的根本目的是为了实现本国社会主义因素的提升,是为了解放和发展落后俄国的社会生产力,是为了奠定社会主义社会、共产主义社会到来的物质基础。在此基础上,列宁才说:"社会主义蕴藏着巨大的力量,人类现在已经转入一个新的、有着光辉灿烂前途的发展阶段"②。因此,列宁呼吁"大家都去做经济工作吧!资本家将同你们在一起。只有这样,你们才能够建成共产主义共和国"③。

二、改革党和国家体制机制

在国家政治体制建设方面,由于十月革命胜利之后,布尔什维克党和人民被迫投身到了外御强敌、内平叛乱的战争之中,因此,列宁原本计划实施的那种巴黎公社式的、直接民主式的人民自治制度,在苏维埃俄国并不具备全面实行的现实条件。相反,随着战事吃紧国家政权日益趋向集中。从旧时代直接承接过来的管理体制在新的无产阶级专政的民主制度框架内弊病重生、官僚主义严重,妨碍无产阶级专政的开展。无产阶级政党的监督和行政监督都没有实现对公权力的有效约束,妨碍了社会主义民主。当国内战争结束之后,列宁在解决落后苏俄的生产力发展问题的同时,还深入思考了党和国家政治制度的改革问题。列宁把这个问题看得比自己的生命还重要。1922 年底第二次中风之后,列宁躺在病床上通过口授的方式表达了他对改革苏俄党政体制的一系列设想,被称为列宁晚年的"政治遗嘱"。他不

---

① 《列宁选集》(第四卷),人民出版社,2012 年,第 770 页。
② 同上,第 794 页。
③ 同上,第 584 页。

仅强调了无产阶级政权改革党政制度的重要性和必要性,而且提出了巩固无产阶级专政和消除官僚主义弊病的具体措施,明确了国家机构改革的制度安排,对之后的无产阶级政权建设具有重要指导意义。

(一)加强工农联盟　巩固无产阶级专政

列宁晚年十分忧虑无产阶级政权的巩固问题,因为占人口最大多数的是农民,帝国主义国家也对无产阶级的政权虎视眈眈。列宁尖锐地指出:"在我们苏维埃共和国内,社会制度是以工人和农民这两个阶级的合作为基础的……我们共和国的命运归根到底将取决于农民群众是和工人阶级一道走。"①列宁经常问一个问题,我们经常说要从资本主义向社会主义过渡,我们是谁? 也就是说,谁来领导这个苏维埃国家实现过渡? 按照传统,谁领导了革命谁就执掌政权。"我们"无非就是领导十月革命取得成功的无产阶级先进部队,或者说是无产阶级先锋队、无产阶级政党。可是这个先进部队只是整个无产阶级当中的一小部分;无产阶级又只是全体人民群众中的一小部分。这个时候,"我们"怎样执政,怎样维护并巩固政权?

据统计,截至第一次世界大战之前,俄国大约 1 亿人口。俄国无产阶级大致有 300 多万人,由于战争死伤,战争之后,只剩下 100 多万人。列宁去世时的俄共(布)党员大致四五十万人。因此,列宁说:"在人民群众中,我们毕竟是沧海一粟,只有我们正确地表达人民的想法,我们才能管理。否则共产党就不能率领无产阶级,而无产阶级就不能率领群众,这个机器就要散架。"②他反复强调说:"只靠共产党员的双手来建立共产主义社会,这是幼稚的、十分幼稚的的想法。"③问题的关键在于农民是否跟着无产阶级一道走。因为人民的绝大多数都是农民,所以只有巩固工农联盟,才能巩固无产阶级

---

① 《列宁全集》(第 43 卷),人民出版社,1987 年,第 377 页。
② 同上,第 109 页。
③ 《列宁选集》(第四卷),人民出版社,2012 年,第 682 页。

政党的执政之基。也正因如此，列宁晚年十分忧虑如何使俄国共产党、苏维埃政权坚持到世界无产阶级革命到来的那一天。"我们应当努力建成这样一个国家，在这个国家里工人能够保持他们对农民的领导，保持农民对他们的信任，并通过大力节约把自己社会关系中任何浪费现象的任何痕迹铲除干净。"①这实际上指的就是维护工农联盟、加强政权建设的问题，以及消除官僚主义、改善国家机关的问题。

针对巩固工农联盟，列宁晚年躺在病床上提出了一个建议：要在中央监察委员会、中央委员会中增加工人、农民的党员数量。通过吸纳工人和农民中的优秀同志进入党的最高权力机关和最高监督机构的办法，建立起党同广大人民群众的切实联系，以此巩固无产阶级专政。不光要增加人数，列宁晚年还提出要从经济上，充分考虑占人口最大多数的农民的利益。列宁非常清醒地说："农民并不理会谁、什么样的领导坐在城里，谁在克里姆林宫统治。对他们来说，重要的是从城市得到什么，克里姆林宫给他们什么。"②所以列宁强调要通过合作社的方式，保障农民利益，进而实现工农之间、工人和农民之间、工业和农业之间、城市和农村之间的流转。这也是为什么列宁晚年在经济建设问题上把合作社、合作制看的十分重要的原因。因为能够满足农民物质利益需要的合作社，关系国家政权的稳定根基。

(二)改善国家机关 消除官僚主义

列宁晚年在国家的政治制度领域最关注的问题，就是改善苏维埃的国家机关。这是因为苏维埃的国家机关是世界上第一个维护最广大人民群众利益的国家机关。这个系统的稳固和顺畅是建成社会主义和实现社会主义民主的前提和基础。可是列宁在世时，他所领导的苏维埃的国家机关很大

---

① 《列宁选集》第 4 卷，北京：人民出版社，2012 年，第 797 页。
② 郑异凡：《列宁在 1922 年的遗言》，《同舟共济》，2013 年第 2 期。

程度上还没有彻底摆脱对沙俄时期旧式的官僚主义的国家机构,封建残余和官僚主义弊病在苏维埃的国家机构中依然存在。国家机关中人浮于事、权责不明、办事拖沓的官僚主义作风依然存在。列宁对此深恶痛绝。他说:"改造我们原封不动地从旧时代接收过来的简直毫无用处的国家机关"①是两个划时代主要任务之首。

列宁的改革思路是这样的。首先,列宁明确指出了国家机关改革的基本原则。其核心要义就是"宁肯少些,但要好些"。苏维埃的国家机关改革必须是经过深入的调查研究之后的周密谋划,服务于社会主义民主政治建设。以此为原则,列宁提出要"七次量,一次裁","不应当追求数量和急于求成","最好慢一些","把沙皇俄国及其资本主义官僚机关大量遗留在我们国家机关中的一切浪费现象的痕迹铲除干净"②。其次,列宁晚年明确指出了改革的具体举措。一是要将党政机关的改革结合起来,相互配合,共同改进。列宁主张将中央监察委员会和工农检查院合并,共同行使对布尔什维克党和苏维埃政权的监督检查,从而提高工农检查院的威信,真正落实国家监督检查机构的职权,实现对公权力的有效监督。二是要完善国家机构的构成和运行方式。列宁提出,须由党的代表大会选举产生监察委员会,监察委员会与同级党委会平行行使职权。同时,还要建立个人对所做工作的负责制,以彻底清除机关工作中的文牍主义现象,并制定出详细的国家机关文件收发、传送制度。三是要改革党和国家机关中的人员构成,包括人员数量上的增减和素质上的提升。列宁要求,增加中央委员会和中央监察委员会中的人数,将俄共(布)中央委员会由原来的27人增加到50人,或者100人;中央监察委员会由当时的5到7人增加到75人,到100人。同时,增加两个

---

① 《列宁选集》(第四卷),人民出版社,2012年,第773页。
② 同上,第797页。

机构当中基层工农党员的数量，从而保证党和国家机关的集体领导，防止党的分裂，进而实现人民群众对党和国家的全面有效监督。相反，针对机构重叠、人员臃肿的工农检查院，列宁要求将其人数减少到 400 到 500 人，并且考核其职员工作能力，提升监督检查效力。此外，列宁还十分重视国家机关工作人员素质的提升。因为，是否拥有德才兼备的人才队伍是决定国家机关先进与否的根本因素。因此，他要求工作人员要始终坚持学习、学习、再学习，努力提升个人能力素质，从而经受住严格的国家机关工作人员考核制度的检验。列宁晚年还要求，必须通过严格的选拔制度将真正优秀的人选拔到国家机关中去。最后，列宁还提出，党和国家机关的改革务必同社会领域、经济领域和文化领域的改革结合起来，增强改革的系统性和全面性。列宁之所以在生命的最后时刻如此忧虑无产阶级政党和国家机关的改革问题，是因为这个问题事关无产阶级政党的领导地位和国家政权稳定，事关年轻的苏维埃政权能否始终保持先进，直至世界无产阶级革命胜利的那一天。

（三）实行党政分开 建立民主政治制度

苏维埃政权中的党政关系问题也是列宁晚年关于社会主义国家政治制度改革中十分关注的一项内容。其实，列宁很早就十分重视无产阶级政权建设中的党政关系问题。列宁十分重视无产阶级政党的领导问题，提出坚持无产阶级政党的领导是建立无产阶级专政的根本保障。但是列宁并不主张无产阶级政党过多干涉国家政权的自主运行。列宁认为，布尔什维克党的任务只在于对国家机关的工作实行总的领导，党的全部工作都要"通过不分职业而把劳动群众团结在一起的苏维埃来进行"①。而不是去代替苏维埃政权，党的代表大会才是国家的最高权力机关。而实际上，苏维埃制度在运行的过程中，确实存在一党执政情况下的以党代政问题。列宁晚年针对这

---

① 《列宁选集》（第四卷），人民出版社，2012 年，第 158 页。

一问题在给维·米·莫洛托夫并转俄共(布)中央全会的信中指出,"必须十分明确地划分党(及其中央)和苏维埃政权的职责;提高苏维埃工作人员和苏维埃机关的责任心和独立负责精神,党的任务则是对所有国家机关的工作进行总的领导,不是像目前那样进行过分频繁的、不正常的、往往是琐碎的干预"①。列宁为了能够根本改变当时国内客观存在的以党代政问题,厘清俄共(布)党与苏维埃政权之间的关系,避免出现领袖权威干预政治的问题,在病床上以口授的方式向俄共(布)的第十二次代表大会提出建议,建议改组工农检查院和中央监察委员会,加强对权力的监督和制约,从而"不让任何人的威信,不管是总书记,还是某个其他中央委员的威信,来妨碍他们提出质询,检查文件,以至做到绝对了解情况并使各项事务严格按照规定办事"②。列宁想要通过这种方式拉开执政党与政府的关系,使布尔什维克党更集中于总的领导,国家机关放开手脚,更好地履职尽责。然而列宁的上述设想并没有完全落实到实践中,列宁就去世了。列宁在上述信件中,已经说了自己脱离政治局的日常工作已经好几个月了,俄共(布)的第十二次代表大会接受了列宁的建议,但又随着列宁的去世,以及党和国家权力的转移很快发生了质变。

列宁逝世之后,他关于党和国家政治制度改革的上述方案实际上没有得到有效执行。他所说的,中央委员会和中央监察委员会既没有实现平权,也没有实现相互监督,最后依然是中央委员会领导着中央监察委员会。俄共(布)的领导机构和领导人始终处于权力的最顶层。党和国家的权力高度集中而监督乏力,最终形成了苏联高度集中、集权的政治体制。高度集权成为苏联政治制度的典型特点。但是列宁晚年对于改革国家党政体制的上述

---

① 《列宁选集》(第四卷),人民出版社,2012年,第336页。
② 同上,第782~783页。

思考,对于启发其他无产阶级政党巩固好社会主义国家的执政基础,保持好一党执政的马克思主义政党始终先进具有重要借鉴。

三、吸收借鉴人类一切优秀物质文化成果

社会主义国家的文化建设问题是列宁晚年对社会主义认识转变中的一个重要方面。列宁认为,苏维埃政权在俄国建立起来的时候,俄国人民的文化水平是极低的。即便是那些著名的文学家、科学家、艺术家的文化水平跟苏俄建设社会主义的要求相比,都是不够的,更不要说占苏俄人口最大多数的农民了。因为从沙皇俄国时期走来的农民,普遍都是文盲、半文盲。俄国人民的这种文化素质和文明程度,给国家顺利实现向社会主义的过渡、开展社会主义建设带来了巨大挑战。很多修正主义者也以此为借口质疑列宁领导落后俄国首先开展无产阶级革命的合理性和建立无产阶级政权的合法性。因此,列宁决心通过一次文化革命,实现对包括农民在内的全民族文化水平的提升。列宁将这场文化革命看作是当时(1923 年)摆在俄共(布)党面前的两个划时代任务中的一个。因为列宁深知"在一个文盲的国家里是不能建成共产主义社会的"[1]。社会主义国家需要有无产阶级的文化统领社会生活,首先建立无产阶级的文化才是实现共产主义的基本前提。因此,列宁在苏维埃俄国的文化建设方面,面临的首要任务是如何建立起无产阶级的文化。列宁认为,无产阶级的文化是对此前一切有益文明成果的继承和发展,是最先进的文化。苏维埃共和国文化建设的一个重要任务就是通过无产阶级文化教育使农民真正成为共产主义者。

在开展文化革命的具体措施上,列宁认为,首先,要坚持无产阶级政党在其中的领导地位。这个领导主要是思想上的引领。引领人民群众的创造

---

[1] 《列宁选集》(第四卷),人民出版社,2012 年,第 294 页。

才能朝着服务社会主义现代化建设的方向发展,激发人民群众的聪明才智朝着推动无产阶级文化发展和兴盛的目标前进。其次,要用扬弃的方式区别对待此前的一切人类文明成果。对那些保守的、反动的文化遗产要批判和抛弃;对那些积极进步的、有益于社会主义事业的文化遗产要借鉴和吸收,将其改造为符合俄国人民需要的真正有益的东西。因为马克思主义正是在吸收和借鉴了两千多年来人类思想和文化发展中一切有价值的东西才具有世界历史意义的。"无产阶级文化应当是人类在资本主义社会、地主社会和官僚社会压迫下创造出来的全部知识合乎规律的发展。"[1]最后,还要增加国民教育投入并提高人民教师的地位。列宁十分重视教育事业,尤其看重科技人员和知识分子在社会主义发展中的积极作用。苏维埃政权建立之初,列宁就曾力排众议,主张对资本主义时代的专家和学者提供优渥条件,为我所用。在列宁看来,为知识分子提供较好的物质生活条件是使其服务于社会主义的最经济的办法。即便是在国家经济十分困难的情况下,列宁依然强调党和国家要在持之以恒提高教师思想政治修养的同时,尽可能地加大教育投入,提高国民教师生活水平,从而为建成无产阶级文化奠定坚实的基础。

综上可知,列宁晚年在反思和总结布尔什维克党领导苏维埃政权建设经验教训的过程中,阐述了他对落后国家社会主义发展基本规律和独特方式的认识,反映了列宁晚年对社会主义认识上的一系列新变化。列宁晚年所阐述的一系列改革苏维埃俄国经济、政治和文化的方针政策,虽然只是为了促进社会主义因素在落后俄国的增长,尽快实现向社会主义的平稳过渡,但这些改革思想提供给后人的是认识和发展社会主义的新视角,是落后国家首先开展社会主义建设的新方法、新思路。自其上述思想传入中国以来,就一直是指导中国社会主义革命、建设和改革的重要思想力量。虽然也曾

---

① 《列宁选集》(第四卷),人民出版社,2012年,第285页。

被误读、误用，但自改革开放以来，中国共产党重新恢复了将列宁主义基本原理与中国具体实际相结合的思想原则，从中国问题出发，在回答"什么是社会主义，怎样建设社会主义"基本问题的过程中，发展并创新了列宁主义，形成了新的列宁主义的中国化成果。

第二节　列宁主义在中国改革开放进程中的运用过程

　　自 1978 年 12 月 18 日，中共中央在中国共产党的十一届三中全会上正式提出将党和国家工作重点转移到社会主义现代化建设上来开始，中国进入到了改革开放的历史新时期。列宁晚年对落后国家搞社会主义的一系列新认识，对社会主义国家政治、经济、文化方方面面的新思考对指导中国的社会主义改革开放具有重要意义。其实，早在列宁思想传入中国之初，他晚年的一系列改革思想就已经同他的其他思想一起传播到了中国国内。比如，自 1921 年 6 月 22 日起，《晨报》在近半年的时间里连载了瞿秋白自莫斯科发回的俄共（布）十大召开后苏俄国内的具体情况。瞿秋白在文章中全面介绍了这个国家的民族、外交、军事、党建政策，以及列宁所主张的新经济政策的基本内容。在《苏维埃俄国之经济问题》的长篇文章中，瞿秋白详细阐述了苏俄的新经济政策和国家资本主义策略。11 月 25 日，《东方杂志》第十八卷第二十二号上，刊登了惟志所翻译的列宁的《论粮食税》，命名为《俄国近时经济地位》。同一时间，《顺天时报》上也登载了《列宁最近之演说》，报道了列宁所推行的一系列新政策。1922 年初，《先驱》杂志的第一、二号刊登了李达所写的关于新经济政策的评论文章《俄国的新经济政策》。此外，人民出版社还出版了列宁的《苏维埃政权的成就与困难》，书名为"劳农政府之成功与困难"。书中就有列宁对社会主义认识转变的介绍。《新青年》在 1922 年 7 月发行的第九卷第六号还刊登了雁冰翻译的布哈林阐释新经济政策的演讲《俄国的新经济政策》。因此，中国共产党人在领导中国革命的一开始就掌握了列宁晚年的社会主义思想。

然而中国改革开放历史进程中所出现的问题，不仅与苏俄不同，而且很多是列宁从未遇到过的。列宁曾经清楚预见过这一问题。他说："首先考虑到各个'时代'的不同的基本特征（而不是个别国家的个别历史事件），我们才能够正确地制定自己的策略；只有了解了某一时代的基本特征，才能在这一基础上去考虑这个国家或那个国家的更具体的特点。"[1]因此，列宁主义提供给后人的更多的是思想方法和理论指南，实践中的具体问题还需要中国共产党本着实事求是的态度，独立自主地去解决。中国共产党将列宁主义基本原理与改革开放具体实际相结合，形成了中国化的列宁主义新道路，即中国特色社会主义之路，出现了中国化的列宁主义新理论，即中国特色社会主义理论体系。

一、以邓小平同志为主要代表的中国共产党人熟知列宁主义

伴随着党和国家领导集体的更替，中国历史进入了改革开放新时期。以邓小平同志为核心的中国共产党第二代领导集体，实现了列宁主义在中国的第二次理论和实践上的飞跃，开创出了中国特色社会主义道路。其前提就是，以邓小平同志为主要代表的中国共产党人熟知列宁主义。邓小平不光熟知列宁主义，他还曾经亲身体验过列宁新经济政策指导下的苏俄社会之生机与活力，亲自到过斯大林的继任者赫鲁晓夫领导下的苏联模式的社会主义国家，主持过中苏意识形态的论战，直接跟领导苏联改革并最终走向失败的苏共最后一任领导人戈尔巴乔夫进行过会晤。亲身经历，各类体验，成为影响邓小平对列宁主义、对毛泽东思想、对苏联模式、对中国改革问

---

① 《列宁专题文集·论资本主义》，人民出版社，2009年，第91页。

题认识的重要现实依据。

从 1926 年 1 月 17 日到 9 月 17 日,22 岁的邓小平在苏联留学。此时正值列宁去世后的头两三年,苏联社会正按照列宁的改革思想不断前进。斯大林作为苏联共产党和苏联的最高领导人,此时还延续着列宁提出的新经济政策和列宁晚年的一系列社会主义新主张。苏联正处于列宁所说的向社会主义社会的过渡时期。这一过渡时期的政策一直持续到 1929 年底,斯大林在讲话中宣布新经济政策被抛弃①为止。过渡时期在 1936 年斯大林宣布苏联建成社会主义社会结束。邓小平在苏联的主要任务是学习。此前,邓小平在法国勤工俭学,后由于参加无产阶级政党的活动被法国当局追捕,在中共旅欧支部的安排下,同中国共产党欧洲委员会、中国共青团的 17 名同志一起到莫斯科避难。邓小平一行,接受中共莫斯科支部的领导,最开始被安排在莫斯科东方劳动者共产主义大学即斯大林共产主义大学学习。邓小平的学生证上显示,他的俄文名叫多佐罗夫,学生证号码是 233。仅仅 12 天后,按照共产国际执委会的指示,邓小平一行被安排到中共莫斯科支部总部所在的学校——中国劳动者孙逸仙大学即"中山大学"学习。同学们被分入各个小组,共同学习俄语、学习马克思主义历史观世界观、中国革命运动和社会发展史、辩证唯物主义与历史唯物主义、《资本论》、经济地理、列宁主义等。② 由于邓小平所在的学习小组汇集了来自中国国民党和共产党中理论水平最高、最有政治前途的学员,因此被称为"理论家小组"。③ 邓小平是党

---

① 一般认为,1929 年 12 月 27 日斯大林的一次讲话标志着斯大林公开放弃了新经济政策。他说:"我们实行新经济政策无非就是让它为社会主义经济服务,当它不能为社会主义经济服务的时候就让它见鬼去吧"。

② 李新芝:《邓小平实录》(第 1 卷),北京联合出版公司,2018 年,第 36 页。

③ 邓小平所在的小组成员还包括蒋介石的儿子蒋经国,汪精卫的外甥陈春圃,国民党中央执行委员于右任的女婿屈武,以及后来成为国民党中央执行委员、组织部部长的谷正鼎,后来成为国民党行政院内政部政务次长的邓文仪、国民党南京市党部主任委员肖赞育以及谷正纲,中共方面,有傅钟、李卓然等。

组组长。邓小平到苏联留学的志向是加强对马克思列宁主义的理论学习和实践锻炼。这正如他自己在中山大学的入学履历上所写的那样,"我过去在西欧团体工作时,每每感觉到能力的不足,以致往往发生错误。因此我便早有来俄学习的决心。不过因为经济的困难使我不能如愿以偿。""我更感觉到而且大家都感觉到我对于共产主义的研究太粗浅。列宁说:'没有革命的理论便没有革命的行动;要有革命的行动,才能证验出革命的理论。'……我能留俄一天,我便要努力研究一天,务使自己对于共产主义有一个相当的认识。……我来俄的志愿,尤其是要来受铁的纪律的训练,共产主义的洗礼,把我的思想行动都成为一贯的共产主义化。我来莫的时候,便已打定主意,更坚决地把我的身子交给我们的党,交给本阶级。从此以后,我愿意绝对地受党的训练,听党的指挥,始终为无产阶级的利益而争斗。"①

　　相较于在法国勤工俭学的5年,邓小平在莫斯科可以自由地学习他想了解的一切马克思列宁主义基础理论。虽然中山大学没有中文教学师资,俄语教学使教学进度减慢,但学校存有不少马克思、恩格斯、列宁、斯大林著作的中文译本。邓小平如饥如渴地在图书馆阅读这些重要书籍。同时,学校还为中国留学生提供了全面的生活保障。生活用品由学校提供,餐饮后勤供给丰富,既有中餐,也有俄餐,既有鸡鸭鱼肉,也有面包牛奶、鸡蛋红肠。这一定程度上,源于列宁主张实施的新经济政策对苏联经济社会发展的推动作用。在苏联的大街上,打破计划经济的新式商店、饭馆、咖啡厅纷纷开业,人来人往、熙熙攘攘。邓小平也和同学们时不时到莫斯科的公园、广场散步,参加学校组织的游览、参观活动。他在这里感受到的是社会主义制度的极大优越性和生机活力,掌握的是指导苏联社会主义前进的科学真理和实践方针。他对马克思列宁主义的坚定信仰和对实现共产主义的理想信念

---

① 李新芝:《邓小平实录》(第1卷),北京联合出版公司,2018年,第39~40页。

也由此进一步强化。邓小平在后来的讲话中也回忆过自己在苏联的这段经历。那是 1954 年他在讲办好国内的教育时。他说："苏联学校中的纪律是严得很的，我们派去的学生，如何不好好学习，就被送回来。"①1984 年会见日本首相时，他又说："我 1927 年从苏联回国，年底就当中共中央秘书长，二十三岁，谈不上能力，谈不上知识，但也可以干下去。"究其原因，就是"自从十八岁加入革命队伍，就是想把革命干成功，没有任何别的考虑。"②

邓小平与苏联的第二次"亲密接触"是在 1957 年 11 月，邓小平作为中央委员会总书记跟随毛泽东领导的访苏团队到了苏联。十月革命 40 年后的苏联已经不同于邓小平留学时的苏联。它已经成为一个光辉伟大的社会主义国家，成为能与美国相抗衡的超级大国。苏联的国家实力占据世界社会主义阵营之首，在与美国的冷战中彰显着社会主义制度的优势。然而，此时正值苏共二十大（1956 年 2 月）全盘否定斯大林和斯大林主义后不久，再加上 1956 年 10 月苏联武装干涉匈牙利内政事件的影响，苏联共产党在国际社会主义阵营中的声望下降，国际社会主义阵营内部思想分歧加剧。在访苏过程中，中苏两过共产党共同起草了《社会主义国家共产党和工人党代表会议宣言（草案）》即《莫斯科宣言》，重申了马克思列宁主义在国际共产主义运动中的领导地位，再次强调了十月革命胜利的开创性历史意义以及各国共产党之间加强团结和合作的重要性。即便如此，邓小平在此次出访中亲身感受到的是苏联共产党在否定其领导人及党的理论创新成果之后，在团结和领导其他各国共产党上捉襟见肘；感受到的是全面否定斯大林之后，各国共产党队伍中出现的思想混乱和意见分歧及其共产党自我否定对西方颠覆势力的激励和整个国际局势的影响。此后，整个世界社会主义阵营内部

① 《邓小平文选》（第一卷），人民出版社，1994 年，第 209 页。

② 《邓小平文选》（第三卷），人民出版社，1993 年，第 54 页。

的分歧逐步加深,中苏两党两国关系开始转向。其直接结果便是中苏论战的发生。时任中共中央总书记的邓小平也被卷入中苏论战中。

中苏论战的开端是 1960 年纪念列宁诞辰 90 周年。何谓列宁主义,如何坚持列宁主义的问题在纪念活动中被提出。在《列宁主义万岁》《沿着伟大列宁的道路前进》《在列宁的革命旗帜下团结起来》三篇中,中国共产党的时代观点、无产阶级革命观点和反对现代修正主义的观点得以阐发。但是中共与苏共谁才是列宁主义的真正代表呢? 基于时代观、革命观、反修观上的分歧,中苏两党之争走向公开化。之后,在 1960 年 9 月举行的中苏两党高级会谈中,11 月至 12 月举行的 81 国共产党和工人党代表莫斯科会议上,1963 年 7 月再次举行的中苏两党高级会谈上,邓小平都亲身感受到了两个无产阶级执政党关于时代和国际问题、和平与战争问题,以及修正主义问题的争论及其不利影响。在针对苏共中央指责中国的《给苏联各级党组织和全体共产党员的公开信》出现之后,邓小平又亲自参与了从 1963 年 9 月到 1964 年 7 月,中国共产党批评上述公开信而发表的总称为"关于国际共产主义运动的总路线的论战"的九篇理论文章的编纂工作。

具体而言,"以 1957 年莫斯科宣言为起点,中苏两党开始发生向'左'与向'右'的分化。苏联从苏共二十一大以来,宣传的论点进一步'右'转,更加强调战争可以避免,强调和平共处及和平过渡。中共则夹带着'大跃进'的激情,认识继续'左'转,愈益强调战争的不可避免性,强调武装斗争、非和平过渡及与帝国主义无法和平共处。双方事实上不过都是在重申并强化宣传中支持自己观点的那一部分内容,分歧逐步扩大。……两党都表示要团结在马列主义原则的基础之上,而问题在于究竟是苏共代表马列主义的原则基础,还是中共代表这个基础;是遵循苏共确定的条件实现团结,还是遵循中共确定的条件实现团结。由于这关系到社会主义阵营、国际共产主义运动以谁的思想理论、路线方针为统一的标准、共同的规律,以谁为领袖的大势,意识形态的分歧已与两党的政治命运、两党领袖的政治地位密切联系到了一起。"①当争论开始关系政治问题、国家利益、政党利益问题时,两党都无法再科学理性地看待马克思列宁主义、无法继续科学理性地正确运用马克思列宁主义解决本国实际问题,到最后造成的是对无产阶级执政党和国家社会主义建设的破坏。在这一过程中,邓小平对中苏论战的本质有深刻的理解,他看到了意识形态斗争扩大化的危害,也看到了教条主义对中苏两国经济社会发展的破坏。

1989 年 5 月,苏联领导人戈尔巴乔夫访华实现了中苏关系正常化,邓小平总结了这段历史,指出自己在其中扮演了举足轻重的角色,指明这场论战的背后是"一个对马克思主义、社会主义的理解问题"②。中苏双方都有责任,都说了许多空话,展望未来双方都要"多做实事,少说空话"③。因为,"真正的马克思列宁主义者必须根据现在的情况,认识、继承和发展马克思列宁主义。……列宁之所以是一个真正的伟大的马克思主义者,就在于他不是从书本里,而是从实际、逻辑、哲学思想、共产主义理想上找到革命道路,在一个落后的国家干成了十月社会主义革命。中国伟大的马克思列宁主义者毛泽东,并不是在马克思、列宁的书本里寻求在落后的中国夺取新民主主义革命胜利的途径。……墨守成规的观点只能导致落后,甚至失败。"④这既是邓小平对这一历史过程的反思和总结,也代表着邓小平对列宁主义的深刻理解。因此,一定程度上可以说,邓小平的上述经历奠定了他在改革开放中提出"正确评价毛泽东思想""一心一意搞建设""和平与发展是时代主题""改革开放要进行到底"等重要观点的思想基础。

---

① 沈志华:《中苏关系史纲》,北京:社会科学文献出版社,2011 年,第 280 页。

② 《邓小平文选》(第三卷),人民出版社,1993 年,第 291 页。

③ 同上,第 295 页。

④ 同上,第 291~292 页。

　　在以邓小平同志为核心的中国共产党的第二代领导集体向以江泽民同志为核心的第三代领导集体交接的过程中,邓小平着重强调了坚持四项基本原则的重要性。他重申毛泽东当年提出的"只有社会主义才能救中国",提出"只有社会主义才能发展中国","不走社会主义道路中国就没有前途"①。这个社会主义道路就是列宁所开创的十月革命的、苏维埃的社会主义道路。这实际上是明确了列宁主义在中国改革开放新时期的指导思想地位。因此,中国共产党的领导核心学习和掌握列宁主义是必备基本功,包括江泽民、胡锦涛和习近平在内。他们都是接受过正规大学教育的无产阶级革命家和马克思主义理论家,尤其后两位,都是成长于新中国成立之后的一代领导人。他们拥有学习和掌握列宁主义的先天有利条件,更加能够科学有效地将列宁主义基本原理与中国具体实际相结合,推进列宁主义的中国化。同时,列宁主义的经典著作也是中国各级党校和高等院校教学中的基本内容,以此实现了对全体党员干部和在校大学生的列宁主义教育和普及。国内关于列宁著作的系统化、全面化出版发行也为中国共产党和中国人民自发自觉学习和掌握列宁主义提供了便利条件。

　　国内在列宁著作的出版发行上,改革开放之前,全面且权威的《列宁全集》中文第一版,已经由中央编译局于1955年至1963年间陆续出版完成。第一版《列宁全集》共39卷,1500多万字,依照的是苏联出版的俄文版《列宁全集》第四版。鉴于1958年到1965年苏联又出版社了俄文版《列宁全集》第五版,以及苏联从20世纪20年代就不断出版的《列宁文集》到1975年已经有38卷之多,其中有不少此前没有出版的列宁著作、演讲、书信等新文献。中共中央决定由中央编译局从1977年底开始,收集整理这些新文献,以飨中国读者。截止到1990年底,编译出版了17卷本的《列宁文稿》,内部发行。

① 《邓小平文选》(第三卷),人民出版社,1993年,第311页。

随后，以此为基础，1984年到1990年底，中央编译局又编译出版了《列宁全集》中文第2版，共60卷，2600多万字。这一版《列宁全集》成为中国自行编辑的、在全世界各种列宁著作版本中收载文献最丰富的版本。此后，新发现的列宁文献被编入《列宁全集补遗》。同时，为方便学习，改革开放以后，又出版了2个版本的《列宁选集》4卷本，分是1995出版社的第三版和2012出版的新修订版。此外，2009年底，还出版了5卷本的《列宁专题文集》，供广大人民自发学习。列宁的著作成为在国内出版数量最大、体量最大、字数最多的马克思列宁主义经典著作。这为中国人全面掌握列宁主义、活学活用列宁主义提供了最便利的条件和最坚实的基础。

二、中国共产党运用列宁主义解决改革开放问题

"文化大革命"结束之后，摆在中国共产党和中国人民面临的最大问题是如何摆脱困境，发展社会生产力，改变贫穷落后的社会面貌。用邓小平的话来说就是如何"赶上时代"的问题。"贫穷不是社会主义，"①"我们要赶上时代，这是改革要达到的目的。"②当时的中国人民，由于长期受阶级斗争束缚、受主观主义的思想限制，思想上难以摆脱"两个凡是"的限制。因此，解决思想问题是使中国"赶上时代"的首要前提。在解决思想问题的基础上，邓小平抓住中国社会主义改革创新的重点实现了对中国各方面体制机制的变革，极大提升了中国社会生产力发展水平，走出了中国特色社会主义道路，创立了邓小平理论。

（一）凝聚思想共识

回顾新中国成立以来的整个社会主义革命和建设历程，脱离实际的教

---

① 《邓小平文选》（第三卷），人民出版社，1993年，第64页。
② 同上，第242页。

条主义、主观主义是限制中国人民思想解放的最大障碍。受这种错误思想影响,人们无法客观理性地看待中国落后实际,无法实事求是地把握马列主义、毛泽东思想,无法一心一意抓住社会主要矛盾、搞好中心工作。相反,却在脱离落后实际的社会主义建设中错误运用经典作家的只言片语开展了或"左"或右的社会主义运动,搁置经济建设的中心工作,把阶级斗争当作党和国家的中心工作。因此,打破思想桎梏,凝聚起全党全国人民的思想,形成改革共识,是改革开放的前提和基础。中国共产党的十一届三中全会便承担了这一职能。然而,即便是在党的十一届三中全会宣布改革开放之后,一些人依然无法摆脱主观主义的错误思想干扰,错误理解马克思列宁主义的科学理论,以所谓的"解放思想"为由,歪曲质疑党和国家的改革目的,否定中国共产党的领导和中国的社会主义制度。因此,改革开放要想使中国"赶上时代",就必须解决中国人的思想问题,即摆脱脱离实际的主观主义的思想束缚。

1. 纠"左"防右

邓小平晚年在南方谈话中指出,干扰中国人思想的东西有"左"的也有右的,但根深蒂固的是"左"的。那么究竟什么是"左"的、什么是右的错误思想呢? 其实,"左"和右是一个相对概念,在不同的时间空间条件下、在不同的问题中有不同的表现形式。中国共产党的历史上曾经出现过多次"左"的和右的争论。列宁终其一生也都在同俄国布尔什维克党内外的"左"的和右的错误做斗争。其经典名篇《共产主义运动中的"左"派幼稚病》在中国传播甚广。从中国共产党的历史上来看,革命战争年代以李立三、瞿秋白、王明为代表的一些革命者不顾敌我力量悬殊搞的城市中心路线、冒险军事策略;社会主义建设时期一些党员干部不顾中国落后实际和群众意愿搞的"大跃进""人民公社化运动""全民大炼钢"都是脱离实际的"左"倾错误的表现。一般而言,"左"的错误指向的是一种盲目、冒险、盲动、空想的主观状态,时常打着追求进步、不断革命的旗号,行超越阶段、脱离实际之实。相反,新民主主义革命一开始,中国共产党对革命领导权的消极退让态度;抗日战争中王明以退让求联合、放弃统一战线中党的领导地位的主张;社会主义建设时期个别同志过高估计社会主义建设困难程度,向困难低头,主动逃避甚至质疑党、质疑社会主义制度的心态就是右倾错误的表现。可见,右的错误指向的是一种认识上落后于实际,不思进取、不求变化的机会主义、投降主义思想状态。社会主义建设过程中,中国共产党的领导人曾多次主持过反右派的斗争,其初衷就是要维护全党全国人民开展社会主义建设的积极性,与各种非社会主义因素斗争到底。然而,反右派斗争扩大化的结果变成了"左"倾思想的泛滥。因此,"左"和右是相对的,归根到底,都是脱离客观实际的教条主义、主观主义。

在社会主义建设过程中,毛泽东曾经在《关于正确处理人民内部矛盾的问题》一文中指出:"有右倾思想的人不分敌我,认敌为我。广大群众认为是敌人的人,他们却认为是朋友。有'左'倾思想的人则把敌我矛盾扩大化,以至把某些人民内部的矛盾也看作敌我矛盾,把某些本来不是反革命的人也看作反革命。这两种看法都是错误的。"①改革开放之后,邓小平也说:"有些理论家、政治家,拿大帽子吓唬人的,不是右,而是'左'。'左'带有革命的色彩,好像越'左'越革命。右可以葬送社会主义,'左'也可以葬送社会主义。中国要警惕右,但主要是防止'左'。右的东西有,动乱就是右的!'左'的东西也有。把改革开放说成是引进和发展资本主义,认为和平演变的主要危险来自经济领域,这些就是'左'。我们必须保持清醒的头脑,这样就不会犯大错误,出现问题也容易纠正和改正。"②

---

① 《建国以来重要文献选编》(第10册),中央文献出版社,1994年,第75页。

② 《邓小平文选》(第三卷),人民出版社,1993年,第375页。

改革开放之初,思想上拨乱反正的核心任务是纠"左"。即把那些看似革命的,实则脱离实际的;看似敌我矛盾的,实则人民内部矛盾的;看似反革命的,实则不是反革命的问题纠正过来。总体而言,是解决新中国成立以来的历史遗留问题。具体而言,就是给"文化大革命"中造成的冤假错案平反,彻底清除科学、教育和文化领域的"文艺黑线专政论""教育黑线专政论",彻底结束经济上的混乱状态,转向以经济建设为中心。1978 年 11 月 10 日至 12 月 15 日,中国共产党的中央工作会议解决了一大批平反冤假错案的历史遗留问题。在此基础上,中国共产党在新的历史阶段上的思想路线呼之欲出。引领新思想的纲领性文件,就是邓小平在这次大会的闭幕式上所作的报告——《解放思想,实事求是,团结一致向前看》。邓小平在报告中明确指出:"只有解放思想,坚持实事求是,一切从实际出发,理论联系实际,我们的社会主义现代化建设才能顺利进行。"[①]以此为基础,12 月 18 日至 22 日,中国共产党的十一届三中全会胜利召开,重新确立起了实事求是的思想路线。全会指出,中国共产党的崇高任务是"把马列主义、毛泽东思想的普遍原理同社会主义现代化建设的具体实践结合起来,并在新的历史条件下加以发展"[②]。

然而,当过去"左"的思想枷锁被逐步打破,全党、全国人民齐心协力不断为实践中的新情况、新问题出谋划策的时候。一些思想领域的新动向又不得不让人警惕。中共中央在纠"左"的同时,右倾思潮又有所抬头。他们或者曲解、抵触党在十一届三中全会以来的新政策,向困难低头,原地踏步;或者借改革之机,夸大党史上的错误,否定和攻击中国共产党的领导、社会主义制度,向资本主义制度投降、妥协、退让。因此,真正完成思想上的拨乱

---

① 《邓小平文选》(第二卷),人民出版社,1994 年,第 143 页。
② 《三中全会以来重要文献选编》(上册),人民出版社,1982 年,第 25 页。

反正亟待新的思想准则，规范行为底线，纠"左"防右。1979年1月至4月，中国共产党的理论工作务虚会解决了这一问题。邓小平在会上作了《坚持四项基本原则》的讲话。他指出，必须坚持社会主义道路，必须坚持无产阶级专政，必须坚持共产党的领导，必须坚持马列主义、毛泽东思想。"这是实现四个现代化的根本前提。"①改革开放中，在对待资本主义的态度上要解放思想，既要有计划、有选择地引进资本主义国家的先进技术和其他有益东西，又决不要学习和引进资本主义制度及各种丑恶颓废的东西，决不能丢掉社会主义制度。归根到底，"解放思想，就是要运用马列主义、毛泽东思想的基本原理，研究新情况，解决新问题"②，而不是攻击否定、歪曲质疑马列主义和毛泽东思想。此后，四项基本原则成为中华人民共和国的立国之本，成为回应一切歪曲和质疑中国共产党的领导、社会主义制度的根本原则。

2. 准确完整地理解毛泽东思想

始终坚持毛泽东思想的指导地位，是粉碎"四人帮"后中国共产党的思想共识。因为，"文化大革命"中"四人帮"正是打着毛泽东的旗号篡党夺权，行反马克思列宁主义、毛泽东思想之实的。然而如何才能更好的坚持毛泽东思想的指导地位呢？

粉碎"四人帮"反党集团的阴谋诡计之后，中国共产党的主要领导同志以稳定国内局势、巩固无产阶级政权为目的，仅着重强调了毛泽东思想在党内的正统指导思想地位，而没有对其进行科学全面的理论阐释。1976年11月24日，华国锋在毛主席纪念堂奠基仪式上说，要继承毛主席遗志，坚持以阶级斗争为纲，无产阶级阶专政下继续革命。中国共产党的主要领导人甚至想要通过延续"文化大革命"的方式，坚持毛泽东思想。这显然是将毛泽

---

① 《邓小平文选》（第二卷），人民出版社，1994年，第164页。
② 同上，第179页。

东思想与"文化大革命"的错误混作一谈。由此,"两个凡是",即"凡是毛主席作出的决策,我们都坚决维护;凡是毛主席的指示,我们都始终不渝地遵循"的观点被传播开来。然而理论只有彻底才能说服人,才能掌握群众。"两个凡是"显然是违背毛泽东提出的实事求是基本原则的。邓小平提出,"我们必须世世代代地用准确的完整的毛泽东思想来指导我们全党、全军和全国人民,把党和社会主义的事业,把国际共产主义运动的事业,胜利地推向前进。"①这一观点得到了中共中央的认同。那究竟什么是准确完整的毛泽东思想呢? 邓小平指出:"把毛泽东同志在这个问题上讲的移到另外的时间,在这个地点讲的移到另外的地点,在这个时间讲的移到另外的时间,在这个条件下讲的移到另外的条件下,这样做,不行嘛!"②因为这是违背历史唯物主义的,而毛泽东是彻底的唯物主义者。

随后,邓小平指出了毛泽东思想的精髓,明确回答了什么是准确完整的毛泽东思想。7 月份召开的中国共产党的十届三中全会上,邓小平恢复了领导职务,并提出:"不能够只从个别词句来理解毛泽东思想,而必须从毛泽东思想的整个体系去获得正确的理解"。8 月,在中共十一大闭幕会上,邓小平又说:"我一定要恢复和发扬毛主席为我们党树立的群众路线、实事求是、批评与自我批评、谦虚谨慎、戒骄戒躁、艰苦奋斗、民主集中制的优良传统和作风。"③而实事求是是第一位的。人民群众对毛泽东思想的僵化认识开始转变。1978 年 5 月,邓小平继续分析说,思想领域出现了一种思潮,莫名其妙。"只要你讲话和毛主席讲的不一样,和华主席讲的不一样,就不行。毛主席没有讲的,华主席没有讲的,你讲了,也不行。怎么样才行呢? 照抄毛主席

---

① 《邓小平年谱(1975—1997)》(上册),中央文献出版社,2004 年,第 157 页。
② 同上,第 159 页。
③ 同上,第 182 页。

讲的,照抄华主席讲的,全部照抄才行。"①实际上,"这些同志讲这些话的时候,讲毛泽东思想的时候,就是不讲要实事求是,就是不讲要从实际出发。"②因为"实事求是是毛泽东思想的根本态度、根本观点、根本方法。"③毛泽东思想的精髓是实事求是。如何恢复实事求是的思想作风、准确地完整地理解毛泽东思想? 归根到底是要正确认识马克思列宁主义。"要继承和发扬毛主席为我们培育的优良传统,第一个就是实事求是。归根到底,这是涉及什么是马克思列宁主义,什么是毛泽东思想的问题。毛泽东思想最根本的最重要的东西就是实事求是。"④

实事求是的认识毛泽东思想、实事求是的思想路线恢复,首先从马克思主义的实践真理标准大讨论而来。1978 年 5 月,真理标准问题大讨论,有力地推动了中国共产党和中国人民对毛泽东思想的科学认识和思想解放。

3. 正确认识马克思列宁主义科学真理

能否正确认识马克思列宁主义的科学真理关系着以何种态度对待中国共产党的历史、理论与现实问题。因此,为了奠定准确完整理解毛泽东思想,科学认识马克思列宁主义科学真理的问题也被提上日程。其直接表现就是全国范围的真理标准问题大讨论的展开。实践、真理都是马克思列宁主义理论的核心概念,两者的关系问题同样是马克思列宁主义哲学的基本问题。1977 年底,邓小平强调要用马克思主义唯物史观去理解和对待毛泽东思想,促使主持中央党校工作的胡耀邦提出中共党史研究中的两大原则,即完整准确地理解毛泽东思想,以实践作为检验路线是非的标准。而真理标准问题,直指教条主义的错误实质,同时也成为破解前一问题的根本。理

---

① 《邓小平年谱(1975—1997)》(上册),中央文献出版社,2004 年,第 319 页。
② 同上,第 319 页。
③ 同上,第 319 页。
④ 同上,第 320 页。

论与实践的辩证统一关系、真理与谬误的在实践中相互转换是马克思列宁主义的最一般原理,是唯物史观的基本原则,是毛泽东在新民主主义革命中就已经多次强调的基本问题。邓小平说,实事求是毛主席、列宁经常讲的道理。

毛泽东曾直白地阐述过:"'实事'就是客观存在着的一切事物,'是'就是客观事物的内部联系,即规律性,'求'就是我们去研究。"①实事求是就要理论联系实际,按照客观规律办事,就要一切从实际出发,将实践作为检验一切问题的根本标准。实事求是是中国新民主主义革命取得成功的宝贵经验。列宁在其著作中也反复强调:"马克思主义不是教条,而是行动的指南。"②邓小平深受这一思想影响,指出,"马克思主义理论从来不是教条,而是行动的指南。它要求人们根据它的基本原则和基本方法,不断结合变化着的实际,探索解决新问题的答案,从而也发展马克思主义理论本身"③。俄国的十月革命和中国新民主主义革命的成功,都是共产党始终贯彻实事求是原则的结果。邓小平的讲话实际上就是指出解决中国问题必须要将马克思列宁主义进行中国化,从中国实际出发,做到实事求是。

然而,深受教条主义影响的一些人对经典作家具体结论不加区分的照抄照搬使实践标准成了一个问题。邓小平认为,这简直是莫名其妙! 1978年5月,真理标准问题大讨论在全国展开。邓小平明确指出:"目前进行的关于实践是检验真理的唯一标准问题的讨论,实际上也是要不要解放思想的争论。……一个党,一个国家,一个民族,如果一切从本本出发,思想僵

---

① 《毛泽东选集》(第三卷),人民出版社,1991年,第801页。

② 列宁在《论马克思主义历史发展中的几个特点》一文中,阐述了这一思想。他说:"恩格斯在谈到他本人和他那位著名的朋友时说过:我们的学说不是教条,而是行动的指南。这个经典性的论点异常鲜明有力地强调了马克思主义的往往被人忽视的那一面。而忽视那一方面,就会把马克思主义变成一种片面的、畸形的、僵死的东西,就会抽掉马克思主义的活的灵魂……。"出自《列宁选集》(第二卷),人民出版社,2012年,第278页。

③ 《邓小平文选》(第三卷),人民出版社,1993年,第146页。

化，迷信盛行，那它就不能前进，它的生机就停止了，就要亡党亡国。这是毛泽东同志在整风运动中反复讲过的。只有解放思想，坚持实事求是，一切从实际出发，理论联系实际，我们的社会主义现代化建设才能顺利进行，我们党的马列主义、毛泽东思想的理论也才能顺利发展。从这个意义上说，关于真理标准问题的争论，的确是个思想路线问题，是个政治问题，是个关系到党和国家的前途和命运的问题。"①基于此，实践真理标准问题与马列主义科学真理、毛泽东思想、中国共产党的思想路线的关系得以清晰阐述。正如邓小平所说的，通过真理标准问题大讨论，中国共产党"比较明确地解决了我们的思想路线问题，重新恢复和发展了毛泽东同志倡导的实事求是、理论联系实际、一切从实际出发的思想路线"②。这一思想路线的恢复，为后续改革开放中各种思想问题的破解奠定了根本思想基础，直接推动了改革开放共识的达成和改革开放实践。

承接上述思想，1978 年 12 月中国共产党的十一届三中全会召开，1979 年 9 月中国共产党的十一届四中全会召开，两次大会上中共中央对新中国成立 30 年来党的历史上取得的一系列成就、出现的问题，以及未来党和国家的发展道路等问题进行了全面总结和规划展望。从此时起，以邓小平同志为核心的党中央领导集体开始引领中国改革开放社会主义现代化新路正式起航。解决的第一个问题，就是中国共产党的若干历史问题的总结和评价。以实事求是的思想路线为根本原则，邓小平主持起草了《关于建国以来党的若干历史问题的决议》。

1981 年 6 月，《关于建国以来党的若干历史问题的决议》在中国共产党的十一届六中全会上得以通过。决议对三个思想认识领域的重要问题给予

---

① 《邓小平文选》（第二卷），人民出版社，1994 年，第 143 页。
② 同上，第 190 页。

了明确阐发。第一是毛泽东和毛泽东思想的评价问题。决议指出,要区别对待毛泽东个人晚年所犯的错误和经过长期历史考验形成的毛泽东思想。"毛泽东同志的错误终究是一个伟大的无产阶级革命家所犯的错误。"[1]毛泽东思想是中国共产党的宝贵精神财富和行动指南,必须继续坚持并学习运用其立场、观点和方法研究新情况,解决新问题。第二是新中国成立以来32年社会主义革命和建设的功过是非问题。决议指出,总体而言,这是一个中国共产党领导中国人民进行社会主义革命和建设并取得巨大成就的历史时期。成就是主要的,但其中也有阶级斗争扩大化和经济建设上急躁冒进的错误,有"文化大革命"这种全局性、长时间的严重错误。成就的取得来源于中国共产党和中国人民对马克思列宁主义的创造性运用;错误的根源在于党领导社会主义事业的经验不足和对形势分析、对国情认识的主观主义偏差。"历史已经判明,'文化大革命'是一场由领导者错误发动,被反革命集团利用,给党、国家和各族人民带来严重灾难的内乱。"[2]未来必须团结起来,为建设社会主义现代化强国而奋斗。第三是如何团结一致向前看的问题。决议明确规定了新时期中国共产党的奋斗目标是在坚持四项基本原则的基础上朝着社会主义现代化强国的目标迈进,坚持走适合中国国情的社会主义现代化建设道路。包括对中国社会主要矛盾的判断、党和国家工作重心的转移,从国情出发社会主义商品生产和商品经济的发展,停止阶级斗争巩固和扩大爱国统一战线,建设高度民主的社会主义政治制度和高度文明,建设现代化国防和军事体系,健全党的民主集中制等一系列内容,最根本的是要坚持将马克思列宁主义与本国实际相结合。总而言之,决议已经初步明确了中国建设什么样的社会主义和怎样建设社会主义的基本问题,为中国

---

① 《十一届三中全会以来党和国家重要文献选编》,中共中央党校出版社,2008年,第93页。
② 同上,第91页。

实现社会主义现代化指明了方向。

从此,解放思想、实事求是的改革开放思想共识得以凝聚,将马克思列宁主义基本原理与中国具体实际相结合,建设有中国特色的社会主义成为人们的共同理念。正如,邓小平在 1982 年中国共产党的十二大开幕词中响亮指明的,"把马克思主义的普遍真理同我国的具体实际结合起来,走自己的道路,建设有中国特色的社会主义,这就是我们总结长期历史经验得出的基本结论"①。

(二)改革体制机制

在改革开放历史进程中,以邓小平同志为核心的党的第二代中央领导集体对列宁主义的运用涉及中国改革各个方面。如,针对经济领域的管理制度问题,邓小平强调要注意加强责任制,并引用了列宁在《大家都去同邓尼金作斗争!》一文中的话,"列宁说过:'借口集体领导而无人负责,是最危险的祸害','这种祸害无论如何要不顾一切地尽量迅速地予以根除'"②。在强调改革开放中必须坚持共产党的领导时,邓小平又引用了列宁在《共产主义运动中的"左"派幼稚病》一文中的经典论述,阐述了"没有铁一般的政党"就没有社会主义的观点。在中国文学艺术工作者第四次代表大会上,邓小平又引用了列宁的话阐述了他繁荣社会主义文学艺术事业的基本态度。他说:"列宁说过,在文学事业中,'绝对必须保证个人创造性和个人爱好的广阔天地,有思想和幻想、形式和内容的广阔天地。'"③从邓小平的这些讲话中可以看出,运用列宁主义解决中国的改革开放问题涉及中国改革的各个领域,中国共产党的领导集体对列宁主义的掌握也涵盖了列宁主义的全部内容。由此,改革开放秉持着将列宁主义基本原理与中国具体实际相结合

---

① 《邓小平文选》(第三卷),人民出版社,1993 年,第 3 页。
② 《邓小平文选》(第二卷),人民出版社,1994 年,第 151 页。
③ 同上,第 210 ~ 211 页。

的原则,形成了列宁主义的中国化又一理论成果——邓小平理论。

1. 从农村改革到城市改革

中国的改革开放是为了解决落后中国的生产力发展问题。此前,以毛泽东为核心的党中央第一代领导集体也曾将发展生产力作为社会主义建设的核心任务。但由于受主观主义错误思想干扰,急于求成,实践中形成了高度集中的单一制的计划经济体制,农村中出现了人民公社"一大二公"、农业集体化运动和"大跃进"的建设方式;城市中采取了统购统销、纯而又纯的计划经济建设方式……这种看似"共产主义"的方针政策,在经济基础薄弱、人民温饱都成问题的状况下并没有实现中国生产力发展水平的极大提升。列宁也曾一度认为落后国家可以通过无产阶级政权直接下命令的方式实现生产力的极大飞跃,甚至实现向社会主义的直接过渡。然而实践证明,当人民群众的实际利益遭受侵害时,国家的发展就是一句空话。邓小平说:"问题是用什么方法才能更有效地发展社会生产力。我们过去一直搞计划经济,但多年的实践证明,在某种意义上说,只搞计划经济会束缚生产力的发展。"因此,在邓小平看来,"改革是中国发展生产力的必由之路"①。"我国建国35 年来,社会主义制度的优越性还没有得到应有的发挥。其所以如此,除了历史的、政治的、思想的原因之外,就经济方面来说,一个重要的原因,就是在经济体制上形成了一种同社会生产力要求不相适应的僵化的模式。"因此,以促进生产力发展为主要目的的中国改革从经济领域首先开始,核心方案是破解长期形成的同社会生产力要求不相适应的僵化的经济体制,即破除计划经济体制。这一体制如何破解?邓小平曾经说过,"党的十一届三中全会以来,我们逐步进行改革。改革首先从农村开始。农村改革已经见效了,农村面貌发生明显变化。有了农村改革的经验,现在我们转到城市经济

---

① 《邓小平文选》(第三卷),人民出版社,1993 年,第136 页。

改革。城市经济改革就是全面的改革"①。可见,中国经济体制的改革走的是一条从农村到城市的改革之路。

在农村改革方面,1979 年 9 月中国共产党的十一届四中全会上通过的《中共中央关于加快农业发展若干问题的决定》被公认为中国农村改革的起点。决定的出台的目的是要破除旧的"政社合一"的农村经济体制对农业生产发展的限制,调动农民积极性,鼓励农民在实践中创作出更有利于生产力发展的新鲜经验,实现农业的迅速发展。因此,决定中提出了发展农业生产力的 25 项政策和措施,制定了实现农业现代化的 8 条部署,包括扩大人民公社的自主权,坚持按劳分配,纠正平均主义,鼓励和扶持农民经营家庭副业,增加个人收入,活跃农村经济,提高粮价,降低征粮指标,鼓励拓荒,办好国营农场,提高农业机械化水平,加强社队民主建设等一系列内容。决定还明确提出要加强党和政府对农业的领导,规定"除有法律规定者外,不得用行政命令的方法强制社、队执行,应该允许他们在国家统一计划的指导下因时因地制宜,保障他们在这方面的自主权,发挥他们的主动性"②。从此时起,农业生产发展的标准开始向"是否符合发展生产力","能否调动劳动者的生产积极性"转变。中国共产党领导的农业领域的上述改革举措是顺应农民、农村、农业的发展需要而制定的。决定颁布以前,自发形成的以"包干到组、包产到户","以产定工、超额奖励"责任制为主要内容的改革实践已经在各地农村实际上展开,并且实现了粮食产量的增产增收。以开创了中国农村改革先河的安徽凤阳小岗村为例,在实施包产到户以前,23 年来从没向国家交过余粮,包产到户一年后的粮食产量暴涨到 13 多万斤,是 1976 年粮食产量的 4 倍还多。

---

① 《邓小平文选》(第三卷),人民出版社,1993 年,第 138 页。
② 《三中全会以来重要文献选编》(上册),中央文献出版社,2011 年,第 176 页。

由此,邓小平在1980年5月31日专门发表讲话,肯定这一包产到户、包干到户的"双包"责任制,认为这种形式不仅不会影响集体经济,反而会促进集体经济的发展。对于这种责任制的改革尝试"可以肯定,只要生产发展了,农村的社会分工和商品经济发展了,低水平的集体化就会发展到高水平的集体化,集体经济不巩固的也会巩固起来。关键是发展生产力,要在这方面为集体化的进一步发展创造条件"[①]。在这一思想指导下,中共中央专门印发《关于进一步加强和完善农业生产责任制的几个问题》,明确了包产到户责任制的社会主义经济性质。1982年的中央一号文件中进一步明确了责任制的社会主义性质。文件指出:社会主义集体经济性质的农村责任制包括农村中正在实施的小段包工定额计酬、专业承包联产计酬、联产到劳、包产到户、包产到组、包干到户到组等多种形式。至此,农村中存在的"一大二公""政社合一"的人民公社体制解散,取而代之的是以包产到户为主要形式的农村家庭联产承包责任制。农村中存在的严重的平均主义、"吃大锅饭"弊病被分户经营、自负盈亏的生产方式取代。随着责任制的全面落实,农民自主权和积极性得到极大提升,农业生产力得到极大发展。中国农村的改革开放沿着稳定和完善家庭联产承包责任制朝着建立专业化、商品化、社会化的更高水平集体经济方向不断前进。与此同时,"三级所有、队为基础"的人民公社行政设置也不再适应农村责任制经济的需要。1982年的新宪法规定,在中国设立乡政府作为基层政权组织机构,成立村民委员会,走基层群众自治之路。到1985年,撤社建乡(镇)工作完成,人民公社制度彻底结束。中国农村从经济体制到政治体制实现了彻底变革。

中国改革开放以推动农村生产力发展作为首要任务并取得成功说明,落后国家的社会主义建设必须重视农民问题、农村经济问题。这是列宁晚

---

① 《邓小平文选》(第二卷),人民出版社,1994年,第315页。

年揭示的落后国家社会主义建设规律的重要内容之一。列宁晚年提出的新经济政策，首要内容就是变"余粮收集制"为"粮食税"。这与中国农村经济改革中实行的"统分结合"的承包责任制所实现的"保证国家的，留足集体的，剩下都是自己的"有异曲同工之妙。列宁从苏俄实际出发所倡导的合作社、合作制，同样是想要通过满足农民经济利益的方式推动农业生产力的极大发展。在《论合作社》中，列宁指出，合作社要采用农民感到简便易行和容易接受的方法，要尊重农民的意愿，要实现国家大力的资助，要让农民识字，学会经商，做文明的商人，以此推动工农之间、工人和农民之间、工业和农业之间、城市和农村之间的流转，满足农村、农民利益。中国共产党提出"没有农业、农民、农村的现代化就没有中国的现代化"，无疑是对落后国家社会主义建设规律的进一步揭示，也是对列宁主义的丰富和发展。

以农村改革成果为基础，中国城市经济体制改革逐步展开。城市经济体制改革以扩大企业自主经营权为主要内容，旨在激活企业经营动力，激发城市经济活力，推动国家生产力发展。城市经济体制改革首先通过在局部领域试点运行的方式开展。从 1978 年 10 月开始，到 1980 年 6 月，全国参与试点的企业有 6600 个。按照国务院印发的相关规定和暂行办法①，国家让利放权给企业和地方。试点企业开始享有部分自主计划权、产品销售权、资金使用权和部分干部任免权，从而使企业不再单单按照国家指令性计划安排生产和销售。由此，企业的自主意识、职工的物质利益、地方的管理权限、市场调节的作用均得到极大提升。城市经济体制改革朝着调整国家与企业关系和企业内部职工关系的经济责任制的方向发展。同时配合建立新的财

---

① 主要指 1979 年 7 月，国务院印发的《关于扩大国营工业企业经营自主权的若干规定》《关于国营企业实行利润留成的规定》《关于开征国营工业企业固定资产税的暂行规定》《关于提高国营工业企业固定资产折旧率和改进折旧费使用办法的暂行规定》《关于国营工业企业实行流动资金全额信贷的暂行规定》等文件。

政体制,正确处理中央与地方财政关系,调动地方增产增收积极性。然而,在计划经济体制之下,企业、职工、市场活力的真正激发还需要破除统购统销的流通机制。自1979年起,国家逐步放开了农副产品的统购和派购范围,计划外的产品可以自由运销,城市商品流通主要采取减少工业品计划管理品种,发展多种经济形式、多种购销方式、多种流通渠道的形式展开。基于此,统购统销的流通机制开始逐步松动。

在城乡经济责任制改革的情况下,中国经济的所有制结构也开始出现变动。单一的所有制形式逐步被中共中央、国务院所支持发展的城镇集体经济和个人经济形式打破,出现多种经济形式并存。为解决城镇劳动就业问题而鼓励兴办的各种类型的自负盈亏的合作经济、自谋职业的城镇个体经济丰富了所有制结构。中共中央充分肯定了经济体制改革中出现的多种经济形式的积极作用,以公有制为主体、多种经济形式长期并存的宏观经济体制改革构想和基本经济政策得以明确。

改革开放不光有改革,还有开放。通过对外开放,学习和引进国外的先进生产技术和经营管理理念是中国经济体制改革的重要内容之一。自1980年5月,中央决定在深圳、珠海、汕头、厦门设立经济特区以来,通过吸引和利用外资,兴办中外合资、合作经营企业,坚持以市场调节为主的方法,使经济特区成为中国经济发展的领头羊。创办经济特区成为中国改革开放的一个伟大创举,它为中国经济体制改革找到了一条打破僵化保守的计划经济管理体制,迅速实现国家经济实力提升的有效路径,同时也检验了中国社会主义制度下市场经济运行机制,为中国实行社会主义市场经济体制的提出和实践奠定了基础。

在经济体制的改革过程中,旧的统购统销的计划经济体制逐渐被新的充满活力的经济形式所消解,不再适应中国经济发展的现实需要,亟待建立一种新的社会主义经济体制引领中国经济发展。中共中央很快意识到这一问题,并开展探讨中国的经济体制改革问题。1984年10月召开了中国共产党的十二届三中全会。会上审议通过了《关于经济体制改革的决定》。决定中对关系中国经济体制改革问题的一系列重大理论和实践问题进行了初步阐发,实现了两个方面的重要进展。也就是"突破把计划经济同商品经济对立起来的传统观念,提出我国社会主义经济是'公有制基础上有计划的商品经济';突破把全民所有同国家机构直接经营企业混为一谈的传统观念,提出'所有权同经营权可以适当分开'。"①基于此,国内企业开始实行股份制改革,个体经济、私营经济、外商投资经济开始全面发展,单一公有制的经济结构被公有制、非公有制并存的状况所取缔,指令性的计划经济明显下降,市场调节和价格放开明显增多。正是在这样的理论与实践基础上,社会主义市场经济在摸索中诞生。其实,邓小平早在改革开放之初就提出并探讨过社会主义搞市场经济的问题。② 但真正明确提出中国要实行社会主义市场经济却是在13年之后。伴随着价格闯关、经济治理整顿、改革深入推进中国的社会主义经济体制改革经历了从"计划经济为主,市场调节为辅"(1982年十二大)到"有计划的商品经济"(1984年十二届三中全会)的转变;又经历了从"国家调节市场,市场引导企业"(1987年十三大提出)到实行"社会主义市场经济体制"(1992年十四大)的发展。邓小平南方谈话的发表和中国共产党的十四大的召开,标志着中国经济体制改革目标的正式明确提出。社会主义市场经济体制,顾名思义,就是要在社会主义制度之下实行市场经济的经济运行方式,主要目的是为了用国家的宏观经济手段去约束和限制市场本身的盲目性和无序性,使市场在资源配置中真正发挥优良作用。这一经济体制的最大贡献在于打破了人民对社会主义只能搞计划经济的教条

---

① 《中国共产党的九十年》,中共党史出版社,2017年,第719~720页。
② 《邓小平文选》(第二卷),人民出版社,1994年,第236页。

主义认识。计划与市场的并非根本对立,也不是非此即彼,社会主义可以搞市场经济,资本主义也有计划。计划和市场都是资源配置的一种手段。这是邓小平找到的发展落后中国生产力的有效方法之一。

比较列宁和邓小平的思路,后者是对前者的继承和发展。邓小平曾经说过:"社会主义究竟是个什么样子,苏联搞了很多年,也并没有完全搞清楚。可能列宁的思路比较好,搞了个新经济政策,但是后来苏联的模式僵化了。"①列宁晚年的社会主义经济建设思路一定程度上也被中国共产党所吸收、借鉴和运用。例如,中国通过吸引和利用外资兴办的中外合资、合作经营企业同列宁晚年提出的国家资本主义中的租让制、租借制形式基本是一个意思。中国对国外先进工作理念和方法的重视,列宁晚年也都强调过,包括与之配套的法律法规建设、干部素质和能力提高等问题。然而列宁晚年提出的一系列利用"国家资本主义"发展本国生产力的观点和主张,包括新经济政策,都是针对使落后苏俄尽快实现从资本主义社会向社会主义社会过渡而言的。在列宁看来,生产发展落后的苏俄"不能实现从小生产到社会主义的直接过渡"②,唯有利用资本主义经济形式作为中间环节,才能提高本国经济发展水平。因此,列宁晚年一系列推进落后苏俄生产力发展的举措被冠以"国家资本主义",由此而备受教条主义的马克思主义学者的质疑、歪曲和否定。社会主义国家究竟能不能借鉴、吸收和运用资本主义的经济形式实现发展,这是否是放弃社会主义、走资本主义道路? 列宁晚年由于客观条件所限,并没有从理论上给以根本回答,在实践上的尝试也不够丰富。

邓小平的社会主义市场经济理论从根本上解决了这一问题,中国的改革开放也从实践上验证了这一理论的科学性。邓小平明确指出:"我们实行

---

① 《邓小平文选》(第三卷),人民出版社,1993 年,第 139 页。
② 《列宁选集》(第四卷),人民出版社,2012 年,第 510 页。

改革开放,这是怎样搞社会主义的问题。作为制度来说,没有社会主义这个前提,改革开放就会走向资本主义。"①所以说,落后国家的社会主义改革关键是搞清楚"什么是社会主义,如何建设社会主义"。邓小平理论正是对这一问题的回答。"邓小平同志紧紧抓住'什么是社会主义、怎样建设社会主义'这个基本问题,响亮提出'走自己的道路,建设有中国特色的社会主义'的伟大号召,领导我们党在新中国成立以来革命和建设实践的基础上,成功走出了一条中国特色社会主义新道路。"②

2. 从党的制度建设到国家领导制度改革

党和国家领导制度改革是中国共产党运用列宁主义基本原理解决中国实际问题的又一项重要内容。列宁在世时就已经指出无产阶级的民主政权也需要进行改革和完善。中国的社会主义实践也证明了党和国家领导制度改革的重要性。针对中国的民主政治制度状况,邓小平曾坦言,"因为民主制度受到破坏,党内确实存在权力过分集中的官僚主义"③。而加强民主制度建设是改变权力集中问题的根本出路。因此,"为了保障人民民主,必须加强法制。必须使民主制度化、法律化,使这种制度和法律不因领导人的改变而改变,不因领导人的看法和注意力的改变而改变。"④由此,"文化大革命"结束之后,中共中央迅速改组了党和国家领导机构,夺回了被"四人帮"所篡夺的领导权。改组后的党中央首要任务就是加强党和国家的民主政治制度建设。

中国共产党在改革党和国家领导制度上的基本策略和基本举措,体现了对列宁晚年社会主义思想的运用和发展。中国共产党在十一届三中全会

---

① 《邓小平年谱(1975—1997)》(下册),中央文献出版社,2004 年,第 1317 页。
② 习近平:《在纪念邓小平同志诞辰 110 周年座谈会上的讲话》,新华网,http://www.xinhuanet.com/politics/2014 – 08/20/c_1112160001.htm.
③ 《邓小平文选》(第二卷),人民出版社,1994 年,第 141 ~ 142 页。
④ 同上,第 146 页。

之后,重新成立了中央纪律检查委员会,着重加强党的纪律建设。随后,关于新时期党规党法党风建设的重要文件得以陆续出台。其中,出台的《关于党内政治生活的若干准则》是中国共产党在自觉总结"文化大革命"中党的法规、党的作风、党的纪律遭受全面破坏的历史教训,加强新时期党的建设的第一个规范性文件。从 1979 年 3 月,公开广泛征求意见并反复修订,到 1980 年 2 月在中国共产党的十一届五中全会上得以正式通过,经过了一个严格规定、全面深入的论证推敲过程,得到了党员群众的一致认可。该准则规定了 12 条党内政治生活的基本准则,体现了党的建设的制度化和规范化。为加强党内民主,彻底清除个人崇拜和独断专行的领导方式,准则中还专门阐述了正确认识和处理领袖、政党、阶级和群众之间关系的问题。明确指出,"对领导人的宣传要实事求是,禁止无原则的歌功颂德。""党是无产阶级的先进分子所组成的统一的战斗的集体,必须坚持党在马列主义、毛泽东思想原则基础上的团结,反对破坏党的团结统一的任何形式的派性和派别活动。""共产党员在人民群众中是少数,必须把亿万群众团结在党的周围,同心、同德地为实现四化而奋斗。共产党员必须在群众中起模范作用,吃苦在前,享受在后,满腔热情地团结非党同志一道工作。"[①]准则还重申并进一步明确了毛泽东在七届二中全会上提出的领导人行为规范。[②]

　　中国共产党加强自身规范性建设的这一系列重要举措,其直接思想来源和理论支撑就是列宁主义。这不仅反映在列宁思想中对上述问题多次强调过,也反映在邓小平过往的思想中。邓小平此时提出的上述观点,其实在

---

　　①　《十一届三中全会以来党和国家重要文献选编》,中共中央党校出版社,2008 年,第 17 ~ 20 页。

　　②　1949 年 3 月,党的七届二中全会上,党中央根据毛泽东同志的提议,决定禁止给党的领导者祝寿,禁止用党的领导者的名字作地名、街名、企业的名字。延续这一规定,1980 年通过的《关于党内政治生活的若干准则》中规定,禁止给领导人祝寿、送礼、发致敬函电。对活着的人不许设纪念馆,对已故的领袖们不应多设纪念馆。禁止用党的领导人的名字作街名、地名、企业和学校的名字。除外事活动外,禁止在领导人外出时组织迎送,张贴标语,敲锣打鼓,举行宴会。

1956 年中国共产党的八大上就提出过。党的八大上，邓小平作了《关于修改党章》的报告，报告中他阐述了政党、领袖、阶级和群众的关系问题。邓小平说："按照列宁的著名的说法，领袖是'最有威信、最有影响、最有经验'的人们。"①马克思列宁主义承认个人和领袖在历史中的推动作用，可是"工人阶级政党的领袖，不是在群众之上，而是在群众之中，不是在党之上，而是在党之中"②。可以说，无产阶级政党的领袖本身就是一个密切联系群众、服从党的领导并遵守党的纪律的楷模。这样的领袖理应受到政党、阶级和人民的爱护，而不是搞个人崇拜。苏共二十大已经表明了搞个人崇拜的严重后果，中国共产党坚决反对"个人突出、个人歌功颂德"，坚持党的民主原则和群众路线。可见，改革开放后的党内制度建设依然强调的是党的民主集中制的根本组织制度和领导制度，党的群众路线的根本工作路线。

在此基础上，中国共产党的党内民主制度和民主作风得以加强，干部领导职务实际上存在的终身制得以废除，更大范围内的党和国家领导制度改革得以明确。针对此前照搬苏联模式，党和国家形成的高度集中的政治体制，邓小平说："从总的状况来说，我们国家的体制，包括机构体制等，基本上是从苏联来的，人浮于事，机构重叠，官僚主义发展……有好多体制问题要重新考虑。总的说来，我们的体制不适应现代化，上层建筑不适应新的要求"③。因此，国家的政治体制改革迫在眉睫。由此，邓小平在《关于党内政治生活的若干准则》出台半年后的中央政治局扩大会议上，作了关于党和国家领导制度改革的讲话。这一讲话成为改革开放历史新时期中国政治体制改革的纲领性文件。

邓小平在这篇讲话稿中阐述了他对中国建立起保障社会主义民主的政

---

① 《邓小平文选》(第一卷)，人民出版社，1994 年，第 234 页。

② 同上，第 234 ~ 235 页。

③ 《邓小平年谱(1975—1997)》(上册)，中央文献出版社，2004 年，第 376 页。

治制度和体制机制的全面思考。首先,明确了党和国家领导制度改革的重要性。邓小平提出:"领导制度、组织制度问题更带有根本性、全局性、稳定性和长期性。"①如果不建立起适应党和国家政治生活民主化需要的党政制度,过去出现过的严重错误就有可能再次发生,连毛泽东这样的伟人都没能避免。因此,制度问题是关系党和国家是否改变颜色的根本问题。其次,明确了当时党和国家制度中的弊端及其产生的根源。这种弊端主要表现为屡禁不止的官僚主义、权力过分集中、家长制、干部领导职务终身制和形形色色的特权。其中,权力过分集中是制度弊端的总病根。最后,邓小平还明确提出了针对权力过分集中弊病的党和国家领导制度改革六项措施。这些举措中,包括将党和国家各项制度纳入宪法,通过宪法权威保障人民民主的举措;包括由全国人民代表大会选举产生国家机关,明确工作任务和工作职责,加强对权力的监督和制约的举措;包括精简中央和国务院的日常工作班子,实现干部队伍年轻化的举措;也包括从国务院到地方各级政府实现党政分开,各司其职的举措;还包括有准备有步骤地实现党政企分开、政社分开的试点和推广工作,在企事业单位中实行职工代表大会制度和集体领导与个人分工负责相结合的制度等等举措。

在落实上述举措的过程中,中国共产党的集体领导、民主决策的民主集中制度得以恢复重建;纪律检查委员会的实际作用、人民群众的外部监督作用得以有效发挥,国家机构得以精简。邓小平还提出"精简机构是一场革命"②。精简机构必须要用革命的精神抓紧时间,不放宽。同时,在干部队伍建设方面,邓小平还提出以干部队伍革命化、年轻化、专业化、知识化为基本要求,选拔德才兼备的中青年干部充实到干部队伍党在,从而提供党和国家

---

① 《邓小平文选》(第二卷),人民出版社,1994 年,第 333 页。
② 同上,第 396 页。

制度建设的根本组织保障。此外，加强党风建设，从思想作风上根本肃清封建残余思想和资产阶级思想的影响，纠正不正之风也是当时加强党的建设、完善党和国家制度的一项重要任务。中国共产党的十二大决定，从 1983 年下半年开始，要用三年时间分批对全体党员和党的组织开展全面整顿。这是改革开放之后，中国共产党的第一次全面整风，其基本任务是统一思想、整顿作风、加强纪律、纯洁组织，其根本目的是把党建设成为领导社会现代化事业的坚强核心。与此同时，中国共产党的十二届六中全会将坚定不移地进行政治体制改革纳入社会主义现代化建设的总体布局之中，改革的任务、性质、目标、方法、步骤等一系列问题得以进一步明确。中国共产党的建设与社会主义政治制度建设相互促进，共同服务于社会主义改革。

从上述具体举措来看，邓小平和列宁在改革党政机关的思路和方法上，有很多相似之处。比如，两人都十分重视社会主义民主政治制度建设，都将建全党内民主作为提升社会主义民主的重要手段；都提出了由同级党的代表打大会选举产生党的纪律检查机关的观点；都认为带有封建残余色彩的官僚主义弊病对社会主义民主制度的巨大危害，提出通过精简机构和提高干部素质的方式消除官僚主义；他们还都看到了权力过度集中的危害，提出必须实现党政分开，以增强社会主义政治制度的活力。基于这种认识的一致性，邓小平和列宁都从本国实际出发，提出精简党政机关要"慢一些"，"宁可数量少些，但要质量高些"；要"原则上从紧"，"硬着头皮不放宽"的具体策略。相较列宁，邓小平有更广阔和更充裕的改革实践机遇，超越列宁晚年设想是历史必然。不论从党政分开的具体方式上，还是从清除官僚主义的具体做法上，邓小平的主张都更加符合中国具体实际，对于社会主义民主政治建设的推动作用也更加有力。当然，邓小平所面对的中国发展中的问题也比列宁当时遇到的更多、更复杂，这需要更大的政治智慧和勇气给予解决。以邓小平同志为核心的中国共产党领导集体的这种政治勇气、政治智慧和政治魄力正是中国共产党能够实现了列宁主义的中国化,继续坚持和发展列宁主义,走出中国特色社会主义道路的关键一环。

3. 从单领域改革到全方位改革

针对中国的改革,邓小平说:"这场革命既要大幅度地改变目前落后的生产力,就必然要多方面地改革生产关系,改变上层建筑,改变工农业企业的管理方式和国家对工农业企业的管理方式,使之适应于现代化大经济的需要"①。生产关系的根本变革涉及中国社会方方面面。中共中央在不断推动社会主义经济体制改革,大力发展社会生产力的同时,也没有丢下对科教文卫事业、精神文明建设,以及外交国防事业的改革开放。这样的改革开放是全方位的改革开放,是全部事业的改革开放。

邓小平在恢复领导职务之初,就主动请缨主抓科教方面的工作。他的许多推动中国发展的新理念都是在抓科学和教育工作的座谈会上首次阐发的。在邓小平看来,"我们要实现现代化,关键是科学技术要能上去。发展科学技术,不抓教育不行。"②基于此,邓小平要求恢复知识分子的名誉、恢复高考、储备人才、尊重人民教师,主张在全社会营造尊重知识、尊重人才的社会氛围。在 1978 年三四月间,邓小平先后主持召开了全国科学大会和全国教育大会。会上明确提出了"科学技术是生产力","为社会主义服务的脑力劳动者是劳动人民第一部分",要建设宏大的又红又专的工人阶级知识分子队伍,要改革科领导和管理体制,建立党委领导下的所长负责制,要重视教育培育社会主义新人等一系列新观点新思路。

为了实现人民群众的思想解放,改变"文化大革命"遗留下来的压抑低沉、僵化保守的思想状况,邓小平主持恢复了文艺战线的"双百"方针,改变

---

① 《邓小平文选》(第二卷),人民出版社,1994 年,第 135 页。
② 同上,第 40 页。

了文艺工作风气。并对文艺与政治的关系、坚持"双百"方针与坚持四项基本原则的关系、文艺创造自由与维护国家安定团结的关系给予了说明。1980 年 7 月,《文艺为人民服务、为社会主义服务》社论的发表,阐述了改革开放新时期的文艺工作的总口号,即"为人民服务、为社会主义服务"的"二为"方向。从此,邓小平提出的"二为"方向与"双百"方针一起成为新时期文艺工作的基本遵循。

随着全党全国人民思想不断解放,社会主义精神文明建设任务提上日程。因为精神文明建设不好,物质文明也要遭到破坏。1982 年秋,在中国共产党的十二大上,社会主义精神文明建设的历史重任得以明确提出,是否具有高度的精神文明也是社会主义现代化国家建成与否的重要衡量指标。此后,以培育社会主义"四有"公民,提高全民族的思想道德素质和科学文化水平为根本任务的社会主义精神文明建设工作在国内全面展开。精神文明建设与精神污染防治相辅相成。在改革开放中,抵制对西方资产阶级腐朽思想的盲目崇拜,反对脱离社会主义制度、脱离中国共产党的领导的自由化思想同样是社会主义精神文明建设工作的重要内容。《关于社会主义精神文明建设指导方针的决议》是中国共产党的第一个关于精神文明建设的纲领性文件。它的出台为中国的社会主义精神文明建设提供了标准和规范。然而,实践中的思想建设和意识形态工作面临着各种负面思潮的挑战。1989年政治风波的发生说明,党的意识形态工作和思想政治工作不是太多,而是不够,不是太硬,而是太软。邓小平反思说:"四个坚持本身没有错,如果说有错误的话,就是坚持四项基本原则还不够一贯,没有把它作为基本思想来教育人民,教育学生,教育全体干部和共产党员。……四个坚持、思想政治工作、反对资产阶级自由化、反对精神污染,我们不是没有讲,而是缺乏一贯性,没有行动,甚至讲得都很少。不是错在四个坚持本身,而是错在坚持得不够一贯,教育和思想政治工作太差。"①

为补足这一短板,同时也为了更有效地应对苏联解体、东欧剧变等国际局势变化给中国人的思想认识带来的巨大冲击和对中国改革开放事业带来的巨大挑战。1990 年到 1991 年,中国共产党以中国近现代史和国情教育为着重点,在党内开展了马克思主义党建学说和中共党史的学习教育,在广大群众中开开展了社会主义思想政治教育。这次党史学习教育,通过组织系统学习《毛泽东选集》《中国共产党的七十年》等著作,教育党员干部和群众正确认识党的历史,认清形势任务,坚定了广大党员干部和人民群众走中国特色社会主义道路的信念和信心。同时,邓小平所提出的"知识分子是工人阶级的一部分",是为社会主义服务的劳动者的定位得以重申。

然而苏联解体、东欧剧变给整个世界,尤其是中国人民带来的是马克思主义还灵不灵,社会主义还行不行,共产党执政还成不成,改革开放还要不要等一系列重大问题的诘难。面对以美国为首的一批西方国家想要搭乘苏联解体、东欧剧变的"东风"对中国实行政治颠覆的企图,邓小平一方面提出了一系列应对西方国家经济"制裁"和政治打压的具体策略,一方面又重新整合了中国共产党自己话语体系的社会主义理论,从而破除了限制中国人民思想的舆论桎梏。在邓小平的和平与发展仍然是时代主题的基本判断下,中国共产党以"我们自己不乱"和"坚持改革开放"为基本原则,以"冷静观察、稳定阵脚、沉着应对、韬光养晦、善于守拙、决不当头、有所作为"为指导方针,同西方国家开展了"有理、有利、有节"的斗争,不仅平稳度过了这一困难时期,而且开创了中国外交新局面。与此同时,邓小平在 1992 年初发表的南方谈话中,对"社会主义"进行了答疑解惑。他深刻指出:"社会主义的本质,是解放生产力,发展生产力,消灭剥削,消除两极分化,最终达到共同

---

① 《邓小平文选》(第三卷),人民出版社,1993 年,第 305 页。

富裕。"①中国搞改革开放就是要解放中国的生产力。因此，改革开放必须大
胆试、大胆闯，要将是否有利于发展社会主义社会生产力、增强社会主义国
家的综合国力、提高人民的生活水平作为判断的标准，而不是姓"资"还是姓
"社"。基于此，就不能将计划和市场作为判断社会性质的本质区别。社会主
义也可以有市场，资本主义也可以有计划。社会主义实行市场经济的最终
目的是为了发展社会生产力，最终实现共同富裕。关键是经济上实现发展，
稳定协调的发展，抓住时机的发展。而经济要想发展就必须依靠科技和教
育，"科学技术是第一生产力"②。知识分子是重要力量。经济要想发展还必
须打击各种犯罪，加强法制建设，搞好精神文明，归根到底是要坚持四项基
本原则。这就构成了中国改革开放新时期的基本路线："一个中心，两个基本
点。"在邓小平看来，这个基本路线要管一百年，必须要有组织路线来保证，
也就是人的问题。具体包括德才兼备的党员干部选拔问题、"四有新人"的
培育问题、反对官僚主义作风的问题，归根到底是全体人民如何学习和掌握
马克思列宁主义武装头脑的问题。"实事求是是马克思主义的精髓。……改
革开放的成功，不是靠本本，而是靠实践，靠实事求是"③，也靠先进中国人将
科学理论与中国实际相结合，不断实现中国化、时代化、大众化。邓小平在
南方谈话中所表达的上述观点涵盖了中国改革开放的各个领域中的问题，
体现了中国的改革开放是全方位、深层次的改革开放。

相较于列宁晚年对社会主义的新探索，邓小平的社会主义改革思想更加
全面而深入，很多问题都是列宁所生活的那个时代不曾预见的。例如，列宁
晚年没有涉及具体社会主义文艺工作体制机制改革的问题，在知识分子问题
上也涉及不多，他对苏维埃俄国的文化建设问题的认识更强调宏观角度上

---

① 《邓小平文选》(第三卷)，人民出版社，1993 年，第 373 页。
② 同上，第 377 页。
③ 同上，第 382 页。

的无产阶级文化建设,对于人民文化素质和文明水平的提升实践上推进不多。而中国的精神文明建设更加注重提高广大人民群众的思想道德素质和科学文化水平,注重搭建起新型社会关系,实现人与人关系的根本变革,从而更好地服务于社会主义现代化建设,服务于解放和发展生产力。当然,后人不能苛责列宁去解决超出他所处的时代条件的所有问题,他所提供的是对后人观察、思考和解决问题世界观和方法论上的指导。例如,列宁在生命的最后阶段仍然强调:"世界历史发展的一般规律,不仅丝毫不排斥个别发展阶段在发展的形式或顺序上表现出特殊性,反而是以此为前提的。……而且这些特殊性到了东方国家又会产生某些局部的新东西。"①这一观点为中国在落后的基础上首先开创成功的社会主义建设之路提供了最有力的理论支撑。

中国的改革开放之路,既是对列宁晚年思想的借鉴和吸收,又是中国共产从中国国情出发,对中国问题的创造性解答,体现了中国共产党对列宁主义的思想创新、策略创新和方法创新。这条社会主义的改革开放之路从达成思想统一开始,到建设有中国特色社会主义,再到形成中国特色社会主义理论体系,是一个实践上不断探索,理论上不断积累,制度不断完善的过程。改革开放从政治、经济、文化三位一体到四位一体,再到五位一体,是在深度和广度上的拓展和延伸。中国共产党在对自身执政问题、社会主义建设问题和人类社会发展问题的认识深化中,不断超越和发展了列宁主义,有力推动了列宁主义的中国化历史进程。

三、中国特色社会主义理论体系的逐步形成

中国特色社会主义理论体系是在改革开放历史新时期形成的。改革开

---

① 《列宁选集》(第四卷),人民出版社,2012 年,第776 页。

放伊始,邓小平首先明确了新时期中国实现社会主义现代化的基本原则。1982 年 9 月,在中国共产党的十二大开幕词中,他说:"把马克思主义的普遍真理同我国的具体实际结合起来,走自己的路,建设有中国特色的社会主义,这就是我们总结长期历史经验得出的基本结论。"①以此为原则,中国共产党带领中国人民走出了改革开放之路,走出了中国人自己的、独创的社会主义现代化新路。在党的十二大上,中国共产党初步提出了中国社会主义现代化建设的战略规划、战略步骤和方针政策。1987 年党的十三大上,中国共产党又首次系统论述了中国所处的历史阶段,即社会主义初级阶段。以初级阶段为依据,十三大上明确了党的基本路线,初步概况了建设有中国特色的社会主义的基本要点。面对 20 世纪八九十年代,世情、国情、党情的新变化,面对国际共产主义运动中的波折,1992 年邓小平发表的南方谈话和中国共产党的十四大中提出了社会主义本质论、判断改革开放是否得失的标准论、社会主义市场经济理论等内容。这些都是对关系国家前途命运的重大问题的理论回答,也是中国特色社会主义走向成熟的关键。以此基础,1997 年 9 月中国共产党的十五大明确提出了中国经济体制改革的目标是建立社会主义市场经济体制,所有制改革目标是建立以公有制为主体多种所有制经济并存的经济形式,并将"邓小平建设有中国特色社会主义理论"简称为"邓小平理论"进行了系统论述。由此,邓小平理论得以正式命名,中国共产党的理论创新成果得以丰富。邓小平理论的形成标志着中国特色社会主义理论体系的初步构建。

这是因为,邓小平理论解决了关系当代中国前途和命运的一系列基本问题。"第一次比较系统地初步回答了中国这样的经济文化比较落后的国家如何建设社会主义、如何巩固和发展社会主义的一系列基本问题,用新的

---

① 《邓小平文选》(第三卷),人民出版社,1993 年,第 3 页。

思想、观点,继承和发展了马克思主义。"①总体而言,邓小平理论从中国的发展道路、发展阶段、根本任务三个层面上回答了"什么是社会主义";从发展动力、外部条件、政治保证三个层面上回答了"如何建设社会主义";从战略步骤、领导力量和依靠力量、和平统一方案三个层面上回答了建设中国特色社会主义的具体步骤方法;还从三个角度上明确了中国社会主义成功与否的检验标准。它本身就是一个涵盖社会主义经济、政治、科技、教育、文化、民族、军事、外交、统一战线、党的建设各个方面的比较完备的科学理论体系。具体表现为,就发展方向而言,它指明的是建设有中国特色的社会主义之路。要保持中国特色,就不能把书本教条、不能把他国经验当标准,而要始终坚持从中国实际出发,以实践作为检验真理的唯一标准,解放思想,实事求是,走好自己的路。就发展阶段而言,它做出了中国处于并长期处于社会主义初级阶段的科学论断。初级阶段的典型特点是生产力水平不发达。这个不发达的现状是中国制定一切方针政策的基本依据。一旦方针政策滞后或超越这个初级阶段的实际,就必然会出现问题。而这个初级阶段,至少也要经历上百年。就根本任务而言,中国共产党始终致力于实现中国人民的共同富裕。这是由邓小平所揭示的社会主义的本质所决定的。然而尚处于初级阶段的中国,由于落后的生产力发展状况还不能完全满足人民群众的物质文化需要。因此,发展生产力是中国共产党的最核心任务,经济建设是中国共产党的最中心工作,不能动摇。

就发展动力而言,改革是中国发展进步的根本动力。改革不是单独一方面的表层变动,而是全方位的深层次革命,涉及政治、经济、文化各个领域,需要在很长一段时间中逐步推进、深入展开。就外部条件而言,和平与发展

---

① 《十一届三中全会以来党和国家重要文献选编》,中共中央党校出版社,2008 年,第 248 ~ 249 页。

始终是中国所处时代的主题。国际环境提供给中国的是可以争取的有利发展机遇，只有坚持独立自主的和平外交政策才能抢抓机遇。以此为基础，才能在对外开放中借鉴和利用他国所创造的一切先进技术和文明成果为我所用。就政治保证而言，坚持四项基本原则是立国之本。只有以此为前提，中国的改革开放和现代化建设才能健康发展，发展成果才能为人民所共享。

就战略步骤而言，"三步走"战略是实现社会主义现代化的统筹规划。同时，还要在坚持以公有制和按劳分配为主体的基础上，允许和鼓励一部分地区、一部分人先富起来，先富带后富，最终实现共同富裕。就领导力量和依靠力量而言，中国共产党始终是领导核心，广大工农群众是依靠力量。党的领导地位靠始终坚持党的建设伟大工程实现，在自我革命中不断增强；党的领导地位也靠人民群众的支持和监督而实现。中国共产党同人民群众的联系问题是关系党和国家生死存亡的根本问题，必须始终做到全心全意为人民服务。就和平统一策略而言，"一个国家、两种制度"是可以尝试的创造性方案。香港、澳门、台湾可以在一个中国的基本前提下，保有同国家主体所坚持的社会主义制度不同的资本主义制度长期不变，从而实现祖国的和平统一。就改革开放道路上社会主义建设是非得失的检验标准而言，就是要以发展生产力、增强国家实力和提高人民生活水平为标准，致力于实现中国的社会主义现代化。

在这一理论的科学指导下，中国共产党带领中国人民在建设有中国特色社会主义道路上取得了举世瞩目的发展成就。但是"发展起来以后的问题不比不发展时少"。面对世情、国情、党情的新变化，中国共产党的十六大将最新理论创新成果"三个代表"重要思想作为指导思想写入到了新修订的党章。这是对新的时代条件下"建设什么样的党、怎样建设党"这一基本问题的回答。中国共产党的十七大又根据时代条件的变化，将"科学发展观"作为党的指导思想写入新修订的党章。这是对新形势下"实现什么样的发展、怎样发展"这一基本问题的最新解答。中国共产党的一系列理论创新成果都是在邓小平理论指导下,对改革开放新形势下所面临的中国问题的进一步回答。

　　改革开放以来,中国共产党的历届领导集体都是针对中国不同发展阶段上的重大理论和现实问题,对中国特色社会主义理论的阶段性探索和丰富发展。中国共产党在中国改革开放和现代化建设过程中,在继承和更新前人思想成果的基础上,为实现社会主义现代化创新发展了列宁主义,在解决中国问题的过程中形成了具有中国风格、中国气派的思想理论体系,这也就是列宁主义的中国化理论成果。

第三节　改革开放后列宁主义的中国化历史成就

　　中国特色社会主义理论体系来源于中国共产党在改革开放实践中对中国问题的创造性破解和理论化总结,是马克思列宁主义在中国的又一次历史性飞跃,是马克思列宁主义中国化的重要成果。中国特色社会主义理论体系紧紧围绕"什么是社会主义,如何建设社会主义",改变过去一些人对列宁主义的教条主义认识和对中国所处历史阶段的模糊判断,改革了中国人民的社会主义观,形成了中国人民自己的社会主义理论。中国共产党作为国家最高领导力量,加强自身建设始终是执政的无产阶级政党抵御风险、拒腐防变的重要法宝。中国共产党是按照列宁的建党学说发展起来的政党,又在加强自身建设的过程中丰富和发展了列宁主义。

一、纠正并清除了对待列宁主义的教条态度,进一步推动了理论与实践深入结合

　　列宁主义是列宁在领导俄国人民解放过程中产生的俄国化的马克思主

义。中国共产党以列宁主义为指导，必须要从中国问题出发，从中国人民的解放和发展需求出发，将列宁主义进行中国化。改革开放以来，中国共产党坚持实事求是的基本原则，纠正了过去存在的对列宁主义的教条主义错误态度，重新将列宁主义定位为既具有科学真理性又具有民族特性的马克思主义理论，定位为关于帝国主义时代无产阶级和被压迫民族解放的学说，强调要将列宁主义与中国实际相结合，解决中国自己的问题。

（一）明确了列宁主义既是普遍真理又具有民族特色

改革开放之前，中国社会主义建设道路上出现问题的一个重要原因是，中国共产党人缺乏实践检验，更加注重列宁主义的普遍真理性，脱离了中国的客观实际，没有做到理论与实际的有效结合。这种忽视中国实际的思想认识，已经被实践检验是错误的。改革开放后，应该如何认识和运用列宁主义？中国共产党提出了新的思想观点：既将列宁主义看作是对马克思主义科学真理的继承和发展，又充分认识到列宁主义产生于帝国主义时代条件下俄国革命和建设实践的客观事实；在运用列宁主义的过程中，既重视其中蕴含的一般真理，又注重区别对待两党、两国所面临的不同历史境遇。这种新观点，表达了中国共产党对列宁主义认识和运用上的转变。

在一定程度上说，一段时间内，中国人对列宁主义的认识和对其实质的把握，很大程度上受到了斯大林的影响。不光是中国，整个苏联也是如此。俄罗斯历史学家麦德维杰夫亲历苏联共产党的繁荣与衰落，曾经尖锐地指出，斯大林对列宁主义的定义"已深深扎根于我们的理论之中"。"这种意识形态不仅被事实所证明，而且还形成了国家政权体系和社会经济模式。国家经济和政治领导中的高度中央集权也是出自这种思想理论。"①因此，如何摆脱斯大林的影响，客观全面地理解列宁主义关系无产阶级政党如何执掌

---

① ［俄］罗伊·麦德维杰夫：《苏联的最后一年》，社会科学文献出版社，2013年，第257页。

国家政权和管理社会主义的全部事业。

1924 年 4 月到 5 月,斯大林在他的著名演讲《论列宁主义基础》中从九个方面概括了列宁主义的基本内容,并给它下了一个明确的定义:"列宁主义是帝国主义和无产阶级革命时代的马克思主义。确切些说,列宁主义是无产阶级革命的理论和策略,特别是无产阶级专政的理论和策略。"①1926年斯大林在《论列宁主义的几个问题》中,又对列宁主义的定义作了进一步发挥,强调列宁主义的主要问题就是无产阶级专政问题。从而又将列宁主义的主要内容概括为列宁关于"不断革命"的理论、无产阶级革命和专政的理论、党和工人阶级关系的理论、社会主义一国内胜利的理论、苏联能够取得社会主义建设胜利的理论。斯大林认为,自己的定义正确地指出了列宁主义的历史根源、国际性质及其同马克思主义的有机联系。

值得肯定的是,斯大林的上述定义是对列宁主义的高度概括,用词简练而又重点突出。一定程度上反映了当时无产阶级政党和社会主义国家人民对列宁主义的高度认同。列宁为俄国无产阶级革命和平息国内战争所做的贡献恰恰表达了其革命和专政理论的科学性和合理性。这在 1924 年苏联刚刚结束战争不久的状况下,符合当时人民,尤其是苏共党员干部的思想认识水平,便于被人们所接受。同时,斯大林给列宁主义所下的定义,还有力地回击了党内外、国内外存在的一种错误认识。当时,一些苏联加盟共和国的共产党人认为列宁主义只是俄国革命的具体策略,是马克思主义在俄国革命中的实践,不具有普遍的理论指导意义,只适用于俄国,无法领导其他国家的无产阶级革命运动,不是普遍真理。斯大林在对列宁的阐述中,明确指出了"列宁是马克思、恩格斯学说的唯一的伟大继承者"②。斯大林用这一定

---

① 《斯大林选集》(上卷),人民出版社,1979 年,第 185 页。
② [英]罗伯特・谢伟思:《斯大林传》,中国出版集团公司、华文出版社,2014 年,第 226 页。

义确立了列宁主义在马克思主义发展史上的历史地位，这在后来的无产阶级政党反对修正主义的斗争中起到了坚持和捍卫列宁主义的作用。

斯大林对列宁主义的理解，从一定程度上反映的是斯大林个人对苏联社会主义道路的认识和建设方式的判断。列宁去世后，斯大林要求对列宁的文章进行审查，严格禁止列宁主义中与他个人施政主张不相符的内容曝光。因此，斯大林的定义并没有客观全面地反映列宁主义的思想全貌。它过分强调了列宁主义的国际性和普遍意义，忽视了它的民族色彩。由于列宁主义诞生并发展于俄国，来源于对俄国无产阶级革命和社会主义探索实践经验的总结，主要来自俄国本国的具体实际，是马克思主义普遍真理与俄国基本国情相结合的产物。因此，列宁提出的理论路线和方针政策，既有反映时代本质和社会发展规律的共性一面，也有具体反映俄国特色的一面；既蕴含有马克思主义的一般世界观和方法论，也有只适用于俄国的具体方针和策略。列宁始终强调自己的理论是方法，而不是教条。也正是基于此，斯大林忽视列宁主义的特殊性，离开俄国的特殊实际，把列宁主义中的普遍性原则绝对化，把俄国的无产阶级革命和社会主义建设经验绝对化，强行推演为其他社会主义国家必须照抄照搬的固定模式。这不仅造成了其他社会主义国家革命和建设事业的损失和挫折，而且造成了他人对列宁主义的质疑和诟病。从本质上来看，斯大林犯了教条主义的错误，只见一般、不见特殊；只讲俄国需要、不顾他国国情。

苏联及苏联共产党的领导人"教条主义地理解马克思列宁主义的思想理论，不仅阻碍了国内健康的民主力量的发展，而且与这一思想相关的行动方针和指南也助长了党和国家统治阶层的不良习气，包括贪污腐败、滥用职权、许多地方高层领导人的自私自利，等等。……教条主义和苏共干部队伍的普遍腐化使这个党丧失了抵抗力"①。最终导致苏联亡党亡国。因此,把握列宁主义的实质,全面理解列宁主义,既要看到列宁主义的普遍真理性,也要看到这一理论所蕴含的民族特性;既要看到列宁是对马克思主义的继承和发展,也要看列宁是在同俄国实际相结合的过程中实现自身理论的发展和升级的。正是基于这样的立场,邓小平指出:"马克思列宁主义的普遍真理与本国的具体实际相结合,这句话本身就是普遍真理。它包含两个方面,一方面叫普遍真理,另一方面叫结合本国实际"②。中国共产党在改革开放历史时期已经树立起了正确的列宁主义的观,能够做到正确对待列宁主义。这种正确观念就是要不断把列宁主义的基本原理与中国具体实际相结合,从实际出发推进科学理论的中国化。中国共产党的章程中也明确规定,改革开放之后中国共产党多个理论创新成果都是马克思列宁主义的基本理论同当代中国实践和时代特征相结合的产物,反映了当代世界和中国的发展变化对党和国家工作的新要求,是根据新的发展要求形成的马克思列宁主义中国化的最新成果,是一脉相承又与时俱进的科学理论。

(二)明确了列宁主义既是革命的理论又是建设的理论

斯大林对列宁主义所下的定义,还有一个不足之处,就是没有涵盖列宁主义的全部思想内容。列宁主义不单单是革命和专政的理论。列宁的一大理论贡献是开创了经济文化落后国家首先走向社会主义的道路。这条道路既包括夺取政权,也包括维护政权。列宁首先提出并实践了在农民占绝大多数的、经济文化比较落后的国家先于资本主义发达国家,通过无产阶级革命的方式夺取政权的道路。列宁首先证实了一国能够首先取得社会主义革命的胜利。在胜利的基础上,无产阶级专政的任务是要在经济文化落后的

① 〔俄〕罗伊·麦德维杰夫:《苏联的最后一年》,北京:社会科学文献出版社,2013年,第259页。
② 《邓小平文选》(第一卷),人民出版社,1994年,第258～259页。

国家建成社会主义，即巩固政权、发展经济，赶上和超越资本主义国家。列宁晚年提出以新经济政策为中心的社会主义新观点，经过实践证明是能够促进社会主义生产力发展的有效方法。这是列宁主义中的精华和瑰宝。而斯大林的定义只注重列宁的无产阶级革命和专政思想，忽视了列宁关于转变工作重心、集中力量发展社会主义生产力的观点。因此，斯大林对列宁主义的概括是不全面的。在斯大林的主导下，列宁去世后的苏联推行了农业的集体化运用，搞了"清党"运动，抛弃了列宁的新经济政策，实际上是用阶级斗争和群众运动取代经济建设。这正说明，斯大林对列宁主义认识上的不足，直接影响了苏联的社会主义建设方向和方式。

同样，中国共产党如何把握列宁主义也直接影响了中国的社会主义建设方案。改革开放之后，中国共产党坚决抛弃了"无产阶级专政下继续革命"的观点，不再认为革命和阶级斗争是列宁主义的全部内容。转而将党和国家工作重心转移到了经济建设上。在这种情况下，列宁晚年对社会主义认识上的改变，以及他所提出的一系列改革国家经济体制和党政体制的思想得到重视。邓小平指出："列宁号召多谈些经济，少谈些政治。"[1]中国的社会主义要实现四个现代化同样要以经济建设为中心。从此，列宁主义在中国既包括关于无产阶级革命的理论内容，能够在与中国革命实际结合的过程中，指导中国的新民主主义革命取得胜利，同时也包括关于落后国家的社会主义建设内容，服务于解决中国经济社会发展的问题。由此，中国共产党彻底纠正了对列宁主义的片面认识。在新的历史方位下，中国共产党的最新理论成果依然是对列宁主义全部内容的继承和发展。概言之，改革开放中形成的中国特色社会主义理论体系从根本上纠正了全党、全国人民对列宁主义的教条主义认识。

---

[1]　《邓小平文选》（第二卷），人民出版社，1994年，第180页。

二、继承和发展了列宁晚年对社会主义的新认识，开创了中国特色社会主义改革创新之路

改革开放是中国共产党在领导中国特色社会主义事业中的实践创新，体现了中国共产党对列宁晚年社会主义思想的继承和发展，对社会主义认识的转变和深化。这是因为，列宁晚年的社会主义思想是中国改革开放的重要思想来源。而列宁晚年对社会主义的认识之所以发生变化，是因为他在领导落后的苏维埃社会主义俄国推进社会主义生产力发展的过程中出现了失误，致使国内出现了"要苏维埃，但不要布尔什维克的苏维埃"的危机局面。列宁通过调查研究指出，我们犯了一个愚蠢的错误，我们对社会主义的看法不得不根本改变了。列宁所说的根本改变，表达的就是对社会主义认识方式和发展方式上的根本改变。而这正是中国特色社会主义理论体系解答的中国发展核心问题——"什么是社会主义、怎样建设社会主义"。

（一）将解放和发展生产力确立为社会主义本质

中国共产党对社会主义认识的转变首先表现在对社会主义本质的认识上。列宁并未在自己的著作中直接指出过社会主义的本质。邓小平在总结落后中国社会主义革命和建设经验的基础上，于1992年在南方谈话中第一次提出"社会主义的本质，是解放生产力，发展生产力，消灭剥削，消除两极分化，最终达到共同富裕。"①如前所述，列宁晚年也十分重视落后苏俄的生产力发展问题，但他并没有将其定位为社会主义的本质。中国共产党第一次将生产力的解放和发展作为社会主义的本质提出，体现了中国共产党在理论上对列宁主义的发展和创新，体现了中国共产党对落后国家社会主义建设规律的进一步揭示。

---

① 《邓小平文选》(第三卷)，人民出版社，1993年，第373页。

说其继承列宁主义，是因为列宁也始终坚持马克思主义的唯物史观和认识论，注重生产力发展在社会进步中所起的决定性作用。说其发展列宁主义，是因为中国共产党对社会主义本质的明确，直接指明了那些在落后的基础上首先开展社会主义实践国家的核心任务和首要目标，从而解决了长期以来限制中国人民思维和行动的理论难题。这个理论难题，就是落后国家搞社会主义建设的一般性与特殊性的关系问题。

按照人类社会发展的一般规律，社会主义社会建立在生产力水平高度发达的资本主义社会之后。在这种前提下，无产阶级推翻资产阶级，公有制消灭私有制，自然而然又彻底全面。此时的社会主义建设应该是生产关系的全面变革，实行马克思、恩格斯所设想的单一公有制、计划经济、按需分配，合理而有效。可是，中国同俄国一样，都是在落后国家、在生产力水平十分薄弱的基础上首先完成了无产阶级革命，此时的社会主义建设是十分特殊的。过往的苏联历史和中国革命、建设历史都在探索：落后条件下的无产阶级政权如何推动社会主义的发展。如果丢掉单一的公有制、计划经济和按需分配，是不是违背了马克思主义、是不是就不叫社会主义了？列宁在苏俄的实践和中国共产党在中国的实践都证明，落后国家的社会主义建设如果只注重单一公有制、计划经济和按需分配，忽视运用多元化手段推进国家生产力的发展，只会被人民和时代所抛弃。列宁认识到了这一问题，强调要改变对社会主义的看法，探索社会主义新路。中国共产党认识到了这一问题，从更深层意义上阐述了社会主义的本质。社会主义本质的揭示使人民认识到：贫穷和发展太慢都不是社会主义，解放和发展生产力才是落后国家首先建设社会主义的本质需要。从此以后，"以经济建设为中心"，坚持改革开放，深入人心。中国共产党历史上曾经犯过的脱离中国客观实际，丢掉主要矛盾、忽视生产发展的错误也将不再有重新生长的土壤和环境。

其实，中国共产党并不是在改革开放之后才开始重视生产发展的，在夺取政权之初,这个无产阶级政党十分重视解决落后中国的生产力发展的问题。1956 年 9 月,中国共产党的八大正式作出了把党和国家的工作重点从社会主义改造向社会主义建设转移的战略决策,提出党和国家的主要任务是发展社会生产力。大会还发布了《关于发展国民经济的第二个五年计划(1958—1962 年)的建议报告》,制定了一系列加快社会生产的具体措施。在一定意义上,实践中出现的过激的人民公社化运动、"大跃进"等建设方式,其实施初衷也是为了促进社会主义生产力的发展。这表明,生产力发展的方式不对,不仅不能推动发展,还有可能阻碍发展。反思历史,邓小平提出:"改革是中国发展生产力的必由之路"①。中国要搞改革开放,"过去,只讲在社会主义条件下发展生产力,没有讲还要通过改革解放生产力,不完全。应该把解放生产力和发展生产力两个讲全了"②。所以说,国家科技体制的改革是解放生产力;把计划和市场结合起来发展经济,也是解放生产力。中国的改革开放就是通过解放生产力而发展生产力。比较可知,列宁晚年提出的一系列社会主义的改革举措,目的也是为了解放并发展苏俄的社会生产力。但列宁还没有将这一问题上升到社会主义本质的层面上就去世了。而中国共产党所揭示的社会主义的本质体现了对列宁主义的继承和发展。

(二)将"初级阶段"确立为中国社会主义发展阶段

对中国社会主义所处历史阶段的认识是中国共产党对社会主义认识的又一突破。关于社会历史发展阶段问题,列宁曾提出,从资本主义社会过渡到共产主义社会需要经历一个可以划分若干个过渡阶段的很长的过渡时期。针对像俄国一样的落后国家向共产主义过渡,需要一个"初级形式的社会主义"。但在维护无产阶级政权的实践中,列宁一开始并没有很好地坚持

---

① 《邓小平文选》(第三卷),人民出版社,1993 年,第 136 页。
② 同上,第 370 页。

这一思想。列宁曾深刻反思说："从 1917 年产生了接收政权的任务和布尔什维克向全体人民揭示了这一任务的时候起，在我们的理论文献中就明确地强调指出，要从资本主义社会走上接近共产主义社会的任何一条通道，都需要有社会主义的计算和监督这样一个过渡，一个漫长而复杂的过渡（资本主义社会愈不发达，所需要的过渡时间就愈长）。"[1]然而，"当我们不得不在国内战争激烈进行的情况下在建设方面采取必要措施的时候，好像把这一点遗忘了"[2]。列宁晚年纠正这一缺失，重新强调了过渡时期的长期性和复杂性。他提出要通过新经济政策的方式实现过渡，而实行新经济政策和发展"国家资本主义"被列宁看做是向社会主义过渡的一种迂回方式和退却方式。受思想认识局限，当时列宁主张的这种"退却"仅仅实施一年之后，党内外就开始出现"停止退却"的声音。列宁说："退却是一件难事，尤其是对于已经习惯于进攻的革命家，尤其是他们几年来习惯于进攻并取得巨大成就的时候，尤其是在他们周围的各国革命家一心向往发起进攻的时候，那就更难了。"[3]原本列宁设想，这样暂时退却的过渡时期需要经历"整整一个历史时代。在最好的情况下，我们度过这个时代也要一二十年"[4]。现在看来，即便是一二十年也是不够的。可斯大林在 1929 年就放弃了列宁的这一思想，在 1936 年就宣布苏联首先基本建成了社会主义，要开始向共产主义前进。由此，苏联的过渡时期和"初级形式的社会主义"阶段被严重压缩。到最后，苏联建设社会主义的物质基础不足，再加上一系列超阶段的政治的、经济的政策，导致了发展中的严重问题。斯大林的继任者赫鲁晓夫虽然全盘否定了斯大林，但并没有纠正苏联共产党在社会主义发展阶段问题上的错误认

---

[1] 《列宁选集》（第四卷），人民出版社，2012 年，第 574 页。
[2] 同上，第 575 页。
[3] 同上，第 672 页。
[4] 同上，第 770 页。

识。1961 年赫鲁晓夫在苏共二十二大上,甚至提出要在 20 年内基本建成共产主义。其继任者勃列日涅夫更是迫不及待地在 1967 年宣布苏联已经建成了"发达的社会主义社会"。列宁之后的苏联共产党历任领导人不切实际的超阶段,脱离实际的发展方式,使苏联经济畸形,教条主义、官僚主义弊病泛滥,最终使无产阶级政党和社会主义国家被葬送。

以苏为鉴、以史为鉴。邓小平反思过去、总结经验,明确提出了中国社会主义的初级阶段理论。他说:"社会主义本身是共产主义的初级阶段,而我们中国又处在社会主义的初级阶段,就是不发达阶段。一切都要从这个实际出发,根据这个实际来制订规划。"①具体而言,这个初级阶段突出了落后中国的特殊性。它"不是泛指任何国家进入社会主义都会经历的起始阶段,而是特指我国在生产力落后、商品经济不发达条件下建设社会主义必然要经历的特定阶段"②。这个初级阶段有多长?邓小平回答说:"我们搞社会主义才几十年,还处在初级阶段。巩固和发展社会主义制度,还需要一个很长的历史阶段,需要我们几代人、十几代人,甚至几十代人坚持不懈地努力奋斗,决不能掉以轻心。"③从邓小平提出这一论断开始,初级阶段理论就成为中国共产党处理改革发展问题的根本出发点和落脚点,是当代中国的最大实际。它反映了落后中国社会主义建设的特殊规律。在社会主义建设的具体方案上,处于并将长期处于初级阶段的中国客观实际,要求落后中国要以经济建设为中心,要采取一系列有利于生产力发展的方式方法,包括借鉴吸收资本主义的方法、变革阻碍生产力发展的所有制关系和分配制度,包括营造和平稳定的发展环境、建设现代化军事和国防,包括提高国民素质、清除官僚主义、加强党的建设等等。所以说,社会主义初级阶段是决定了当代

---

① 《邓小平文选》(第三卷),人民出版社,1993 年,第 252 页。
② 《十二大以来重要文献选编》(上册),人民出版社,1991 年,第 12 页。
③ 《邓小平文选》(第三卷),人民出版社,1993 年,第 379~380 页。

中国一切大政方针的最大国情，是中国特色社会主义理论提出的现实依据。

（三）将坚持和发展中国特色社会主义确立为中国道路

中国共产党对社会主义认识上的转变还表现在对中国社会主义发展道路的认识上。列宁晚年虽然提出在苏俄实行新经济政策，走国家资本主义的发展道路，但也同时看到了这种社会主义发展道路中的问题，他还没有来得及解决就离世了。列宁说，新经济政策"这里蕴藏着巨大的危险"。"我们不愿意承认，它没有按照我们的意志行动。它是怎样行动的呢？就像一辆不听使唤的汽车，似乎有人坐在里面驾驶，可是汽车不是开往要它去的地方，而是开往别人要它去的地方。"①列宁这里所指出的危险，其实指的是实行"国家资本主义"之后，商品、市场、资本这些原本被认为与社会主义制度不相容的东西自然而然地在苏俄出现了。工农业之间的"剪刀差"问题、人们之间的贫富差距问题随着经济发展而不断凸显。列宁当时已经看到这些问题会给无产阶级政权带来严峻挑战。因此，列宁将其作为处理国家经济问题的基本点，要求无产阶级政党要在这些问题上从头学起，以加强宏观调控的方式保持国家经济运行的良好秩序。然而，在没有明确提出社会主义经济体制改革方向和目标的情况下，在与之相配套的政治体制改革和社会主义文化建设都不充分的情况下，"国家资本主义"并不会实现自主健康发展。列宁设想的利用资本主义建设社会主义的美好愿望也没有有效实现。列宁在1923年1月所口授的《论合作社》当中提出，"我国新经济政策的实际目的就是实行租让；在我国条件下，租让无疑就是纯粹的国家资本主义类型。……租让在我国并未得到多大的发展。"②随后，列宁在本文中说了那句经典名言："我们不得不承认我们对社会主义的整个看法根本改变了。"③因

---

① 《列宁选集》（第四卷），人民出版社，2012年，第671页。
② 同上，第771~772页。
③ 同上，第773页。

此,列宁对社会主义看法的根本改变,一定意义上还包括超越新经济政策、超越"国家资本主义"的更深层次的全面改革。然而历史没有给列宁更多的时间和机会。

以邓小平同志为主要代表的中国共产党人秉持着列宁所说的对社会主义认识的根本改变,将列宁晚年的探索延伸了下去。最终明确提出了中国的社会主义市场经济体制改革目标,进一步明确了建设有中国特色社会主义的发展道路,确立了中国特色社会主义道路、理论体系、制度和文化。"中国特色社会主义道路是实现社会主义现代化、创造人民美好生活的必由之路,中国特色社会主义理论体系是指导党和人民实现中华民族伟大复兴的正确理论,中国特色社会主义制度是当代中国发展进步的根本制度保障,中国特色社会主义文化是激励全党全国各族人民奋勇前进的强大精神力量。"①

坚持走中国特色社会主义道路背后所蕴含的思想内涵与列宁所强调的对社会主义认识的根本改变具有内在统一性。列宁自己也说:"马克思主义者必须考虑生动的实际生活,必须考虑现实的确切事实,而不应当抱住昨天的理论不放。"②因此,中国共产党所创立的中国特色社会主义理论体系正是对列宁主义的全方位继承和发展。

三、丰富和深化了列宁的党建学说,进一步加强了中国共产党的自身建设

党的自身建设问题是中国共产党运用列宁主义解决的重要中国问题之一,同样体现了列宁主义在中国的丰富和发展。正如邓小平所分析的那样,在无产阶级政党的问题上,"马克思、恩格斯讲得不多,列宁有个完整的建党

---

① 《习近平谈治国理政》(第三卷),外文出版社,2020 年,第 13 页。
② 《列宁选集》(第三卷),人民出版社,2012 年,第 26 页。

的学说。正是因为列宁建立了那么一个好的党，才能取得十月革命的胜利，建立了第一个社会主义国家。把列宁的建党学说发展得最完备的是毛泽东同志"①。基于此，毛泽东才领导中国共产党和中国人民实现了新民主主义革命的胜利，建立了新中国。正如前文所述，中国共产党性质的明确、革命和建设策略的提出、领导核心地位的确立都得益于列宁主义与中国实际的正确结合，得益于列宁党建学说的正确指导。中国共产党在此基础上创立了自己的党建理论。党的建设成为中国革命取得胜利的重要法宝之一。改革开放以来，中国共产党的历届领导集体都十分重视党自身建设的问题。纵观中国共产党的历史，每到重大历史关头，无不是通过加强党的建设实现全党、全国人民思想和行动统一的。改革开放后，中国共产党通过对列宁党建学说的深化和发展，增强了党内民主、提升了党的先进性和纯洁性、完善了对党的监督和制约。

（一）加强党内民主建设

"中国的事情要办好首先中国共产党的事情要办好。"②中国共产党的历史表明能否正确处理党内争论、人民内部矛盾是防止无产阶级政党内部分裂，党与人民群众脱离，党的执政地位稳固与否的关键，也是检验无产阶级执政党民主政治建设成功与否的关键。由于列宁生活在马克思、恩格斯去世之后，第二国际不断蜕变，国际共产主义运动进入了各种机会主义、修正主义思潮不断滋长的历史阶段，而列宁领导的无产阶级革命事业与此相伴而生，因此，整个列宁主义的理论都是在同各种非马克思主义错误思想的斗争中确立起来的。列宁本人也十分重视通过斗争的方式清除党内各种错误思想。列宁认为，党内的分歧问题可以通过民主讨论的办法协商解决，但对

---

① 《邓小平文选》（第二卷），人民出版社，1994年，第44页。
② 习近平：《中国共产党领导是中国特色社会主义最本质的特征》，《求是》，2020年第14期。

于干扰党的正确路线的各种错误思想必须坚决斗争到底,彻底清除。列宁的很多著作都反映了这一观点。比如,毛泽东反复阅读的《共产党运动中的"左"派幼稚病》一文,就表达了列宁在领导俄国革命不同时期对"左"和右的不同认识,表达了无产阶级政党必须清除这种路线分歧的决心和策略。从整个苏联共产党的历史来看,也是如此。布尔什维克派是在同孟什维克派的路线斗争中确立起自己的;俄国 1905 年革命失败后,列宁同党内取消派和召回派又开展了围绕路线问题的斗争;十月革命成功之后,列宁在签订退出第一次世界大战的布列斯特和约问题上又同"左派共产主义者"开展了斗争;列宁主持成立共产国际,在是为了号召全国社会民主党的左派"脱掉那件'穿惯了的'、'可爱的''脏衬衫',穿上整洁的衣服",故而把党的名称改名为"共产党"。在社会主义建设问题上,列宁与普列汉诺夫、托洛茨基、苏汉诺夫展开了一系列关于党和国家发展路线问题的斗争。列宁在世时,这种斗争尚能在民主集中制的基础上,以召开党的代表大会的方式和民主讨论的方式解决,体现了列宁所主张的民主集中制原则和无产阶级政党的集体领导格局。列宁去世之后,斯大林将这种党内外的思想分歧和争论上升到敌我矛盾的高度,以"阶级斗争尖锐化"为由消灭异己。他在同布哈林的斗争中提出,阶级斗争会随着我们的前进不断尖锐化,由此把党内矛盾上升为阶级斗争,还把"富农""城市小资产阶级"都当作阶级敌人镇压,使党和国家的中心工作偏离正轨,党内民主丧失,无产阶级执政党的生机与活力丧失。

在列宁党建理论指导下成立的中国共产党,同样十分重视同各种错误思想的做斗争。中国共产党也正是在斗争中走向成熟并发展壮大的。新中国成立后,中共中央编写的党史资料将党的历史归纳为十次路线斗争。这个路线斗争包括两个方面:即以反对右倾的投降退让、妥协退缩为主要内容的斗争,对象是背叛革命,向反动势力投降,放弃无产阶级立场的右派叛徒;

以反对"左"倾的冒险冲动、盲目激进为主要内容的斗争，对象是在革命中单凭革命激情，不顾革命形势，用僵化、单一的方式盲目开展斗争的"左"的盲动分子。从纠正错误思想、匡正革命道路的角度看，这种斗争没有问题。本着实事求是的态度，判断的"左"和右的标准在于是否符合中国实际、能否解决中国问题。但是是否符合实际、能否解决问题还要在实践中检测和验证，而检验需要时间，结论往往滞后。

由此，中国共产党的历史上也曾出现过受领导人个人意志的影响，斗争面、打击面过大的问题，也难以避免出现了方式方法上简单粗暴的问题。邓小平深刻认识到了这一点，他在发表对起草《关于建国以来党的若干历史问题的决议》的意见时尖锐地指出了出来。他说："路线斗争、路线错误这个提法过去我们用得并不准确，用得很多很乱。过去我们讲党的历史上多少次路线斗争，现在看，明显地不能成立，"①"一说到不同意见，就提到路线高度，批判路线错误。"②这种党内斗争不能做到恰如其分，路线斗争、路线错误的提法应该被抛弃。"党内斗争是什么性质就说是什么性质，犯了什么错误就说是什么错误，讲它的内容，原则上不再用路线斗争的提法。这次决议开个先例，以后也这么办。"③

此后，路线斗争的说法被中国共产党所抛弃，无产阶级政党的建设以更加丰富有效的方式开展，党内民主得以维护并加强。由此，党的建设进一步规范化、常态化、法制化。改革开放之后，包括修订党的章程、完善党的制度、出台党的文件、丰富党的理论等各方面的一系列党建举措全面推进。这其中，最突出的成果是 2000 年以江泽民同志为核心的党的第三代中央领导集体提出的"三个代表"重要思想。它明确了新时期党的建设的根本原则和

---

① 《邓小平文选》(第二卷)，人民出版社，1994 年，第 307 页。
② 同上，第 308 页。
③ 同上。

根本标准,将党的建设与国家的发展、社会的进步、人民的需要融为一体,体现了无产阶级政党的根本价值取向。中国共产党的十六大,将"三个代表"重要思想确立为党的指导思想,成为列宁主义的中国化最新理论成果。从此,中国共产党是否始终代表中国先进生产力的发展方向;是否代表中国最先进文化的前进方向;是否始终代表最广大人民的根本利益,成为判断党内一切是否的新标准。党内分歧和争论的评判标准彻底被一种更加务实、更加符合中国人民需要的新标准所取代,突显了党的执政能力的提升。

(二)加强党的先进性和纯洁性建设

如何使一党长期执政的无产阶级政党始终保持自身的先进性,是执政的无产阶级政党加强自身建设的核心问题,也是列宁留给后继者的最大、最重要的现实问题。一般而言,无产阶级政党的先进性首先来源于其阶级属性。由于无产阶级处于社会化大生产的一线,参与并直接推动社会生产力发展,掌握最新技术并直接左右产业革命、科技革命的发生,因此是社会进步的最强大推动力量,也代表最先进生产力的发展方向。然而担此重任的无产阶级却不占有任何生产资料,只能通过出卖劳动力的方式维持自身生存。无产阶级处于社会生产的最底层,时刻被资本家所剥削,革命性最强,因此也承担着推翻资本主义私有制的社会主义革命任务。这些因素决定了无产阶级的先进性。无产阶级的政党是整个无产阶级中最革命的、有组织的先锋队,是社会主义革命的领导者和社会主义国家的执政者。列宁直接说:"在我国,国家政权的一切政治经济工作都由工人阶级觉悟的先锋队共产党领导。"[1]"党是直接执政的无产阶级先锋队,是领导者。开除党籍而不是实行强制,这是一种特殊的诱导手段,是纯洁和锻炼先锋队的手段。"[2]因

---

[1] 《列宁选集》(第四卷),人民出版社,2012年,第624页。
[2] 同上,第423页。

此,列宁为了保持这个无产阶级先锋队组织的先进性和纯洁性采取的是开除党内异己分子党籍的"清党"方式。列宁实际上领导了俄共(布)党的第一次清党。这次清党是根据俄共(布)第十次代表大会通过的《关于党的建设的决议》进行的。从1921年8月15日开始,到1922年3月俄共(布)第十一代表大会之前结束,历时8个月,开除了近16万党员的党籍。其具体方针为:对工人,在呈交证件、鉴定方面应放宽一些;对于农民,应严格区分富农和诚实的劳动农民;对于"摆委员架子的"和担任享有某种特权的职务的人,应从严;对旧官吏、资产阶级知识分子出身的人,应特别注意审查;对原属其他政党尤其是孟什维克和社会革命党人的人,应该进行最细致的审查和清洗。[1] 清党的主要目的"就是要抵制既腐蚀无产阶级又腐蚀党的小资产阶级自发势力和小资产阶级无政府主义自发势力的影响"[2],以加强无产阶级政党的建设,实现对无产阶级革命成果的维护。

列宁的这一党建方案,虽然初衷是为了增强无产阶级政执政党的先进性和纯洁性,但明显带有以阶级出身定先进性的偏见。这不仅表现在上述针对不同群体采取的不同审查、清洗方式上,还表现在列宁晚年对苏联共产党接收新党员所设定的条件上。列宁晚年提出,对于党组织新接收的党员,如果他是在大工业企业工作不少于十年的工人,那么他的入党预备期就是半年;如果没有十年大企业的工龄,这个工人的入党预备期就是一年半,他的入党介绍人还需要有三年以上的党龄。如果这个入党积极分子是农民或者士兵,那他的入党预备期就是两年,还需要有四年以上党龄的入党介绍人。除此之外的其他人,预备期为三年,需要有五年党龄的入党介绍人。此外,列宁晚年在国家机构改革任务中还提出将扩大中央委员会和中央监察

---

① 《列宁专题文集·论无产阶级政党》,人民出版社,2009年,第426页。
② 《列宁选集》(第四卷),人民出版社,2012年,第560页。

委员会中普通工人的比重当作消除官僚主义的重要手段。这都说明,列宁在纯洁党员队伍、加强无产阶级政党的建设上十分看重党员的出身,即党员的阶级成分。

　　这种维护无产阶级政党的先进性的观点和做法过于简单了。列宁在晚年既没有提出判断党员先进性的更具体有效的新标准,也没有为"清洗"党员队伍限定范围,由此留下了后患。列宁去世后,斯大林在苏联进行了规模史无前例的"大清洗"运动,被"清洗"的党员不仅被逐出党,甚至在运动中含冤去世。斯大林的"清党运动"借纯洁党员队伍之名,结果却加剧了个人专断和个人集权,妨碍了苏联社会的公平正义,破坏了无产阶级政党的先进性。苏联共产党在几经政变和斗争之后,最终导致了社会主义苏联的轰然倒塌。

　　究竟以什么方式才能真正增强无产阶级执政党的先进性,中国共产党的探索也历经曲折。由于中国的新民主主义革命走了一条农村包围城市的武装割据道路,因此农民在党员队伍中占了很大比例。共产国际和斯大林甚至一度将中国共产党看作一个"农民党"。针对中国共产党的阶级构成和党的性质问题,毛泽东曾经专门提出,中国共产党的性质不是由党员的阶级出身和阶级成分决定的,而是由党的指导思想和根本宗旨决定的。毛泽东认为:"共产党是为民族、为人民谋利益的政党,它本身决无私利可图,"[1]"共产党人的一切言论行动,必须以合乎最广大人民群众的最大利益,为最广大人民群众所拥护为最高标准。"[2]是否能为人民谋利益关系中国共产党是否始终先进。

　　即便如此,以列宁主义为指导的中国共产党在实践中也同"成分论"的

---

[1] 《毛泽东选集》(第三卷),人民出版社,1991年,第809页。
[2] 同上,第1096页。

思想局限斗争多次。对于中国共产党吸收新党员的标准，党的章程中也曾做出过跟列宁的主张极其相似的规定。① 而一旦党内出现分歧、出现反革命异己分子叛党时，党员的阶级出身便会被放大到关系个人思想觉悟、政治立场、理想信念的高度，甚至被当作评判党员对党忠诚与否的重要依据。例如，土地革命时期，中共中央在反 AB 团的斗争中规定凡是"出身不好""表现不好"的干部都要被上报审讯。新中国成立后，中共中央在 1954 年底到1955 年初开展的审干工作中也提到"家庭出身不好""社会关系复杂""有海外港台关系"等干部审查理由。列宁说过的"小生产是经常地、每日每时地、自发地和大批地生产着资本主义和资产阶级的"②，也曾在"文化大革命"中被当作批判富农、工商业者的重要理论依据。这些都是特定历史条件下，由于思想认识上的主观主义局限带领的问题。究其原因，是因为中国共产党还没有形成科学的党员先进性标准去全面考察和检验党员干部的先进性和革命性。尤其是当无产阶级政党由革命党上升为执政党后，这个党组织面对的各种投机分子、思想不纯分子想要混进党内，攫取革命胜利果实的风险和挑战激增。无产阶级的执政党如何加强自身建设以保持党始终先进，比之前更加困难。

有关执政的中国共产党"建设什么样的党，如何建设党"的问题，一直是党和国家领导人思考的重大问题。鉴于社会主义制度已经确立，剥削阶级已然被消灭，中国共产党已经成为全体人民利益的最直接代表。中国共产党的十六大提出："党始终是中国工人阶级的先锋队，同时是中国人民和中

---

① 如，1945 年党的七大通过的党章是中共独立自主制定的第一部党章，其中对年满十八岁可以被接收为党的不同社会成分人员的入党条件分了甲、乙、丙、丁四类，其差别就是不同社会成分人员入党时，入党介绍人的党龄和党员的预备期。来源于《中共中央文件选集》（第 15 卷），中共中央党校出版社，1991 年，第 119～121 页。

② 《列宁选集》（第四卷），人民出版社，1991 年，第 135 页。

华民族的先锋队。"①同时,中共中央还进一步明确指出,在工人、农民、知识分子、军人和干部中发展党员,是壮大党的队伍最基本的来源和骨干力量。随着时代条件的变化、社会主义建设方式的转变,党员队员还要吸纳承认党的纲领和章程,自觉为党的路线和政策努力奋斗,并经过长期考验符合党员标准的其他社会阶层中的先进分子。这表明,中国共产党已经根本打破了党员阶级成分与党员先进性的直接对应关系,破除了"成分论"的僵化认识,巩固了无产阶级执政党的群众基础,加强了党的力量。

　　然而党员队伍的发展壮大,又对党的先进性和纯洁性建设提出了更大的挑战,对新时期共产党如何做到拒腐防变、抵御风险提出了更高水平的能力要求。基于此,中国共产党的建设问题由过去重点强调的思想建设、组织建设和作风建设扩充为更全面的思想、组织、作风、制度和反腐倡廉建设,之后又继续发展更深层次的政治建设、思想建设、组织建设、作风建设、纪律建设和制度建设。思想建设是贯穿党的建设的一条主线。这是因为,中国共产党历来强调"惩前毖后、治病救人",强调通过批评与自我批评的方式实现对党员的思想改造。改革开放以来,党中央的历次思想教育活动也说明,只有加强对党员干部的党性教育,统一全党的思想认识,增强党员的理想信念,才能真正纯洁党员队伍,增强党的先进性。自邓小平理论确立为改革开放新时期党的指导思想以来,中国共产党加强党的思想建设的党性教育活动就从来没有停止过。② 这些活动均表达了中国共产党在加强党的先进性建设上对列宁主义的突破和发展,实践证明这种方式是能够解决无产阶级

---

① 《十一届三中全会以来党和国家重要文献选编》,中共中央党校出版社,2008 年,第 471 页。

② 具体包括,1998 年开始的以"讲学习、讲政治、讲正气"为主要内容的党性党风教育;2005 年开始的以践行"三个代表"重要思想为主要内容的保持共产党员先进性教育活动;2008 年开始的深入学习实践科学发展观活动;2010 年开始的"创优争先"活动;2013 年开始的党的群众路线教育实践活动;2015 年的"三严三实"专题教育;2016 年开始的"两学一做"学习教育;2019 年开始的"不忘初心、牢记使命"主题教育;2021 年开始的党史学习教育;2023 年的学习贯彻习近平新时代中国特色社会主义思想主题教育;2024 年的党纪学习教育。

执政党党员队伍中存在的突出问题的,是能够推动党员在思想上政治上行动上与无产阶级执政党的发展要求相一致的。

(三)加强党的领导制度化法治化水平

由于时代条件所限,列宁在领导布尔什维克党加强自身建设以维护无产阶级政权的过程中,尚有不少问题有待进一步研究。列宁终其一生都十分强调无产阶级政党的自身建设,十分重视党的纪律对加强党的领导、约束党员干部行为的有效性,但在实践中他并没有为党的领导搭建起完备的制度体系和监督约束规范。最终的结果就是他的很多好的想法和做法在其去世后没有保留下来。列宁去世后,他深恶痛绝的官僚主义在苏联不断滋长,一些党员干部蜕变成特权阶层,享有了至高无上的权力而不受监督和制约,党的领导和人民的利益被侵害,最终苏联共产党从人民党蜕化为特权党,丢掉了政权。

就苏联共产党而言,党的最高的权利机构是党的代表大会,实行年会制,民主集中制是其根本组织制度。列宁领导俄国革命和苏维埃政权建设期间,即从 1917 年俄共(布)的第六次代表大会开始到 1925 年苏共的第十四次代表大会期间,党代会年会制得到了有效执行,体现了列宁对党的民主制度的重视和尊重。同时,党的最高代表会议实际上承担了代表大会闭会期间党的最高决策权。代表会议由中央委员会主持召开,专门讨论解决党内最迫切的现实问题。代表会议同党的代表大会一样,也实行年会制。列宁在世时同样能够做到年年召开党的最高代表会议。列宁领导布尔什维克党期间,不仅召开了六次党的代表大会、五次最高代表会议,还召开了 45 次的中央全会。可以说,此时的苏联共产党履行了它所提出的民主集中制原则,践行了无产阶级政党的集体领导原则。列宁十分重视党的代表大会,躺在病床上口授的第一篇文稿就是《给代表大会的信》,他直至去世也严格履行党的代表大会制度。1921 年,在俄共(布)党的十大上,列宁在《关于党的建设问题》决议中,还专门强调了要实行"工人民主制",干部"普遍选举制、报告制和监督制"和党内监察制等增强党内权力监督和制约,加强党的领导的一系列措施。

　　然而苏联共产党并没有将上述制度设计给以法治化明确,以致被后续领导人随意更改。苏联共产党的代表大会曾经在斯大林执政时期被中断了13年(1939年召开了党的十八大到1952年召开党的十九大),党的最高代表会议竟然被中断了47年(1941年到1988年)之久,严重破坏了社会主义民主和社会主义法制。虽然后来苏共党章中规定了党的最高权力机构是党的代表大会,每5年召开一次会议,但是在党的最高领导人都不严格执行党的章程,又缺乏有效的监督和制约机制的情况下,党的代表大会没有按时召开,党员队伍也逐渐变成了享有既得利益的特权阶层。"苏联特权阶层是按照一定的职务名册直接任命、相应掌握着国家执政资源并且按职级合法享受不同特权的一部分人。"[1]苏联共产党的中央委员会委员、加盟共和国的领导官员、国有企业的工厂厂长、银行经理、地方领导和党支部书记及其子女都成了国家的特权阶层。他们按照职级享有相应的特殊物质供给、医疗保障、高薪等各种特权。苏共党员队伍中贪污腐败、盗窃行贿、窃取国家财产成风,却不受监督和制约。国家对基本的民主选举、民主决策、民主监督、民主管理都没有法律条文上的规定,甚至书记处、政治局、组织局在党内是什么地位,党章也没有规定。集权和特权成为苏联共产党体内的毒瘤。在苏共已然分化、蜕化为利益团体和利益集团的情况下,任何改革都无法达成共识,也无法触动根本,最终只会是自取灭亡。

　　对中国共产党而言,加强对权力的监督和制约,加强党的领导制度化法

---

　　① 陆南泉、黄宗良、郑异凡等:《苏联真想:对101个重要问题的思考》,新华出版社,2010年,第1299页。

治化水平,是总结社会主义发展历史、无产阶级政党历史得出的重要历史经验。马克思主义的政党并非天生先进,苏联的亡党亡国已经证明无产阶级的政党、工农的人民大众的政权也需要法律和制度的监督和制约。邓小平在新中国成立后不久,就曾经针对党的领导问题深刻指出:"每一个党员严格地遵守党章和国家的法律,遵守共产主义道德,一切党员,不管他们的功劳和职位如何,都没有例外"①。之后,邓小平又在《党和国家领导制度的改革》中明确提出:"我们今天所反对的特权,就是政治上经济上在法律和制度之外的权利。"②要想消灭这种特权首先必须加强党纪和国法。邓小平对这个问题的认识是十分深刻的。他说:"制度好可以使坏人无法任意横行,制度不好可以使好人无法充分做好事,甚至会走向反面。"③"领导制度、组织制度问题更带有根本性、全局性、稳定性和长期性,"④因为它关系着党和国家是否改变颜色。

为真正筑起监督和制约权力、加强党的领导的制度堤坝,中共中央颁布并出台了一系列加强自身建设的规章制度。比如,改革开放之初,中国共产党的十一届五中全会审议通过了《关于党内政治生活的若干准则》。其中明确规定,党员"要接党和群众的监督,不准搞特权。"1982 年中央作出《关于建立老干部退休制度的决定》,实际上废除了党内存在的干部领导职务终身制。1989 年,中共中央、国务院又作出了《关于近期做几件群众关心的事的决定》⑤,从其内容来看都是围绕消灭党员干部特权,加强党的领导制度化法治化水平的举措。随后,中共中央下发了《关于坚持和完善中国共产党领导

---

① 《邓小平文选》(第一卷),人民出版社,1994 年,第 243 页。
② 《邓小平文选》(第二卷),人民出版社,1994 年,第 332 页。
③ 同上,第 333 页。
④ 同上。
⑤ 包括七件事,即进一步清理整顿公司;坚决制止高干子女经商;取消对领导同志少量食品的"特供";严格按规定配车,禁止进口小轿车;严格禁止请客送礼;严格控制领导干部出国;严肃认真地查处贪污、受贿、投机倒把等犯罪案件,特别是抓紧查处大案要案。

的多党合作和政治协商制度的意见》《关于加强统一战线工作的通知》,党的领导人发表了《关于坚持和完善人民代表大会制度》的讲话。这些都是党和国家从制度层面上加强对党自身建设的重要举措。此后,一系列加强对党的监督和约束的规范性文件陆续出台,中国共产党领导的制度化法治化水平不断增强。

正如邓小平在改革开放之初所指出的那样,"在中国这样的大国,要把几亿人口的思想和力量统一起来建设社会主义,没有一个由具有高度觉悟性、纪律性和自我牺牲精神的党员组成的能够真正代表和团结人民群众的党,没有这样一个党的统一领导,是不可能设想的,那就只会四分五裂、一事无成"①。中国共产党执政理念的更新、党内监督的完善、党和国家制度的丰富一再说明:无产阶级政党只有始终坚持实事求是、理论与实际相结合,不断进行自我革命、自我净化、自我完善、自我提高,才能始终立于不败之地。

---

① 《邓小平文选》(第二卷),人民出版社,1994年,第341~342页。

第六章 列宁主义在新时代中国特色社会主义 实践中的发展和升华

2012 年中国共产党的第十八次全国代表大会胜利召开,标志着中国特色社会主义进入新时代,也标志着以习近平同志为核心的中国共产党的新一届领导集体的正是出场。中国特色社会主义进入新时代,意味着近代以来久经磨难的中华民族迎来了从站起来、富起来到强起来的伟大飞跃,迎来了实现中华民族伟大复兴的光明前景;意味着科学社会主义在二十一世纪的中国焕发出强大生机活力,在世界上高高举起了中国特色社会主义伟大旗帜;意味着中国特色社会主义道路、理论、制度、文化不断发展,拓展了发展中国家走向现代化的途径,给世界上那些既希望加快发展又希望保持自身独立性的国家和民族提供了全新选择,为解决人类问题贡献了中国智慧和中国方案。习近平曾回顾世界社会主义五百年发展历程,极大的肯定了列宁对整个世界社会主义运动的历史贡献。他说:"20 世纪初,列宁把马克思主义基本原理同俄国具体实际结合起来,创造性地提出社会主义可能在一国或数国首先取得胜利的理论,领导十月革命取得成功,建立了世界上第一个社会主义国家,使社会主义实现了从理论到实践的伟大飞跃。"[1]中国特

---

① 《习近平总书记系列重要讲话读本》,学习出版社、人民出版社,2016 年,第 21 页。

色社会主义事业正是沿着列宁所开辟的这条社会主义道路前进的,不忘本来,开创未来,新时代中国特色社会主义实践也必将在列宁主义的中国化进程中不断发展和升华。

第一节　重申列宁关于落后国家社会主义建设的规律性认识

列宁领导并开辟的社会主义道路,不同于马克思、恩格斯在资本主义高度发达的基础上建立社会主义的理论设想,是第一次在一个国家而且是不发达的落后基础上建设社会主义的实践。中俄国情的相似性,使列宁主义对中国的革命、建设和改革事业更具直接指导意义。总结列宁关于社会主义革命和建设的伟大实践经验,中国共产党在新时代重申并坚守了列宁关于落后国家社会主义建设的规律性认识。

一、坚持科学理论的指导地位不动摇

马克思列宁主义始终是中国共产党的根本指导思想,是无产阶级政党的灵魂和旗帜。中国特色社会主义进入新时代,中国共产党依然们强调要用马克思列宁主义武装头脑,指导实践。坚持以马克思列宁主义为指导,就是要用马克思、恩格斯、列宁等无产阶级思想家所揭示的共产党执政规律、社会主义建设规律、人类社会发展规律为一般原则,在认识规律和运用规律的基础上推动中国共产党和中国人民的事业健康发展。列宁关于无产阶级政党建设的基本原理、列宁晚年关于社会主义改革创新的一系列尝试都是推进新时代中国特色社会主义事业的发展的重要理论指南。在此基础上,中国共产党提出新时代中国特色社会主义要全面建设社会主义现代化国家、全面深化改革、全面依法治国、全面从严治党的"四个全面"战略布局,明确了着眼于实现社会主义现代化和中华民族伟大复兴的经济建设、政治建

设、文化建设、社会建设、生态文明建设的"五位一体"总体布局。习近平指出，马克思主义深刻揭示了自然界、人类社会、人类思维发展的普遍规律，为人类社会发展进步指明了方向。始终坚持以马克思主义为指导，是中国改革能够取得成功、能够开创出中国特色社会主义道路，使中华民族迎来从富起来到强起来伟大飞跃的重要原因。"中国共产党为什么能，中国特色社会主义为什么好，归根到底是因为马克思主义行！"①而这个马克思主义正是广义上的马克思列宁主义。

1. 马克思列宁主义是科学的世界观和方法论

马克思、恩格斯所创立的科学社会主义理论诞生于 19 世纪的三四十年代。科学社会主义一经诞生就迅速成为国际工人运动的重要指导思想和理论武器。这首先源于马克思、恩格斯所创立的科学社会主义的理论是科学真理，她科学揭示的人类社会发展规律，并找到了变革旧世界建立新世界，使受压迫最深的劳动人民获得解放的有效办法和现实途径。因此，马克思、恩格斯把社会主义从空想变为科学，实现了社会主义思想上的第一次飞跃，也是人类社会历史上的一次飞跃。正如之前所阐释的，列宁主义继承并发展了马克思和恩格斯的思想，他们的理论精髓和思想内核具有一脉相承性。正是基于此，列宁的思想同马克思、恩格斯的思想共同成为中国共产党的根本指导思想。

马克思列宁主义的科学性首先建立在科学社会主义的两块"理论基石"之上，即唯物主义历史观和剩余价值学说。唯物史观阐明了人类社会发展的基本规律，说明了决定和推动人类社会向前发展的，不是历史唯心主义所宣扬的什么绝对精神，也不是宗教崇拜所宣称的上帝、神权，更不是什么天才人物的思想动机，而是劳动人民推动下的生产力和生产关系的矛盾运动。

---

① 《习近平谈治国理政》（第四卷），外文出版社，2022 年，第 10 页。

生产力是最活跃、最革命的因素,它同生产关系相互作用,始终推动人类社会化向前发展。当两者之间的矛盾难以调和时,就会激化社会矛盾,引起经济基础和上层建筑的变革,从而产生更高级的社会形态取代旧社会。"正像达尔文发现有机界的发展规律一样,马克思发现了人类历史的发展规律,即历来为繁芜丛杂的意识形态所掩盖着的一个简单事实:人们首先必须吃、喝、住、穿,然后才能从事政治、科学、艺术、宗教等等;所以,直接的物质的生活资料的生产,从而一个民族或一个时代的一定的经济发展阶段,便构成基础,人们的国家设施、法的观点、艺术以至宗教观念,就是从这个基础上发展起来的,因而,也必须由这个基础来解释,而不是像过去那样做得相反。"①习近平在党史学习教育动员大会上的讲话指出:"唯物史观是我们共产党人认识把握历史的根本方法。"而剩余价值学说则揭示了资本主义时代资本剥削的秘密和根源。资本主义私有制条件下,资本家不劳而获的秘密是无偿占有了工人创造的剩余价值。私有制不光造成了剥削还必然带来生产社会化和生产资料私人占有之间的矛盾,导致供需矛盾、生产过剩、贫富差距过大、投机活动过度等资本主义经济危机。唯有受压迫最深的无产阶级起来推翻剥削和压迫他的资本主义私有制,建立起社会主义公有制才能真正消灭剥削。因此,资本主义必然灭亡,社会主义必然胜利。这是人类社会发展不可逆转的总趋势,需要经历一个很长的历史过程。列宁主义正是在这一基本规律的指导下,科学分析了资本主义进入帝国主义时代之后,阶级和社会矛盾的变化,第一次将科学社会主义从理论运用于现实,完成了俄国无产阶级革命,建立了第一个无产阶级政权,实现了马克思主义从科学理论到社会实践的飞跃,继承和发展了马克思主义。列宁主义直接指导了中国共产党所领导的中国革命和中国特色社会主义事业。因此,习近平指出:"时代在变

---

① 《马克思恩格斯选集》(第三卷),人民出版社,2012 年,第 776 页。

化,社会在发展,但马克思主义基本原理依然是科学真理。尽管我们所处的时代同马克思所处的时代相比发生了巨大而深刻的变化,但从世界社会主义 500 年的大视野来看,我们依然处在马克思主义所指明的历史时代。"①

马克思列宁主义是科学的世界观和方法论还基于马克思、恩格斯、列宁所始终强调的,他们的学说不是教条,而是要随着时代和实践的变化而不断变化的行动的指南。② 马克思自己曾经说过,"一切划时代的体系的真正的内容都是由产生这些体系的那个时代的需要而形成起来的。"③马克思主义是随着时代、实践、科学发展而不断发展的开放的理论体系,它并没有结束真理,而是开辟了通向真理的道路。列宁主义正是从帝国主义的时代条件出发,为解决被压迫民族和被压迫人民的解放问题而创立的一套俄国化的马克思主义理论。列宁引用歌德在《浮士德》中的名言,强调"理论是灰色的,而生活之树是常青的"。④ 中国共产党也深刻认识到,科学真理是必须要跟本国的具体实际相结合的。习近平关于学习马克思列宁主义经典著作的的论述,深刻揭示了这一点。解放思想、实事求是、与时俱进才是马克思列宁主义活的灵魂,是中共产党人适应新形势、认识新事物、完成新任务的根本思想武器。马克思列宁主义基本原理虽然是普遍真理,具有永恒的思想价值,但马克思列宁主义经典作家并没有穷尽真理,而是不断为寻求真理和发展真理开辟道路。因此,必须将马克思列宁主义的基本原理与不同时代条件下的具体实际相结合,用发展观点、历史的观点看问题,坚持实践是检验真理的唯一标准,认清世情、国情、党情的变和不变,不断开辟马克思列宁主义中国化时代化新境界,让当代中国马克思主义放射出更加灿烂的真理

① 《习近平谈治国理政》(第二卷),外文出版社,2017 年,第 66 页。

② 参见"我们的学说不是教条,而是行动的指南。"《马克思恩格斯选集》第四卷,人民出版社,1972 年,第 456、459 页。

③ 《马克思恩格斯全集》(第 3 卷),人民出版社,1960 年,第 544 页。

④ 《列宁专题文集·论马克思主义》,人民出版社,2009 年,第 169 页。

光芒。中国特色社会主义进入新时代，马克思列宁主义不光要中国化还要时代化，要运用马克思列宁主义应对时代挑战、解决时代课题，并形成符合时代要求、紧跟时代步伐的思想理论。"坚持马克思主义，最重要的是坚持马克思主义基本原理和贯穿其中的立场、观点、方法。这是马克思主义的精髓和活的灵魂"，①也是新时代中国特色社会主义实践一以贯之的魂和脉。

2. 习近平新时代中国特色社会主义思想是当代中国的马克思主义、21世界的马克思主义

纵览百年党史，以毛泽东同志、邓小平同志、江泽民同志、胡锦涛同志、习近平同志为主要代表的中国共产党人，坚持把马克思主义基本原理同中国具体实际相结合、同中华优秀传统文化相结合，接力推进马克思主义中国化时代化，以博大胸怀吸收人类创造的一切优秀文明成果，用马克思主义中国化的科学思想理论引领中国革命、建设、改革、复兴伟大实践，形成了中国化时代化的马克思主义。中国共产党"坚持解放思想和实事求是相统一、培元固本和守正创新相统一，不断开辟马克思主义新境界，产生了毛泽东思想、邓小平理论、'三个代表'重要思想、科学发展观，产生了新时代中国特色社会主义思想，为党和人民事业发展提供了科学理论指导。"

其实，回顾自 1840 年以来 180 多年的中国近现代史会发现，为了实现民族复兴与国家富强，中国社会各个阶级的政治精英都曾相继提出过不同的理论主张，而只有中国共产党以马克思列宁主义为指导，形成了马克思列宁主义中国化既一脉相承又与时俱进的系列创新性理论成果，找到了争取民族独立、人民解放和实现国家富强、人民幸福的科学道路，这一切都源于中国共产党的创新理论是对马克思主义列宁科学真理的继承和发展，是将马克思列宁主义的基本原理与中国具体实际相结合之后，形成的能够解决中

---

① 习近平：《在哲学社会科学工作座谈会上的讲话》，《光明日报》，2016 年 5 月 19 日第一版。

国问题的具有中国风格、中国气派的思想理论。中国共产党的理论创新实现了马克思主义中国化的多次历史性飞跃。

《中国共产党章程》中明确规定:"习近平新时代中国特色社会主义思想是对马克思列宁主义、毛泽东思想、邓小平理论、'三个代表'重要思想、科学发展观的继承和发展,是当代中国马克思主义、二十一世纪马克思主义,是中华文化和中国精神的时代精华,是党和人民实践经验和集体智慧的结晶,是中国特色社会主义理论体系的重要组成部分,是全党全国人民为实现中华民族伟大复兴而奋斗的行动指南,必须长期坚持并不断发展。"①"当代中国马克思主义、二十一世纪马克思主义"是基于新时代新课题对习近平新时代中国特色社会主义思想的两个理论定位。两个理论定位,全面反映了中国共产党在新时代对马克思列宁主义理论的创造性的发展和对世界社会主义运动的卓著贡献。

"当代中国马克思主义"强调的是马克思列宁主义在指导新时代中国特色社会主义实践中的有效运用和创新发展。从时间阶段上看,"当代中国"指的是 2012 年中国共产党的十八大胜利召开以来的中国。由此,这一定位首先区分了习近平新时代中国特色社会主义思想同中国共产党的其他理论创新成果之间的的时间关系。同时,又突出了中国特色社会主义进入新时代之后,习近平新时代中国特色社会主义思想在全面建设社会主义现代化国家与中华民族伟大复兴历史性课题下的创新和创造。比如,习近平明确指出,中国特色社会主义最本质的特征是中国共产党领导,集中阐发了中国共产党的初心使命,提出要坚持和加强党的全面领导,强调党的自我革命尤其是党的政治建设问题,要求以伟大自我革命引领伟大社会革命等观点是对列宁无产阶级政党建设理论在新的历史条件下的继承和发展。又比如,

---

① 《中国共产党章程》,人民出版社,2022 年,第 5~6 页。

习近平提出,坚持和完善中国特色社会主义制度、推进国家治理现代化,建设社会主义法治国家,发展全过程人民民主等,是基于新时代中国特色社会主义国家的民主政治建设问题提出的一系列原创性的思想贡献,是对马克思列宁主义国家观的丰富和发展,反映了马克思列宁主义基本原理跟新时代中国实际相结合的基本要求。

"二十一世纪马克思主义"强调的是马克思主义在破解 21 世纪人类社会发展共有难题和正确把握世界历史发展趋势中的有效运用和创新发展。相较于 19 世纪、20 世纪,21 世纪面临着独特的百年未有之大变局,反映了中国化马克思主义理论对于 21 世纪整个人类社会的发展的重要指导性意义。习近平创造性的运用马克思列宁主义科学理论,创新性地提出推动构建人类命运共同体,建立新的价值观、合作观、文明观、发展观、安全观、治理观等思想,共同破解金融危机后的世界经济下行危机、人类共同遭遇的新冠肺炎大流行疫情等全球面临的重大时代课题,为世界之治贡献了中国力量、中国智慧。习近平新时代中国特色社会主义思想将马克思列宁主义在世界历史的视域内发展到一个新的高度,为推动整个 21 世纪的国际共产主义运动奠定了重要基础。① 因此,习近平新时代中国特色社会主义思想实现了马克思列宁主义中国化新的飞跃。

习近平新时代中国特色社会主义思想是对于马克思列宁主义理论的返本开新和守正创新。归根到底,新思想指导新实践,新思想引领新征程。新时代党和国家事业之所以取得历史性成就、发生历史性变革,最根本的原因在于有习近平总书记作为党中央的核心、全党的核心掌舵领航,在于有习近平新时代中国特色社会主义思想科学指引。

---

① 李海清:《"马克思主义中国化新的飞跃"的理论逻辑与实践基础》,《浙江学刊》,2022 年第 5 期。

二、坚持无产阶级政党的领导不动摇

列宁在其著作中系统地、科学地阐述了无产阶级政党建设的基本原则，阐明了建设新型无产阶级政党必须坚持的根本宗旨、基本理论、组织原则和奋斗目标，形成了一整套关于无产阶级政党建设的学说，成为各无产阶级政党的重要思想指南。正如前文所述，列宁曾明确指出，无产阶级政党是无产阶级的先进部队，是无产阶级和劳动群众的领导者和组织者，无论是在民主革命中，还是在社会主义革命和建设中，都必须毫不动摇地坚持无产阶级政党的领导地位。这同样是中国共产党百年实践得出的重要结论和宝贵经验。在中国共产党的十九届六中全会通过的《中共中央关于党的百年奋斗重大成就和历史经验的决议》中，中国共产党百年奋斗的历史经验被高度概括为"十个坚持"，首要一个就是坚持党的领导。这既是对中国共产党过去为什么能够成功的深入回答，也是对未来怎样才能继续取得成功的根本阐释。

1. 无产阶级政党始终是社会主义事业的领导核心

列宁在领导无产阶级政党的一开始就明确指出："党的任务就是维护工人的利益，代表整个工人运动的利益。"[1]在后来无产阶级政党执掌国家政权，实行新经济政策的时候，他又明确指出："国家政权的一切政治经济工作都由工人阶级觉悟的先锋队共产党领导。"[2]而工人就是广大劳动人民，是受资本主义制度剥削和压迫最深重的大多数人。这说明，无产阶级政党代表的是受压迫最深重的绝大多数人的利益。正如马克思、恩格斯在《共产党宣言》中所指出过的那样，"过去的一切运动都是少数人的，或者为少数人谋利

---

[1] 《列宁专题文集·论无产阶级政党》，人民出版社，2009年，第17页。

[2] 《列宁全集》（第42卷），人民出版社，2017年，第370页。

益的运动。无产阶级的运动是绝大多数人的,为绝大多数人谋利益的独立的运动。"①这是无产阶级政党区别于其他一切政党的根本所在,也是无产阶级政党先进性的最集中体现。而此前的,或者同时代的其他一切政党都是为集团、为部分人谋利益的旧式政党。因此,列宁的党建学说是关于新型无产阶级政党建设的理论。这个新型的无产阶级政党在领导绝大多数人解放事业的一开始就必然是这个事业的领导核心。因为,"革命政党只有真正领导革命阶级的运动,才无愧于自己的称号。"②

中国共产党是中国工人阶级、中国人民和中华民族的先锋队,是中国特色社会主义事业的领导核心,代表中国先进生产力的发展要求,代表中国先进文化的前进方向,代表中国最广大人民的根本利益。中国共产党一经成立,就把为人民谋幸福、为民族谋复兴作为自己的初心和使命,义无反顾地肩负起实现中华民族伟大复兴的历史担当。新民主主义革命时期实现了中国从几千年封建专制政治向人民民主的伟大飞跃;社会主义革命和建设时期实现了一穷二白、人口众多的东方大国大步迈进社会主义社会的伟大飞跃;改革开放和社会主义现代化建设新时期实现了人民生活从温饱不足到总体小康、奔向全面小康的历史性跨越,推进了中华民族从站起来到富起来的伟大飞跃。中国特色社会主义新时代,以习近平同志为核心的党中央领导全党全军全国各族人民砥砺前行,全面建成小康社会目标如期实现,党和国家事业取得历史性成就、发生历史性变革,彰显了中国特色社会主义的强大生机活力,党心军心民心空前凝聚振奋,为实现中华民族伟大复兴提供了更为完善的制度保证、更为坚实的物质基础、更为主动的精神力量。中国共产党和中国人民以英勇顽强的奋斗向世界庄严宣告,中华民族迎来了从站

---

① 《马克思恩格斯选集》(第一卷),人民出版社,2012 年,第 411 页。
② 《列宁全集》(第 6 卷),人民出版社,1986 年,第 373 页。

起来、富起来到强起来的伟大飞跃。中国共产党百年奋斗的重大成就雄辩地证明了：中国共产党是全心全意为人民服务的，是中国特色社会主义事业的坚强领导核心。正如习近平所在指出的那样，"全党要牢记中国共产党是什么、要干什么这个根本问题。"[①]"中国共产党始终代表最广大人民根本利益，与人民休戚与共、生死相依，没有任何自己特殊的利益，从来不代表任何利益集团、任何权势团体、任何特权阶层的利益。"[②]因此，中国特色社会主义最本质的特征是中国共产党领导，中国特色社会主义制度的最大优势是中国共产党领导。

2. 坚持中国共产党的全面领导不动摇

无产阶级政党究竟要如何领导才能完成自己的历史使命呢？列宁在世时，提出了一系列有益探索和正确主张，比如，他尤其重视党的思想理论建设，强调只有以先进理论为指导的党，才能发挥好领导作用；强调无产阶级政党必须从本国具体情况出发，依据不断变化的实际确定自己的路线方针政策，才能解决问题；强调要加强党内民主，坚持民主集中制，实现集体领导，要以极严格的纪律保证党在思想上、政治上、组织上、行动上的统一等。但后来的苏联社会主义实践表明，列宁的上述主张并没有落到实处，苏联共产党没有完成自己的历史使命，丢掉了党和国家的领导权。

对于中国特色社会主义事业来说，办好中国的事情，关键在党。自中华人民共和国宪法，明确规定了中国共产党的全面领导地位以来，中国共产党始终履行全面领导职责，致力于实现中国民族伟大复兴。中国特色社会主义事业取得的一切进步和成就，根本在于始终坚持中国共产党的全面领导。习近平深刻指出："在坚持党的领导这个重大原则问题上，我们脑子要特别

---

① 《中共中央关于党的百年奋斗重大成就和历史经验的决议》，人民出版社，2021 年，第 72 页。
② 《习近平谈治国理政》（第四卷），外文出版社，2022 年，第 9 页。

清醒、眼睛要特别明亮、立场要特别坚定,绝不能有任何含糊和动摇。"①中国特色社会主义进入新时代,面临的风险挑战更多、问题更复杂、难度更大、任务更艰巨,仅仅一般性要求坚持党的领导是不够的,必须是坚持党的全面领导,充分发挥党总揽全局、协调各方的领导核心作用。

首先,坚持和加强党的全面领导是新时代党的建设总要求的重中之重。党的建设好不好首先体现在党是否能实现全面领导上。新时代党的建设工作面临许多新问题,既有政治建设、思想建设上的,也有组织建设、作风建设上的,还有纪律建设、制度建设和反腐败斗争各方面的。这些复杂问题必然要根据新时代新情况悉数解决。然而,不谋全局者不足以谋一域。这些问题的解决显然不是单一视角的、单一方面的、单一领域的,也不可能是单一目的、单一标准、单一途径的,必然是坚持和加强党的全面领导才能解决系统性、协调性、全面性问题。明确了这个全面领导前提,党的建设才能在纷繁复杂的形势面前把准方向、明确重点、完成任务。

其次,坚持和加强党的全面领导要以全面从严治党为保证。中国共产党的十八大以来,以习近平同志为核心的党中央坚决改变管党治党宽松软状况,以抓铁留痕、踏石留印的雷霆手段解决了许多长期想解决而没有解决的难题,办成了许多过去想办而没有办成的大事,使党和国家事业发生历史性变革,使党的全面领导能力大大增强。这表明,全面从严治党的力度、效能与党的领导能力、执政能力提升之间具有明显的正相关性。与此同时,坚持和加强党的全面领导又赋予了各级党组织更多职权,带来了更大责任,要求更好地管党治党。当前,党内存在的思想不纯、组织不纯、作风不纯等突出问题尚未得到根本解决,商品交换原则对党内生活的侵蚀、党内形成利益

---

① 习近平:《中国共产党领导是中国特色社会主义最本质的特征》,《求是》,2020 年 7 月,第 14 期。

集团的危险尤须高度警惕，因此，唯有推动全面从严治党向纵深发展，提高党自我净化、自我完善、自我革新、自我提高的能力，才能更好地坚持和加强党的全面领导。

最后，全面从严治党落实在党的建设新格局中。习近平创造性的提出了全面推进党的政治建设、思想建设、组织建设、作风建设、纪律建设，把制度建设贯穿其中，深入推进反腐败斗争的"五加二"党建新格局。这是对列宁无产阶级政党建设学说，以及中国共产党的党建理论的丰富和发展。政治建设为统领，是立场、方向、原则、道路问题，是立国之本、定海神针；思想建设是理想信念，是宗旨信仰，是初心使命，是根基根本；组织建设是力量之源，是规范和纪律，是思想和行动的统一；作风建设是血肉联系，是鱼水之情，是执政基础；制度建设是关系根本、全局、稳定和长期性的问题，是党立于不败之地的保证；反腐败斗争是回应人民关切、确保党和国家长治久安之计，是永远在路上的必然举措。这一党的建设新格局涵盖了党的建设方方面面，把严的标准、严的措施贯穿于管党治党全过程，使全面从严治党进一步系统化、常态化、法治化，从而使党的全面领导始终坚强有力。

可见，习近平深刻阐明了坚持和加强党的全面领导的极端重要性与科学内涵。中国共产党的全面领导体现为党在经济、政治、文化、社会、生态文明建设各个领域的领导，体现在党和国家工作的各个方面、各个环节之中，因为无论哪个领域、哪个方面、哪个环节弱化了，都会出现短板效应，削弱党的领导。坚持和加强党的全面领导必须牢固树立政治意识、大局意识、核心意识、看齐意识，自觉在思想上政治上行动上同党中央保持高度一致，体现了中国共产党对列宁主义无产阶级政党建设科学原则的坚持和发展。

三、坚持社会主义改革开放道路不动摇

继承和发展列宁晚年关于社会主义建设的一系列新思想、新论断，中国

共产党带领中国人民独立自主探索出了中国特色社会主义的改革开放之路。改革开放,是中国历史上的一次伟大转折,是近代中国由落后走向富强、由弱小走向强大的历史性抉择。它为落后国家走好社会主义道路提供了指路明灯,对整个中国、乃至整个世界的历史产生了不可估量的影响。因此,改革开放是一个影响了中国走向和中国人民面貌的重大国家发展战略,又是涵盖中国发展目标、发展道路、发展战略、发展标准、发展方式等基本问题的整体社会变革之策,反映了无产阶级政党的执政规律、社会主义建设规律和人类社会发展规律,体现了中国智慧和中国力量。中国特色社会主义进入新时代,习近平始终强调:"只有社会主义才能救中国,只有改革开放才能发展中国、发展社会主义、发展马克思主义。"[1]

1. 将改革进行到底

中国共产党历经百年实践,已经深刻认识到改革开放只有进行时,没有完成时。正如列宁晚年将社会主义事业比喻为攀登一座没有尽头的高山一样,只有付出艰辛的探索和努力,才能到达顶峰,实现共产主义。"改革开放也永无止境,停顿和倒退没有出路。改革开放只有进行时,没有完成时。面对新形势新任务,我们必须通过全面深化改革,着力解决我国发展面临的一系列突出矛盾和问题,不断推进中国特色社会主义制度自我完善和发展。"[2]中国特色社会主义事业是前无古人的开创性事业,前进道路不可能一帆风顺,正如新中国成立前夕,毛泽东在新年贺词所写的"将革命进行到底"一样,中国特色社会主义进入新时代,也要"将改革进行到底"。

正所谓,中国要前进,就要全面深化改革开放。改革开放后,中共产党逐步走出了世界上第一个将马克思列宁主义基本原理与本国具体实际相结

---

① 《党的十九大报告辅导读本》,人民出版社,2017 年,第 21 页。

② 《习近平谈治国理政》(第一卷),外文出版社,2014 年,第 71 页。

合,独立自主地建设有中国特色社会主义的现代化新道路。此后,中国共产党和中国人民的力量得到的全面展现,"党带领人民坚定不移解放和发展社会生产力,走完了西方几百年的发展历程,推动我国快速成为世界第二大经济体"①。改革开发成为中国人破除旧发展道路,建设新型社会主义,走向现代化的唯一正确选择。改革开放以来的历史充分证明,"改革开放是决定当代中国命运的关键一招,也是决定实现'两个一百年'奋斗目标、实现中华民族伟大复兴的关键一招。"②因此,新时代中国要前进,必然要全面深化改革开放。以习近平同志为核心的中国共产党领导集体制定了中国全面深化改革的总体方案,阐述了新时代中国全面深化改革、推进中国式现代化的重大意义、指导思想、总体思路和具体要求,主要从经济、政治、文化、社会、生态文明、国家安全、国防和军队等方面部署改革,加强党对改革的领导、深化党的建设制度改革、党风廉政建设和反腐败斗争,努力破解发展过程中出现的难题,消除经济持续健康发展的体制机制障碍,通过改革为经济发展增添新动力。这充分说明,中国要前进、要发展,只有改革开放,只有全面深化改革。改革开放是党和人民大踏步赶上时代的重要法宝,是坚持和发展中国特色社会主义的必由之路。

2. 改革开放不走封闭僵化的老路,也不走改旗易帜的邪路

中国特色社会主义道路,就是在中国共产党领导下,立足基本国情,以经济建设为中心,坚持四项基本原则,坚持改革开放,解放和发展社会生产力,建设社会主义市场经济、社会主义民主政治、社会主义先进文化、社会主义和谐社会、社会主义生态文明,促进人的全面发展,逐步实现全体人民共同富裕,建设富强民主文明和谐美丽的社会主义现代化强国的道路,是社会

① 习近平:《在纪念马克思诞辰 200 周年大会上的讲话》,《人民日报》,2018 年 5 月 5 日第一版。
② 《习近平谈治国理政》(第一卷),外文出版社,2014 年,第 71 页。

主义的,不是其他什么主义。中国共产党的十八大报告中,明确指出,"在改革开放三十多年一以贯之的接力探索中,我们坚定不移高举中国特色社会主义伟大旗帜,既不走封闭僵化的老路、也不走改旗易帜的邪路。"

这一论断深刻地揭示了中国特色社会主义在道路上的"方向性规定":一是不走封闭僵化的老路,实际上是不走苏联模式的传统社会主义道路;二是不走改旗易帜的邪路,指的是不走西方的资本主义道路。走什么路?中国共产党的章程中说的很清楚,"我国正处于并将长期处于社会主义初级阶段。这是在原本经济文化落后的中国建设社会主义现代化不可逾越的历史阶段,需要上百年的时间。我国的社会主义建设,必须从我国的国情出发,走中国特色社会主义道路,以中国化式现代化全面推进中华民族伟大复兴。"①这条中国特色社会主义道路、中国化式现代化新道路的成功,是建设从现代化角度来看,实际上正是对苏联现代化旧路与西方现代性邪路的双重超越。一些人指责改革开放是搞"修正主义"或"中国特色资本主义",希望回到"左"的年代,幻想开历史倒车;一些人则提出所谓"彻底摆脱传统社会主义模式",对西方的一套实行"拿来主义",希望搞苏联戈尔巴乔夫式的改革。归根到底,就是想让中国走封闭僵化的老路、改旗易帜的邪路。习近平坚定指出:"近些年来,国内外有些舆论提出中国现在搞的究竟还是不是社会主义的疑问,有人说是'资本社会主义',还有人干脆说是'国家资本主义'、'新官僚资本主义'。这些都是完全错误的。我们说中国特色社会主义是社会主义,那就是不论怎么改革、怎么开放,我们都始终要坚持中国特色社会主义道路、中国特色社会主义理论体系、中国特色社会主义制度,坚持党的十八大提出的夺取中国特色社会主义新胜利的基本要求。"②

---

①　《中国共产党章程》,人民出版社,2022 年,第 7 页。
②　习近平:《关于坚持和发展中国特色社会主义的几个问题》,《求是》,2019 年第 7 期。

中国特色社会主义进入新时代，实际上遭遇的仍然是"怎样治理社会主义社会这样全新的社会"的问题。而以往的世界社会主义实践中实际上并没有解决好这一问题。习近平分析指出："马克思、恩格斯没有遇到全面治理一个社会主义国家的实践，他们关于未来社会的原理很多是预测性的；列宁在俄国十月革命后不久就过世了，没来得及深入探讨这个问题；苏联在这个问题上进行了探索，取得了一些实践经验，但也犯下了严重错误，没有解决这个问题。我们党在全国执政以后，不断探索这个问题，虽然也发生了严重曲折，但在国家治理体系和治理能力上积累了丰富经验、取得了重大成果，改革开放以来的进展尤为显著。"①因此，如何治理好一个社会主义国家只能从本国实际出发，从本国经验中得出。而科学理论的根本任务是"回答并指导解决问题"②。中国共产党对马克思列宁主义科学理论的认识已经同中国实际问题的解决深深融为一体，不可分割。

第二节　列宁主义在新时代中国特色社会主义 实践中的传播与运用

只有将列宁主义运用于新时代中国特色社会主义实践，解决中国问题才是列宁主义的中国化精髓和主旨。中国共产党的十八大以来，列宁主义的理论在中国实现了更加广泛而深入的传播，不仅形成了一系列高端理论和学术研究成果，而且提高了中国列宁主义研究的国际影响力，形成了具有中国特色的社会主义话语体系；不仅助力中国共产党完成了第一个百年奋斗目标，而且胜利开启了实现第二个百年奋斗目标的新征程。

---

① 《习近平谈治国理政》（第一卷），外文出版社，2018 年，第 91 页。
② 习近平：《高举中国特色社会主义伟大旗帜　为全面建设社会主义现代化国家而团结奋斗》，人民出版社，2022 年，第 20 页。

一、列宁主义在新时代中国特色社会主义实践中的广泛传播

按照学习伟人思想的一般规律,熟练掌握伟人思想是继承、运用并发展伟人思想的基本前提。新时代中国共产党的领导集体是一个受过系统性高等教育并熟练掌握马克思列宁主义基本理论的领导集体。以习近平同志为核心的中国共产党着力推动了党的指导思想在新时代中国特色社会主义实践中的广泛传播,这其中,自然包含着列宁主义在新时代中国特色社会主义实践中的广泛传播。

(一)列宁主义是以习近平同志为核心的中国共产党领导集体的行动指南

作为新时代中国共产党的领导核心,习近平"最大的爱好是读书"①。在他的读书生活中,对马克思列宁主义经典著作的精读是重中之重。这是他树立起共产主义的坚定信仰、确立起人民至上的政治立场、掌握唯物史观的科学世界观和方法论的理论根基和科学指南。

回顾习近平的成长轨迹,他先在延安做了 7 年知青(1969—1975 年),然后在清华大学化工系学习 4 年(1975—1979 年),随后分别在国务院办公厅、中央军委办公厅(1979—1982 年)、河北省正定县(1982—1985 年)工作 3 年。当他有机会接受马克思主义理论的"科班"培养(1998—2002 年清华大学人文社会学院马克思主义理论与思想政治教育专业在职研究生班学习,获法学博士学位)时,已经通过自学掌握了过硬的马克思列宁主义"看家本领",成为一名运用马克思列宁主义理论解决实际问题的行家里手。② 也就是说,他一开始是靠读书养成的内驱力和自我修养锻造出马克思列宁主义的"看家本领"的。

---

① 《习近平接受金砖国家媒体联合采访》[N].人民日报,2013 - 03 - 20(1).
② 张亮:《学经典、用经典的典范——习近平福建时期理论著述研究》,《黑龙江社会科学》,2015 年第 1 期。

20 世纪的六十年代末七十年代初,尚不满 16 岁的中学生习近平到陕西省延川县梁家河村下乡插队。习近平将这七年的知青生活中称为系好了"人生第一粒扣子"。这期间,习近平生活的一个突出特点就是读书。而研读马克思列宁主义的经典著作是读书的一个重要内容。据回忆,"在 20 世纪 70 年代,马克思列宁主义一些经典著作,如《共产党宣言》《法兰西内战》《哥达纲领批判》《反杜林论》《国家与革命》等,是要求和鼓励学习的,也是近平反复阅读学习过的。他曾就《国家与革命》里阐述的一些问题,与他认识的朋友探讨。"①讨论使习近平活跃了思想,并对马列主义理论和中国实际问题有了更加深刻的新认识。由此,梁家河的七年中,同他接触过的人都熟知习近平酷爱读书学习。

在随后的 4 年清华大学化工系学习中,习近平接受了系统的思想政治理论教育和专业课程学习。大学毕业后又先后进入中央和地方机关工作 6 年,进一步提升了眼界、增长了才干。1985 年开始,习近平南下福建工作,1988年主政福建宁德,2002 年调任浙江。在此期间,他开始系统表达通过读书自学和系统性理论学习形成的对于如何解决中国实际问题的理论思考,公开发表了《摆脱贫困》②《之江新语》③《干在实处 走在前列》④等著作和系列理

---

① 《习近平的七年知青岁月》,中共中央党校出版社,2017 年,第 43 页。

② 《摆脱贫困》初版于 1992 年 7 月出版,收录了习近平自 1988 年 9 月至 1990 年 5 月的重要讲话、文章,共 29 篇,121 千字。本书是习近平的第一部个人专著,真实记录了他在宁德地区工作期间贯彻落实党的路线方针政策,全面建设小康社会、推进中国特色社会主义事业的实践探索。全书紧紧围绕闽东地区如何脱贫致富、加快发展这一主题,提出了一系列的制度、理念、观点和方法,深刻回答了推进闽东地区经济社会发展的重大理论和实践问题。

③ 2007 年由浙江人民出版社出版,收录了习近平同志在担任中共浙江省委书记期间为《浙江日报》"之江新语"栏目撰写的 232 篇短论。这些短论思想性、针对性、时效性强,语言简洁明快,观点敏锐清晰,形式生动活泼,讲道理浅显易懂,不空发议论,文风朴实,或赞美表彰,弘扬正气;或批评鞭挞,斥责歪风;或分析道理,揭示规律。

④ 2013 年由中共中央党校出版社出版,辑录了习近平同志 2002 年至 2006 年担任中共浙江省委书记期间的重要报告、讲话、文章和批示。集中彰显了习近平同志的执政风格、领导艺术、工作作风和家国情怀。

论文章,并多次引用《资本论》《〈政治经济学批判〉序言》《共产党宣言》等马克思主义列宁主义经典著作中的观点和论断。与此同时,1998 年至 2002 年间,习近平在清华大学人文社会学院马克思主义理论与思想政治教育专业在职研究生班学习,获法学博士学位。他用自己的实际行动验证了列宁的教导,即"只有了解人类创造的一切财富以丰富自己的头脑,才能成为共产主义者"①,切实践行了运用马克思列宁主义科学理论解决中国实际问题,不断开辟马克思列宁主义中国化时代化新境界的共产党人历史责任。正如习近平所指出的那样,"作为一个共产党员,一个领导干部,如果不努力学习马列主义的理论和方法,如果不用马列主义指导自己的思想和行动,他要在革命斗争中坚持无产阶级的立场,增强无产阶级的思想意识,是不可能的。所以,我们一定要反复学习马克思列宁主义的经典原著,反复琢磨、深刻领会。"②

中国共产党的十八大后,在十八届中央政治局第十一次集体学习时的讲话中,习近平强调,中国共产党的各级领导干部特别是高级干部,要原原本本学习和研读经典著作,努力把马克思主义哲学作为自己的看家本领,坚定理想信念,坚持正确政治方向,提高战略思维能力、综合决策能力、驾驭全局能力,团结带领人民不断书写改革开放历史新篇章。他还多次在中央党校中青年干部培训班开班式和结业式上强调用马克思列宁主义科学理论武装头脑、指导实践的重要性,号召广大党员干部好多读书、读好书。中国共产党百年华诞之际,中国共产党在十九届六中全会上通过了《中共中央关于党的百年奋斗重大成就和历史经验的决议》,习近平在省部级主要领导干部学习贯彻党的十九届六中全会精神专题研讨班开班式上,明确指出:"一个

---

① 《列宁选集》(第四卷),人民出版社,1995 年,第 285 页。
② 习近平:《摆脱贫困》,福建人民出版社,1992 年,第 211 页。

民族要走在时代前列,就一刻不能没有理论思维,一刻不能没有正确思想指引。马克思主义是我们立党立国、兴党兴国的根本指导思想。"2022 年,在中国共产党的二十大报告中,习近平进一步强调:"拥有马克思主义科学理论指导是我们党坚定信仰信念、把握历史主动的根本所所在。"在这个过程中,习近平作为中国共产党和中国特色社会主义事业的领导核心,始终践行了他年轻时所提出的"刻苦学习马列主义理论,坚持坚定正确的政治方向,树立远大的理想,把稳历史的坐标"①是中青年领导干部成功地迈入 21 世纪的前提和基础。

在此基础上,习近平高度概括并总结了列宁对世界社会主义运动所作的贡献,对中国特色社会主义道路的指导意义。2013 年习近平在新进中央委员会的委员、候补委员学习贯彻党的十八大精神研讨班上说:"19 世纪末 20 世纪初,资本主义进入垄断阶段即帝国主义阶段,列宁在总结俄国无产阶级革命和社会主义建设经验的基础上,创造性地发展了马克思主义,把马克思主义推进到一个新阶段——列宁主义阶段。"2017 年,党的十九大报告明确指出,"一百年前,十月革命一声炮响,给中国送来了马克思列宁主义。中国先进分子从马克思列宁主义的科学真理中看到了解决中国问题的出路。"2018 年在纪念马克思诞辰 200 周年大会上,习近平再次强调,"列宁领导的十月革命取得胜利,社会主义从理论变为现实,打破了资本主义一统天下的世界格局。第二次世界大战结束后,一大批社会主义国家诞生,特别是中华人民共和国成立,极大壮大了世界社会主义力量。尽管世界社会主义在发展中也会出现曲折,但人类社会发展的总趋势没有改变,也不会改变。"正是在习近平同志的带领下,新时代的党和人民都始终坚守了对马克思列宁主义的科学认识,不断将科学真理运用于中国问题的解决。

---

① 习近平:《跨世纪领导干部的历史重任及必备素质》,《理论学习月刊》,1990 年第 11 期。

此外,新时代中国在列宁著作的编撰发行方面成果卓著。主要有 2017 年完成了《列宁全集》第二版增订版 60 卷的出版发行工作,2020 年出版发行了《列宁全集》第二版增订版资料汇编四卷,2021 年又出版发行了新修订的《列宁选集》四卷本,2022 年出版发行新版的《列宁年谱》四卷本。《列宁年谱》以《列宁全集》中文第 2 版增订版各卷所提供的列宁生平事业年表为基础,同时还运用了近年来新发现的资料和史实,收录了列宁多方面生活和活动的几万条史实,并注明事件的参加者和事件发生的地点。2018 年,中央编译局马列著作编译部翻译出版了俄罗斯联邦共产党中央委员会组织编写的列宁的传记《十月的风——弗拉基米尔·伊里奇·列宁:事件与回忆》。为纪念列宁诞辰 150 周年,人民出版社出版发行了《列宁著作特辑》,包含了《帝国主义是资本主义的最高阶段》《国家与革命》《唯物主义和经验批判主义》和《列宁论新经济政策》共四部经典著作,被列为中共中央宣传部纪念列宁诞辰 150 周年重点图书。此外,还有中央党史和文献研究院编纂的《列宁画传》,各类单行本的列宁经典著作及列宁关于某一个方面内容的专题摘编(如,《列宁论新经济政策》《列宁论中国》《列宁论马克思主义》)等。这些成果成为研究列宁生平及其思想的最新权威材料。今天的中国人民可以轻松容易的阅读到列宁著作的各个篇章和各个版本,不仅极大的提升了中国人民的马克思列宁主义理论水平,也为列宁主义和列宁主义的中国化理论成果的世界传播做出了重要贡献。

(二)新时代高质量列宁主义研究成果层出不穷

列宁主义在新时代中国特色社会主义实践中的广泛传播不光表现在以习近平同志为核心的中国共产党人对列宁主义认识和理解的不断深化,而且表现在国内学界围绕列宁主义高端研究成果层出不穷,形成了颇具国际影响力的二十一世纪的马克思列宁主义。党的十八大重申了马克思主义中国化对中国共产党理论创新和中国特色社会主义建设实践的根本性作用,新时代赋予了国内列宁主义研究以新的活力。

列宁主义相关研究是国内学术界长期高度关注的主题，从发文量来看，关于列宁研究每年都有将近 300 篇的优质成果，维持了从二十一世纪初以来的稳定发展趋势和高位波动态势，始终成为国内学术界尤其是马克思主义研究领域不可或缺的重要组成部分，成为中国人文社科类学术研究蓬勃发展的重要推动力量。[①] 这体现了国内学术界在列宁研究方面的高度学术自觉和为繁荣列宁主义研究、加强社会主义意识形态建设的强大推动作用。从研究主题来看，新时代列宁主义的研究涵盖了列宁对马克思主义的主要贡献，列宁主义的基本内容和理论品格，列宁主义对于中国革命、建设和改革事业的指导意义以及对新时代中国特色社会主义实践的推动作用。尤其关注了新时代中国特色社会主义实践对列宁主义的守正创新，具体体现为：习近平新时代中国特色社会主义思想对列宁的斗争实践和理论创造的守正和创新；新时代牢牢坚守以人民为中心的发展思想和根本立场对列宁人民情怀的守正和创新；新时代中国共产党全面从严治党、勇于自我革命对列宁建立和巩固新型无产阶级政党思想的守正和创新；不断开创中国式现代化新道路对列宁创造性探索社会主义建设道路，以及提出的科学社会主义的基本原则和实践要求的守正和创新；不忘初心、牢记使命，共产党人精神谱系对列宁崇高风范和精神品格的守正和创新等。

从图书出版来看，党的十八大之后，2013 年以来出版发行的题名中含有"列宁"关键词的著作约 200 部。内容包括列宁关于党的建设、社会主义道路、意识形态、人的全面发展、法律监督、共产主义道德教育、无产阶级政党的政治建设、新闻出版、文学艺术、国家观、哲学观、全球观等专题的重要论

---

① 参见：董慧，金汉：《2013 年以来国内关于列宁研究的热点、趋势与未来展望》，《观察与思考》，2024 年第 7 期。

述及运用和当代启示,也包括列宁某一经典著作的时代解读,如《国家与革命》《帝国主义论》《共产主义运动中的"左派"幼稚病》的汉译传播及当代价值;图书题材涵盖政治、军事、历史、文化等多个方面;图书形式有专著、文稿单行本、书信集、论述汇编、生平传记、画报、科普读物多种样态;文字采用汉语、蒙古语、哈萨克语、朝鲜语等多种语言。同时,中央编译局、中央党史和文献研究院、中央党校、中国社会科学院等单位及出版社围绕马克思恩格斯列宁生平事业、马克思主义发展史、马克思列宁主义在中国传播史、马克思主义理论学科建设等不同视角,编纂发行了多部研究列宁及其著作的系列文稿集,如多卷本的马克思主义发展史、马克思主义研究资料、马克思恩格斯列宁生平事业等,均有力推动了列宁主义在新时代中国特色社会主义实践中的广泛传播。

此外,党的十八大以来,围绕列宁主义研究的外文文献的译介也不断增多,如列宁的夫人娜·康·克鲁普斯卡娅所著《回忆列宁》(2020)《学习列宁的工作方法》(2022);前苏联学者亚·尼·雅科夫列夫的《雾霭——俄罗斯百年忧思录》(2013)、《一杯苦酒——俄罗斯的布尔什维主义和改革运动》(修订版2016),普·凯尔任采夫等著的《列宁传》;俄国学者叶·阿·科捷列涅茨等运用最新揭秘的档案和丰富的史料所写的《为列宁而辩》(2022),揭露了列宁研究经历"过山车"式变化的潜在动因,批判了对列宁盲目崇拜与恶意抹黑的两极态度,并全面评价了列宁的功过是非。列宁同时期的第二国际代表人物考茨基、罗莎·卢森堡、普列汉诺夫等人的全集、选集、文集,以及列宁之后苏联共产党继任领导人的传记、文集、书稿的也纷纷出版。虽然这些著作中,有些并非首次出版发行,但上述作者从不同立场出发表达的对列宁和列宁主义的各种看法,为中国列宁主义的研究注入了新的活力和动力。

与此同时,中国学界关于列宁主义研究的中文著述也被翻译成多国语言,不断构建起了具有国际影响力的当代中国马克思列宁主义话语体系。典型的如,南京大学哲学系暨马克思主义社会理论研究中心张异宾教授的著作《回到列宁——关于"哲学笔记"的一种后文本学解读》先后被翻译为英文版、日文版、德文版、俄文版相继在各国出版发行,凸显了当代中国列宁主义学术研究的世界担当。自2014年第一批国家社科基金中华学术外译项目立项以来,先后有近30余部马克思列宁主义、科学社会主义理论著作和《中国社会科学》等涵盖当代中国马克思列宁主义研究的学术期刊被翻译为他国语言出版发行,承担起了构建中国特色社会主义国际话语体系的使命担当。

总而言之,党的十八大以来,国内学术界关于列宁主义的研究聚焦重大现实问题、服务社会主义建设事业,成果斐然,为从源头上深刻理解列宁主义的核心要义、人民情怀和理论品格,深刻领会列宁主义的发展历史,深刻把握中国共产党创新理论的科学体系、精神实质、理论意蕴和实践指向,更加自觉地用习近平新时代中国特色社会主义思想武装全党,解决中国实际问题奠定的坚实的理论支撑。

二、列宁主义在新时代中国特色社会主义实践中的直接运用

习近平深刻指出:"回答并指导解决问题是理论的根本任务。"[1]列宁主义在新时代中国特色社会主义实践中的直接运用首先体现在对新时代中国实践任务的解答上。《中共中央关于党的百年奋斗重大成就和历史经验的决议》指出:"党的十八大以来,中国特色社会主义进入新时代。党面临的主要任务是,实现第一个百年奋斗目标,开启实现第二个百年奋斗目标新征

---

① 习近平:《高举中国特色社会主义伟大旗帜 为全面建设社会主义现代化国家而团结奋斗》,人民出版社,2022年,第20页。

程,朝着实现中华民族伟大复兴的宏伟目标继续前进。"两个一百年奋斗目标的不断实现正是列宁主义理论回答并指导解决问题的直接体现。

（一）运用列宁主义实现第一个百年奋斗目标

"到 2020 年全面建成小康社会,实现第一个百年奋斗目标"是中国共产党向人民、向历史作出的庄严承诺。党的十八大到 2020 年是全面建成小康社会的决胜阶段。而夺取这个中国特色社会主义的新胜利,需要牢牢把握的基本要求是:必须坚持人民主体地位,必须坚持解放和发展社会生产力,必须坚持推进改革开放,必须坚持维护社会公平正义,必须坚持走共同富裕道路,必须坚持促进社会和谐,必须坚持和平发展,必须坚持党的领导。由此,党的十八大确立了全面建成小康社会和全面深化改革开放的目标,为确保到 2020 年实现全面建成小康社会宏伟目标,根据中国经济社会发展实际,在此前全面建设小康社会的基础之上,中国共产党把全面建成小康社会放在"四个全面"战略布局首位,系统擘画了全面建成小康社会的目标任务和方针政策,即经济持续健康发展,在发展平衡性、协调性、可持续性明显增强的基础上,实现国内生产总值和城乡居民人均收入比 2010 年翻一番,人民民主不断扩大,文化软实力显著增强,人民生活水平全面提高,资源节约型、环境友好型社会建设取得重大进展。同时,全面建成小康社会,还必须以更大的政治勇气和智慧,不失时机深化重要领域改革,坚决破除一切妨害科学发展的思想观念和体制机制弊端,构建系统完备、科学规范、运行有效的制度体系,使各方面制度更加成熟和定型;还要以改革创新精神全面推进党的建设新的伟大工程,全面提高党的建设科学化水平,提高党的领导水平和执政水平,提高拒腐防变和抵御风险能力,建设学习型、服务型、创新型马克思主义政党,确保党始终成为中国特色社会主义事业的坚强领导核心。

基于此,党的十八大之后到中国共产党庄严宣告全面建成小康社会之前,中共中央召开的 11 次全会分别就政府机构改革和职能转变、全面深化改革、全面推进依法治国、制定"十三五"规划、全面从严治党、宪法修改、深化党和国家机构改革、建成和完善中国特色社会主义制度、推进国家治理体系和治理能力现代化等重大问题作出决定和部署。锚定全面建成小康社会奋斗目标，中国的经济保持中高速增长，国内生产总值稳居世界第二；全面深化改革取得重大突破，推出 2217 个改革方案；民主法治建设迈出重大步伐，鲜明提出中国特色社会主义制度的显著优势；思想文化建设取得重大进展，创立了习近平新时代中国特色社会主义思想；人民生活不断改善，人均国内生产总值已突破 1 万美元，人民生活由温饱不足到全面小康，成为世界上中等收入人口最多的国家；全面从严治党成效卓著，党的集中统一领导和反腐败斗争有效增强。

这其中，脱贫攻坚是全面建成小康社会的底线任务和标志性指标。《中共中央国务院关于打赢脱贫攻坚战的决定》指出，总体目标是要到 2020 年，稳定实现农村贫困人口不愁吃、不愁穿，义务教育、基本医疗和住房安全有保障。实现贫困地区农民人均可支配收入增长幅度高于全国平均水平，基本公共服务主要领域指标接近全国平均水平。确保中国现行标准下农村贫困人口实现脱贫，贫困县全部摘帽，解决区域性整体贫困。党的十八大以来，习近平亲自指挥、亲自部署、亲自督战，率领全党全国各族人民齐心协力，打响了一场史无前例、艰苦卓绝的脱贫攻坚战，如期完成新时代脱贫攻坚任务。现行标准下 9899 万农村贫困人口全部脱贫，832 个贫困县全部摘帽，12.8 万个贫困村全部出列，提前 10 年实现《联合国 2030 年可持续发展议程》减贫目标，在实现全体人民共同富裕的道路上迈出了坚实的一大步。习近平指出："全面建成小康社会，不是一个'数字游戏'或'速度游戏'，而是一个实实在在的目标。在保持经济增长的同时，更重要的是落实以人民为中心的发展思想，想群众之所想、急群众之所急、解群众之所困，在学有所教、劳有所得、病有所医、老有所养、住有所居上持续取得新进展。"①

脱贫攻坚的战略举措体现了全面建成小康社会道路上对列宁主义的继承和发展。列宁在社会主义建设方式方法上,曾根据当时的时代环境,要求开展全俄范围的电气化计划,并把这个计划称为"第二个党纲"。列宁的电气化计划就是要统筹发展苏维埃俄国的产业、城乡、地区,改变不平衡的状况,在全俄境内实现以电气化普及为代表的整体性发展和生产力提升,其核心目的是要以先进的生产方式改造苏维埃俄国的小农生产。列宁说:"我们必须让农民看到,在现代最高技术的基础上,在把城乡连接起来的电气化的基础上组织工业生产,就能消除城乡对立,提高农村的文化水平,甚至消除穷乡僻壤那种落后、愚昧、粗野、贫困、疾病丛生的状态"。② 而这种思想,不失为社会主义脱贫攻坚的雏形。在列宁全俄电气化计划指导下,1918年—1921年间,苏维埃俄国在农村建成271个电站,发电能力超过了15000千瓦,"这些小型电站在农村中形成了新的现代化大工业的中心"③,从而奠定了落后基础上的社会主义国家走向现代化的基础和条件。

同时,习近平也同列宁一样十分强调社会主义建设道路上党中央集中统一领导的重要性。这一点在全面建成小康社会的决胜阶段体现的尤为突出。习近平指出:"列宁认为,党应该具有严密的组织、统一的意志和行动,只有按照集中制原则建立起来的党才是一个'真正钢铁般的组织'。"④因此,中国共产党的领导是全面的、系统的、整体的,必须全面、系统、整体加以落实。落实在全面建成小康社会实践中,无产阶级政党要总揽全局、协调各方,要确保全党在政治立场、政治方向、政治原则、政治道路上同党中央保持

---

①　中共中央文献研究室:《习近平关于社会主义经济建设论述摘编》,中央文献出版社,2017年,第47页。

②　《列宁全集》(第38卷),人民出版社,2017年,第117页。

③　商德文:《列宁经济思想发展史》,经济科学出版社,1992年,第326页。

④　《习近平著作选读》(第二卷),人民出版社,2023年,第108页。

高度一致，要提供各级党组织和党员干部的政治判断力、政治领悟力、政治执行力，创新和改进领导方式，严明政治纪律政治规矩，做好政治监督，确保党中央政令畅通。正如列宁所比喻的，无产阶级专政是"由若干齿轮组成的复杂体系"，而无产阶级执政党即共产党是这个体系的领导核心，是大脑。因此，在决胜全面建成小康社会的关键时期，中国共产党明确提出，"坚决维护习近平总书记党中央的核心、全党的核心地位，坚决维护党中央的权威和集中统一领导"。拥护"两个确立"、做到"两个维护"是党的政治建设的首要任务，是对全党同志的严格要求，是中国共产党在加强党的自身建设上取得的重大政治成果和宝贵经验。

当然，"全面建成小康社会，是我们奋斗目标的第一步，也是关键一步"，是社会主义现代化建设中承上启下的关键一环，意味着中国经济实力、科技实力、综合国力和人民生活水平跃上了新的大台阶，实现了从大幅落后于时代到大踏步赶上时代的新跨越，为中国进入新发展阶段、朝着第二个百年奋斗目标进军奠定了坚实基础。因此，"我们决不能骄傲自满、止步不前，要继续谦虚谨慎、戒骄戒躁，继续艰苦奋斗、锐意进取，为实现第二个百年奋斗目标、实现中华民族伟大复兴而奋力拼搏。"①正如列宁所说："在到达完全的共产主义以前，任何形式都不是最终的。我们不敢说我们准确地知道道路怎样走。但是我们必然会确定不移地走向共产主义。"②

（二）运用列宁主义朝着第二个百年奋斗目标胜利进军

按照改革开放之初中国共产党对中国特色社会主义事业的发展规划，到新中国成立一百年时，中国要基本实现社会主义现代化。根据新情况、把握新形势，中国共产党的十九大站在新的更高的历史起点上，对实现第二个

---

① 《中共中央国务院举行春节团拜会 习近平发表讲话》，《人民日报》，2021年02月11日第1版。

② 《列宁全集》（第35卷），人民出版社，2017年，第217页。

百年奋斗目标作出分两个阶段推进的战略安排:第一个阶段,从二○二○年到二○三五年,在全面建成小康社会的基础上,再奋斗十五年,基本实现社会主义现代化;第二个阶段,从二○三五年到本世纪中叶,在基本实现现代化的基础上,再奋斗十五年,把中国建成富强民主文明和谐美丽的社会主义现代化强国。从十九大到二十大,是"两个一百年"奋斗目标的历史交汇期,要在全面建成小康社会的基础上,开启全面建设社会主义现代化国家新征程。在这个过程中,主要任务是贯彻新发展理念,建设现代化经济体系;健全人民当家作主制度体系,发展社会主义民主政治;坚定文化自信,推动社会主义文化繁荣兴盛;提高保障和改善民生水平,加强和创新社会治理;加快生态文明体制改革,建设美丽中国;坚持走中国特色强军之路,全面推进国防和军队现代化;坚持"一国两制",推进祖国统一;坚持和平发展道路,推动构建人类命运共同体;坚定不移全面从严治党,不断提高党的执政能力和领导水平。

从党的二十大开始,中国共产党的中心任务是团结带领全国各族人民全面建成社会主义现代化强国、实现第二个百年奋斗目标,以中国式现代化全面推进中华民族伟大复兴。二十大之后的五年是全面建设社会主义现代化国家开局起步的关键时期,主要目标任务是:经济高质量发展取得新突破,科技自立自强能力显著提升,构建新发展格局和建设现代化经济体系取得重大进展;改革开放迈出新步伐,国家治理体系和治理能力现代化深入推进,社会主义市场经济体制更加完善,更高水平开放型经济新体制基本形成;全过程人民民主制度化、规范化、程序化水平进一步提高,中国特色社会主义法治体系更加完善;人民精神文化生活更加丰富,中华民族凝聚力和中华文化影响力不断增强;居民收入增长和经济增长基本同步,劳动报酬提高与劳动生产率提高基本同步,基本公共服务均等化水平明显提升,多层次社会保障体系更加健全;城乡人居环境明显改善,美丽中国建设成效显著;国家安全更为巩固，建军一百年奋斗目标如期实现，平安中国建设扎实推进；中国国际地位和影响进一步提高，在全球治理中发挥更大作用。自 2021 年中国共产党宣布第一个百年奋斗目标完成至今，中共中央召开了 6 次全会，分别就制定"十四五"规划和二○三五年远景目标，全面总结党的百年奋斗重大成就和历史经验，明确党和国家机构改革方案，进一步全面深化改革、推进中国式现代化作出决定和决议。

这其中，在关系第二个百年奋斗目标能否顺利实现的关键问题如何认识、如何解决上，列宁主义发挥了重要作用。

在建设现代化经济体系上，习近平指出，高质量发展是全面建设社会主义现代化国家的首要任务。没有坚实的物质技术基础，就不可能全面建成社会主义现代化国家。因此，必须完整、准备、全面贯彻新发展理念，坚持社会主义市场经济改革方向，坚持高水平对外开放，加快构建以国内大循环为主体、国内国际双循环相互促进的新发展格局，建设现代化经济体系。其中首要的是构建高水平社会主义市场经济体制。社会主义市场经济体制的优越性在于充分利用社会主义的集中统一领导约束、规避、限制市场经济本身的盲目无序，既充分发挥市场在资源配置中的决定性作用，又更好发挥政府作用。这同当年列宁在领导苏维埃社会主义经济建设时的观点是一致的。在列宁看来，是否能对社会主义的经济实施党的集中统一领导，是区别社会主义经济与资本主义经济的显著标志，也能否建成社会主义的重要体现。同时，列宁也非常重视市场管理机制在社会主义经济发展中运用。他多次提出要将行政手段和市场手段紧密结合起来，政府不能大包大揽包办一切，而要善于学习掌握并运用经济规律。列宁甚至曾提出要通过组织竞赛和竞争的方式来激发市场活力，促进社会主义经济管理能力的提升。他说："实际上只有社会主义，通过消灭阶级因而也消灭对群众的奴役，第一次开辟了真正大规模竞赛的途径……为了社会主义的胜利，重要的正是经济方面的竞赛。"①至于究竟应该在何种程度上利用市场、资本的作用推进社会主义经济的发展？列宁曾经提出实行租让制，也就是在苏维埃政权的监督下，通过订立合同把国家尚无力经营的某些工矿企业、森林、油田、土地等按一定条件和期限租给外国资本家。外国资本确实会在租让之中获得一定生产资料的支配权，但是国民经济命脉的所有权依然掌握在人民和国家的手中。列宁说："如果我们只把少数工厂租给承租人，而把大部分工厂保留在自己手中，那租让并不可怕；这是没有什么可怕的。当然，如果苏维埃政权把自己的大部分工厂拿去租让，那是十分荒唐的；那就不是租让，而是复辟资本主义。只要我们掌握着所有国营企业，只要我们精确而严格地权衡轻重，我们能把什么租出去，在什么条件下、在什么限度内可以出租，那么租让是没有什么可怕的。"②这一招法在新经济政策时期的苏俄以及中国改革开放实践中被证实是行之有效的。但是，在列宁那里，实践并没有使其深刻认识到随之而来的如何处理公有制主体地位和多种所有制经济共同发展的问题。而习近平根据中国特色社会主义市场经济体制建设经验，进一步重申了中国共产党"毫不动摇巩固和发展公有制经济，毫不动摇鼓励、支持、引导非公有制经济发展"的一贯主张，并亲自主持召开民营企业座谈会，提出"民营企业和民营企业家是我们自己人"的重要论断。中国共产党的十九大上把"两个毫不动摇"写入新时代坚持和发展中国特色社会主义的基本方略，中共中央、国务院先后印发《关于营造更好发展环境支持民营企业改革发展的意见》《关于促进民营经济发展壮大的意见》等多个政策文件，构建起了支持非公有制经济发展的政策体系，使非公有制经济成为推动中国经济社会发展不可或缺的重要力量和推进中国式现代化的生力军。这显然是对列宁主义

---

① 《列宁选集》(第 34 卷)，人民出版社，2012 年，第 492 页。
② 《列宁全集》(第 41 卷)，人民出版社，2017 年，第 151 页。

在新时代中国特色社会主义实践中的生动运用和创造性发展。

在实施科教兴国、人才强国、创新驱动发展战略上，习近平指出，教育、科技、人才是全面建设社会主义现代化国家的基础性、战略性支撑。必须坚持科技是第一生产力、人才是第一资源、创新是第一动力，坚持教育优先发展、科技自立自强、人才引领驱动，加快建设教育强国、科技强国、人才强国，开辟发展新领域新赛道，不断塑造发展新动能新优势。教育是基础，科技是关键，人才是根本，三者之间相互支撑，服务于社会主义现代化强国建设。列宁在苏俄开展社会主义建设的过程中，同样十分重视教育、科技、人才的重要作用。他曾经以他所生活的时代为出发点，以电力的发现和广泛运用为重点，重点布局了全俄电气化计划。在列宁看来，电气化的发展使得人类第一次能够对传统能源（煤炭、木材等）的利用率实现近乎质变的提高，科学技术的进步为社会主义的发展提供了更大的可能性。一定程度上，"共产主义 = 苏维埃政权 + 电气化"①。在他看来，"如果俄国布满了由电站和强大的技术设备组成的密网，那么，我们的共产主义经济建设就会成为未来的社会主义的欧洲和亚洲的榜样。"②而电气化的实现，就需要把最优秀的人员都充实到国家机关当中，把最优秀的技术人员和管理人员都安排进入工厂之中。而工作人员们的任务就是学习、学习、再学习。此外，他还要求提高国民教师队伍的待遇，造就一支服务于社会主义建设事业的人民教师队伍。列宁从当时时代条件出发，基于苏俄实际制定的计划有力推动了国家的发展，一定程度上奠定了社会主义工业化的物质基础。但是，在当时历史条件下，苏维埃俄国是要在落后基础上对资本主义国家实现赶超，更多着眼于学习、模仿、引进西方资本主义国家的先进技术和管理方式，解决国内普遍文盲状态

---

① 《列宁全集》（第40卷），人民出版社，2017，第223页。
② 同上，第158页。

下的教育问题。而新时代的中国,已经实现了从站起来、富起来到强起来的伟大飞跃,比历史上任何时期都更接近、更有信心和能力实现中华民族伟大复兴的目标。因此,习近平在更高发展维度上强调,要坚持创新在中国现代化建设全局中的核心地位,面向世界科技前沿、面向经济主战场、面向国家重大需求、面向人民生命健康,加快实现高水平科技自立自强,引领世界发展潮流,解决人类共同问题。这无疑是对列宁主义的发展和超越。

基于此,党的二十大报告指出,经过十八大以来在理论和实践上的创新突破,中国共产党成功推进和拓展了中国式现代化。中国式现代化的本质要求是:坚持中国共产党领导,坚持中国特色社会主义,实现高质量发展,发展全过程人民民主,丰富人民精神世界,实现全体人民共同富裕,促进人与自然和谐共生,推动构建人类命运共同体,创造人类文明新形态。这是从世界现代化历史进程和人类文明前进新方向上对中国特色社会主义道路的新表达。在习近平看来,"我国要坚定不移推进中国式现代化,以中国式现代化推进中华民族伟大复兴,不断为人类作出新的更大贡献。"中国式现代化新道路是中国共产党领导的社会主义现代化道路,既有各国现代化的共同特征,也有基于自己国情的中国特色。归根到底,中国式现代化首先是无产阶级政党领导下的社会主义现代化道路。正如列宁当年所揭示的,毋庸置疑,"无产阶级专政的实质不仅在于暴力,而且主要不在于暴力"[1]。"它的生命力和成功的保证,就在于无产阶级代表着并实现着比资本主义更高类型的社会劳动组织。实质就在这里"[2]。所以说,中国式现代化为人类实现现代化提供了新的选择,为解决人类面临的共同问题提供了更多更好的中国智慧、中国方案、中国力量,是区别于西方现代化道路的人类文明新形态。

---

① 《列宁选集》(第三卷),人民出版社,2012 年,第 835 页。

② 《列宁选集》(第四卷),人民出版社,2012 年,第 10 页。

而在这条现代化之路上，列宁主义始终是中国共产党的指导思想。

正因为列宁主义在当代中国依然是中国共产党的指导思想，是中国共产党解决中国问题的理论指南，因此，习近平始终强调"马克思列宁主义、毛泽东思想一定不能丢，丢了就丧失根本"①。"马克思列宁主义，为中国人民点亮了前进的灯塔。"②而"新时代中国特色社会主义思想，是对马克思列宁主义、毛泽东思想、邓小平理论、'三个代表'重要思想、科学发展观的继承和发展"③。可见，在习近平眼中马克思主义和列宁主义不可分割，马克思列宁主义是完整、系统、科学、发展的理论体系，必须不断坚持，并始终发展。

第三节　习近平新时代中国特色社会主义思想对列宁主义的丰富和发展

中国共产党的十八大以来，以习近平同志为核心的中国共产党针对"坚持和发展什么样的中国特色社会主义、怎样坚持和发展中国特色社会主义"；"新时代建设什么样的社会主义现代化强国、怎样建设社会主义现代化强国"；"建设什么样的长期执政的马克思主义政党、怎样建设长期执政的马克思主义政党"三个时代课题，表达了新一届中央领导集体治国理政的新理念、新战略、新思想，形成了习近平新时代中国特色社会主义思想。党的十九大把习近平新时代中国特色社会主义思想写入党章；党的二十大，深刻揭示了习近平新时代中国特色社会主义思想能够正确回答时代和实践提出的重大问题的根本原因、根本遵循和实践要求，突出强调了习近平新时代中国特色社会主义思想是对马克思列宁主义的继承和发展，是当代中国的马克

---

① 《习近平谈治国理政》（第一卷），外文出版社，2018年，第9页。
② 习近平：《在纪念毛泽东同志诞辰120周年座谈会上的讲话》，人民出版社，2013年，第9页。
③ 《习近平著作选读》（第二卷），人民出版社，2023年，第17页。

思列宁主义。这既表明党的十八大以来的理论创新取得了重大成果,也为进一步推进实践基础上的理论创新提出了新的更高要求。

一、深刻揭示了"两个行"根本原因的内在统一性

习近平在中国共产党的二十大深刻指出:"中国共产党为什么能,中国特色社会主义为什么好,归根到底是马克思主义行,是中国化时代化的马克思主义行"。"两个行"揭示了中国共产党为什么能,中国特色社会主义为什么好的根本原因,也揭示了习近平新时代中国特色社会主义思想能够正确回答时代和实践提出的重大问题的根本原因,是习近平新时代中国特色社会主义思想的原创性贡献,反映了习近平对马克思列宁主义的深刻认识,体现了习近平新时代中国特色社会主义思想对马克思列宁主义的继承和发展。

1. 马克思主义和列宁主义是不可分割的整体

在中国共产党的认识当中,马克思主义和列宁主义是不可分割的整体。中国共产党章程中明确规定,中国共产党以马克思列宁主义为指导,毛泽东思想、邓小平理论、"三个代表"重要思想、科学发展观、习近平新时代中国特色社会主义思想是对马克思列宁主义的继承和发展。虽然,自列宁主义诞生伊始,始终存在着一股歪曲、质疑、抹黑、攻击列宁和列宁主义,企图把列宁主义与马克思主义割裂开来,把列宁主义从马克思主义发展史中抹去、从马克思主义的整个理论体系中剥离出去,甚至把中国共产党指导思想中的列宁主义剔除出去的错误思潮。但中国共产党始终在同这种历史虚无主义的错误思想进行着不间断的斗争。习近平曾深刻分析了这种否定自身历史和自身指导思想的错误思潮的巨大危害。他说:"苏联为什么解体? 苏共为什么垮台? 一个重要原因就是意识形态领域的斗争十分激烈,全面否定苏联历史、苏共历史,否定列宁,否定斯大林,搞历史虚无主义,思想搞乱了,各

级党组织几乎没任何作用了,军队都不在党的领导之下了。最后,苏联共产党偌大一个党就作鸟兽散了,苏联偌大一个社会主义国家就分崩离析了,这是前车之鉴啊!"①因此,任何想把列宁主义从马克思主义完整的理论体系中剥离出去的想法和做法都是错误的,也是徒劳的。

不管过去,还是现在,中国共产党在使用马克思主义的提法时,都是包含着列宁主义的。七十九年前,中国共产党的七大通过了党独立自主制定的第一部党章,总纲中就明确提出中国共产党的"工作的指针"是以"马克思列宁主义的理论"为基础的。六十八年前,中国共产党的八大通过了党执掌国家政权后制定的第一部党章,并明确指出:"中国共产党以马克思列宁主义作为自己行动的指南。只有马克思列宁主义才正确地说明了社会发展的规律,正确地指出了实现社会主义和共产主义的道路。"②改革开放后,邓小平将"必须坚持马列主义"作为"坚持四项基本原则"首要原则。进入新时代,习近平深刻指出:"事业在前进,我们不能简单拿马克思、恩格斯、列宁当年所说的话来套今天的中国实际,也不能简单拿党过去提出的一些具体理论观点和由此产生的具体政策举措来套今天的工作。什么事情都要看一百多年前是怎么说的、几十年前是怎么说的,不能越雷池一步,只能亦步亦趋,那还怎么前进?! 那不是真正的马克思主义。"③总结历史经验,"新的征程上,我们必须坚持马克思列宁主义、毛泽东思想、邓小平理论、'三个代表'重要思想、科学发展观,全面贯彻新时代中国特色社会主义思想,坚持把马克思主义基本原理同中国具体实际相结合、同中华优秀传统文化相结合,用马克思主义观察时代、把握时代、引领时代,继续发展当代中国马克思主义、21

---

① 习近平:《关于坚持和发展中国特色社会主义的几个问题》,《求是》,2019 年第 7 期。
② 《中国共产党历次党章汇编》,中国方正出版社,2019 年,第 229 页。
③ 习近平:《更好把握和运用党的百年奋斗历史经验》,《求是》,2022 年第 13 期。

世纪马克思主义!"①习近平的上述表态,无疑是在延续中国共产党从成立之初就始终坚持的基础立场和态度:马克思主义和列宁主义不可分割。

2. 马克思列宁主义行

对于中国共产党来说,"马克思主义行"就是"马克思列宁主义行"。而马克思主义之所以"行"首先是基于马克思列宁主义理论本身的理论内涵和价值立场。中国共产党的十八大以来,习近平在全国宣传思想工作会议、纪念毛泽东同志诞辰 120 周年座谈会、哲学社会科学工作座谈会、纪念马克思诞辰 200 周年大会等多个场合,明确指出,"马克思主义基本原理是普遍真理,具有永恒的思想价值","马克思主义始终是我们党和国家的指导思想,是我们认识世界、把握规律、追求真理、改造世界的强大思想武器。"不仅如此,习近平还明确指出:"马克思主义博大精深,归根到底就是一句话,为人类求解放。……马克思主义第一次站在人民的立场探求人类自由解放的道路,以科学的理论为最终建立一个没有压迫、没有剥削、人人平等、人人自由的理想社会指明了方向。"②因此,马克思列宁主义的理论内涵和价值立场无不是围绕人类的解放和发展问题而展开的。而建立在唯物史观基础之上的人类,不是僵死的、不是单一的,也不是虚无缥缈的,而是活生生的,具体的、历史的、现实的。在不同的时间、空间下,人们寻求解放和发展的具体需求不同,实现解放和发展的条件、方式也就不同。因此,真正的马克思列宁主义者要不断根据时代、实践的变化,认识并发展马克思列宁主义,要不断吸收人类历史上一切优秀思想文化成果丰富自己的认识,探索推动不同条件下人类解放的不同道路和方法。正如习近平总书记所说,"马克思主义理论不是教条,而是行动指南,必须随着实践的变化而发展。一部马克思主义发

---

① 《习近平谈治国理政》(第四卷),外文出版社,2022 年,第 10 页。
② 《在纪念马克思诞辰 200 周年大会上的讲话》,《人民日报》,2018 年 05 月 05 日第 1 版。

展史就是马克思、恩格斯以及他们的后继者们不断根据时代、实践、认识发展而发展的历史，是不断吸收人类历史上一切优秀思想文化成果丰富自己的历史。"①也正是基于此，列宁主义应运而生，成为解决帝国主义时代条件下被压迫民族和人民实现解放和发展的科学理论。

一个时代有一个时代的主题，一代人有一代人的使命。马克思列宁主义基本理论与中国具体实际相结合，也要随着时代主题、时代条件、时代特征、时代任务的变化而变化。正如邓小平当年所说，"马克思去世以后一百多年，究竟发生了什么变化，在变化的条件下，如何认识和发展马克思主义……绝不能要求马克思为解决他去世之后上百年、几百年所产生的问题提供现成答案。列宁同样也不能承担为他去世以后五十年、一百年所产生的问题提供现成答案的任务。真正的马克思列宁主义者必须根据现有的情况，认识、继承和发展马克思列宁主义。"②而"一个国家实行什么样的主义，关键要看这个主义能否解决这个国家面临的历史性课题。"因此，解决中国问题、解决中国人民的解放和发展问题，归根到底要靠中国化时代化的马克思列宁主义。

3. 中国化时代化的马克思列宁主义行

基于上述马克思列宁主义的理论内涵和价值立场，运用马克思列宁主义解决中国人民的解放和发展问题，就必须要将马列主义基本原理同中国的具体实际相结合，同中华优秀传统文化相结合，形成具有中国风格、中国气派的思想理论。这就是"中国化时代化的马克思列宁主义"。只有在这个意义上，马克思列宁主义的理论才不是教条，而是行动指南，才会随着实践的变化而发展。

纵览百年中共产党历史，以毛泽东同志、邓小平同志、江泽民同志、胡锦

---

① 《在纪念马克思诞辰200周年大会上的讲话》，《人民日报》，2018年05月05日。
② 《邓小平文选》（第三卷），人民出版社，1993年，第291页。

涛同志、习近平同志为主要代表的中国共产党人,坚持把马克思列宁主义基本原理同中国具体实际相结合、同中华优秀传统文化相结合,接力推进了马克思列宁主义的中国化时代化历史进程,以博大胸怀吸收人类创造的一切优秀文明成果,用中国化时代化的马克思列宁主义理论引领了中国革命、建设、改革伟大实践,形成了解决不同时代条件下中国人民解放和发展问题的中国共产党的理论创新成果。《中国共产党章程》中明确规定,是在毛泽东思想指引下,中国共产党领导全国各族人民,取得了新民主主义革命的胜利,建立了人民民主专政的中华人民共和国,顺利地进行了社会主义改造,完成了从新民主主义到社会主义的过渡,确立了社会主义基本制度,发展了社会主义的经济、政治和文化;是以邓小平同志为主要代表的中国共产党人,总结新中国成立以来正反两方面的经验,解放思想,实事求是,实现全党工作中心向经济建设的转移,实行改革开放,逐步形成了建设中国特色社会主义的路线、方针、政策,阐明了在中国建设社会主义、巩固和发展社会主义的基本问题,创立了邓小平理论;是以江泽民同志为主要代表的中国共产党人,在建设中国特色社会主义的实践中,加深了对什么是社会主义、怎样建设社会主义和建设什么样的党、怎样建设党的认识,积累了治党治国新的宝贵经验,形成了"三个代表"重要思想;是以胡锦涛同志为主要代表的中国共产党人,根据新的发展要求,深刻认识和回答了新形势下实现什么样的发展、怎样发展等重大问题,形成了以人为本、全面协调可持续发展的科学发展观,是发展中国特色社会主义必须长期坚持的指导思想;是在习近平新时代中国特色社会主义思想指导下,中国共产党领导全国各族人民,统揽伟大斗争、伟大工程、伟大事业、伟大梦想,推动中国特色社会主义进入了新时代,实现第一个百年奋斗目标,开启了实现第二个百年奋斗目标新征程。

中国共产党的百年奋斗从根本上改变了中国人民的前途命运,开辟了实现中华民族伟大复兴的正确道路,展示了马克思列宁主义的强大生命力,深刻影响了世界历史进程，也锻造了走在时代前列的中国共产党。而中国共产党的伟大之处，正在于始终如一、一脉相承的坚持和发展了马克思列宁主义。这使中国共产党成为世界历史发展进程中，唯一一个在理论建设上从未发生过明显的、根本性的断裂的政党。中国共产党的指导思想和理论体系表现出了一脉相承的连贯性和相对的稳定性。这种连贯性和稳定性使中国共产党在一次次求索、一次次挫折、一次次开拓中完成了中国其他各种政治力量不可能完成的艰巨任务，超越了其他非无产阶级的政党，也超越了他国无产阶级的政党，仅用几十年时间就走完发达国家几百年走过的工业化历程，创造了经济快速发展和社会长期稳定两大奇迹，实现了中华民族从站起来、富起来到强起来的历史性飞跃，使马克思列宁主义在中国大地上展现出更强大、更有说服力的真理力量。因此，"两个行"是以习近平同志为核心的中国共产党人总结百年历史经验得出的重要结论，是马克思列宁主义在当代中国依然具有生命力和感召力的根本所在，也是习近平新时代中国特色社会主义思想具有生命力和感召力的根本所在。这一与时俱进又一脉相承的历史过程必然始终前进、永不停止。正是在这一意义上，习近平新时代中国特色社会主义思想是对列宁主义的丰富和发展。

二、明确提出了"两个结合"的根本遵循

党的二十大报告明确指出："中国共产党人深刻认识到，只有把马克思主义基本原理同中国具体实际相结合、同中华优秀传统文化相结合，坚持运用辩证唯物主义和历史唯物主义，才能正确回答时代和实践提出的重大问题，才能始终保持马克思主义的蓬勃生机和旺盛活力。"[①]做到"两个结合"是

---

① 习近平：《高举中国特色社会主义伟大旗帜 为全面建设社会主义现代化国家而团结奋斗》，人民出版社，2022年，第17页。

中国共产党人履行好开辟马克思列宁主义中国化时代化新境界历史责任的根本遵循,体现了习近平新时代中国特色社会主义思想在做到"两个结合"上的内在统一性,在对马克思列宁主义中国化规律性认识上的新提升。"两个结合"的根本遵循是习近平新时代中国特色社会主义思想的原创性贡献。

1.坚持把马克思主义基本原理同中国具体实际相结合

坚持马克思主义基本原理同中国具体实际相结合,是中国共产党的创造,是坚持和发展马克思列宁主义的必然结果,也是中国共产党历经千辛万苦、付出沉重代价得出的重要结论;是党的事业不断取得成功的重要原因,也是中国共产党党不断坚持和发展马克思列宁主义得出的规律性认识的典型标志。用习近平的话来说,把马克思主义基本原理同中国具体实际相结合就是要"坚持以马克思主义为指导,是要运用其科学的世界观和方法论解决中国问题,而不是要背诵和重复其具体结论和词句,更不能把马克思主义当成一成不变的教条。"①它内含着两个方面的问题,一个是如何认识和对待马克思列宁主义基本原理的问题,一个是如何认识和看待中国具体实际的问题。

在如何认识和对待马克思列宁主义基本原理这个问题上,要坚持反对本本主义,也就是反对教条主义。过去,毛泽东、邓小平等人一般用马列主义的"普遍真理"与中国实际相结合来表述这一问题,虽字眼不同,但内涵一致。主要强调了两层意思,即强调马列主义作为客观真理的普遍适用性和强调不能把马列主义经典作家的个别论断绝对化。因此,中国共产党经过实践探索包括总结失败教训始终坚信马列主义的真理性、坚持马克思列宁主义的指导地位,同时,又反对以本本主义、教条主义的态度对待马列主义。

---

① 习近平:《高举中国特色社会主义伟大旗帜　为全面建设社会主义现代化国家而团结奋斗》,人民出版社,2022 年,第 17 页。

而这个"普遍真理""基本原理"都是指马列主义中最基本、最具有普遍适用性的世界观和方法论。

而违背马克思列宁主义基本原理的最典型表现，就是教条主义。这个问题，毛泽东在延安整风时讲的非常清楚："马克思主义的'本本'是要学习的，但是必须同我国的实际情况相结合。我们需要'本本'，但是一定要纠正脱离实际情况的本本主义。"①中国共产党在后来的实践中也多次谈到过，邓小平要求共产党员要"完整地准确地掌握马列主义、毛泽东思想的科学体系"②，而实事求是在是这个科学体系的精髓。甚至王明也不得不承认：马列主义理论中国化问题——马列主义理论民族化，即是将马列主义具体应用于中国，是完全对的。③ 马克思列宁主义是一个博大精深的思想理论体系。马克思、恩格斯、列宁的经典著述浩如烟海，并不是每一个论述或结论都是"基本原理"。他们的理论体系是包含着不同层次、不同问题、不同结论、不同观点的整体，不能把他们关于某个问题、某个时期、某个地域的论述和结论照抄照搬拿到中国问题的解决上。马克思强调过，"在将来某个特定的时刻应该做些什么，应该马上做些什么，这当然完全取决于人们将不得不在其中活动的那个既定的历史环境"④，而不是他的书本。列宁认为，马克思主义中有决定意义的东西是的革命辩证法，他也曾揭示了世界历史发展顺序的多变，预测了人口无比众多、社会情况无比复杂的东方大国解决自身问题的特殊性。因此，马克思列宁主义的基本原理是贯穿其理论体系始终的立场观点方法及与其统一的世界观和方法论。这才是应该始终坚持的。它强调的是一般规律而不是具体结论和词句，它肩负的使命是立足实际、追求真

---

① 《毛泽东选集》（第一卷），人民出版社，1991年，第111～112页。
② 《邓小平文选》（第二卷），人民出版社，1994年，第165页。
③ 参见《六大以来》（上），人民出版社，1981年，第997页。
④ 《马克思恩格斯文集》（第10卷），人民出版社，2009年，第458页。

理,而不是抱守一成不变的教条。

在如何认识和看待中国具体实际这个问题上,要坚决反对经验主义,做到不"左"不右,不滞后于中国发展现状,也不超越历史发展阶段。经验主义的特点是在观察和处理问题的时候,从狭隘的个人经验出发,不是采取联系、发展、全面的观点,而是采取孤立、静止、片面的观点。要害在于轻视马克思列宁主义普遍真理的指导作用,满足于个人狭隘经验,把局部经验误认为是普遍真理,到处生搬硬套,否认具体问题具体分析。而在这个问题上,中国共产党曾经吃过大亏。照抄照搬他人,必然是脱离自身实际的。究其原因,主要是由于中国共产党对开展无产阶级革命、社会主义革命和建设的经验不足,对中国革命形势、革命力量、中国经济基本情况和经济发展规律认识不足,但最根本是没有做到将马克思列宁主义的基本原理与中国具体实际相结合。邓小平说过,我们搞革命的人最容易犯急性病。虽然用心是好的,但是这使我们不能冷静地分析主客观方面的情况,从而违反客观世界发展的规律。习近平也说过,"中国共产党人追求的共产主义最高理想,只有在社会主义社会充分发展和高度发达的基础上才能实现。想一下子、两下子就进入共产主义,那是不切实际的。"①而要真正破解这个问题,首先要丢到经验主义,回归中国具体实际。

基于此,中国共产党认为,中国特色社会主义进入新时代,社会主要矛盾的变化没有改变中国处于并将长期处于社会主义初级阶段的基本国情,没有改变中国是世界上最大发展中国家的国际地位。牢牢把握这个基本国情,牢牢立足这个最大实际,中国共产党的基本路线和核心任务依然是以经济建设为中心,坚持四项基本原则,坚持改革开放,建设社会主义现代化强国。面对国际社会中一些人对中国改革开放之路性质和举措提出的质疑、

---

① 习近平:《关于坚持和发展中国特色社会主义的几个问题》,《求是》,2019 年第 7 期。

攻击和污蔑,中国共产党坚决反对一切形式的霸权主义和强权政治,反对冷战思维,反对干涉别国内政,反对搞双重标准。中国共产党不会对其他国家政党的内部事务指手画脚,不会"输出"中国模式、要求别的国家和政党"复制"我们的做法。同时,也坚决不接受那些居高临下、颐指气使的说教,决不照抄照搬别国的政治制度。正如,当年列宁在面对一些人对其领导的无产阶级革命之路产生质疑时所说的,"在社会现象领域,没有哪种方法比胡乱抽出一些个别事实和玩弄实例更普遍、更站不住脚的了……如果从事实的整体上、从它们的联系中去掌握事实,那么,事实不仅是'顽强的东西',而且是绝对确凿的证据。如果不是从整体上、不是从联系中去掌握事实,如果事实是零碎的和随意挑出来的,那么它们就只能是一种儿戏,或者连儿戏也不如"①。因此,习近平将知识和经验比作雄鹰之双翼,要求中国共产党员要耳闻、目见并足践,要经风雨、见世面,要运用马克思列宁主义中所蕴含科学的世界观和方法论解决中国问题,而不是要背诵和重复其具体结论和词句,更不能把马克思主义当成一成不变的教条。

2. 坚持把马克思主义基本原理同中华优秀传统文化相结合

中国共产党几代领导集体的思想理论体系中无不体现了对中华优秀传统文化的继承和发扬。毛泽东同志讲的"实事求是",邓小平同志追求的"小康"社会,江泽民同志倡导的"与时俱进",胡锦涛同志确立的"以人为本",包括习近平同志倡导的"知行合一"都是对中华优秀传统文化中核心概念的现代化表达。可以说,中国共产党历来重视把马克思主义基本原理同中华优秀传统文化相结合。然而,中国共产党人对这一问题的认识并不是一蹴而就的。在思想启蒙的过程中,在改造旧文化建设新文化的过程中,甚至在领导社会主义文化革命的过程中,也曾出现过有失偏颇的文化批斗行为。

---

① 《列宁全集》(第28卷),人民出版社,2017年,第364页。

反思过去,面向未来,中国共产党深刻认识到:文化与经济政治社会发展之间的关系是作用与反作用的双向关系,文化根基不牢,经济社会发展也会受到影响。世界历史进程一再证明,文化是更为基本、更为深层、更为持久的影响力量。因此,中国共产党庄严宣告:"中华优秀传统文化是中华民族的突出优势,是我们在世界文化激荡中站稳脚跟的根基,必须结合新的时代条件传承和弘扬好。"①

　　首先,要坚持"取其精华、去其糟粕"的中华传统文化分析框架和思维方式。马克思列宁主义的发展史就是同各种旧时代的、官僚主义的、封建式的、小资产阶级的思想糟粕斗争的历史。他们批判传统文化糟粕最彻底,继承传统文化精华最正宗。延续这一思想,毛泽东在构建新民主主义社会的经典著作《新民主主义论》中详细分析了中国从旧文化向新文化转变的历史必然。他说:"中国的长期封建社会中,创造了灿烂的古代文化。清理古代文化的发展过程,剔除其封建性的糟粕,吸收其民主性的精华,是发展民族新文化提高民族自信心的必要条件;但是决不能无批判地兼收并蓄。必须将古代封建统治阶级的一切腐朽的东西和古代优秀的人民文化即多少带有民主性和革命性的东西区别开来。"②后来,在延安整风中,他又明确提出,"我们信奉马克思主义是正确的思想方法,这并不意味着我们忽视中国文化遗产和非马克思主义的外国思想的价值。"③习近平继承了这种对中华传统文化"取其精华、去其糟粕"的基本态度,在十九届中央政治局第三十九次集体学习时指出:"对中华传统文化,不能一概否定,要坚持古为今用、推陈出新,继承和弘扬其中的优秀成分。毛泽东同志说过:孔夫子所以成为圣人,是因为他是革命党,到处参加造反。说孔夫子著春秋'而乱臣贼子惧',那是

①　《中共中央关于党的百年奋斗重大成就和历史经验的决议》,人民出版社,2021 年,第 46 页。
②　《毛泽东选集》(第二卷),人民出版社,1991 年,第 707～708 页。
③　《毛泽东文集》(第 3 卷),人民出版社,1996 年,第 88 页。

孟子讲的。其实当时孔夫子周游列国，就是哪里造反他就到哪里去，哪里想革命他就到哪里去。所以此人不可一笔抹煞，不能简单地就是'打倒孔家店'。"①因此，辩证看待中华传统文化，吸取并借鉴、转化和发展其中优秀的成分是做好"第二个结合"的前提和基础。

其次，要坚决反对文化虚无主义和文化复古主义错误思潮。中国特色社会主义进入新时代，比历史上任何时刻都更接近中华民族伟大复兴的目标，但面临的困难的挑战也比历史上任何时刻都更加复杂和艰巨。这种百年未有之大变局，表现在历史文化领域就体现为文化虚无主义和文化复古主义错误思潮对中国人民思想认识的荼毒和对中华优秀传统文化的污蔑。文化虚无主义主张全盘否定中国传统文化，幻想从根本上斩断中华传统文化的根脉。并极力夸大马克思列宁主义与中国传统文化之间的矛盾，认为它们不可共存、更不能相合，只要坚持马克思列宁主义就必须彻底否定中国传统文化。文化复古主义则主张从古代社会，特别是儒家经典里面寻找解决现实困境的终极方案，将弘扬中华优秀民族文化与尊孔读经简单等同起来，进而否定马克思列宁主义在意识形态上的指导地位。中国共产党人不是历史虚无主义者、文化虚无主义者，不能数典忘祖、妄自菲薄。习近平明确指出，"从历史的角度看，包括儒家思想在内的中国传统思想文化中的优秀成分，对中华文明形成并延续发展几千年而从未中断，对形成和维护中国团结统一的政治局面，对形成和巩固中国多民族和合一体的大家庭，对形成和丰富中华民族精神，对激励中华儿女维护民族独立、反抗外来侵略，对推动中国社会发展进步、促进中国社会利益和社会关系平衡，都发挥了十分重

---

① 习近平：《在纪念孔子诞辰2565周年国际学术研讨会上的讲话》，新华网，http://www.xinhuanet.com//politics/2014-09/24/c_1112612018.htm。

要的作用。"①因此,中国共产党始终践行着的正是当年马克思、恩格斯、列宁都曾明确提出过的,吸收"人类思想和文化发展中一切有价值的东西"②来丰富发展自己。

最后,要坚定文化自信、增强文化自觉,传承革命文化、发展社会主义先进文化,推动中华优秀传统文化创造性转化、创新性发展,构筑中华民族共有精神家园。"中华优秀传统文化的创造性转化、创新性发展"是新时代中国特色社会主义文化建设的重要原则。创造性转化,就是要按照时代特点和要求,对那些至今仍有借鉴价值的内涵和形式加以改造,赋予其新的时代内涵载体和传播渠道,激活其生命力。创新性发展,就是要按照时代的新进步新进展,对中华优秀传统文化的内涵加以补充、拓展、完善,增强其影响力和感召力。归根到底是要以满足人民日益增长的美好生活需要作为中华优秀传统文化的创造性转化、创新性发展的出发点和落脚点,不断赋予中华优秀传统文化新的时代内涵和现代化表达形式,推动中华优秀传统文化融入国民教育,找到传统文化与现代生活的连接点。中国共产党是中华优秀传统文化的忠实传承者和弘扬者。

习近平新时代中国特色社会主义思想,立足于当代中国与二十一世纪整个世界的内在发展需求,汲取了中华优秀传统文化之精华,通过对民族文化发展趋势的深刻理解与战略把握,成为对中华优秀传统文化进行创造性转化、创新性发展的典范。比如,坚持以人民为中心,汲取了"民惟邦本、本固邦宁"的民本理念;全面深化改革,体现了"革故鼎新、吐故纳新"的变革思想;人与自然和谐共生,秉承了"天人合一、万物并育"的天人之道;推动构建人类命运共同体,吸收了"天下为公、亲仁善邻"的大同思想;不忘初心、牢记

---

① 习近平:《在纪念孔子诞辰 2565 周年国际学术研讨会暨国际儒学联合会第五届会员大会开幕会上的讲话》,人民出版社,2014 年,第 5 ~ 6 页。

② 《列宁选集》(第四卷),人民出版社,2012 年,第 299 页。

使命，借鉴了"为政以德、讲信修睦"的士大夫理想……体现了马克思列宁主义同中华优秀传统问题之间的高度契合性。习近平新时代中国特色社会主义思想从文化文明层面上将中国式现代化新道路的价值意蕴纳入中华民族5000年文明史的高度去思考定位，放到整个人类文明发展史的高度去审视，阐释了一种"人类文明新形态"。这种新形态来源于中国共产党始终把马克思主义基本原理同中国具体实际相结合、同中华优秀传统文化相结合，体现了中华文化和中国精神的时代精华，呈现于中国式现代化全过程。

3. "两个结合"的内在统一关系

"第二个结合"结论的得出，是基于"在近代中国最危急的时刻，中国共产党人找到了马克思列宁主义，并坚持把马克思列宁主义同中国实际相结合，用马克思主义真理的力量激活了中华民族历经几千年创造的伟大文明，使中华文明再次迸发出强大精神力量。"[①]而之所以在中国特色社会主义进入新时代化之后，明确提出"第二个结合"，不是着眼于对马克思列宁主义中国化历史的得失审视，而是着眼于新时代推进马克思主义中国化的实践要求。因此，从"一个结合"到"两个结合"，不是一个从片面到全面的过程，不能简单地认为，原来的"一个结合"只是后来"两个结合"的一半，认为原来的表述是错误的或不全面的。"第二个结合"体现着马克思列宁主义中国化在新时代的进一步扩展和深化，揭示出马克思列宁主义基本原理同中国国情相结合的文化文明维度，预示着新时代马克思列宁主义中国化理论进程的目标和任务，是对"第一个结合"的延伸和拓展，是"第一个结合"发展的必然结果。正如，习近平指出的那样，"'第二个结合'是又一次的思想解放，让我们能够在更广阔的文化空间中，充分运用中华优秀传统文化的宝贵资源，探索面向未来的理论和制度创新。'第二个结合'，是我们党对马克思主义中

---

① 习近平：《在党史学习教育动员大会上的讲话》，人民出版社，2021年，第11页。

国化时代化历史经验的深刻总结,是对中华文明发展规律的深刻把握,表明我们党对中国道路、理论、制度的认识达到了新高度,表明我们党的历史自信、文化自信达到了新高度,表明我们党在传承中华优秀传统文化中推进文化创新的自觉性达到了新高度。"①

以"两个结合"为根本遵循,当代中国的伟大社会变革,不是简单延续中国历史文化的母版,不是简单套用马克思主义经典作家设想的模板,不是其他国家社会主义实践的再版,也不是国外现代化发展的翻版。只有勇于结合新的实践不断推进理论创新、善于用新的理论指导新的实践,才能让马克思列宁主义在中国大地上展现出更强大、更有说服力的真理力量。

三、创造性地提出了立场观点方法相统一的实践要求

实践没有止境,理论创新也没有止境。继续推进实践基础上的理论创新,首先要把握好习近平新时代中国特色社会主义思想的世界观和方法论,坚持好、运用好贯穿其中的立场观点方法。中国共产党的二十大报告将这个立场观点方法总结归纳为"六个必须坚持",即必须坚持人民至上,必须坚持自信自立,必须坚持守正创新,必须坚持问题导向,必须坚持系统观念,必须坚持胸怀天下。"六个必须坚持"不仅是推进马克思列宁主义中国化时代化的实践要求,也是习近平新时代中国特色社会主义思想的主要内容,还是用于指导新时代中国特色社会主义事业始终前进的根本世界观和方法论。

必须坚持人民至上明确了习近平新时代中国特色社会主义思想的政治属性和前进动力。为什么人的问题,是一个根本的问题、原则的问题,是检验一个政党、一个政权性质的试金石。习近平在庆祝中国共产党成立 100 周年大会上强调:"江山就是人民、人民就是江山,打江山、守江山,守的是人民

---

① 习近平:《在文化传承发展座谈会上的讲话》,《求是》,2023 年第 17 期。

的心。"从立场观点方法上，习近平新时代中国特色社会主义思想强调必须坚持人民至上既体现了中国共产党区别与其他一切政党的马克思主义政党的政治属性，又反映了中国共产党审视和处理一切问题的根本出发点和落脚点是人民观点、人民情怀，还体现了新时代中国共产党坚持从群众中来到群众中去的群众路线的工作方法。对比"躺在自己坟墓上发家致富"的苏联共产党，中国共产党将为人民谋幸福作为自己的初心使命，以最彻底的自我革命铲除损害人民利益的最大毒瘤，坚持防止领导干部成为利益集团和权势团体的代言人、代理人，严肃查处领导干部配偶、子女及其亲属和身边工作人员利用影响力谋私贪腐问题，始终保持了无产阶级政党的人民属性。把握好习近平新时代中国特色社会主义思想的世界观和方法论，首要就是要践行党的初心使命，牢记"我们的目标很宏伟，但也很朴素，归根结底就是让全体中国人都过上更好的日子"①。

必须坚持自信自立明确了习近平新时代中国特色社会主义思想的理论品格和理论目标。习近平指出："党的百年奋斗成功道路是党领导人民独立自主探索开辟出来的，马克思主义的中国篇章是中国共产党人依靠自身力量实践出来的，贯穿其中的一个基本点就是中国的问题必须从中国基本国情出发，由中国人自己来解答。"②党的十八大以来，以习近平同志为核心的党中央领导全党全军全国各族人民坚定不移走中国特色社会主义道路，完成脱贫攻坚、全面建成小康社会的历史任务，为全球减贫事业作出了重大贡献，以中国式现代化全面推进中华民族伟大复兴，中国国际地位和影响进一步提高。从坚持自信自立的立场观点方法上把握好习近平新时代中国特色社会主义思想，就是要坚持党独立自主开辟自身发展道路的立场不动摇，坚

---

① 《习近平谈治国理政》（第三卷），外文出版社，2020 年，第 134 页。
② 习近平：《高举中国特色社会主义伟大旗帜 为全面建设社会主义现代化国家而团结奋斗》，人民出版社，2022 年，第 19 页。

持从中国基本国情出发的观点,将实践作为检验真理的唯一标准处理中国发展的现实问题,不走封闭僵化的老路、不走改旗易帜的邪路,坚持把中国发展进步的命运牢牢掌握在自己手中。

必须坚持守正创新明确了习近平新时代中国特色社会主义思想的政治原则和理论特点。党的十八大以来,以习近平同志为核心的党中央领导全党全军全国各族人民有效应对严峻复杂的国际形势和接踵而至的风险挑战,以巨大的政治勇气全面深化改革,坚决破除各方面体制机制弊端,各领域基础性制度框架基本建立,许多领域实现历史性变革、系统性重塑、整体性重构。经过不懈努力,中国共产党找到了自我革命这一跳出治乱兴衰历史周期率的第二个答案,管党治党宽松软状况得到根本扭转。习近平提出坚持守正创新这一立场观点方法是总结经验和规律得出的基本结论。苏联共产党曾经是世界上执政时间最长、规模最大的无产阶级政党。然而,执政七十四年后却轰然倒塌了。不光苏联,很多执掌国家政权的东欧无产阶级政党也遭遇了下台的历史命运。习近平曾经引用人们时常提出的"苏联解体"之问回答了这个问题。他说:"人们曾经提出一个问题,苏共早年在有二十万党员时能够夺取政权,在有二百万党员时能够打败法西斯侵略者,而在有近二千万党员时却丢失了政权、丢失了自己,这是为什么? 我看,很重要的一个原因是政治纪律被动摇了,谁都可以言所欲言、为所欲为,那还叫什么政党呢? 那是乌合之众了。"[①]这个政治纪律,就是习近平多次强调的"坚持马克思主义基本原理不动摇、坚持党的全面领导不动摇、坚持中国特色社会主义不动摇"。正是缺乏这样的政治纪律,苏联改革的过程中丢掉了社会主义、苏共执政的过程中丢掉了领导地位。因此,"守正"既体现为无产阶级

---

① 参见季正聚:《从苏共垮台看始终保持解决大党独有难题的清醒与坚定》,《党建》,2023 年第 3 期。

政党在立场上"不迷失方向、不犯颠覆性错误"，又体现为党领导的各项工作要遵循规律、尊重事实，坚守符合本国实际的，具有本国特色的社会主义道路，还体现为党的建设具体工作中要高度重视政治建设，党员干部要深刻领悟"两个确立"的决定性意义，增强"四个意识"，做到"两个维护"。"守正"既是立场、是观点、也是方法。守正是基础，创新目的。守好正是为了创好新。创新是引领社会发展的的第一动力，贯穿于社会主义建设的始终，涵盖社会主义现代化事业的方方面面。对比世界上其他社会主义国家，"敢于说前人没有说过的新话，敢于干前人没有干过的事情"，"坚持创新在我国现代化建设全局中的核心地位"是中国特色社会主义事业取得成功的制胜法宝。不断在思想观念、处事方法、行为方式上开拓创新已经融入到中国共产党和中国人民的血脉当中，追求真理、揭示真理、笃行真理，才能始终以新的理论指导新的实践。

必须坚持问题导向明确了习近平新时代中国特色社会主义思想的根本任务和理论焦点。理论的根本任务是回答并指导解决问题。习近平新时代中国特色社会主义思想既阐明了是什么、怎么看，又指出了为什么、怎么办，明确规定了新时代坚持和发展中国特色社会主义的总目标、总任务、总体布局、战略布局和发展方向、发展方式、发展动力、战略步骤、外部条件、政治保证等基本问题，并根据新的实践对党的领导和党的建设、经济、政治、法治、科技、文化、教育、民生、民族、宗教、社会、生态文明、国家安全、国防和军队、"一国两制"和祖国统一、统一战线、外交等各方面作出新的理论概况和战略指引。而这些新思想、新观点、新论断的得出，都是针对中国特色社会主义实践中遇到的新问题、改革发展稳定层的深层次问题、人民群众急难愁盼问题、国际变局中的重大问题、党的建设面临的突出问题而总结得出的，体现了中国共产党始终自觉能动的从问题出发认识和把握工作的态度，时刻思考要如何解决重大问题的观念，善于分析和掌握问题关键和实质从而解决问题的方法。坚持问题导向同样体现了中国共产党对马克思列宁主义和党此前理论创新成果的继承和发展。

必须坚持系统观念明确了习近平新时代中国特色社会主义思想的认知方式和思想方法。不谋万世者，不足谋一时；不谋全局者，不足谋一域。中国特色社会主义进入新时代，社会变革广泛而深刻，中国现代化建设实践中所面临的问题越来越具有综合性、动态性和系统性。站在系统观念的立场上，习近平曾明确指出，"现代化经济体系，是由社会经济活动各个环节、各个层面、各个领域的相互关系和内在联系构成的一个有机整体"；"全面依法治国是一个系统工程"；"党的领导必须是全面的、系统的、整体的"。可以说，中国特色社会主义事业本身就构成了一个牵一发而动全身的系统整体。运用系统观念，中国共产党制定了国民经济和社会发展第十四个五年规划和二〇三五年远景目标，全面总结了党的百年奋斗重大成就和历史经验，审议通过了党的二十大报告，制定了推进中国式现代化的全面深化改革战略举措。这些都是涵盖国家发展和安全方方面面，关系全面建设社会主义现代化国家、全面推进中华民族伟大复兴的系统性纲领文件。而实践表明，系统观念、系统方法又是组织管理国家重大工程、重大事业，发挥新型举国体制优势不可或缺的科学思想方法。因此，坚持系统观念就要统筹贯彻系统的立场，系统的观点和系统的方法。党员干部"要善于通过历史看现实、透过现象看本质，把握好全局和局部、当前和长远、宏观和微观、主要矛盾和次要矛盾、特殊和一般的关系"，从多因素、多层次、多方面入手研究经济社会发展，从系统观念出发优化治理方式，协调不同部门、各种政策在国家治理体系中的定位和功能，做到统筹推进"五位一体"总体布局、协调推进"四个全面"战略布局，解决发展的不充分不协调问题。坚持系统观念反映了习近平从中国国情出发，为应对百年未有之大变局用普遍联系的、全面系统的、发展变化的观点观察事物的思想智慧。

必须坚持胸怀天下明确了习近平新时代中国特色社会主义思想的价值主旨和价值追求。正如习近平在党的二十大报告中所说:中国共产党要"拓展世界眼光,深刻洞察人类发展进步潮流,积极回应各国人民普遍关切,为解决人类面临的共同问题作出贡献"。因此,"坚持胸怀天下"也是中国共产党百年奋斗的十条历史经验之一。坚持胸怀天下体现在立场上,就是要始终保持对时代发展趋势的深刻认识和对自身使命的清醒把握,把实现共产主义作为最高理想和最终目标,把为人类和平与发展贡献力量作为自己的追求;贯彻到治国理政的观点上,就是要始终坚持对外开放的基本国策,坚定奉行互利共赢的开放战略,不断以中国新发展为世界提供新机遇;落脚到实际工作方法上,就是要全面推进中国特色大国外交,推动构建人类命运共同体,多渠道、全方位增强中国式现代化新道路的国际影响力、感召力、塑造力。归根到底,坚持胸怀天下是中国共产党对马克思列宁主义从创立一开始就始终秉持的"全世界无产者联合起来"的国际主义精神的坚持和发展,表明了中国共产党对世界范围内社会主义和资本主义两种意识形态、两种社会制度的历史演进及其较量的时代责任和历史担当。

总体而言,"六个必须坚持"的立场观点方法是一个有机统一的系统整体,构成了习近平新时代中国特色社会主义思想的世界观和方法论体系,揭示了习近平新时代中国特色社会主义思想所蕴含的根本政治立场、重大原则方向、强烈政治担当、崇高精神境界、科学思想方法和工作方法。每一个"必须坚持"都从立场、观点和方法层面上反映了习近平对共产党执政规律、社会主义建设规律、人类社会发展规律的深刻认识,具有原创性历史贡献,开辟了马克思列宁主义中国化新境界。

中国特色社会主义进入新时代,中国共产党依然始终强调列宁主义是党的指导思想的重要组成部分。中国发展的新历史方位、新时代课题表明,新时代开辟马克思主义中国化时代化新境界,就是要不断将马克思列宁主义基本原理同中国具体实际相结合,同中华优秀传统文化相结合,深入从理论和实践的结合上回答关系党和国家事业发展、党治国理政的一系列重大时代课题,形成中国化时代化的马克思列宁主义理论和实践创新成果。而新的理论和实践成果的产生是历史的必然与时代的呼唤。习近平新时代中国特色社会主义思想正是这个新的理论和实践成果,其科学性、真理性来源于马克思列宁主义,而马克思列宁主义的时代价值也正体现在用习近平新时代中国特色社会主义思想解决中国问题当中。中国共产党人始终践行的正是列宁所深信的,"我们决不把马克思的理论看做某种一成不变的和神圣不可侵犯的东西;恰恰相反,我们深信:它只是给一种科学奠定了基础",共产党人"如果不愿落后于实际生活,就应当在各方面把这门科学推向前进"①。中国共产党带领中国人民为坚持和发展马克思列宁主义作出了原创性贡献。

---

① 《列宁选集》(第一卷),人民出版社,2012 年,第 274 页。

第七章 列宁主义的中国化历史经验

回顾整个列宁主义的中国化历史进程,中国共产党对列宁主义的认识和运用同中国实际问题的解决交相呼应。既有从中国实际出发,将列宁主义与中国问题相结合,实事求是地推动中国社会进步的历史主流;也有脱离中国实际,教条式的理解和运用列宁主义的历史支流。归根到底,列宁主义的中国化实质是为了运用列宁主义基本原理正确解决中国问题。中国实现民族独立、人民解放,国家富强、人民幸福的成功实践,证明了列宁主义能够解决中国问题。总结经验教训,在今后的社会主义实践中,要科学认识列宁主义、正确运用列宁主义、坚持发展列宁主义,也就是要将坚持实事求是与反对主观主义相结合,将坚持一切从实际出发与坚持在实践中检验和发展真理相统一,将坚持走列宁所开创的社会主义之路与坚持和发展中国特色社会主义相贯通,不断推进新时代列宁主义的中国化继续前进。

第一节 科学认识列宁主义

正如列宁总在强调的,"没有革命的理论,就不可能有被压迫阶级的即历史上最革命的阶级的世界上最伟大的解放运动"①。中国共产党领导中国人民所进行的伟大社会革命之所以能够成功首先得益于科学真理的直接指导。这个科学真理就是中国共产党始终秉承的马克思列宁主义。中国共产党一经成立，就把马克思列宁主义写在了旗帜上，成为百年大党的根本指导思想和行动指南。回望历史、返本开新，中国共产党在重大历史关头无不是靠真理的力量渡过难关的，党在历史上的挫折和失误也无不是由于丢掉真理导致的。因此，科学认识列宁主义既要从正面意义上把握列宁主义的思想精髓，弄清楚"是什么"，又要从反面意义上坚决抵制主观主义，弄清楚"不是什么"，两者缺一不可。

一、要把握实事求是的列宁主义理论精髓

（一）实事求是是列宁主义的理论精髓

理论精髓是理论体系的核心，是贯穿一套理论发展始终的思想红线，也是贯通一套理论立场、观点和方法各个方面的价值旨归。对于什么是列宁主义的理论精髓，列宁本人没有直接说过，列宁在苏联的继任者也没有给过明确的回答。中国的列宁主义者们也没有直接给列宁主义的理论精髓下定义。然而，列宁本人虽然没有对自己的理论加以归纳，甚至不主张把自己的思想系统化、体系化，但他作为马克思主义的忠实守护者，始终强调自己的主张同马克思、恩格斯的思想一脉相承。列宁在其著作中明确指出了马克思主义的思想精髓。从这一意义上来看，将列宁主义的思想精髓看作是对马克思主义思想精髓的继承，并不违背列宁的本意。

列宁曾明确指出："马克思主义的精髓，马克思主义的活的灵魂：对具体

---

① 《列宁全集》（第27卷），人民出版社，1990年，第15页。

情况作具体分析。"①正是基于对马克思主义理论精髓的这一理解，列宁没有将马克思、恩格斯书本当中的具体结论当成金科玉律，而是具体分析了落后俄国的实际情况，阐述了俄国无产阶级革命的特殊性、政权建设的特殊性，开辟了一个国家首先进行并完成无产阶级革命，在落后生产力的基础上首先建设社会主义的一国实践。所以说，列宁主义本来就是马克思主义与俄国实际相结合的之后的实践产物，是俄国化的马克思主义。列宁说："我们不否认一般的原则，但是我们要求对具体运用这些一般原则的条件进行具体的分析。抽象的真理是没有的，真理总是具体的。"②这无疑是在强调他所理解的马克思主义的精髓：对具体情况做具体分析。中国共产党也正是因为把握并继承了列宁主义的这一思想认识，才得出了解决中国革命、建设和改革等一系列问题的正确结论，领导了中国社会主义革命、建设、改革和新时代实践。可以说，列宁对马克思主义精髓的概括，既规范了中国共产党对马克思、恩格斯本人思想的认识，也反映了中国共产党的列宁主义观，体现了中国共产党把马克思列宁主义基本原理与中国具体实际相结合的基本思路。列宁主义这一思想的中国化表达就是中国共产党所秉持的实事求是的思想原则，它反映的也正是中国共产党对列宁主义精髓的认识。正如邓小平所说："实事求是是马克思主义的精髓。"③实事求是自然也是列宁主义的精髓。

（二）实事求是也是中国化列宁主义的理论精髓

中国共产党的理论创新成果，继承并发展了列宁主义，同样贯穿了实事求是的思想红线。毛泽东将其作为中国共产党的思想路线，第一次在党内阐述了实事求是的基本内涵。他将实事求是看做是中国共产党人对待马克

① 《列宁专题文集·论马克思主义》，人民出版社，2009 年，第 293 页。
② 《列宁全集》（第 12 卷），人民出版社，1987 年，第 273 页。
③ 《邓小平文选》（第三卷），人民出版社，1994 年，第 382 页。

思列宁主义应具备的基本态度,将马克思列宁主义的基本原理和中国实际相结合时应保有的基本立场,以及运用马克思列宁主义解决中国问题时应掌握的基本方法。毛泽东直接阐述"实事求是"是在1941年的延安整风中。当时,中共中央为了进一步从思想上总结在新民主主义革命中的经验教训,清除由于党内分歧造成的各种非马克思列宁主义的思想作风,在全党上下开展了以整顿党的作风为主要内容的整风运动。毛泽东提出要有目的地去研究马克思列宁主义理论,做到"有的放矢、实事求是"。并认为,这就是区别于主观主义的"马克思列宁主义的态度"。具体而言,就是"要从国内外、省内外、县内外、区内外的实际情况出发,从其中引出其固有的而不是臆造的规律性,即找出周围事变的内部联系,作为我们行动的向导。凭客观存在的事实,详细地占有材料,在马克思列宁主义一般原理的指导下,从这些材料中引出正确的结论。"[①]经过这一过程得出的结论,才能被称为正确的结论。而这种认识和运用马克思列宁主义的态度才是共产党员应该有的态度,是"理论和实际统一的马克思列宁主义的作风。"[②]因此,毛泽东将实事求是看作是"共产党员起码应该具备的态度"、对待马克思列宁主义的正确态度、党员的思想底线和思想原则。这一思想原则在中国共产党的七大和《党的若干历史问题决议》中被确立为中国共产党的思路路线。那究竟如何做到实事求是呢?毛泽东认为,可以通过改造学习的方式来改造思想,做到实事求是。

毛泽东在延安整风中所强调的学习是学习马克思列宁主义的理论和方法,并研究近百年中国史和苏联共产党历史。因为,"我们看到列宁、斯大林他们是如何把马克思主义的普遍真理和苏联革命的具体实践互相结合又从

---

① 《毛泽东选集》(第三卷),人民出版社,1991年,第801页。
② 同上。

而发展马克思主义的,就可以知道我们在中国是应该如何地工作了。"①由此,延安整风中,中共中央专门组织了高级干部集中开展学习,要求他们掌握经典著作精髓,学习苏联党史经验,总结中国革命经验教训。学习的范围囊括了党的绝大多数高级干部,尤其是一些长期在国统区从事地下工作的同志和各根据地指挥前线作战的部分领导同志;学习的内容包括马克思列宁主义的经典著作、苏联著作和中央书记处汇编的《两条路线》一书;学习的方法采取的是用马克思列宁主义的立场、观点及方法由近及远的审视抗日战争史、第一次和第二次国内革命战争史,再由远及近重新回到抗日战争问题上来的方法;学习的形式包括读书、自学和座谈交流等多种形式。甚至还组织过去曾在各根据地和工农红军中工作的同志召开专题党史座谈会的方式深入研究。如,红七军历史座谈会、湘桂地区党史座谈会、湘鄂赣边区党史座谈会、闽西地区党史座谈会、红五军团历史座谈会等。陈云还组织了中央组织部的领导干部学习小组,专门学马列原著。

其实,毛泽东此前已经多次阐述过通过加强学习的办法使马克思列宁主义的普遍真理和中国革命具体实践相结合,做到实事求是。这其中,1938年毛泽东在中国共产党的六届六中全会上对这一问题的阐发,被公认为"马克思列宁主义中国化"命题提出的开端。当时,中国抗日战争爆发不久,中共中央在抗战的路线问题上发生了分歧。毛泽东认为:"马克思、恩格斯、列宁、斯大林的理论,是'放之四海而皆准'的理论。不应当把他们的理论当作教条看待,而应当看作行动的指南。不应当只是学习马克思列宁主义的词句,而应当把它当作革命的科学来学习。不但应当了解马克思、恩格斯、列宁、斯大林他们研究广泛的真实生活和革命经验所得出的关于一般规律的

①　《毛泽东选集》(第三卷),人民出版社,1991 年,第 803 页。

结论,而且应当学习他们观察问题和解决问题的立场和方法。"①因此,必须本着实事求是的态度,深入研究马列主义。毛泽东甚至希望在全党来一个学习的竞赛,看谁学的多、学的好。基于此,从1938年开始,中共党内各级干部对马列主义经典著作及苏联党史的学习热情高涨。为满足学习需要,延安出版社出版了"马克思恩格斯丛书",包括《共产党宣言》《哥达纲领批判》《社会主义从空想到科学的发展》《拿破仑第三政变记》《德国的革命和反革命》《法兰西内战》《政治经济学丛书》《马恩通信选集》《〈资本论〉提纲》《思想方法论》等。还出版了列宁、斯大林的《两种策略》《共产主义运动中的"左派"幼稚病》《联共(布)党史简明教程》《论布尔什维克化十二条》②等等。毛泽东不仅自己学,还号召同志们学,以教员的身份在延安抗日军政大学、陕北公学带领广大干部群众一起学,在党的会议上谈学习收获和学习方法,引用经典作家的理论和观点说明中国问题。如,延安整风中,毛泽东在《关于整顿三风》一文中说:"列宁论共产党的纪律说纪律是铁的,比孙行者的金箍还厉害,还硬,这是上了书的,《共产主义运动中的'左派'幼稚病》上就有。"③党的七大上,毛泽东又引用列宁关于"没有革命的理论,就没有革命的运动"的观点,指出中国共产党加强理论武装的重要性,以及活学活用马列主义的重要性。因为在毛泽东看来,党员如果能系统地、实际地学会了马克思列宁主义,将大大提高党的战斗力。此后,通过加强学习的方式改造党员干部的思想,贯彻实事求是思想原则、提升实事求是工作本领,就成为中国共产党对待列宁主义的基本态度。陈云后来在回忆中也说:"在延安,毛主席起草的文件、电报,我都看过,最后得出一个结论,就是要实事求是。"④

① 《毛泽东选集》(第二卷),人民出版社,1991年,第533页。
② 陈晋:《毛泽东阅读史》,生活·读书·新知三联书店,2014年,第118~120页。
③ 《毛泽东文集》(第二卷),人民出版社,1993年,第416页。
④ 陈晋:《毛泽东阅读史》,生活·读书·新知三联书店,2014年,第111页。

　　进一步将"实事求是"的思想原则发扬光大并使之深入人心的是邓小平。面对"文化大革命"之后，中国向何处去的难题。邓小平首先通过恢复实事求是的思想路线，实现了党和国家工作重心的转移和中国新发展方向的明确。而实事求是思想路线的恢复是通过阐发毛泽东思想的理论精髓实现的。"文化大革命"结束之后，邓小平面临的第一个问题是如何看待毛泽东思想的问题？他果断而坦诚地指出："对马克思列宁主义，应该准确地完整地理解它的体系，对毛泽东思想就不这样？也应该如此嘛，否则非犯错误不可。毛泽东同志在延安为中央党校题词，就是'实事求是'四个大字，这是毛泽东哲学思想的精髓。"①实事求是地对待毛泽东思想，就要做到将马列主义基本原理与中国具体实际相结合，一切从实际出发；实事求是地对待党在历史上的错误，就要承认错误、改正错误，全面准确理解党的思想；实事求是地分析现实中国社会的问题，就要将不合法但符合人民意愿且能恢复生产的形式使它合法起来，解决吃饱肚子的问题；实事求是地探索中国未来的发展道路就要改革中国不符合生产发展需要的一切经济的、政治的社会机制。"黄猫、黑猫，只要捉住老鼠就是好猫。"②以此为基础，务实、勤奋的社会风尚得以恢复，"实践是检验真理的唯一标准"成为中国人民抵挡一切改革障碍的思想武器，实事求是的思想路线得以深入人心。党和国家的工作重心开始向经济建设转移。最终，符合实际的"以经济建设为中心"成为引领中国改革发展一以贯之的一条主线。

　　邓小平将"实事求是"这一思想原则作为改革开放中统一全党全国人民思想认识的核心观点，反映了邓小平理论中也蕴含着实事求是的思想精髓。邓小平讲"实事求是"并不是改革开放之后才有的，也并不光体现在他对毛

---

　　① 《邓小平文选》（第二卷），人民出版社，1994年，第67页。

　　② 《邓小平文选》（第一卷），人民出版社，1994年，第323页。

泽东思想的阐述中。《邓小平文选》全部三卷中，"实事求是"出现了123次。邓小平说："我们都是毛主席的学生"，毛泽东在延安整风中要求全党实事求是对待马列主义的主张自然也被邓小平所接受。1950年，邓小平在讲话中就曾提出共产党员要保持"不怕麻烦、谦逊朴素和实事求是的作风"①，"工作态度是实事求是，老老实实"②。1956年，邓小平在系统阐述党的建设的报告中，又多次谈到"实事求是"。他说，"从实际出发，实事求是，这是我们唯物主义者的根本立场。"③因此，当中国的社会主义建设遭遇挫折之后，邓小平在1962年反思时就明确指出，"正因为我们敢于严肃认真地正视问题，实事求是地对待问题，对就对，错就错，是就是，非就非，所以说，我们党是合乎列宁所说的标准的，我们的中央是好的中央"④。在这里，邓小平所说的列宁标准，指的就是列宁于1920年在《共产主义运动中的"左派"幼稚病》一文中所说的，"公开承认错误，揭露犯错误的原因，分析产生错误的环境，仔细讨论改正错误的方法——这才是一个郑重的党的标志"⑤。这实际上就是要求无产阶级政党要实事求是的对待自己的错误。因此，同毛泽东一样，邓小平也将实事求是作为自己理论的思想原则，当作抵挡一切错误思想的最有力武器。中国共产党的十五大报告进一步明确指出："实事求是是马克思列宁主义的精髓，是毛泽东思想的精髓，也是邓小平理论的精髓。"⑥

　　为进一步坚定"实事求是"的思想路线，中共中央采取了一系列措施加强党的思想建设。其中很重要的一条就毛泽东所强调的加强学习，尤其是对马克思列宁主义经典著作的学习，对党史、新中国史、社会主义史的学习，

---

①　《邓小平文选》(第一卷)，人民出版社，1994年，第157页。
②　同上，第170页。
③　同上，第244页。
④　同上，第299页。
⑤　《列宁选集》(第四卷)，北京：人民出版社，2012年，第167页。
⑥　《十一届三中全会以来重要文选选编》，中共中央党校出版社，2008年，第342～243页。

对经过实践检验的党的理论创新成果的学习。比如,在新中国成立不久,毛泽东曾亲自主持了《毛泽东选集》的编著和出版工作。分别于1951年10月12日、1952年4月10日和1953年4月10日出版了《毛泽东选集》的第一、二、三卷。同期,还出版了马恩列斯的《选集》和《全集》,以及《联共(布)党史简明教程》和《苏联社会主义经济问题》等著作供党员群众学习。之后,为配合国际上的反修防修的思想斗争及国内经济调整任务,《毛泽东选集》第4卷于1960年的9月30日出版,刘少奇的《论共产党员修养》在1962年重新发表,1964年中共中央下发了《干部选读马克思、恩格斯、列宁、斯大林著作目录(草案)》30本,成为社会主义建设时期广大党员干部加强学习、改造思想的重要内容。为在改革开放新时期把党建设成为领导社会主义现代化事业的坚强核心,中国共产党的思想建设和党员干部的理论学习逐步实现了常态化和制度化,学习的主要内容集中于经典著作、党史国史、党的文件和中央领导人的重要讲话。随着《邓小平文选》第三卷于1993年10月出版,围绕《邓小平文选》一、二、三卷①新一轮的理论学习实现了新时期中国共产党和中国人民思想的集中统一。此后,党员干部理论学习的脱产进修制度、党委中心组学习制度、在职干部自学制度、考核制度等内容得以通过文件的方式固定,对马列主义经典著作、党的理论创新成果、党的历史、新中国的历史、社会主义的历史等内容的学习成为提醒党员干部始终做到实事求是的常态化工作。在这样的条件下,科学认识列宁主义有了更加坚实稳定的基础和保障。正是基于这样的光荣传统和制度设计,中国共产党的十八以来,

---

① 《邓小平文选(一九三八——一九六五)》,1989年8月20日在全国公开发行。《邓小平文选(一九七五——一九八二)》,1983年7月1日在全国公开发行。《邓小平文选》第三卷,1993年11月2日在全国公开发行。1994年前2卷再版时,分别改称为《邓小平文选》第一卷、《邓小平文选》第二卷。

以习近平同志为核心的党中央领导全党连续进行了 7 次集中学习教育,①体现了对科学真理思想精髓和党的实事求是思路路线的坚持和贯彻。正如习近平所说:"实事求是,是马克思主义的根本观点,是中国共产党人认识世界、改造世界的根本要求,是我们党的基本思想方法、工作方法、领导方法。不论过去、现在和将来,我们都要坚持一切从实际出发,理论联系实际,在实践中检验真理和发展真理。"②

二、要坚决抵制主观主义

虽然实事求是始终是中国共产党的思想路线和处事原则,是中国共产党的理论的精髓,但是任何思想要想内化为人的行动,还需要一个实践上的转换过程。这个过程就是中国共产党领导中国革命、建设、改革和新时代实践的过程。这中间,既有遵照实事求是基本原则取得的成就和经验,也有违背实事求是原则而经历的挫折和教训。之所以会如此,正如列宁运用唯物主义认识论所揭示的那样,"从生动的直观到抽象的思维,并从抽象的思维到实践,这就是认识真理、认识客观实在的辩证途径"③。而"认识是人对自然界的反映。"④这种反映"不是'僵死的',不是'抽象的',不是没有运动的,不是没有矛盾的,而是处在运动的永恒过程中,处在矛盾的发生和解决的永恒过程中。"⑤因此,列宁十分强调革命策略须考虑各国不同的民族文化特点,做到实事求是。以列宁主义为指导,中国共产党通过实践总结得出:"坚

---

① 指 2013 年开展的党的群众路线教育实践活动,2015 年开展的"三严三实"专题教育,2016 年开展的"两学一做"学习教育,2019 年开展的"不忘初心、牢记使命"主题教育和 2021 年开展的党史学习教育,2023 年的学习贯彻习近平新时代中国特色社会主义思想主题教育,2024 年的党纪学习教育。

② 《习近平谈治国理政》(第一卷),外文出版社,2018 年,第 25 页。

③ 《列宁全集》(第 55 卷),人民出版社,2017 年,第 142 页。

④ 《列宁全集》(第 55 卷),人民出版社,2017 年,第 152 页。

⑤ 《列宁全集》(第 55 卷),人民出版社,2017 年,第 165 页。

持实事求是不是一劳永逸的，在一个时间一个地点做到了实事求是，并不等于在另外的时间另外的地点也能做到实事求是，在一个时间一个地点坚持实事求是得出的结论、取得的经验，并不等于在变化了的另外的时间另外的地点也能够适用"①。真正做到实事求是，还需要不断同各种非实事求是的认识进行坚决的斗争，否则就会滑向主观主义的错误泥潭。

主观主义是脱离实事求是的最典型表现。1945 年毛泽东在党的七大预备会议上总结中国共产党的历史经验的时候就说："共产党里头闹别扭的有两个主义：一个教条主义，一个经验主义。"②把它们合起来就构成了主观主义。"只有打倒了主观主义，马克思列宁主义的真理才会抬头，党性才会巩固，革命才会胜利。"③主观主义的背后反映的是以什么态度对待普遍真理与客观实际相结合的问题。

如果只从书本出发，固守马克思、恩格斯、列宁书本上的词句、论断，不与具体实际结合着运用书本上的理论，就会出现理论脱离实践的困境，这就是教条主义。它看似坚持马列主义，而实际上违背了马列主义。如果只关注一般事实，只从一国、一地、一时的经验就对事物下定论，不从内在联系和规律的高度去审视问题，就会出现成功经验不再管用的悖论，这就是经验主义。概言之，主观主义就是用主观臆断代替科学真理和客观事实，或脱离实际、或固守经验，归根到底是没有将马列主义的基本原理与客观具体实际相结合，丢掉了马列主义的思想精髓——实事求是。

主观主义在党的历史上危害极大，"左"的和右的错误无不是犯了主观主义毛病的。新民主主义革命时期，从陈独秀到李立三，从博古到王明所犯的错误归根到底都是片面运用马列主义，脱离中国实际的主观主义。毛泽

---

① 《习近平谈治国理政》（第一卷），外文出版社，2018 年，第 26 页。
② 《中共中央文件选集》（第 15 册），中共中央党校出版社，1991 年，第 104 页。
③ 《毛泽东选集》（第三卷），人民出版社，1991 年，第 800 页。

东在 1945 年召开的中共六届七中全会上曾经对这一问题做出了深刻反思和总结。会议通过的《关于若干历史问题的决议》指出："一切政治上、军事上和组织上的错误，都是从思想上违背马克思列宁主义的辩证唯物论和历史唯物论而来的，都是从主观主义和形式主义、教条主义和经验主义而来的。"①由于此时的中国社会尚处于小资产阶级的汪洋大海之中，中国共产党基于民主革命的任务必须团结并争取小资产阶级的革命力量，因此难免受到各种小资产阶级思想的荼毒和侵害，主观主义的错误有其生成的客观现实环境。因此，"要使党内思想实现完全统一于马克思列宁主义，还需要一个长时期的继续克服错误思想的斗争过程。"②斗争的方法就是加强马克思列宁主义思想教育和理论武装，养成实事求是的思想作风。正如前文所述，对马克思列宁主义的不断学习是加强党的思想建设的重中之重。

　　然而即便如此，社会主义建设实践中，主观主义的错误再次出现，甚至带来了十年"文化大革命"的内乱。回顾整个列宁主义的中国化历史进程可知，"文化大革命"中，党中央依然强调要将马列主义基本原理与中国实际相结合，依然强调要加强对经典著作和党的历史经验的学习和总结，依然强调要同各种非实事求是的主观主义错误做斗争。之所以还会出现偏离实事求是的主观主义错误，究其原因，一方面是由于中国共产党对马克思列宁主义的认识没有摆脱教条主义的思想束缚，另一方面是囿于党自身在革命时期积累的成功经验而陷入了经验主义的泥潭。

　　由于党内部分同志将马恩列斯书本上的只言片语当作固定结论来审视中国问题，导致中共中央原本为克服党内滋长的主观主义、官僚主义，而开展的同各种小资产阶级的右倾情绪和右派观点做斗争的整风运动最终走向

---

① 《毛泽东选集》（第三卷），人民出版社，1991 年，第 990 页。
② 同上，第 998 页。

了脱离中国实际的阶级斗争。"文化大革命"中,教条主义的典型表现是将毛泽东的所有言论统统奉为真理,最终发展为"凡是毛主席作出的决策,我们都坚决维护;凡是毛主席的指示,我们都始终不渝地遵循"。这显然是有违毛泽东所倡导的实事求是基本原则的,显然也是违背毛泽东思想的。这期间,对毛泽东思想的教条主义态度还表现在形式大于内容的毛泽东著作、语录、像章的发行量上。"据统计,仅 1967 年,这一年就出版《毛泽东选集》9100 多万部,等于'文化大革命'以前 15 年出版总数 1100 多万部的 8 倍;《毛主席语录》印了 3.69 亿册,连同以前出版的 2.59 亿册,共有 6.28 亿册;《毛主席像》印了 12.14 亿张。至 1969 年 3 月,毛泽东象章已制作了 22 亿个。当时全国 7 亿人口,平均每人 3 枚还多。"①与此同时,经验主义也不断泛滥,左右人们的思想和行为。最典型表现就是继续沿用了革命战争年代所采取的运动式的斗争方法和斗争策略,甚至还沿用了革命中对待阶级敌人和反革命异己分子的方式展开内斗,最终带来了对社会主义事业的全局性破坏、对马列主义理想信念的严重削弱。这种对革命领袖、对成功经验看似"绝对忠诚"的延续方式,带来的却是脱离具体实际和违背初衷。邓小平说:"我们都是搞革命的,搞革命的人最容易犯急性病。我们的用心是好的,想早一点进入共产主义。这往往使我们不能冷静地分析主客观方面的情况,从而违反客观世界发展的规律。"②这无疑是犯了主观主义错误的。

这些历史教训是极其深刻的,如何抵制主观主义,真正做到将马列主义基本原理与中国具体实际相结合是重大的历史性课题。改革开放后,邓小平从总结经验教训的角度从多个方面谈了克服主观主义的问题。1979 年 10 月,在谈到加强党的领导下的多党合作制度时,邓小平指出,中国共产党要

① 席宣、金春明:《"文化大革命"简史》,中共党史出版社,2011 年,第 324 页。
② 《邓小平文选》(第三卷),人民出版社,1993 年,第 139~140 页。

听取各民主党派的不同意见,接收各方监督和批评,以克服主观主义习气,减少错误。1980 年 12 月,提出要通过进一步贯彻落实党的十一届三中全会以来的各项方针政策的方式,"去掉不切实际的设想,去掉主观主义的高指标"①。1981 年,邓小平又表示赞同陈云提出的通过学习的方式从根本上纠正错误,并强调要搞马克思、列宁和毛泽东著作的学习运动,联系中国革命的历史,实事求是地学习。在邓小平看来,官僚主义、形式主义、命令主义、尾巴主义、经验主义、教条主义等错误思想都是主观主义的衍生品。归根到底,它们"违反毛泽东同志实事求是的思想,违反辩证唯物主义、历史唯物主义的原理,实际上是唯心主义和形而上学的反映"②。"按照历史唯物主义的观点来讲,正确的政治领导的成果,归根结底要表现在社会生产力的发展上,人民物质文化生活的改善上。"③因此,在邓小平看来,科学认识列宁主义,坚决抵制主观主义,做到实事求是,最终要反映在中国特色社会主义的生产力发展和人民生活水平的提高上。这也就意味着,列宁主义的中国化在科学认识列宁主义的基础上,关键还要正确运用列宁主义去解决中国的问题、满足中国人的需求。

第二节　正确运用列宁主义

列宁主义的中国化,"化"的是中国问题。按照毛泽东的说法叫"有的放矢","的"是中国问题,"矢"是列宁主义。按照习近平的说法就是"能不能解决历史性课题","一个国家实行什么样的主义,关键要看这个主义能否解

---

① 《邓小平文选》(第二卷),人民出版社,1994 年,第 358 页。
② 同上,第 128 页。
③ 同上。

决这个国家面临的历史性课题"①。如何做到"有的放矢"，解决中国问题，关键在于如何正确运用这一主义，即列宁主义。中国共产党很早就认识到运用列宁主义必须要将之与中国具体实际进行结合。审视历史、展望未来，将理论与实际相结合，既要做到一起从实际出发，"知其然"；又要在实践中检验和发展真理，"知其所以然"。

一、坚持一切从中国实际出发

（一）认清中国国情才能从实际出发

中国共产党人运用列宁主义解决中国问题首先是从中国实际出发的。而中国实际是不断变化、发展着的实际。十月革命一声炮响将列宁主义传入中国时的实际不同于新中国成立后，中国共产党执掌国家政权时的中国实际；"文化大革命"刚刚结束时的中国实际不同于改革开放 40 多年后，中国特色社会主义进入新时代后的中国实际。因此，列宁主义的中国化过程首先就体现为如何运用列宁主义分析并掌握中国实际的过程。能否从中国实际出发，反映了中国共产党是否正确运用了列宁主义。

列宁主义在中国的出场影响了早期中国革命志士对中国近代社会性质的判断和救亡图存道路的选择。一大批早期革命者在了解和接受列宁主义的过程中转变为信仰马克思列宁主义的共产主义战士。在此基础上，他们用列宁主义的立场观点和方法分析中国国情，得出了近代中国社会性质是"半殖民地、半封建社会"的结论。在"半半"社会条件下，中国革命的对象是包括帝国主义、封建主义和官僚资本主义在内的"三座大山"。因此，凡不以三者作为革命对象的革命运动，必然会在反革命势力的反扑中遭到失败。新民主主义革命之前，各种革命运动的失败一再验证了这一事实。可见，革

---

① 《习近平谈治国理政》（第 1 卷），外文出版社，2018 年，第 22 页。

命成功的前提就是运用科学的世界观和方法论分析中国实际,认清中国社会性质和中国革命性质,从而调动起一切有效力量,进行彻底的社会革命。同时,为保证始终能够从实际出发,革命的对象和重点还必须随着革命形势的变化而变化。中国共产党对中国社会性质和革命性质的判断和把握经历了一个复杂的历史过程。

20世纪二三十年代,面对大革命失败的现实状况,中国国内各界人士对中国社会和中国革命性质的认识出现了大争论,反映了运用科学真理把握中国实际的重要性。争论的核心是中国社会的性质问题。有人认为是资本主义的,也有人主张是半殖民地半封建的。相应的中国革命的性质是什么呢? 有主张是资产阶级民主性质的,也有主张是社会主义革命的。争论的双方既有中共党内持不同意见的双方,也包括共产党和国民党双方。其中,以陈独秀为代表的一派提出,大革命已经对中国封建势力进行了最后的打击,中国的资产阶级民主革命已经完成,中国社会已经进入了资本主义占优势的历史阶段,即资本主义社会时期。由此,革命的无产阶级只能等待,等到中国的资本主义发展到一定程度时,再来进行社会主义革命。那么,共产党领导革命的重点应该是配合资产阶级搞以"国民议会"为中心的合法运动。基于对中国国情的上述分析,陈独秀主张中国革命要分两步、两次进行。理由是中国无产阶级力量薄弱,农民的革命意志又不坚定,"若失去了资产阶级的援助,在革命事业中便没有了阶级的意义和社会的基础。"中国革命的第一步是"统帅革命的资产阶级,联合革命的无产阶级,实现资产阶级的民主革命。"[①]无产阶级革命只能是民主革命之后的第二步。这种主张正迎合了以汪精卫为代表的国民党改组派,以胡适为代表的资产阶级改良派的心意。陈独秀作为当时中国共产党的最高领导人,所持的上述观点直

---

① 陈独秀:《资产阶级的革命与革命的资产阶级》,《向导》,1923年4月25日第22期。

接导致党中央放弃革命领导权而使党的力量遭受巨大损失。

与此相反，大革命失败后，以王明为代表的"左"倾机会主义者则主张在中国进行"不断革命"。他们认为中国社会的性质是半殖民地半封建，中国革命的性质也具有双重性。这个革命是资产阶级民主革命也是社会主义革命，应该"毕其功于一役"，全面出击，不断革命，直至建立无产阶级政权。实践证明，这种忽视中国革命对象异常强大、脱离实际、违背中国革命基本规律的错误主张同样不能真正解决中国革命问题，只会在盲目冒险中损失革命有生力量，最终失败。

与上述错误主张不同，1925 年底，毛泽东在《中国社会各阶级的分析》一文中就已经提出了与陈独秀针锋相对的观点。毛泽东说："谁是我们的敌人？谁是我们的朋友？这个问题是革命的首要问题。"[①]在对中国社会各阶级分析之后，毛泽东得出了对不同阶级采取不同态度、执行不同政策的正确结论。1928 年中国共产党的六大在莫斯科召开，共产国际从列宁无产阶级革命理论出发，结合俄国革命经验，对中国社会性质和中国革命性质做出了正确判断，支持毛泽东的主张。大会通过的决议中明确指出："中国革命在现阶段的性质是资产阶级性的民权主义革命，如认为中国革命目前阶段已转变到社会主义性质的革命，这是错误的，同样认为，中国现时革命为无间断革命也是不对的。"[②]而得出这一结论的基础，就是对当时中国社会性质的正确判断。"（一）国家真正的统一并未完成，中国并没有从帝国主义之下解放出来；（二）地主阶级的私有土地制度并没有推翻，一切半封建余孽并没有肃清；（三）现在的政权，是地主军阀买办民族资产阶级的国家政权。"[③]这无疑是在说明中国社会性质是半殖民地半封建社会。

---

① 《毛泽东选集》（第一卷），人民出版社，1991 年，第 3 页。
② 《中共中央文件选集》（第 4 册），中共中央党校出版，1989 年，第 298 页。
③ 同上，第 298~299 页。

其实,对于像中国一样的东方落后大国在进行无产阶级革命中的国情问题,列宁在世时已经明确回答了。他说:"在东方那些人口无比众多、社会情况无比复杂的国家里,今后的革命无疑会比俄国革命带有更多的特殊性。"①这种特殊性来源于国情,左右着革命道路的选择和革命策略的制定。因此,列宁也多次强调了根据革命条件的变化不断转换革命策略的思想。比如,阐述这一观点的《两种策略》《共产主义运动中的"左"派幼稚病》很早就传入中国,并为中国共产党的领导人所掌握。更何况,王明、博古、李立三等人都是在苏联留过学的,熟知列宁主义的中共领导人。他们在领导中国革命的过程中之所以会犯错,究其根本就是在运用列宁主义分析中国问题的过程中脱离了中国实际。而从中国实际出发,正是毛泽东最为重视并多次强调的。

1938 年春天,毛泽东在延安给抗日军政大学毕业学员讲话时,专门分析了掌握中国国情对中国革命的意义和价值,而且有针对性地批评了党史上的两种错误观点。他说:"我们研究中国的结果,是一个半殖民地半封建的社会,这是一条规律,是一个总的最本质的规律,所以我们要用这个规律去观察一切事物。"②而这一结论是通过运用马克思列宁主义的世界观、方法论分析中国实际得出的。马克思列宁主义是全面的、辩证的,要求共产党人"在变化中去判断事物"。因此,不抵抗的逃跑主义和马上反攻的急性病都要不得。"他们都是只在脑袋里想,没有看到实际情形,不去观察实际情形,这种唯心主义,我要反对的。""一切问题,须要把部分与整体,特殊与一般,联系起来、统一起来,把各种事历史地联系起来,这样才能正确解决。"③转年年底,毛泽东再次明确指出了中国的基本国情及其重要性。"中国现时的社

---

①　《列宁选集》(第四卷),人民出版社,2012 年,第 778 页。

②　《毛泽东延安时期文稿两篇》,《党的文献》,2002 年第 3 期。

③　同上。

会,是一个殖民地、半殖民地、半封建性质的社会。只有认清中国社会的性质,才能认清中国革命的对象、中国革命的任务、中国革命的动力、中国革命的性质、中国革命的前途和转变。所以,认清中国社会的性质,就是说,认清中国的国情,乃是认清一切革命问题的基本的根据。"①从此以后,"认清国情乃是认清一切问题的基础"成为运用科学真理解决中国问题的一把金钥匙。

（二）把握社会主义初级阶段这个当代中国最大实际

按照上述逻辑,回顾新中国成立之后,中国共产党能否正确把握中国社会主义所处历史阶段关系能否正确将列宁主义与中国实际相结合,走好中国自己的社会主义之路。对于一个社会主义制度确立之后的国家,最大实际是什么,马克思、恩格斯并没有给出明确答案。他们关于未来共产主义社会如何实现的问题,仅仅将从资本主义社会向共产主义社会转变的历史时期称为"共产主义第一阶段"。列宁在其著作中将这个第一阶段的社会称为"社会主义社会"。具体到经济文化落后的苏俄,列宁认为,它最多只能建成"初级形式的社会主义",而不能立即建成"发达的社会主义社会"。可见,在马克思主义经典作家的思想中社会主义社会必然要经历一个从低级到高级,从不发达到发达的发展过程。各国的不同国情决定了它所处的社会主义阶段不同。中国的基本国情决定了中国处于并将长期处于社会主义初级阶段。这是中国共产党人自己的创造性判断。

中国处于并将长期处于社会主义初级阶段的判断反映了中国共产党对中国国情的深刻把握和对社会主义发展规律的深刻认识。这里的初级阶段特指中国社会主义的不发达阶段,属于中国特有,并非所有国家实现共产主义的历史必经阶段。1987年,中国共产党的第十三次全国代表大会大正式提出并阐述了这一理论。"我国从五十年代生产资料私有制的社会主义改

---

① 《毛泽东选集》(第二卷),人民出版社,1991年,第633页。

造基本完成,到社会主义现代化的基本实现,至少需要上百年时间,都属于社会主义初级阶段。"①"社会主义本身是共产主义的初级阶段,而我们中国又处在社会主义的初级阶段,就是不发达的阶段。一切都要从这个实际出发,根据这个实际来制订规划。"②这一论断提出的重要意义在于表达了中国改革开放政策的连续性和稳定性,坚定了国内外一切力量建设和发展中国特色社会主义的信心和决心。

邓小平之所以能正确把握社会主义初级阶段这个当代中国的最大实际,得益于正确运用列宁主义对中国实际和社会主义建设基本经验的深入分析和总结。邓小平指出,中国同俄国一样生产力落后,还有人口多、底子薄的现实国情,因此社会主义现代化建设的任务是长期的,工作重点是以经济建设为中心,大力发展生产力。这一点,列宁晚年针对俄国的落后状况专门强调过。他说:"俄国生产力还没有发展到可以实行社会主义的高度",是个"无可争辩的论点"。而无产阶级政党的任务是"在工农政权和苏维埃制度的基础上赶上别国人民。"③中共中央也认同这一观点,提出:"我们的革命就是为了最迅速地发展社会生产力。我国经济本来很落后,我国的外部还有帝国主义,只有尽可能地加快建设,才能尽快地巩固我们的社会主义国家,提高人民的生活水平"④。然而,脱离中国实际的超阶段提速发展,片面教条误读马克思列宁主义中的某些设想和结论,最终带来的是违背客观规律的对发展生产力的阻碍。新中国成立30年后,人民温饱依然得不到满足,中国的社会主要矛盾依然是人民对于建立先进的工业国的要求同落后的农业国的现实之间的矛盾。邓小平说:"搞社会主义,一定要使生产力发达,贫

---

① 《十一届三中全会以来党和国家重要文献选编》,中共中央党校出版社,2008年,第193页。

② 《邓小平文选》(第三卷),人民出版社,1993年,第252页。

③ 《列宁选集》(第四卷),人民出版社,2012年,第777页。

④ 《建国以来重要文献选编》(第11册),中央文献出版社,1995年,第305页。

穷不是社会主义。"①于是,中国共产党总结经验教训时专门指出:"我们的社会主义制度由比较不完善到比较完善,必然要经历一个长久的过程。""我们的社会主义制度还是处于初级的阶段。"②

中国所处的社会主义初级阶有三个层面的内涵:第一,既定事实是中国是社会主义国家;第二,中国的社会主义不发达,处于落后状态,实践中的一切举措都不能违背这个状态;第三,这个阶段属于中国特色,没有先例可循,也不能对外输出。一旦否定和背离上述实际,社会主义建设就会出现问题。列宁在俄国虽然认识到落后条件下发展生产的重要性,但由于时间有限、实践不足,他并没有对苏联社会主义所处历史阶段给予明确回答。而后来的苏共领导人也没有重视这一问题,导致苏联在社会主义建设道路上脱离实际、主观盲动,多次改革尝试均已失败告终。

其实,中国共产党的历史上一直都没有停止关于中国社会主义发展阶段问题的探讨。毛泽东也曾提出过中国社会主义尚处于不发达阶段的观点。他对中国社会主义所处历史阶段的判断同样是从分析中国国情开始的。新中国成立之后的中国国情,毛泽东说的最多的是四个字:"一穷二白"。他在1956年4月召开的中央政治局会议上作了《论十大关系》的著名报告。报告中明确指出中国当时的状况是"一穷二白",而且这种状况决定了中国搞社会主义建设的基本态度。毛泽东辩证地认为,一穷二白也是中国的先天"优点"。因为,在中国人除了"能造桌子椅子,能造茶碗茶壶,能种粮食,还能磨成面粉,还能造纸"之外,"一辆汽车、一架飞机、一辆坦克、一辆拖拉机都不能造"③的情况下,中国人骄傲不起来,而对于有志气的中国人来

---

① 《邓小平文选》(第三卷),人民出版社,1993年,第225页。
② 《十一届三中全会以来党和国家重要文献选编》,中共中央党校出版社,2008年,第109~110页。
③ 《毛泽东文集》(第六卷),人民出版社,1999年,第329页。

讲,这就是变革的动力。因此,毛泽东认为一穷二白其实也是好事。"穷则思变,要干,要革命。一张白纸,没有负担,好写最新最美的文字,好画最新最美的画图。"①基于对中国国情的上述分析,毛泽东在这一时期表达了他对中国所处社会主义历史阶段的认识。1956 年 1 月,毛泽东曾做出了中国已经进入社会主义社会的判断,但这个社会主义社会"尚未完成"。后来,他又具体说,中国的社会主义制度是"刚刚建立",还没有"完全建成",核心任务是发展生产,是把落后的农业国变成先进的工业国。但是中国人想要快速实现社会主义现代化的主观愿望使一些人的头脑中出现了共产主义"已经不是什么遥远将来的事情"的超阶段判断。针对社会主义建设过程中急躁冒进的问题,毛泽东在 20 世纪 50 年代末 60 年代初总结经验时,专门强调了中国社会主义还处于不发达历史阶段的问题。他说:"社会主义这个阶段,又可能分为两个阶段,第一个阶段是不发达的社会主义,第二个阶段是比较发达的社会主义。后一阶段可能比前一阶段需要更长的时间。"②究竟"什么叫建成社会主义,这个问题很有文章可做。"③"在我们这样的国家,完成社会主义建设是一个艰巨任务,建成社会主义不要讲得过早了。"④这无疑是指明了中国的社会主义尚处于不发达的历史阶段,首要任务是建设现代化的社会主义。而毛泽东这一结论的得出,是在 1959 年 12 月到 1960 年 2 月读苏联《政治经济学教科书》时,将理论同中国实际相结合得出的基本结论。他的目的是要提醒全党正确认识社会主义现代化建设任务的艰巨性和复杂性,认识到老祖宗的书必须读,但又不能单靠老祖宗,"任何国家的共产党都要创造新的理论"。

---

① 毛泽东:《介绍一个合作社》,《红旗》,1958 年第 1 期。
② 中华人民共和国国史学会:《毛泽东读社会主义政治经济学批注和谈话》(上册),国史研究学习资料,清样本,第 259 页。
③ 同上,第 77 页。
④ 同上,第 296 页。

（三）深刻理解中国特色社会主义进入新时代的历史方位

中国特色社会主义进入新时代，是中国共产党运用马克思列宁主义基本原理分析中国国情之后，对中国发展新的历史方位做出的科学判断。其基本依据是中国社会主要矛盾已经发生变化。习近平指出："中国特色社会主义进入新时代，我国社会主要矛盾已经转化为人民日益增长的美好生活需要和不平衡不充分的发展之间的矛盾。"这一重大政治论断，既反映了中国社会发展的客观实际，又指明了解决当代中国发展主要问题的根本着力点，同时也丰富发展了马克思列宁主义关于社会矛盾的学说。

从马克思列宁主义关于社会矛盾的学说来看，人类社会是在生产力和生产关系的矛盾运动中不断向前发展的。社会主要矛盾是各种社会矛盾的主要根源和集中反映，在社会矛盾运动中居于主导地位。抓住主要矛盾带动全局工作，是唯物辩证法的要求，也是中国共产党一贯倡导和坚持的方法。因此，推动党和国家事业不断向前发展，必须找准中国社会的主要矛盾。列宁从落后社会基础上开展社会主义革命和建设的实际出发，分析并探索了社会主义社会中工人和农民之间、工人和知识分子之间、执政的无产阶级政党和各阶层人民群众之间的矛盾问题及其解决途径，形成了关于社会主义社会基本矛盾的学说。在列宁看来，"在社会主义下，对抗将会消失，矛盾仍将存在"[①]。继承并发展列宁的思想，中国共产党从中国社会发展的客观实际出发，分析了不同时代条件下中国社会的主要矛盾。1956 年，中国共产党的八大指出："我们国内的主要矛盾，已经是人民对于建立先进的工业国的要求同落后的农业国的现实之间的矛盾，已经是人民对于经济文化迅速发展的需要同当前经济文化不能满足人民需要的状况之间的矛盾。"虽然后来由于主观主义的错误，违背了上述对中国社会主要矛盾的判断，但事

---

① 《列宁全集》（第 60 卷），人民出版社，1990 年，第 282 页。

实证明,这是符合中国国情的正确判断。改革开放后,中国共产党对党的八大关于社会主要矛盾的提法进一步概括,提出中国社会的主要矛盾是"人民日益增长的物质文化需要同落后的社会生产之间的矛盾",由此,明确了改革开放新时期中国特色社会主义建设的路线方针政策,推动中国特色社会主义事业取得了巨大成就。

中国共产党的十八大以来,中国社会的客观实际发生了新的变化,在长期稳定解决了十几亿人的温饱问题之后,中国又顺利全面建成小康社会,人民对美好生活的需要日益广泛,不仅对物质文化生活提出了更高要求,而且在民主、法治、公平、正义、安全、环境等方面的要求日益增长。在中国社会生产力水平总体显著提高的基础上,更加突出的问题是发展的不平衡不充分问题。这种不平衡和不充分主要表现为一些地区、一些领域、一些方面还存在发展不足的问题,发展的任务仍然很重。由此,发展不平衡不充分问题成为满足人民日益增长的美好生活需要的主要制约因素。习近平从解决这一主要制约因素出发,再次明确强调了马克思列宁主义所揭示的社会矛盾运动基本规律,提出:"坚持和发展中国特色社会主义,必须不断适应社会生产力发展调整生产关系,不断适应经济基础发展完善上层建筑"[1],着力解决好发展不平衡不充分问题,大力提升发展质量和效益,更好满足人民在经济、政治、文化、社会、生态等方面日益增长的需要,更好推动人的全面发展、社会全面进步。

新时代中国社会主要矛盾的变化并没有改变中国处于并将长期处于社会主义初级阶段的基本国情。"社会主义阶段的最根本任务就是发展生产力,社会主义的优越性归根到底要体现在它的生产力比资本主义发展得更

---

[1] 《坚持历史唯物主义不断开辟当代中国马克思主义发展新境界》,《求是》,2020 年第 2 期。

快一些、更高一些,并且在发展生产力的基础上不断改善人民的物质文化生活。"①正因为如此,新时代中国特色社会主义依然强调以经济建设为中心,坚持四项基本原则,坚持改革开放,为把中国建设成为富强民主文明和谐美丽的社会主义现代化强国而奋斗。

二、坚持在实践中检验和发展真理

(一)以实践真理标准推动思想解放

理论来源于实践又要回到实践。因此,中国共产党人是否正确运用了列宁主义还要在实践中进行检验。列宁说:"只有不可救药的书呆子,才会单靠引证马克思关于另一历史时代的某一论述,来解决当前发生的独特而复杂的问题。"②对待列宁主义也必须"由实践来修正,由实践来检验。"③按照中国共产党人的说法,叫做"实践是检验真理的唯一标准。"一般认为,"实践真理标准"来源于改革开放之初,邓小平支持并领导的全国范围的真理标准问题大讨论。其实,这一提法,毛泽东在新中国成立之前就已经提出来了。

新民主主义革命中,面对国内革命战争的失败和中共党内"左"的、右的教条主义错误,毛泽东为了从思想上肃清错误思潮在党内的影响,增强党的马列主义理论武装,在1937年发表了经典著作——《实践论》。《实践论》是中国共产党将马克思列宁主义与中国实际相结合的大成之作。毛泽东在文章中阐述了实践对于认识的重要作用,并明确指出:"只有人们的社会实践,

---

① 《邓小平文选》(第三卷),人民出版社,1993年,第63页。

② 《列宁全集》(第3卷),人民出版社,1984年,第13页。

③ 《列宁全集》(第33卷),人民出版社,1985年,第208页。出自列宁于1917年12月底所写的《怎样组织竞赛?》一文,文章还引用了马克思所说的"一步实际运动比一打纲领更重要"来论证实践的重要性。列宁这篇文章的中译文刊载于1934年2月2日—23日中国共产党苏区中央局《斗争》报第45~48期。可见,列宁在文中所表达的思想观点是被中国共产党所了解的。

才是人们对于外界认识的真理性的标准。""判定认识或理论之是否真理,不是依主观上觉得如何而定,而是依客观上社会实践的结果如何而定。真理的标准只能是社会的实践。"①毛泽东这篇经典著作不仅丰富和发展了中国共产党的理论,增强了党员干部运用马克思列宁主义分析中国问题的能力,而且还第一次使人们用中国式的语言了解了马克思列宁主义的科学实践观,为后来延安整风中,甚至是改革开放中中国共产党和中国人民的思想解放奠定了理论基础。

延安整风开始前,毛泽东再次强调了实践真理标准的重要性。1941 年10 月底,他在中共中央西北局高级干部会议上作了关于"用马克思主义的立场方法分析新事物,解决新问题"的讲话。他明确指出:"理论,观念,概念,原理,原则,都是从实际中得来的,这叫作唯物论,这是马克思主义起码的一条。理论正不正确,要拿到实践中去,看是否行得通,实践是真理的标准。"②党中央以此为依据开展了整风运动。整风的实际目的就是突出实践、调查研究的重要性。毛泽东还明确要求说:"我们反对空谈马克思的清淡主义者,只说不做,这不合于马克思主义。我们要做真正的马克思主义者,就应该做,就应该刻苦耐劳地做。"③做就是实践,实践就要调查研究。"不调查不研究就不得了,就要亡国亡党亡头。"④可见,从革命战争年代开始,党就十分重视在实践中检验真理,在检验真理的同时解放思想。

在之后的真理标准问题大讨论中,邓小平对于"实践真理标准"之所以十分重视,是因为它关系全党上下能否全面准确理解毛泽东思想,进而关系能否准确评价"文化大革命"、全面总结历史教训,能否真正做到解放思想、

---

① 《毛泽东选集》(第一卷),人民出版社,1991 年,第284 页。
② 《毛泽东延安时期文稿两篇》,《党的文献》,2002 年第3 期。
③ 同上。
④ 同上。

实事求是。按照邓小平的说法,叫作"关系到党和国家的前途和命运"。没有真理标准大讨论,就没有实事求是思想路线的恢复;没有正确的思想路线,正确的政治路线就得不到贯彻落实。政治路线就是实现社会主义现代化的基本路线。因此,在全党全国人民中真正树立起实践真理标准,是坚持和发展中国特色社会主义,实现社会主义现代化的基本前提。中国共产党也是这么做的。中国特色社会主义进入新时代之后,习近平总结过往,鲜明指出,"我们说的道路自信、理论自信、制度自信,来源于实践、来源于人民、来源于真理"[①]。

如果将中国共产党人确立"实践真理标准"的历史过程放到中苏两国坚持和发展具有本国特色社会主义的比较视野中去审视,"实践真理标准"的确立对坚持和发展列宁主义、走好本国社会主义道路意义重大。因为,对比列宁去世之后中苏两国运用列宁主义解决本国问题的历史进程发现,能否坚持将实践作为检验真理的唯一标准,是两国走上不同方向的社会主义道路的最显著区别。中苏两国的社会主义建设历程中都有成绩,也都有曲折;都要求坚持社会主义,也都要求不断改革。然而,苏联共产党缺少像中国共产党领导的"延安整风"和"真理标准问题大讨论"这样的尊重历史事实又符合客观实际的思想解放运动,更遑论尊重人民、尊重真理、尊重实践。斯大林时期,列宁通过大量调查研究得来的"新经济政策"被抛弃,个人专断成为"真理标准",个人崇拜盛行。赫鲁晓夫提出"清算斯大林""全面否定斯大林",否定斯大林时期的苏联历史,提出了脱离苏联实际的改革目标和改革举措。赫鲁晓夫的改革还没有得到实践的检验,他本人就被勃列日涅夫推下台,改革实践失败。勃列日涅夫虽然提出了"新经济体制"改革,但在党内

---

① 习近平:《在对历史的深入思考中更好走向未来 交出发展中国特色社会主义合格答卷》,人民网,http://politics. people. com. cn/n/2013/0626/c1024-21981607. html。

不切实际、个人专断的风气没有得到真正扭转的情况下,改革措施也并未真正得到落实,更不用说在实践中检验。最终,苏联经济社会发展停滞。即便如此,勃列日涅夫也曾批评赫鲁晓夫是"吹牛皮、说大话、脱离实际"。而实际上,勃列日涅夫正如他指责别人的那样,是"裙带关系,草率的结论,鲁莽冒失的、脱离实际的决定和行动,吹牛皮说大话,根本不顾科学和实际经验已经研究出来的结论,凡此种种都和列宁式的党格格不入。"①这之后的戈尔巴乔夫改革直接从根本上取消了马克思列宁主义的指导地位,取消了苏联共产党的领导。戈尔巴乔夫不重视在实践中检验和发展真理,而实践恰恰证明,他的改革是失败的。从苏联和苏联共产党的思想建设来看,实践真理标准没有得到坚持和贯彻。他们既没有用科学的态度对待马克思列宁主义,也没有在出现失误后,全面总结反思历史教训,采取实践真理标准的态度解放思想,相反却以否定前任、否定历史方式对待错误,最终掉入历史虚无主义的泥潭而无法自拔。基于对共产党执政规律、社会主义建设规律、人类社会发展规律的认识,习近平明确指出:"我们党领导人民进行社会主义建设,有改革开放前和改革开放后两个历史时期,这是两个相互联系又有重大区别的时期,但本质上都是我们党领导人民进行社会主义建设的实践探索。中国特色社会主义是在改革开放历史新时期开创的,但也是在新中国已经建立起社会主义基本制度并进行了20多年建设的基础上开创的。……两者决不是彼此割裂的,更不是根本对立的。……不能用改革开放后的历史时期否定改革开放前的历史时期,也不能用改革开放前的历史时期否定改革开放后的历史时期。"②这正是对中国共产党解放思想、实事求是,始终将实践作为检验真理的唯一标准的坚持和发展。总结列宁主义的中国化历

---

① 陆南泉:《停滞不前的勃列日涅夫时期(上)》,《经济观察网》,http://www.eeo.com.cn/2013/0806/248041.shtml。

② 习近平:《关于坚持和发展中国特色社会主义的几个问题》,《求是》,2019 年第 7 期。

广大人民根本利益作为一切工作的出发点和落脚点。"①

这一方面是基于马克思列宁主义政党的本质属性。人民性是马克思列宁主义最鲜明的品格。这不仅体现在马克思、恩格斯、列宁本人终其一生所开展的工作、所开创的事业中,更体现在他们为人类留下的最宝贵思想财富——马克思列宁主义理论中。马克思、恩格斯明确指出:"无产阶级的运动是绝大多数人的、为绝大多数人谋利益的独立的运动",在未来社会"生产将以所有的人富裕为目的"。列宁基于此,领导无产阶级政党——这个区别于世界上其他政党的,代表最广大人民群众利益的新式政党完成了十月革命,建立了世界上第一个无产阶级国家政权。自无产阶级政党执掌国家政权开始,就打破了自政党产生以来,各利益集团轮流执政、为部分人谋利益的阶级斗争历史,代表最广大人民群众利益的无产阶级政党、马克思列宁主义政党开始实现长期执政。因此,得民心者得天下,失民心者失天下,人民拥护和支持是无产阶级党长期执政最牢固的根基。基于此,任何马克思列宁主义的、无产阶级的执政党必然要以实现好、维护好、发展好最广大人民的根本利益作为制定一切路线方针政策的出发点和落脚点。中国共产党正是这样做的。毛泽东提出并践行了中国共产党人要全心全意地为人民服务的思想观点;邓小平将最终达到全体中国人民的共同富裕确立为社会主义的本质;江泽民提出始终代表中国最广大人民的根本利益是中国共产党的立党之本、执政之基、力量之源;胡锦涛将坚持以人为本确立为中国特色社会主义科学发展观的核心;习近平将现代化的最终目标定位为实现人自由而全面的发展。"现代化道路最终能否走得通、行得稳,关键要看是否坚持以人民为中心。"而全面建成社会主义现代化强国,人民是决定性力量。因此,新时代继续站位人民立场始终坚持人民至上,是对中国共产党奋斗历程

---

① 习近平:《始终坚持和充分发挥党的独特优势》,《求是》,2012 年第 15 期。

和实践经验的深刻总结,体现了党的理想信念、性质宗旨、初心使命。

另一方面也是基于人民群众中蕴藏着治国理政、管党治党的智慧和力量。列宁晚年为了能最大限度的发挥人民群众的智慧和力量,提出了一系列新举措,比如将工人、农民充实到工农检察院、中央委员会和中央监察委员会当中;充分发挥有本领的专家、教授甚至是商人的先进示范性;向人类社会创造的一切先进成果学习;在全社会开展文化革命等。其核心目的就是为了让人民支持和帮助无产阶级政党治理国家和从严治党,巩固党的执政基础和执政根基。中国特色社会主义进入新时代,人民群众同样承担了对党和国家建言献策和批评监督的重要作用。习近平指出:"在这两方面,这些年我们总的是做得越来越好,但还有不足,主要是围绕经济社会发展听意见多、围绕从严治党听意见少,请上来听意见多、走下去听意见少。群众的很多想法,往往不是在那些很正式的场合、当着很多人的面会讲出来的,而是要同他们身挨身坐、心贴心聊才能听得到。各级干部要多沉下身子、走近群众,就从严治党问题多向群众请教。""群众发现党员、干部有违纪违法问题,要让他们有安全畅通的举报渠道。群众提出的意见只要对从严治党有好处,我们就要认真听取、积极采纳。"由此,党的十八大以来,中国共产党不断丰富和拓宽群众监督渠道,使无处不在的群众监督推动形成了"不敢腐"的氛围,进一步丰富和发展了社会主义民主政治。所以说,"中国共产党的一切执政活动,中华人民共和国的一切治理活动,都要尊重人民主体地位,尊重人民首创精神,拜人民为师,把政治智慧的增长、治国理政本领的增强深深扎根于人民的创造性实践之中,使各方面提出的真知灼见都能运用于治国理政。"①

由此,在未来以中国式现代化推进中华民族伟大复兴的实践中正确运

---

① 习近平:《必须坚持人民至上》,《求是》,2024 年第 7 期。

用列宁主义必须要以人民实践作为检查真理的根本尺度，始终坚持人民至上，站稳无产阶级政党的人民立场，在不断满足人民需要的过程中推动列宁主义的中国化理论和实践创新。

第三节　坚持发展列宁主义

列宁主义是开放的理论，列宁主义在中国的传播、运用和发展也是一个开放的历史过程。因此，列宁主义在中国必然不断前进，坚持并发展列宁主义才是列宁主义的中国化归宿。列宁自己也说过，"判断历史的功绩，不是根据历史活动家有没有提供现代所要求的东西，而是根据他们比他们的前辈提供了新的东西"①。总结过往，守正创新，对列宁主义既要坚持，又要发展。坚持其所开创的落后国家首先建设社会主义的正确道路，发展其在社会主义实践中所始终秉承的改革创新精神，赋予列宁主义以民族特色、国家特色、时代特色。

一、坚持走列宁所开创的社会主义之路

列宁是落后国家首先开展无产阶级革命并推进社会主义建设的开拓者。他在俄国成功领导了十月革命并为其他被压迫民族和国家指明了革命道路。中国的无产阶级革命和社会主义建设就得益于此、来源于此。中国共产党在党的第十九次全国代表大会上重申"一百年前，十月革命一声炮响，给中国送来了马克思列宁主义。"②中国特色社会主义进入新时代，中国式现代化新道路"拓展了发展中国家走向现代化的途径，给世界上那些既希

---

① 《列宁全集》(第2卷)，人民出版社，1984年，第154页。
② 《习近平谈治国理政》(第三卷)，外文出版社，2020年，第10页。

望加快发展又希望保持自身独立性的国家和民族提供了全新选择,为解决人类问题贡献了中国智慧和中国方案"①。中国共产党始终走在列宁所开拓的落后国家首先建设社会主义的道路上,实现了中华民族从站起来、富起来到强起来的伟大飞跃,积累了发展列宁主义的成功经验。

(一)坚持党的领导和社会主义制度

坚持列宁主义首先要坚持中国共产党的领导和中国特色社会主义制度。这是因为,党的领导地位和社会主义制度稳固与否事关中国的政治根基;能否抓好这两个方面的工作事关国家政治稳定和长治久安。它所提供的是中国共产党坚持和发展列宁主义的根本政治保障。

如何巩固社会主义国家的政治根基,列宁是第一答题人。他不仅是无产阶级政党的创立者、领导人,而且是社会主义制度的开创者和探索者;他不仅在同各种非无产阶级的、非马克思主义的思想观点的斗争中提出了新型无产阶级政党建设理论,而且在领导苏维埃社会主义实践过程中探索出了一系列坚持和完善社会主义制度的新思想。比如,列宁曾明确指出,无产阶级政党是无产阶级的先进部队,是无产阶级和劳动群众的领导者和组织者;在民主革命、社会主义革命和社会主义建设中,都必须毫不动摇地坚持党的领导权。列宁晚年提出通过巩固工农联盟、改善国家机关来巩固无产阶级专政,提出通过加强党和国家监督来完善苏维埃民主制度,提出通过借鉴和吸收资本主义的先进文化来实现社会主义文化革命,彻底清除官僚主义弊病等主张。这些思想主张反映的是列宁对如何巩固苏维埃的社会主义制度、守好社会主义之路的基本认识。可历史给予列宁的时间太少了,他发现了苏俄社会主义实践中的问题,提出了解决办法,但没来得及全部实践。其继任者并没有在领导苏联进行社会主义建设的实践中真正坚持好列宁主

---

① 《习近平谈治国理政》(第三卷),外文出版社,2020年,第8页。

义,甚至出现了最终背离了列宁主义,丢掉了社会主义的错误,最终亡党亡国。因此,如何在中国坚持走好列宁所开创的落后国家首先建设社会主义的道路,需要中国共产党自己给予解答。总结历史经验,坚持中国共产党的领导和社会主义制度尤为重要。

1989 年 6 月,邓小平在同包括江泽民、李鹏在内的几位中央负责同志谈论中国共产党的第三代领导集体的迫切任务时,明确指出:"是否坚持社会主义道路和党的领导是个要害"①。因为不坚持党的领导,没有领导核心,党就会自乱阵脚、丢掉政权;不坚持社会主义制度,就算中国发展起来,也只会成为别人的附庸,丧失民族利益。因此,邓小平说:"只有社会主义才能救中国,只有社会主义才能发展中国"②,没有共产党就没有新中国。这是邓小平的政治交代,也是对列宁巩固党和国家政权思想的继承和发展。

其实,在改革开放之前的中国,毛泽东也强调过上述观点。他在中国共产党从革命党向执政党转变的关键时期,曾专门阐述过中国走社会主义之路的历史必然性,以及坚持党的领导的重要性。毛泽东是从分析中国实际出发,在比较美苏不同的发展道路对中国的利害关系后,揭示出社会主义道路在中国的历史必然。他说:"当人民推翻了帝国主义、封建主义和官僚资本主义的统治之后,中国要向哪里去? 向资本主义,还是向社会主义? 有许多人在这个问题上的思想是不清楚的。事实已经回答了这个问题:只有社会主义能够救中国。社会主义制度促进了我国生产力的突飞猛进的发展,这一点,甚至连国外的敌人也不能不承认了。"③因此,坚持和完善社会主义制度是中国共产党的必然选择。而在这一过程中,党是领导一切的。"革命

---

① 《邓小平文选》(第三卷),人民出版社,1993 年,第 311 页。
② 同上。
③ 《建国以来重要文献选编》(第 10 册),人民出版社,1994 年,第 72 页。

党是群众的向导,在革命中未有革命党领错了路而革命不失败的。"①这表明,党的领导首先是政治领导,是全局性的领导,是方向上的领导。所谓政治领导,就是要"保证正确的政治方向,保证党的路线、方针、政策的贯彻,调动各个方面的积极性"②。这一历史经验既来源于改革开放后党运用列宁主义解决中国问题过程中所积累经验的总结,也来源于对苏联偏离社会主义道路、背离马克思列宁主义而最终走向亡党亡国历史教训的反思。

党员干部政治纪律不严格、政治能力不过硬,无产阶级政党就无法实现有效领导,更不要说坚持和完善社会主义制度,走好社会主义道路了。基于此,中国共产党将坚持党的领导和社会主义制度作为党必须坚持的基本原则加以明确,将政治能力看作是新时代党员干部应该具备的第一位的能力。所以说,中国共产党"推进改革的目的是要不断推进我国社会主义制度自我完善和发展,赋予社会主义新的生机活力。这里面最核心的是坚持和改善党的领导、坚持和完善中国特色社会主义制度,偏离了这一条,那就南辕北辙了。"③由此可见,无论从继承和发展列宁主义的正面视角来看,还是从反思违背列宁主义的苏联解体历史教训视角来看,都表明唯有坚持中国共产党的领导和社会主义制度,才能保证中国的社会主义事业继续在列宁所开辟的道路上胜利前进,真正做到坚持并发展列宁主义。

(二)坚决反对照抄照搬他国模式的社会主义

从列宁主义的中国化历史进程来看,反对照抄照搬他国社会主义建设模式主要是指反对照抄照搬苏联模式的社会主义。这是因为,由于曾经照搬苏联模式,也由于"左"的错误思想的影响,马克思列宁主义基本原理在中国的运用一度脱离了中国具体实际,造成了党在领导中国社会主义理论和

---

① 《毛泽东选集》(第一卷),人民出版社,1991年,第3页。
② 《邓小平文选》(第二卷),人民出版社,1994年,第98页。
③ 《习近平关于社会主义政治建设论述摘编》,中央文献出版社,2017年,第25~26页。

实践探索上的挫折。改革开放之初，邓小平曾尖锐地指出，"从总的状况来说，我们国家的体制，包括机构体制等，基本上是从苏联来的，人浮于事，机构重叠，官僚主义发展……有好多体制问题要重新考虑"①。在一定意义上，中国的改革开放就是要去除苏联模式对中国的影响，进而探索出中国人自己的社会主义之路。也正因为如此，邓小平曾经在 1988 年 5 月，会见外宾时"坦率地说，我们过去照搬苏联搞社会主义的模式，带来很多问题。我们很早就发现了，但没有解决好。我们现在要解决好这个问题，我们要建设的是具有中国自己特色的社会主义"②。

中国共产党原本以为，作为列宁主义发源地和实践场的苏联应该是列宁主义的最正统代表和最佳继承者，按照苏联建设社会主义的方式来建设中国的社会主义就是践行列宁主义。然而，这种想法本身就是违背列宁主义的。列宁曾多次明确指出，每个国家在开展社会主义革命和建设的方式方法上不会相同，务必要尊重民族特色和国家差异，认清世界历史发展的一般性和特殊性辩证统一关系。

新民主主义革命时期，中国共产党正是在这一辩证统一思想原则指导下，实现了马克思列宁主义基本原理与中国革命具体实际的结合，走出了一条独具中国特色的新民主主义革命之路，得出了一条务必将马克思列宁主义进行中国化的正确经验。可是在社会主义建设时期，中国共产党之所以强调"走俄国人的路"是由当时的客观历史环境决定的。毛泽东曾经在《论人民民主专政》中说，苏联共产党"已经建设起来了一个伟大的光辉灿烂的社会主义国家"，对于没有任何经验的中共而言，"苏联共产党就是我们的最好的先生，我们必须向他们学习"③。至于"如何学""学多少"则需要中国共

---

① 《邓小平年谱(1975—1997)》(上册)，中央文献出版社，2004 年，第 376 页。
② 《邓小平文选》(第三卷)，人民出版社，1993 年，第 261 页。
③ 《毛泽东选集》(第四卷)，人民出版社，1991 年，第 1481 页。

产党在实践中总结经验,独自探索。因此,1956 年毛泽东就曾反思说,照搬苏联经验"总觉得不满意,心情不舒畅"①,遂提出要"以苏为鉴",走自己的路。基于这样的客观实际,毛泽东和中国共产党的历任领导集体在总结中国社会主义建设中出现失误的原因时,都从内因出发,将其归结为党自身的失误。但这并不能否定,当时已然在国内形成的苏联模式的体制、机制,对中国独立自主走好自己的路带来了负面影响。因此,打破苏联模式对中国社会主义发展方式的限制,是改革开放的重要任务之一。

在打破思想限制方面,重新确立起中国共产党的实事求是的思想路线之后,人们逐渐认识到必须丢掉对"苏联模式是社会主义的唯一样式、苏联模式是列宁主义的正统"这样的僵化思想。中国共产党所坚持的列宁主义、所秉承的列宁主义道路并不等同于列宁去世之后的苏联模式。实事求是地看待苏联模式就能够发现其问题,就能够明白苏联式的社会主义不适合中国国情。正如邓小平很早就指出过的:"斯大林犯过错误,就是搞得太死了,搞得太单纯了。在苏联,马克思主义在一个时期衰退了。"②毛泽东也说过,斯大林严重破坏了社会主义法制。因此,中国要坚持走列宁所开创的社会主义之路,就必须探索出不同于苏联的具有中国特色的社会主义新路。

在探索中国道路方面,只有剖析苏联模式的弊病,揭示照搬苏联模式对中国社会主义制度的危害,才能形成改革共识,共同探索出有中国特色的社会主义之路。邓小平讲,毛泽东虽然认识到斯大林严重破坏了社会主义法制,"但是由于没有在实际上解决领导制度问题以及其他一些原因,仍然导致了'文化大革命'的十年浩劫。这个教训是极其深刻的。……如果不坚决改革现行制度中的弊端,过去出现过的一些严重问题今后就有可能重新出

① 《毛泽东文集》(第八卷),人民出版社,1999 年,第 117 页。
② 《邓小平文选》(第一卷),人民出版社,1994 年,第 272 页。

现"①。1980 年 12 月，邓小平在中央工作会议上的讲话中指出："至于走什么样的路子，采取什么样的步骤来实现现代化，这要继续摆脱一切老的和新的框框的束缚，真正摸准、摸清我们的国情和经济活动中各种因素的相互关系，据以正确决定我们的长远规划的原则。"②归根到底，就是要独立自主的建设有中国特色社会主义。因此，摆脱过往、打破限制的最有效办法就是确立新的、更有力的新方案，即建设有中国特色的社会主义。

及时总结经验和教训才能避免再次犯错。改革开放之所以能使中国赶上时代，将马克思列宁主义基本原理与中国具体实际相结合是最重要的一条。这个被中国革命、建设和改革实践多次检验了的基本经验表明，中国的社会主义要想取得成功决不能照抄照搬他国社会主义模式。"任何国家的革命道路问题，都要由本国的共产党人自己去思考和解决，别国的人对情况不熟悉，指手画脚，是要犯错误的。中国革命为什么能取得胜利？就是以毛泽东同志为首的中国共产党人，独立思考，把马列主义的普遍原理同中国的具体情况相结合，找到了适合中国情况的革命道路、形式和方法。十月革命的胜利也是列宁把马克思主义的原理同俄国革命的实践相结合的结果。所以，一个国家的革命要取得胜利，最根本的一条经验就是，各国共产党应该根据自己国家的情况，找出自己的革命道路。"③中国不照搬他国模式，自然也不会把自己的发展道路模式化，而是要在坚持和发展列宁主义的同时，不断推进中国特色社会主义的自我完善、自我发展和自我提升。因此，中国共产党"始终认为，各国的发展道路应由各国人民选择。所谓的'中国模式'是中国人民在自己的奋斗实践中创造的中国特色社会主义道路。我们坚信，随着中国特色社会主义不断发展，我们的制度必将越来越成熟，我国社会主

---

① 《邓小平文选》(第二卷)，人民出版社，1994 年，第 333 页。
② 同上，第 356 页。
③ 《邓小平文选》(第三卷)，人民出版社，1993 年，第 27 页。

义制度的优越性必将进一步显现,我们的道路必将越走越宽广,我国发展道路对世界的影响必将越来越大"①。中国共产党独立自主带领中国人民探索自身解放道路的过程中形成了道路自信、理论自信、制度自信和文化自信,正所谓"千磨万击还坚劲,任尔东西南北风"。

二、在改革创新中不断推进新时代列宁主义的中国化

列宁主义的中国化历史进程既是一个中国共产党由幼稚到成熟、由弱小到强大的历史过程,也是中国人民在改革创新中由贫穷到富有、由自卑到自信的转变过程。列宁在其短暂的一生中,时常强调改革创新的重要作用。他将社会主义的建设看作是"攀登一座还没有勘察过的非常险峻的高山"②,是无产阶级政党"最重要"也"最困难"的事业。面对这样的事业,"我们决不会陷入错觉,也不会灰心失望。不怕承认自己的错误,不怕三番五次地作出努力来改正错误,这样,我们就会登上山顶"③。新时代列宁主义的中国化同样要拿出革命与自我革命的创新精神不断加强党的建设,不断全面深化改革。

（一）推进新时代党的建设不断深化

列宁不仅在领导俄国无产阶级革命事业的过程中创立了新型无产阶级政党,而且十分重视党的自身建设问题。他高度重视党的思想理论建设,提出没有革命的理论就没有革命的运动;他十分重视党内民主,尊重党员权力,提出无产阶级政党必须实行民主集中制,实现党委集体领导;他尤其强调党内极严格纪律的重要性,将其作为革命成功的重要保障,要求严格入党条件,清除异己分子,以保持无产阶级政党始终先进;他还十分看重监督和

---

① 习近平:《必须坚持自信自立》,《求是》,2024 年第 14 期。
② 《列宁选集》(第四卷),人民出版社,2012 年,第 637 页。
③ 同上,第 645 页。

检查在党的建设中的重要地位,要求不断改革党和国家领导机关,清除官僚主义,保持党的生机与活力……这一系列加强无产阶级政党自身建设的重要思想都被中国共产党人继承和吸收。然而,列宁并不能解决无产阶级政党发展过程中的全部问题,也不能解决中国共产党加强自身建设的独特问题。因此,如何加强党的建设需要各国共产党人根据实践中的新情况独立自主的探索并解决。

在加强党的自身建设问题上,尤其是加强长期执政的无产阶级政党自身建设问题上,苏联共产党在列宁去世后不但没有解决好,反而最终从党内、从党的上层开始腐化变质,最终走向了灭亡。有学者指出,从列宁的继任者斯大林开始,苏联共产党就不再能够完整地贯彻列宁关于党的建设的重要思想,这个党"把自上而下的干部任命制绝对化;用'一言堂'代替思想统一;不深入实际导致的思想僵化;把集中领导的需要推向高度集权;把对党和国家权力的监督变为对下级和群众的监督"①。这不仅给社会主义的革命和建设带来了危害,而且给苏联共产党带来了道义上和情感上的致命缺陷。因此,列宁去世后的苏联共产党不是在坚持和发展列宁主义,而是在抛弃和背离列宁主义中走向了灭亡。所以说,苏联共产党的失败并不代表列宁主义的失败。汲取苏共亡党的历史教训,始终坚持以列宁主义为指导,不断加强党的自身建设,才能在不断增强党的执政水平和执政能力的过程中推进本国社会主义事业的发展。

中国共产党的百年实践,始终重视党自身的建设。在革命战争年代,"党的建设"是中国共产党在新民主主义革命中总结得出的克敌制胜"三大法宝"之一;社会主义建设时期,"党的建设"是正确处理人民内部矛盾,恢复和发展生产的重大举措;改革开放时期,"党的建设"是始终不渝以经济建设

---

① 黄苇町:《苏共亡党十年祭》,江西高校出版社,2004年,第30~35页。

为中心,先富带后富的根本保障;中国特色社会主义进入新时代,"党的建设"是实现中华民族伟大复兴中国梦而必须建设好的新的伟大工程。所以说,"办好中国的事情,关键在党"。党的十九大报告指出,"全面从严治党永远在路上。一个政党,一个政权,其前途命运取决于人心向背。人民群众反对什么、痛恨什么,我们就要坚决防范和纠正什么。"①党的二十大报告再次强调:"全面建设社会主义现代化国家、全面推进中华民族伟大复兴,关键在党。我们党作为世界上最大的马克思主义执政党,要始终赢得人民拥护、巩固长期执政地位,必须时刻保持解决大党独有难题的清醒和坚定。"②1922年2月,列宁在总结领导执政的布尔什维克党将近5年的经验和教训后,在给其同僚索柯里尼柯夫的信中说:"共产党员成了官僚主义者。如果说有什么东西会把我们毁掉的话,那就是这个。"③列宁的判断在后来的实践中被证实,腐化堕落的官僚主义党员干部使执政的无产阶级政党脱离了群众,丢掉的执政地位。95年后,习近平告诫全党:"人民群众最痛恨腐败现象,腐败是我们党面临的最大威胁。"④

能否解决好腐败问题,关系着党的生死存亡,只有标本兼治才能始终保持无产阶级政党的人民属性,确保党和国家长治久安。然而,腐败在不同时代条件下有不同的表现形式。新中国成立之前,毛泽东就告诫全党要"防止资产阶级糖衣炮弹的袭击",提出"务必使同志们继续地保持谦虚、谨慎、不骄、不躁的作风,务必使同志们继续地保持艰苦奋斗的作风"。⑤ 党的十八大之后,习近平曾在西柏坡调研时再次强调全党坚持"两个务必"的重要性,其

① 《习近平谈治国理政》(第三卷),外文出版社,2020年,第48页。
② 习近平:《高举中国特色社会主义伟大旗帜　为全面建设社会主义现代化国家而团结奋斗》,人民出版社,2022年,第63页。
③ 《列宁全集》(第52卷),人民出版社,1988年,第300页。
④ 《习近平谈治国理政》(第三卷),外文出版社,2020年,第52页。
⑤ 《毛泽东选集》(第四卷),人民出版社,1991年,第1438～1439页。

着眼点就在于新新形势下党自身建设上面临的一系列新风险和新挑战。比如，威胁党和国家政治安全的经济问题；贪腐行为更加隐蔽复杂的传统腐败和新型腐败交织问题，为腐败滋长提供温床的不正之风问题等。党的二十大上，习近平提出，"全党同志务必不忘初心、牢记使命，务必谦虚谨慎、艰苦奋斗，务必敢于斗争、善于斗争"的"三个务必"重要要求，成为中国共产党面对复杂严峻、波谲云诡的国内外形势对自身精神状态和确保完成奋斗目标提出的新要求，彰显了中国共产党在新征程上管党治党、兴党强党的高度清醒和战略自觉。以马克思列宁主义中国化的最新理论成果——习近平新时代中国特色社会主义思想为指导，全面从严治党要以政治建设为首，不断增强党中央的权威和集中统一领导；以思想建设为先，不断用党的创新理论武装党员头脑；以组织建设为基，不断创新党的方针政策和决策部署有效落实方式；以作风建设为魂，不断弘扬党的革命与自我革命精神；以纪律建设为尺，不断织密惩治腐败的法纪之网；以制度建设为本，不断完善党和国家监督体系，把权力关进制度党的笼子。

苏联共产党的历史已经证明，以马克思列宁主义为指导的无产阶级政党也会在停滞不前中腐化堕落；来源于人民、服务于人民的无产阶级政党也需要监督和制约。如何拒腐防变、抵御风险，保持长期执政的马克思主义政党始终先进是列宁留给无产阶级政党的历史性课题。今天，中国共产党面临的是执掌国家政权几十年后，党员人数最多、组织规模最大的无产阶级政党面临的"大党独有难题"，其实质依然是当年列宁所面临的如何始终赢得人民拥护，如何巩固长期执政地位的问题。而列宁所强调的一个郑重的、成熟的政党所应具备的精神状态将始终激励中国共产党永不止步。"我们是不会灭亡的，因为我们不怕说出自己的弱点，并且能够学会克服弱点。"[1]这

---

[1] 《列宁全集》(第 43 卷)，人民出版社，1987 年，第 115 页。

是列宁主义提供给我们的重要制胜法宝。而习近平将其归纳为中国共产党跳出治乱兴衰历史周期率的第二个答案——自我革命,以此确保党永远不变质、不变色、不变味。"勇于自我革命是中国共产党区别于其他政党的显著标志。我们党历经千锤百炼而朝气蓬勃,一个很重要的原因就是我们始终坚持党要管党、全面从严治党,不断应对好自身在各个历史时期面临的风险考验,确保我们党在世界形势深刻变化的历史进程中始终走在时代前列,在应对国内外各种风险挑战的历史进程中始终成为全国人民的主心骨!"①

(二)推进新时代改革开放始终前进

列宁是将科学社会主义从理想变为现实的第一人。他在领导落后俄国向社会主义前进的过程中,提出了一系列打破传统认识的改革创新思想。他也时常提醒人们"历史活动并不是涅瓦大街的人行道"②,不可能宽阔、畅通而又一帆风顺。无产阶级政党在没有任何成功经验可以借鉴的情况下,只能靠改革创新保持前进。十月革命胜利后,列宁强调,"我们准备忍受几千个困难,准备作几千次尝试,而且,我们在作了一千次尝试以后,准备去做一千零一次尝试"③。因此,社会主义的实践是一个在试错中不断前进的历史过程,是一个"摸着石头过河"的历史过程,是一个改革创新的历史过程。然而,列宁去世之后,他这一重要思想遗产没有在苏联后来的社会主义实践中得到有效坚持和发扬,最终导致社会主义苏联改旗易帜。

斯大林作为列宁之后苏联共产党的实际领导者,在坚持列宁主义的同时,又一定程度上破坏了列宁主义在苏联共产党内和苏联国内的威信。斯大林曾经全面总结并概括了列宁主义的内涵和概念,统一了党内思想并巩固了列宁主义在全党和全国的领导地位。他还在十分困难的情况下,领导

---

① 《习近平谈治国理政》(第四卷),外文出版社,2022 年,第 13 页。
② 《列宁全集》(第 35 卷),人民出版社,1985 年,第 55 页。
③ 《列宁全集》(第 34 卷),人民出版社,1985 年,第 379 页。

了苏联国内的社会主义建设，打败了法西斯帝国主义入侵，建成并巩固了世界上第一个社会主义国家，为世界社会主义运动做出了重要贡献。然而，斯大林领导地位的获得和巩固在一定程度上是通过阐释并取代列宁和列宁主义的方式实现的。斯大林虽然在苏联先后组织成立了"列宁研究院""马克思、恩格斯、列宁研究院"，负责《马克思恩格斯全集》和《列宁全集》的编辑和出版工作。可是，由斯大林撰写并署名为"联共（布）中央特设委员会"的著作《联共（布）党史简明教程》才是当时世界上普及马克思列宁主义常识的基本读物。书中集中阐述的正是斯大林对苏联历史和苏联社会主义建设方向的观点和认识，被誉为"马克思主义——列宁主义百科全会""共产主义的圣经"。"从1938年到1953年，《简明教程》共印刷了301次，印数达4280万，被翻译成67种语言。此书一出，唯我独尊，其他所有关于联共党史的著作统统被封存或烧毁，关于联共历史上的各种事件、人物的写法、评价统统按照《简明教程》改写，斯大林成了党史中的主角。"①由此，所谓的坚持发展列宁主义只不过是为了维护个人权威、实现个人崇拜；所谓的"建设共产主义"只不过是建设"斯大林模式"的共产主义。俄罗斯政治学家麦德维杰夫评价此书是终结了一个党、打造了一个党。他说："实际上，从《简明教程》出版和1937—1938年实施大规模恐怖之时起，可以称之为'列宁主义的'党已经结束。一个新的党，可以称之为斯大林主义的党形成了。"②可以说，斯大林并没有坚持好和发展好列宁主义，也没有承担好苏联的社会主义改革创新任务。

直到列宁去世29年后，赫鲁晓夫才开始在社会主义苏联实行新的改革。他被称为苏联历史上第一个改革者。他想要改变斯大林时期苏联所形成的

---

① 陆南泉、黄宗良、郑异凡等：《苏联真相：对101个重要问题的思考》（上），新华出版社，2010年，第344～345页。

② 同上，第352页。

高度集中的政治经济体制,破除苏联过度依赖重工业的经济结构,改善国家经济状况;破除个人崇拜,打破僵化保守的教条主义思想桎梏,解放人们思想。在改革经济上,他以农业改革为突破口,在苏联实行了包括扩大农业经营自主权、提高物质利益、大规模垦荒等一系列内容在内的重大改革举措,使苏联避免了可能会出现的粮食危机和全国性饥荒;在改革政治上,他以全面否定斯大林为突破口,试图推行苏联政治民主化进程,提出了包括实行领导干部任期制、废除高级干部津贴等一系列内容在内的改革措施,在一定程度上为苏联党内外营造了相对宽松的政治风气和政治氛围,推动了思想解放。虽然赫鲁晓夫的改革给苏联社会和整个社会主义阵营留下了深刻影响,在一定程度上符合社会主义发展的现实需要。但是这并不能改变赫鲁晓夫的改革是失败的改革这一历史事实。究其原因,这中间既有改革缺乏顶层设计、四面出击、脱离实际的原因,也有赫鲁晓夫本人急躁冒进、容易激动的个人原因。由此,赫鲁晓夫的改革没有从根本上触动当时已然形成的高度集中的政治经济体制。经济上,他没有摆脱社会主义只能实行计划经济的教条主义思想限制,改革无法深入推进;政治上,他没有破除权力过分集中的体制性弊端,或者说是主观上并不想改变从斯大林那里继承下来的个人专权。两者互相掣肘,改革方向不明,难以维系。最终,随着赫鲁晓夫个人集权、个人专断愈演愈烈,列宁主义的集体领导原则荡然无存,他本人也被政变推下台。而赫鲁晓夫的改革本质上依然采取的是否定前任和苏联历史的方式进行的。在他 1956 年初主持召开的苏共二十大上,赫鲁晓夫作了《关于个人崇拜及其后果》的秘密报告,从根本上否定斯大林,要求肃清个人崇拜在各个领域的流毒和影响。由此,带来的是整个世界社会主义阵营中对"什么是真正的马克思列宁主义、什么是真正的社会主义"在思想认识上的大混乱。马克思列宁主义的领导地位、社会主义道路的合法地位被歪曲、否定、攻击和质疑,各种修正主义的、非马克思列宁主义的思想意识开始冲击人们的思想，最终导致的世界社会主义阵营的分裂、马克思列宁主义指导地位的削弱和无产阶级政党领导的动摇。

当赫鲁晓夫因为改革失误被政变推下台之后，苏联的社会主义改革愈加保守和僵化，国家经济结构日趋畸形、利益固化的藩篱愈加深重，官僚主义、裙带关系、特权腐败日益盛行。苏联改革已经丧失了最有利的历史时机：党内无法形成改革共识、利益集团腐化、党的上层已经分裂、人民对党和国家失去信心……戈尔巴乔夫的人道的民主的社会主义改革必然以失败告终，甚至在一定程度上成为苏联社会主义经济状况愈加恶化，苏联亡党亡国的助推器。

对于苏联共产党执掌国家政权中出现的问题，邓小平在领导中国改革开放的过程中曾明确指出过。他在 1985 年同津巴布韦非洲民族联盟主席、政府总理穆加贝谈话时深刻指出："社会主义究竟是个什么样子，苏联搞了很多年，也并没有完全搞清楚。可能列宁的思路比较好，搞了个新经济政策，但是后来苏联的模式僵化了。"①打破僵化，唯有守正创新。因此，邓小平又说："不坚持社会主义，不改革开放，不发展经济，不改善人民生活，只能是死路一条。"②1991 年，在获悉苏联"8·19 事件"的第二天，邓小平在同中央负责同志研究这个问题时又强调了改革开放对于稳定中国局势，发展中国经济及把握当下发展机遇的重要作用。他说："现在世界发生大转折，就是个机遇。""强调稳定是对的，但强调得过分就可能丧失时机……根本的一条是改革开放不能丢。"③中国共产党的历史经验表明："改革开放是党和人民大踏步赶上时代的重要法宝，是坚持和发展中国特色社会主义的必由之路，是决定当代中国命运的关键一招。"

---

① 《邓小平文选》(第三卷)，人民出版社，1993 年，第 139 页。
② 同上，第 370 页。
③ 同上，第 368 ~ 369 页。

　　中国改革开放四十多年后,好改的、容易改的都已经改完了,剩下的都是难啃的硬骨头,从改革的内容上来看是越来越难了。可是,中国改革开放所取得的巨大成就也让改革成为全体中国人民的共识,从改革的条件上来讲是越来越有利了。因此,习近平提出要全面深化改革,新时代是系统整体推进改革的新时代。将列宁主义基本原理与中国具体实际相结合,深入推进新时代中国改革开放不放松,就要坚持好马克思列宁主义基本原理、党的全面领导和中国特色社会主义这个基本前提;坚守好为人民谋幸福、为民族谋复兴这个初心和使命;始终将创新作为改革开放的生命;以完善和发展中国特色社会主义制度为根本尺度;将发展作为改革开放的第一要务;抓好全面从严治党这个改革开放的关键。归根到底,走好新时代的中国特色社会主义改革开放之路,就是在深入推进新时代列宁主义的中国化,不断开辟马克思列宁主义中国化时代新境界。

　　列宁主义在中国传播、运用与发展的整个历史进程中,有成就也有失误、有坦途也有曲折、有崇拜也有质疑、有坚持也有创新。从列宁领导俄国十月革命取得成功开始,世界无产阶级革命的历史大幕即被拉开,落后国家首先走上社会主义道路的革命激情即被激发。列宁鲜明指出:"在东方那些人口无比众多、社会情况无比复杂的国家里,今后的革命无疑会比俄国革命带有更多的特殊性。"①中国的社会主义革命、建设、改革和新时代实践验证了列宁的这一预言,践行了列宁所开辟的社会主义之路,同时又赋予了列宁主义以新的内涵。列宁主义致力于实现无产阶级和全人类的解放,中国人民的解放和发展必然是其题中之意。事实证明,列宁主义不仅解决了中国人民的问题,而且同中国具体实际相结合、同中华优秀传统文化相结合形成了具有中国风格、中国气派的思想理论,即中国共产党的创新理论。中国共

---

① 《列宁选集》(第四卷),人民出版社,2012年,第778页。

产党的理论创新成果无不体现了对列宁主义的继承、发展和创新。在当代中国，坚持中国共产党的最新理论创新成果就是坚持马克思列宁主义，不断坚持和发展中国共产党的最新理论创新成果就是不断开辟马克思列宁主义的中国化时代化新境界。这一历史过程将随着中国实践和时代的需要始终延续下去。

参考文献

[1]《马克思恩格斯文集》(第1~10卷),人民出版社,2009年。

[2]《列宁全集》(第1~60卷),人民出版社,2017年。

[3]《列宁选集》(第1~4卷),人民出版社,2012年。

[4]《列宁专题文集》(五卷本),人民出版社,2009年。

[5]《斯大林选集》(上下卷),人民出版社,1979年。

[6]《毛泽东选集》(第1~4卷),人民出版社,1991年。

[7]《毛泽东文集》(第1~8册),人民出版社,1993年。

[8]《毛泽东年谱(1893—1949)》(上中下),人民出版社,1993年。

[9]《毛泽东年谱(1949—1976)》(第1~6卷),人民出版社,2013年。

[10]《邓小平文选》(第二、三卷),人民出版社,1994年。

[11]《邓小平文选》(第三卷),人民出版社,1993年。

[12]《邓小平年谱(1975—1997)》(上、下卷),中央文献出版社,2004年。

[13]《习近平谈治国理政》(第1~4卷),外文出版社,2022年。

[14]《习近平著作选读》(第1~2卷),人民出版社,2023年。

[15]《中共中央文件选集(1921—1949)》(第1~18册),中共中央党校出版社,1989年。

[16]《建国以来重要文献选编(1949—1965)》(第1册),中央文献出版

社,1992 年。

[17]《建国以来重要文献选编(1949—1965)》(第4、5 册),中央文献出版社,1993 年。

[18]《建国以来重要文献选编(1949—1965)》(第9、10 册),中央文献出版社,1994 年。

[19]《建国以来重要文献选编(1949—1965)》(第 11 册),中央文献出版社,1995 年。

[20]《建国以来毛泽东文稿》(第7 册),中央文献出版社,1992 年。

[21]《建国以来毛泽东文稿》(第9 册),中央文献出版社,1996 年。

[22]《毛泽东早期文稿》,湖南人民出版社,1990 年。

[23]《李大钊文集》(第2、3 卷),人民出版社,1999 年。

[24]《陈独秀文集》(第1~4 卷),人民出版社,2013 年。

[25]《周恩来选集》(上、下册),人民出版社,2004 年。

[26]《周恩来年谱(1898—1949)》,中央文献出版社,1998 年。

[27]《刘少奇选集》(上、下卷),人民出版社,1985 年。

[28]《刘少奇论党的建设》,中央文献出版社,1991 年。

[29]《陈云文选》(第3 卷),人民出版杜,1995 年。

[30]《十一届三中全会以来党和国家重要文献选编》,中共中央党校出版社,2008 年。

[31]《中国共产党历史》(第一、二卷,上、下册),中共党史出版社,2011 年。

[32]《中国共产党章程》,人民出版社,2022 年。

[33]中国人民大学马列主义发展史研究所:《列宁思想史》,上海人民出版社,1988 年。

[34]吕延勤:《马克思主义在中国早期传播史料长编(1917—1927)》

（上册），长江出版社，2016 年。

［35］嘉兴学院中国共产党革命精神与文化资源研究中心：《列宁主义在中国早期传播史料长编（1917—1927）》（上、中、下册），武汉大学出版社，2019 年。

［36］庄前生：《马克思主义经典文献的出版和传播研究》，中国社会科学出版社，2010 年。

［37］曹鹤龙：《列宁著作在中国 1919—1992》，书目文献出版社，1995 年。

［38］李忠杰：《列宁主义论纲》，广西人民出版社，1992 年。

［39］王东、刘军：《列宁思想在中国——中国列宁学百年轨迹与前沿问题》，北京人民出版社，2017 年。

［40］王东：《系统改革论——列宁遗嘱，苏联模式，中国道路》，吉林人民出版社，2014 年。

［41］俞良早：《创论"东方列宁学"》，南京师范大学出版社，2004 年。

［42］俞良早：《邓小平理论与列宁后期思想》，中共中央党校出版社，1997 年。

［43］俞良早：《东方视域中的列宁学说》，中央党校出版社，2001 年。

［44］俞良早：《关于列宁学说的论争》，中央党校出版社，2006 年。

［45］俞良早：《列宁后期思想探要》，湖北人民出版社，1995 年。

［46］叶卫平：《西方"列宁学"研究》，中国人民大学出版社，1991 年。

［47］左亚文等：《列宁晚年社会主义建设理论与中国的改革实践》，武汉大学出版社，1998 年。

［48］张翼星等：《读懂列宁》，四川人民出版社，2001 年。

［49］顾玉兰：《列宁社会发展理论研究》，中共党史出版社，2005 年。

［50］蔡亚志：《源头·活水——列宁利用资本主义思想与当代中国》，新华出版社，2008 年。

［51］张慕良：《列宁民主集中制奥秘初探》，中央编译出版社，2012 年。

［52］张士海：《"列宁主义观"历史流变研究》，山东大学出版社，2012 年。

［53］张晓忠：《列宁全球化思想及其中国化研究》，人民出版社，2012 年。

［54］曹浩瀚：《列宁革命思想研究》，中央编译出版社，2012 年。

［55］何萍：《列宁思想在二十一世纪：阐述与价值》，人民出版社，2014年。

［56］沈志华：《中苏关系史纲（1917—1991）》，新华出版社，2007 年。

［57］陈学明：《苏联东欧剧变后国外马克思主义趋向》，中国人民大学出版社，2000 年。

［58］黄苇町：《苏共亡党二十年祭》，江西高校出版社，2013 年。

［59］李慎明、陈之骅：《居安思危——苏共亡党二十的思考》，社会科学文献出版社，2011 年。

［60］李兴耕：《前车之鉴：俄罗斯关于苏联剧变问题的各种观点综述》，人民出版社，2003 年。

［61］吴恩远：《苏联史论》，人民出版社，2007 年。

［62］陆南泉、黄宗良、郑异凡等：《苏联真想：对 101 个重要问题的思考》（上、中、下），新华出版社，2010 年。

［63］吴冷西：《十年论战（1956—1966）》，中央文献出版社，1999 年。

［64］陆南泉：《苏联兴亡史论》，人民出版社，2002 年。

［65］姚金果等：《共产国际、联共（布）与中国大革命》，福建人民出版社，2002 年。

［66］李玉贞：《国民党与共产国际》，人民出版社，2012 年。

［67］杨奎松：《中间地带的革命——国际大背景下看中共成功之道》，山西人民出版社，2010 年。

［68］梁怡、李向前：《国外中国党史研究述评》，中共党史出版社，2005年。

［69］龚育之等：《毛泽东的读书生活》，生活·读书·新知三联书店，

2009 年。

[70]陈晋:《毛泽东阅读史》,生活·读书·新知三联书店,2014 年。

[71]李新芝:《邓小平实录》(第 1～4 卷),北京联合出版公司,2018 年。

[72]王占仁:《共产国际、联共(布)与马克思主义中国化研究》,中央文献出版社,2010 年。

[73]吴雁南,冯祖贻:《中国近代社会思潮(1840—1949)》(第二卷),湖南教育出版社,2011 年。

[74]张国焘:《我的回忆》(第 3 册),现代史料编刊社,1980 年。

[75][俄]亚历山大·潘佐夫:《毛泽东传》(上下卷),卿文辉、崔海智等译,中国人民大学出版社,2015 年。

[76][俄]罗伊·麦德维杰夫:《俄罗斯向何处去——俄罗斯能搞社会主义么?》,关贵海等译,当代世界出版社,2003 年。

[77][俄]季诺维也夫:《俄罗斯共产主义的悲剧》,侯艾君等译,新华出版社,2004 年。

[78][俄]罗伊·麦德维杰夫:《苏联的最后一年》,王晓玉、姚强译,社会科学文献出版社,2013 年。

[79][英]罗伯特·谢伟思:《斯大林传》,李秀芳、李秉中译,中国出版集团公司、华文出版社,2014 年。

[80][美]J. R. 麦克法夸尔、费正清:《剑桥中华人民共和国史(革命的中国的兴起 1949—1965 年)》,谢亮生等译,中国社会科学出版社,1990 年。

[81][美]J. R. 麦克法夸尔、费正清:《剑桥中华人民共和国史(中国革命内部的革命 1966—1982 年)》,俞金尧等译,中国社会科学出版社,1992 年。

[82][美]埃德加·斯诺:《西行漫记》,董乐山译,生活·读书·新知三联书店,1979 年。

[83] [美]路易斯·费希尔：《列宁》，彭卓吾译，国际文化出版公司，2010年。

[84] [美]莫里斯·迈斯纳：《马克思主义、毛泽东主义与乌托邦主义》，张宁等译，中国人民大学出版社，2005年。

[85] [美]史华慈：《中国的共产主义与毛泽东的崛起》，陈玮译，中国人民大学出版社，2006年。

[86] [英]戴维·麦克莱伦：《马克思以后的马克思主义》，李智译，中国人民大学出版社，2004年。

[87] [美]伊曼纽尔·沃勒斯坦、高静宇：《当今的列宁和列宁主义：对话沃勒斯坦》，《国外理论动态》，2012年第9期。

[88] 曹鹏：《列宁〈无产阶级革命的军事纲领〉一文的正确理解——与俞良早教授再商榷》，《探索》，2015年第5期。

[89] 邓绍根：《列宁及列宁主义在华早期传播新考》，《文化与传播》，2020年第3期。

[90] 高放：《从十月革命道路到中国特色社会主义道路》，《中国浦东干部学院学报》，2017年第6期。

[91] 高放：《重评列宁主义：四个新亮点》，《探索》，2015年第3期。

[92] 侯惠勤：《紧紧抓住列宁主义研究的"当代问题"》，《河海大学学报（哲学社会科学版）》，2015年第2期。

[93] 胡国胜：《革命与象征：民主革命时期"列宁符号"的建构与传播》，《党史研究与教学》，2012年第3期。

[94] 胡运锋：《毛泽东与列宁东方理论的中国化》，《山东社会科学》，2012年第7期。

[95] 黄宗良、项佐涛：《热话题与冷思考——关于列宁和列宁主义若干重要问题研究的对话》，《当代世界与社会主义》，2020年第2期。

［96］贾建芳:《社会主义研究的返本开新》,《科学社会主义》,2013 年第 2 期。

［97］李传兵:《中国先进知识分子对十月革命认识的转变》,《党的文献》,2017 年第 6 期。

［98］李景治:《论马克思列宁主义对十月革命的指导意义》,《北京行政学院学报》,2017 年第 5 期。

［99］李慎明:《对时代和时代主题辨析》,《红旗文稿》,2015 年第 11 期。

［100］汪亭友:《警惕否定列宁及列宁主义思潮,维护我国意识形态安全》,《世界社会主义研究》,2017 年第 8 期。

［101］许耀桐:《列宁关于党政关系"二律背反"新析》,《同舟共进》,2012 年第 4 期。

［102］杨承训:《面向实际把脉时代坚持发展马克思主义——学习列宁理论创新的品格和方法论》,《毛泽东邓小平理论研究》,2020 年第 2 期。

［103］杨金海、高晓慧:《列宁著作在中国的百年传播》,《高校马克思主义理论研究》,2016 年第 1 期。

［104］于沛:《十月革命和科学社会主义的历史命运——纪念十月革命 90 周年》,《中国社会科学》,2007 年第 5 期。

［105］［斯洛文尼亚］斯拉沃热·齐泽克:《为列宁主义的不宽容辩护》,《马克思主义与现实》,2010 年第 2 期。

［106］曾荣:《延安时期毛泽东对列宁哲学思想的运用和发展——以〈实践论〉为中心的考察》,《党的文献》,2020 年第 4 期。

［107］樊欣:《列宁对建构马克思主义意识形态理论的贡献及其当代价值》,《理论视野》,2020 年第 5 期。

［108］杨奎松:《十月革命前后列宁的社会主义主张与实践》,《俄罗斯研究》,2013 年第 1 期。

[109]俞良早：《恩格斯晚年关于俄国革命与西方革命"互相补充"的思想及对 1917 年俄国革命的影响》，《思想理论教育导刊》，2017 年第 3 期。

[110]杨俊：《共产国际与中国革命》，《中国社会科学》，2014 年第 9 期。

[111]李东明：《斯大林对列宁党内民主思想的背离与嬗变》，《理论月刊》，2014 年第 9 期。

[112]李慎明：《苏联亡党亡国的根本原因、教训与启示——写在苏维埃社会主义共和国联盟成立 100 周年之际》（上、中、下），《世界社会主义研究》，2022 年第 9 期、第 11 期，2023 年第 1 期。

[113]左凤荣：《社会主义国家需融入世界经济体系——苏联经济改革失败的启示》，《理论视野》，2018 年第 10 期。

[114]王进芬：《列宁对"经济派"否定党的领导的错误倾向的批判及其当代意义》，《马克思主义研究》，2021 年第 3 期。

[115]王一娟、俞良早：《十月革命后列宁关于俄共（布）政治建设的思想》，《科学社会主义》，2022 年第 4 期。

[116]俞良早：《列宁关于苏俄以特殊措施向社会主义过渡的思想及其现实启示》，《理论探讨》，2021 年第 4 期。

[117]王进芬：《列宁在俄国发展道路问题上对错误思潮的批判》，《理论视野》，2023 年第 11 期。

[118]王中汝：《普列汉诺夫与列宁关于十月革命的政治分歧及其理论根源》，《当代世界与社会主义》，2023 年第 4 期。

[119]俞敏：《十月革命后列宁社会主义社会观的前进轨迹》，《马克思主义研究》，2022 年第 5 期。

[120]王伟光：《中国共产党人是列宁主义最忠实的捍卫者、传承者和创新者——纪念列宁逝世 100 周年》，《马克思主义研究》，2024 年第 3 期。